"晋江经验"——泉州民营经济研究系列丛书

泉州民营企业家精神与代际传承

北京国策智库信息技术研究院　泉州民营经济研究院 著

经济管理出版社
ECONOMY & MANAGEMENT PUBLISHING HOUSE

图书在版编目（CIP）数据

泉州民营企业家精神与代际传承 / 北京国策智库信息技术研究院，泉州民营经济研究院著. -- 北京：经济管理出版社，2024. --（晋江经验：泉州民营经济研究系列丛书）. -- ISBN 978-7-5243-0128-8

Ⅰ . F279.245

中国国家版本馆 CIP 数据核字第 2025S0Y717 号

组稿编辑：申桂萍
责任编辑：申桂萍
责任印制：张莉琼
责任校对：陈　颖

出版发行：经济管理出版社
　　　　　（北京市海淀区北蜂窝 8 号中雅大厦 A 座 11 层　100038）
网　　址：www. E-mp. com. cn
电　　话：（010）51915602
印　　刷：北京市海淀区唐家岭福利印刷厂
经　　销：新华书店
开　　本：720mm×1000mm/16
印　　张：5
字　　数：70 千字（本册）
字　　数：411 千字（全四册）
版　　次：2025 年 1 月第 1 版　　2025 年 1 月第 1 次印刷
书　　号：ISBN 978-7-5243-0128-8
定　　价：198.00 元（全四册）

课题组成员

北京国策智库信息技术研究院

课 题 顾 问：庄聪生

课题负责人：赵　兹

课题组成员：赵　兹　戴建中　薛　敏
　　　　　　田　超

泉州民营经济研究院

课题组成员：刘文儒　李自力　颜清堤
　　　　　　杨　翚　王建回

总　序

　　民为邦本，本固邦宁。改革开放 40 多年来，民营经济已经成为推动我国发展不可或缺的力量，成为创业就业的主要领域、技术创新的重要主体、国家税收的重要来源，为社会主义市场经济发展、政府职能转变、农村富余劳动力转移、国际市场开拓等发挥了重要作用。进入新时代，以习近平同志为核心的党中央高度重视民营经济发展，2023 年 7 月，《中共中央　国务院关于促进民营经济发展壮大的意见》（以下简称《意见》）提出，"民营经济是推进中国式现代化的生力军，是高质量发展的重要基础，是推动我国全面建成社会主义现代化强国、实现第二个百年奋斗目标的重要力量"，明确了民营经济在推进中国式现代化建设中的重要作用。2023 年 8 月 29 日，《中共泉州市委泉州市人民政府关于不断创新和发展"晋江经验"　勇当新时代民营经济强省战略主力军的意见》出台，全面加快和推进民营经济发展。

　　党中央站在更高起点谋划民营经济的发展，泉州民营经济研究院作为一家地方民营经济研究机构，深感责无旁贷，主动自觉融入推动民营经济高质量发展的国家战略宏图中。自 2023 年 1 月 27 日成立以来，泉州民营经济研究院深入贯彻党中央、国务院关于民营经济高质量发展的部署精神，着眼服务民营经济、民营企业、民营企业家，聚焦民营经济高质量发展的重大理论和实践问题，推动形成一批重要研究成果，集成《"晋江经验"——泉州民营经济研究系列丛书》，积极

发挥党委、政府决策的参谋助手和民营企业发展的智囊智库的作用。

"晋江经验"是本丛书的指导思想，也是主题主线。《意见》第31条指出，要不断创新和发展"晋江经验"，及时总结推广各地好经验、好做法，对行之有效的经验做法以适当形式予以固化。2002年，时任福建省省长的习近平同志全面、深刻、系统地提出"晋江经验"，这一因高瞻远瞩而历久弥新的重大理论创新，成为坚持和发展中国特色社会主义道路的重要路标，至今仍彰显着重要的现实指导意义。"晋江经验"既回答了中国民营经济孕育、成长和发展壮大的秘诀，又蕴涵着新征程上推动高质量发展的重要方法论，具有超越时空的真理性和价值性，其内涵与习近平经济思想一脉相承、高度契合。本丛书深入研究阐释、传承弘扬"晋江经验"，从"晋江经验"中汲取发展民营经济的高超政治智慧、非凡战略眼光和系统思维方法，让"晋江经验"更好地引导新时代民营经济高质量发展。

在"晋江经验"的指引下，本丛书从新时代中国改革开放的社会实践出发，在中国式现代化体系、社会主义市场经济理论大框架下，努力阐释民营经济、民营企业、民营企业家的结构性地位和发挥作用机制，民营经济在形成市场活力、实现共同富裕、推动中国式现代化和中华民族伟大复兴进程中担当的任务和存在的问题，新型政商关系生态，民营经济高质量发展的法治保障等反映全国民营企业所需所盼和一系列民营经济普遍性、紧迫性问题，致力于应时代之需、发思想之声、解困厄之患。不谋全局者，不足以谋一域，欲得大观，必择立高处。本丛书系列研究成果力求做到高站位、宽视野，既胸怀国之大者，瞄准新目标、把握新阶段、贯彻新理念，又落地到具体的民营经济情势和民营企业的发展实践中。我们以"晋江经验"发源地泉州作为全国民营经济的研究样本，组织一批国内优秀研究机构、高校、智库团队参与研究，如中国社会科学院工业经济研究所和清华大学等，走进泉州民营企业广大群体中深入调研，摸清民营企业情况、倾听企

业真实呼声，提出对策建议，给出泉州方案，努力实现国际视野、中国智慧与区域实践相结合，希望从中总结民营经济发展的泉州经验，为全国提供借鉴和启示。

奋进充满光荣和梦想的新征程，我国民营经济将走向更加广阔的舞台，呼唤民营经济发展理论创新的智力支撑。《意见》旗帜鲜明地提出，"要加强理论研究和宣传，引导社会正确认识民营企业的重大贡献和重要作用"，"坚决抵制、及时批驳澄清质疑社会主义基本经济制度、否定和弱化民营经济的错误言论与做法"。作为泉州市委、市政府的重要智库、不断创新和发展"晋江经验"的主要阵地，促进民营经济健康发展、高质量发展的重要载体，泉州民营经济研究院将紧跟时代步伐，持续推出注重时代性、实践性、创新性的新成果，希望为中国民营经济理论体系建构添砖加瓦，鼓舞民营企业家发展信心、坚定发展预期，积极为民营经济健康发展、高质量发展营造良好的氛围。

泉州民营经济研究院
2024 年 6 月

前言

　　民营企业对于泉州经济社会发展具有举足轻重的作用。作为民营企业中占主体地位的家族企业，其代际传承是关系到泉州经济社会发展的重大问题。本书按照习近平总书记关于"促进非公有制经济健康发展和非公有制经济人士健康成长"，以及"新一代民营企业家要继承和发扬老一辈人艰苦奋斗、敢闯敢干、聚焦实业、做精主业的精神，努力把企业做强做优"的要求，以泉州家族企业为研究对象，用典型案例及经验做法，研究分析家族企业、家族企业代际传承和企业家精神之间的内在逻辑及相互关系，有利于更好地认识中国民营企业发展态势，制定相关政策措施，推动民营经济实现高质量发展。

　　据有关统计，全世界范围内的企业第一代到第二代传承成功的只有30%，第二代到第三代传承成功的只有15%，第三代以后传承成功率只有5%。代际传承的核心是企业家精神的传承。而企业家的精神和才能，不会随着血缘而自然传承。如何让更多的家族企业基业长青、世代传承，不仅是中国也是全世界面临的共同挑战。

　　改革开放以来的40多年是中国民营经济快速发展的历史，也是家族企业快速发展的历史。按照60岁退休的界限，在未来十年，中国将有近500万家家族企业面临传承"大考"。无论是从时间的紧迫性还是群体的数量上看，这种大规模的代际传承在世界范围的企业发展史上都绝无仅有。

泉州市场主体中超过 90% 是民营企业,而家族企业又占民营企业 90% 以上。泉州家族式管理模式有许多方面的优势,如具有很强的凝聚力、能够较快完成原始积累、决策运营高效、节省大量管理成本、坚持长期主义等。同时,家族式管理也存在产权封闭、管理决策"集权"、外来优秀人才不易融入、"家""企"不清、"老板文化"浓厚等方面的弊端与不足。

企业家精神一直是引领泉州民营企业发展的动力源泉和传承核心。泉州民营企业家群体,不仅具有一般企业家的共性,更脱胎于泉州民风、民情、民俗,而且极具地域特色,具有"向海而生、爱拼敢赢;兼容开放、诚实守信;勇于创新、追求卓越;富而仁爱、造福桑梓"的企业家精神特质。

泉州"创二代"企业家比老一代企业家接受过更系统的教育,拥有更多的知识、更开阔的眼界、更多元的价值观和更丰富的生活乐趣。较之"富二代"脸谱化的形象,泉州"创二代"较好地传承了企业家的精神风貌,更爱学习、更善拼搏、更加上进,洋溢着敢拼、善拼而且"智拼"的气质特征,有浓厚的家乡情结、抱团意识,愿意参与政企互动。两代企业家形成应对新挑战的思想共识,形成发扬光大企业家精神的思想共识,实现代际传承的企业与现代企业制度完善"双促进"的思想共识。

在当前复杂形势下,代际传承面临着各种现实困境,主要有第一代不愿让位、继承人接班意愿不高、接班人经历不足、代际鸿沟无法避免、传承计划缺失、职业经理人制度不完善六大问题。面临挑战的原因主要有:传承计划缺失是影响代际传承进程的关键因素,授权障碍是阻碍继承人快速成长的重要阻力,选亲选贤是选择继承人的难点痛点,职业经理人稀缺是代际传承的制约因素。

经过多年的实践,泉州家族企业走出独具闽南特色的代际传承路径,主要有六种传承方式:单系为主方式、多系分传方式、家族成员合作方式、自由成长方式、独立创业方式和引入职业经理人方式。泉州家族企业代际传承比较成功的典型有：许连捷、丁世忠、许世辉、许景南、林孝发、柯子江、黄碧山、苏新添、吕培榕、王启灿、戴景水、蔡明通等家族。这些家族企业的传承经验主要表现在以下几个方面：在营造家族和谐、企业团结的氛围中传承；在突破封闭管理、大胆借用外力的环境下传承；在两代人互相理解、换位思考的前提下传承；在做精做优、把守业当做创业的观念中传承；在稳健守住主业、积极创新发展中传承；在明晰产权、逐步向现代企业制度转型中传承；在允许试错、不怕失败的状况下传承。

秉持"政企互动"的优良传统，泉州市各级党委、政府创新思想引领，采取典型示范、教育培训、平台搭建、项目孵化等方式，把培养"创二代"作为民营经济统战工作和党管人才工作的重要环节，持续加强教育、引导、帮扶，各县（市、区）结合产业特点和发展阶段，探索行之有效的工作抓手。

目前，泉州第一代和第二代企业家尚处于交接班的高峰期，且还要延续十年以上。本书建议把引导家族企业代际传承纳入泉州经济发展总体架构，积极营造有利于代际传承的"生态圈"，发挥两代企业家在代际传承中的主体作用，引导新一代企业家继承和发扬老一辈人艰苦奋斗、敢闯敢干、聚焦实业、做精主业的精神，支持鼓励社会组织积极发挥作用，引导支持家族企业逐步建立职业经理人制度，努力把企业做精做强做久。

总之，泉州在企业家精神引领下的代际传承起步早、基础稳、进展好，整个企业家群体现状，与泉州当地的实际情况和我国经济社会转型的制度环境相适应。

目 录

第一章　企业家精神与家族企业代际传承是关系经济
　　　　社会健康稳定发展的重大问题 ／ 1

一、家族企业是最广泛的企业组织形态 ／ 1

二、家族企业传承成为世界性难题 ／ 2

三、企业家精神是代际传承的关键 ／ 4

第二章　民营经济是泉州经济发展的基本盘 ／ 6

一、泉州家族企业与改革开放相伴相随 ／ 6

二、家族企业推动泉州迈进"万亿俱乐部" ／ 7

三、代际传承按下了企业转型"快车键" ／ 8

四、家族企业的"草根"特性根植市场生命顽强 ／ 9

第三章　企业家精神一直是引领泉州民营企业发展的
　　　　动力源泉和传承核心 ／ 12

一、向海而生、爱拼敢赢 ／ 12

二、兼容开放、诚实守信 ／ 13

三、勇于创新、追求卓越 ／ 14

四、富而仁爱、造福桑梓 ／ 14

第四章　泉州市民营企业代际传承的思想状况　/ 16

一、两代企业家形成应对新挑战的思想共识　/ 19

二、实现企业代际传承与完善现代企业制度"双促进"的
　　思想共识　/ 20

第五章　泉州家族企业代际传承的影响因素及面临的
　　　　挑战　/ 22

一、家族式管理存在的问题　/ 22

二、代际传承的主要影响因素　/ 24

三、代际传承的现实困境　/ 25

四、代际传承中的重点难点问题　/ 29

第六章　泉州家族企业走出独具闽南特色的代际
　　　　传承路径　/ 32

一、单系为主方式　/ 32

二、多系分传方式　/ 33

三、家族成员合作方式　/ 34

四、自由成长方式　/ 35

五、独立创业方式　/ 35

六、引入职业经理人方式　/ 36

第七章　泉州家族企业值得借鉴的传承做法与经验　/ 38

一、在家族和谐、企业团结氛围中传承的安踏集团　/ 38

二、在突破封闭管理、大胆借用外力环境下传承的
　　恒安集团　/ 39

三、在两代人互相理解、换位思考前提下传承的匹克集团　/ 40

四、在做精做优主业、把守业当做创业观念中传承的
晋工机械 / 40

五、在稳健守住主业、积极创新发展中传承的
福建凤竹集团 / 42

六、在明晰产权、逐步向现代企业制度转型中传承的
火炬电子 / 42

七、在允许试错、不怕失败状况下传承的明祥食品 / 43

第八章 党委、政府大力引导培育年轻一代健康成长 / 45

一、泉州市委统战部、市工商联大力引导培育 / 45
二、充分发挥市县两级青年商会作用 / 47
三、加强民营企业高层次人员培养教育 / 50

第九章 对泉州家族企业代际传承的建议 / 53

一、党委、政府加强引导家族企业稳健进行代际传承 / 53
二、发挥新老企业家在代际传承中的主体作用 / 55

后 记 / 61

第一章

企业家精神与家族企业代际传承是关系经济社会健康稳定发展的重大问题

一、家族企业是最广泛的企业组织形态

家族企业是世界上最早的商业企业形态，无论是在西方资本主义经济条件下还是在中国特色社会主义市场经济条件下，都呈现出独特的优势和特色。时至今日，在全球主要的经济体中，大多数的企业仍然是家族企业，即便是大型的上市公司和跨国企业，其中也有相当大的比例是家族控制的企业。目前，家族企业数量占全球企业的 2/3 和上市公司的 1/3，它们在美国占 85%、德国占 80%、意大利占 95%、英国占 75%、日本占 99%、韩国占 80%，拉美国家更高于世界平均值。我国港澳台地区的企业也多是家族企业，世界 500 强中半数企业是以家族命名。

改革开放以来的 40 多年是中国民营经济快速发展的历史，也是家族企业快速发展的历史。中国数千年传统的政治经济和文化遗产，给家族企业打上了深刻的家族烙印。随着国家一系列政策调整，家族企业已成为中国完善市场经济体制和转变经济发展方式不可或缺的重要

力量。截至 2023 年底，全国登记在册的民营企业数量超过 5200 万户，占企业总数的 93.3%，其中家族企业又占民营企业总数的 90% 以上，成为民营经济的主体力量。在创造经济奇迹的过程中，我国家族企业延续和显示出了强大生命力。部分家族企业在资产效率和惠及民生等方面明显优于其他企业形态，并且有相当一部分已成长为有市场影响力的大企业或行业中的领军企业。

二、家族企业传承成为世界性难题

　　家族企业如何有效地实现代际传承？该问题一直备受社会关注。从实践上讲，家族企业的传承有传贤和传亲两种模式。但由于产权保护等制度环境的不完善、经理人市场的不成熟等，现实中的家族企业更重视血缘和宗族关系，基本上采用家族内部继承的方式实现代际传承。然而，广泛流传的"富不过三代"的说法，为这种传承方式蒙上了一层悲剧色彩。据统计，全世界范围内第一代到第二代传承成功的只有 30%，第二代到第三代传承成功的只有 15%，第三代以后传承成功率只有 5%。也就是说，大多数的家族企业会因为代际传承出现问题而被市场淘汰。当然，像美国的福特家族、洛克菲勒家族、福布斯家族，日本起于江户时代至今仍兴旺的家族企业，我国港台地区超过百年历史的家族企业等，都延续了三代以上；德国具有 200 年历史的企业有 837 家，有百年历史的企业超过千家。如何让更多的家族企业基业长青、世代传承，不仅是中国，也是全世界家族企业面临的共同挑战。

　　从国际案例看，美国王安电脑是一个代际传承失败的经典案例。王安是美籍华人发明家、企业家，他创立的王安电脑公司在 20 世纪 80

年代曾排名《财富》美国 500 大企业的 146 位，他本人也在 1986 年 7 月 4 日纽约自由女神像落成 100 周年纪念仪式上被选为全美最杰出的 12 位移民之一。1986 年 11 月，他不顾众多董事和下属的反对，任命 36 岁的儿子王烈为公司总裁。原以为"虎父无犬子"，结果不少管理层纷纷离去，公司经营也急剧恶化，1988 年巨亏 4.24 亿美元。1989 年 9 月，王安让王烈辞职，但为时已晚，新换的 CEO 回天乏力，加上王安本人 1990 年因病去世，王安电脑公司最终走向末路，1994 年申请破产保护。"王安电脑"的案例说明，代际传承不仅要传承财富，更要传承企业家精神。二代在传承过程中，接过去的不仅是物质财富，更重要的是精神财富。如果不能传承和弘扬老一代的企业家精神和才能，父辈辛辛苦苦积累的家业，很快就会葬送在二代手中。

山西海鑫钢铁集团是国内影响比较大的接班失败案例。"80 后"接班人李兆会用 11 年时间（2003~2014 年）把父亲留给他的山西省第二大钢铁企业、规模最大的民营企业——海鑫钢铁"败光"。2003 年董事长李海仓意外去世，当时的海鑫钢铁资产总值达 40 亿元。李海仓被誉为"中国民企钢铁大王"，春秋正盛，没有留下任何遗嘱，但留下一个几乎定好由谁接班的股权结构。23 岁的李兆会接班后的两年，正是中国钢铁行业行情最好的时期。2003 年，海鑫钢铁资产总值达到 50 多亿元，上缴利税超过 10 亿元，是历史上发展最快和最好的一年；2004 年，资产总值更是达到 70 多亿元，上缴利税 12 亿元，成为当年度中国民营企业中的"第一纳税大户"，赢得各方高度评价。但是，从这以后，李兆会便自我膨胀起来，在公司排除异己、独断专行，导致公司核心管理层内斗不断，业绩持续下滑。后来，李兆会又抛弃父辈创建的钢铁制造实业，转向资本投资"赚快钱"。短短几年，海鑫钢铁主业生意日渐没落，最终因资金链断裂而"爆雷"倒下，成为家族企业传承失败的典型案例。

家族企业代际传承这一古今中外的世界性难题，随着中国民营经济发展到一定阶段，已经成为急需在理论和实践上不断探索与总结的新课题。关于家族企业代际传承的重要性，有学者认为：大至国家，如果多家大型企业的交接班都在同时进行，可能会对一个国家或地区造成系统性风险；小到企业自身，则意味着重构既有的股权结构和管理权，塑造出新的家族人际关系。由此可见，代际传承已不是企业一家一户的事情，一旦有相当数量家族企业在传承中出现"家不和，业不兴"状况，明显会对企业的持续生存，乃至整体民营企业发展和全社会稳定造成隐患。如果按传统平均年龄 60 岁退休为界，从 20 世纪 80 年代的个体户经济开始，第一代民营企业家已近暮年。近十年来，越来越多的家族企业已进入关键代际传承期。在未来十年，中国有将近 500 万户家族企业面临"传承"大考。中国无论是从时间的紧迫性，还是从这一群体数量看，这种大规模集中式的代际传承，在世界范围的企业发展史上实属罕见。也就是说，作为民营经济中的"关键多数"，家族企业代际传承问题不仅关系到企业自身能否持续成长，而且对实现我国经济高质量发展，乃至推进中国式现代化都具有重要意义。

三、企业家精神是代际传承的关键

企业是经济社会运行的微观细胞，而企业的核心是企业家。企业家是市场经济活动的重要主体，而企业家精神是经济发展和企业延续的重要源泉。物质财富对于家族企业来说无疑有着巨大的价值，但仅凭金钱的雄厚，不可能支撑一个伟大的企业。爱国、敬业、创新、拼搏和奉献的企业家精神，是企业基业长青的动力源泉。企业传承的关键，是企业家精神的代代相传。作为一种多数来自草根，勇于创业和创新的民间力量，在优胜劣汰的市场竞争中，其强大持久的企业家精神，持续推动着民营经济的成长与发展。美国经济学家约瑟夫·熊彼特的"企业家"定义最为经典。他认为，企业家是不断在经济结构内部进行"革命突变"，对旧的生产方式进行"毁灭性创新"，实现经济要素创新组合的人。中外企业基业长青的经典案例基本印证了这个结论。比如，美国科技"七巨头"［苹果、亚马逊、Alphabet（谷歌-A）、Meta Platforms、微软、英伟达、特斯拉］和中国科技"七巨头"（腾讯、阿里巴巴、拼多多、宁德时代、比亚迪、字节跳动、华为）。无论是美国还是中国的科技"七巨头"，它们的创始人都拥有某些共同特质，如洞察未来、改变世界的勇气、强烈的危机感、追求卓越、不断变革、坚韧不拔的精神等，他们为公司奠定与众不同的初心与特质。但在企业传承过程中，人们往往比较关注物质财富传承、企业实体传承和经营权力传承，却忽视最为重要的企业家精神传承。只有让家族成员传承企业家精神，使之持续成为企业成长的不竭动力，企业才能实现基业长青和家业永续。

第二章

民营经济是泉州经济发展的基本盘

　　泉州是我国民营经济改革发展的示范城市和建设 21 世纪海丝战略支点城市，是民营经济发展最为强劲的城市之一，民营经济是泉州最重要的基本盘、动力源和支撑点，是全国 GDP 超万亿元级城市中民营经济比重最高的城市。"晋江经验"是泉州民营经济发展的生动缩影。相较于全国民营经济"五六七八九"，泉州民营经济呈现出"七八九九九"特征，贡献全市七成税收、八成 GDP、九成技术创新成果、九成城镇就业、九成企业数量。2023 年 7 月，"不断创新和发展'晋江经验'"首次写入《中共中央　国务院关于促进民营经济发展壮大的意见》。"晋江经验"为什么行？泉州民营经济为什么强？心无旁骛做实业，是泉州民营企业家共同的作答。40 多年来对实体经济的坚守与笃行，指引泉州民营企业走上高质量发展之路，孕育出更多的发展硕果。2024 年首个工作日，国家发展改革委在晋江组织召开创新发展"晋江经验"促进民营经济高质量发展大会，清晰释放出新一年民营经济高质量发展的积极向好信号，民营企业家的信心进一步增强。

一、泉州家族企业与改革开放相伴相随

　　泉州民营经济中家族企业的发展，有其自身的内在逻辑和演进脉

络，但始终与中国改革开放的脚步相生相伴，在中国大地先后涌起的四次创业浪潮中拔得头筹。民营经济的第一代在党的十一届三中全会后出现，如恒安集团的许连捷、晋工机械的柯子江、匹克集团的许景南、达利食品集团的许世辉等。在邓小平"南方谈话"后的第二次创业浪潮中，出现了安踏体育的丁世忠、七匹狼集团的周永伟和周少雄、九牧集团的林孝发、日春实业的王启灿、锦恩机械的肖荣华等。在20世纪末互联网兴起时代的第三次创业浪潮，以及党的十八大后大众创业、万众创新的第四次创业浪潮中，泉州的民营经济第二代中涌现出一批高科技人才，如万维区块链科技的陈朝辉、火炬电子科技的蔡劲军、凤竹环保的李明锋、优安纳伞业的王祥鹏等。改革开放为泉州民营企业提供了新的生命和未来，而泉州民营企业家则对改革开放充满由衷的感恩之情。

二、家族企业推动泉州迈进"万亿俱乐部"

作为全国 GDP 超万亿元城市中民营经济比重最高的泉州，得益于"晋江经验"这把"金钥匙"，它们针对不同发展阶段，先后实施"质量立市""品牌强市""资本上市""科技创新""数智转型""资本赋能"等策略，为产业转型升级明确方向。2023 年泉州市地区生产总值12172.33 亿元，比上年增长 4.8% 左右；一般公共预算总收入比上年增长 10.6%，突破千亿元大关；居民人均可支配收入比上年增长 5.5% 左右，经济回升向好。市场经营主体超过 150 万户，其中企业约 50 万家，个体工商户约 100 万家。市场主体中超过 90% 是民营企业，民营企业遍布服装鞋帽、建材家居、机械装备、食品饮料、工艺制品、纸业印刷和石油化工等领域。在这些民营企业中，家族企业占比超过

90%，从而使泉州从一个全国典型的农业穷市，发展成为一个民营企业遍地开花、数十个民族品牌崛起的经济强市。家族企业的兴衰对泉州经济发展至关重要，直接关系经济转型和社会发展。这些家族企业紧紧咬住实体经济不放松，无论是鞋片、布片、纸片还是芯片，只要掌握核心技术，就是好片。它们专注于一双鞋、一件衣、一块布、一张纸、一颗糖、一片茶叶，立足自身禀赋和优势，抓住数字化和技术变革的机遇，苦练内功，涌现出一大批国内外行业的头部企业。

三、代际传承按下了企业转型"快车键"

泉州民营企业，一部分来自个体工商户和家庭企业，另一部分来自原国有或集体企业。也就是说，改革开放以来形成的民营企业，大部分采取了家族企业形式。长期以来，家族企业早期的管理模式多表现为保守和封闭，相当多的企业缺乏自主品牌、核心技术和市场竞争力，在严酷的市场变化和高科技日新月异的今天，面临着严峻的生存困境。就整体而言，泉州家族企业也存在传统产业比重高，转型升级任务重；创新能力偏弱，高水平研发平台少，高端人才缺乏；龙头企业、专精特新"小巨人"不够多，产业集聚化发展水平有待提高等问题。一些家族企业开始利用代际传承这一重要机遇期，逐步向现代企业管理制度转型。同时加入第二代的新思维和加大科技研发的投入，提升产品科技含量和附加值，以纺织服装、鞋业、卫浴为代表的一些传统企业走上技术转型之路。实践证明，代际传承与企业转型相辅相成，凡是得以顺利传承的家族企业，大多也会顺利进行企业转型。

正如在代际传承顺利的安踏集团，同时也在以科技创新不断强化自己的主业。其董事局主席丁世忠在 2023 中国民营企业 500 强峰会的发言中表示，"民营企业只有不断加大科技创新力度，提高企业核心竞争力，才能在市场竞争中站稳脚跟。安踏一直坚持以科技创新为驱动，发展成为世界领先的体育用品集团，以新发展理念，实现高质量增长。安踏每年对创新投入 20 亿元，在全球设立五大研发中心，未来将持续投入创新超过 200 亿元"。

晋江新建兴机械设备公司总经理吴琳炜从国外留学回来就进入传承接班和科技转型这同一机遇期。他对本书课题组说，由于他在国外读书时生活顺畅，最初对接班干企业挺排斥的，后来向父亲提出做陶瓷机械的自动化升级，效果明显并得到认可，这使他产生成就感。之后，公司不仅在江西开办了生产基地，还准备到海外去设厂。他认为，科技转型的成功等于也为他的接班同时按下了"快车键"。

始创于 1989 年的福建火炬电子科技股份有限公司，自 2015 年在上海证券交易所挂牌上市以来，一共实施了三期员工持股计划，从相对集中的股权结构，不断优化构建适应企业发展的股权激励机制，财务业绩、营运能力、成长能力等均得以增强和改善，充分体现了火炬电子不断朝现代企业治理迈进的步伐。

四、家族企业的"草根"特性根植 市场生命顽强

家族企业是由婚姻、血缘或收养关系产生的亲属之间共同投资或共同拥有，从事生产经营活动的企业组织形式。家族式管理就是由家族成员共同对生产经营活动实施管理的方法和模式。改革开放以来，泉州民营企业已经发展到一个很大的规模和很高的水平，但家族制仍然是民营企业制度的基础，家族式管理仍然广泛存在于各类民营企业

之中。从改革开放 40 多年来泉州民营企业走过的发展历程看，家族式管理模式具有许多方面的优势。

一是具有很强的凝聚力。"打虎亲兄弟，上阵父子兵。"组成企业的同一家族成员，尤其在创业初期彼此具有高度的认同感和一体感，容易产生高信任度和高忠诚度，形成稳定的心理契约，彼此相互信任、同舟共济、患难与共。一些家族企业不仅把中华优秀传统文化思想用于家族成员的团结上，而且还推广应用于对员工的管理上，在企业中培育一种家庭式的氛围，使员工产生一种归属感和成就感。这不仅增强了员工对企业的忠诚度，提高了企业经营管理者和员工之间的凝聚力，而且还减少和削弱了员工与企业之间的摩擦和矛盾，保证了企业的顺利发展。

二是较快完成原始积累。利用血缘、亲缘和地缘关系，家族企业不仅容易获得创办企业所需的人力资本和物质资本，而且凭借家族成员之间特有的血缘关系、亲缘关系和相关的社会网络资源，家族企业能够以较低的成本迅速集聚人才，促使参与企业经营生产的家族成员全身心地投入，甚至可以不计报酬地艰苦创业，因而能够在短时间内获得竞争优势，较快地完成资本的原始积累。特别是在市场经济发展初期，市场秩序不够顺畅、产权和契约法规尚不完善、契约的履行得不到可靠保证的环境下，家族制度减少了企业创立的风险。

三是决策运营高效。家族企业是在家族伦理道德规范的制约下进行运作和管理，管理的集权性决定决策的快速性，企业主依靠商业经验指挥家族企业，对家族企业的重大事务迅速做出决策，为应对市场变化赢得宝贵时间。同时，由于家族式的权力控制非常集中，权力的运用减少了许多中间环节，在对外界的变化方面反应迅速，因而运行效率比较高。

四是节省大量管理成本。企业在初创阶段的所有权与控制权合二为一，企业管理的特点是创业者或家族成员在企业中占统治地位。这种治理模式几乎没有代理问题，因此避免了监督成本和管理费用。在职业经理人市场不完善的情况下，由于使用"外人"而给企业造成巨大损失的例子数不胜数。据调查，有2/3以上的投资者认为由于找不到可靠的管理者自己才直接掌握管理权。

五是坚持长期主义。由于家族的血脉亲缘关系使其在观念、利益和对问题的认识上具有一致性，比如企业成员的行为目标都是一致的，希望自己家族企业的利益最大化，并能够永续经营发展下去。特别是许多家族企业非常注重家族的延续性，期望基业长青，企业的经营方针都会要求子女继承并予以发扬光大，所以家族企业往往更具长远观点。

任何一种制度的产生和存在都有其历史和社会背景，都有其存在的合理性。泉州民营企业家族式的治理结构，主要是由历史和现实两个方面造成的。从历史角度看，家族制与中国传统文化背景相适应。我国传统文化主流是儒家文化，儒家文化核心是儒家家族主义。因此，家族在中国传统文化背景中无疑是效用最大化的组织。同时，中国传统社会结构也是以家族为社会的细胞，按家族伦理扩展而组织的，其他社会组织在一定意义上是家族的放大。泉州民营企业选择家族式管理模式，从文化、伦理道德层面上看是儒家家族主义在经营模式上的体现。从现实角度看，由于我国社会主义市场经济体制建立时间不长，一些法律规范尚未完全确立和有效实施，同时职业经理人文化没有形成、社会信用体系不完善等，存在较大交易风险和不确定性。家族式管理以血缘为背景，人际交往模式建立在亲情基础之上，具有强烈而全面的信任关系，可以减少群体成员由于信息不对称而导致的道德风险，从而大大减少监督成本。因此，基于家族式管理的凝聚力、灵活性、有效性，以及在代理问题上的优势，泉州民营企业较难摆脱家族化倾向，在相当长一段时期内会继续存在。

第三章
企业家精神一直是引领泉州民营企业发展的动力源泉和传承核心

　　习近平总书记曾经把我国企业家精神的内涵概括为"爱国、创新、诚信、社会责任和国际视野"。这一概括凝练兼具高度、广度和深度，是挖掘和提炼泉州民营企业家精神的基础和依据。企业家精神一直是引领泉州民营企业发展的动力源泉和传承核心。泉州民营企业家群体，不仅具有一般企业家的共性，更脱胎于泉州民风、民情、民俗，而且极具地域特色。泉州是宋元中国的世界海洋商贸中心，曾拥有"东方第一大港""东亚文化之都"的繁华盛景。这里的人们向海而生、梯航万国，多元文化交相辉映，底蕴深厚、历史悠久。泉州企业家精神的形成与泉州的地理、历史和风土人情相关，有着非常深厚的历史文化渊源。本书课题组在调研中，感受到泉州企业家具有"向海而生、爱拼敢赢；兼容开放、诚实守信；勇于创新、追求卓越；富而仁爱、造福桑梓"等特质，但对于泉州企业家精神还需要与社会各界深入讨论并最终凝练出更精准、精简、响亮，得到广大企业家认可的精神字意。

一、向海而生、爱拼敢赢

　　泉州地处闽南三角的核心地带，枕山面海，山多地少，海域辽阔，适宜海上活动的自然条件，叠加农业技术不够发达的状况，使自古以来生活在这块土地上的人们选择向海洋拓展生存空间。他们敢于四海留足迹，拓海走贸易，铸就了拼搏、冒险、奋进等精神。而且，闽南一带长期流传着"少年不打拼，老来无名声""输人不输阵，输阵番薯面"的说法。在经商传统影响下，"创业当老板"一度成为泉州人的价值取向。改革开放大潮，唤醒了泉州人"爱拼敢赢"的基因，泉州大地掀起创业创新热潮，谱写出向海而生、勇于冒险、敢为人先、百折不挠、爱拼敢赢、自强不息的创业精神，不仅创造出了闻名遐迩的"晋江经验"，而且造就了泉州这个万亿元名城。

二、兼容开放、诚实守信

海洋贸易必然要求兼容开放，更需要诚实守信。泉州作为中国海上丝绸之路起点和文化交汇之处，不仅开启了自由贸易和东西方交融的文明之路，而且形成了泉州人海纳百川、开放包容和宽厚广阔的胸襟。人无信不立，业无信不兴。经商办企业特别是跨海跨民族的海外贸易，更需要诚实守信和遵守契约的精神。泉州民营企业家把守法诚信作为安身立命之本，做到重信誉、守信用、讲信义。以高度的责任感面向社会，以严格自律应对市场，以良好信誉提高竞争力，泉州企业也因此享誉世界，不断发展壮大，诞生了如安踏、恒安、七匹狼、特步、达利、匹克、九牧等享誉海内外的知名品牌。

泉州民营企业家精神与代际传承

三、勇于创新、追求卓越

创新是企业家精神的核心要素。在激烈的市场竞争中，没有创新精神企业就失去前行的动力。改革开放激活了泉州企业家的创造力。多年来，泉州企业家一直在市场竞争最为激烈、附加值又很小的传统产业领域中摸爬滚打，他们始终坚持专注品质、追求卓越，不断推进技术创新、产品创新、品牌创新、管理创新、市场创新和商业模式创新，在逆境中求生存、谋发展，努力实现转型升级，增强企业的市场核心竞争力和抵御风险能力。正是凭着这种"勇于创新，追求卓越"的品质，泉州企业家立足各县域资源禀赋，迸发出"一县一产业"的生机活力。比如，晋江、石狮锚定"带动性基地"要求，发力纺织服装、制鞋、食品等支柱产业；南安深耕机械装备、水暖卫浴等行业，打造著名建材之乡；惠安、泉港在园区架起银色炼塔，蜿蜒管线组成"石化巨龙"；安溪的"茶文章"越做越精，藤铁工艺和光电信息等齐头并进；永春篾香和醋香技艺传承千年，"无永不开市"依旧经典；德化"中国白"成为"世界陶瓷之都"的生动诠释；在鲤城、丰泽、洛江、泉州开发区和台商投资区，文旅融合、数字经济、智能制造和生物医药等领域正释放出勃勃生机。

四、富而仁爱、造福桑梓

泉州历史悠久，文化厚重，泉州人民历来都有浓厚的桑梓情怀，

14

无论是传统农业社会还是现代工业社会，祖祖辈辈漂泊在外的经历，让泉州人对故乡沉淀了深厚的情感。同时，源于中原的儒家文化与来自海洋的拼搏精神、多元宗教和侨乡风土相结合，孕育了兼爱怀仁、崇德尚义的慈善传统，"达则兼济天下"的基因深深融入泉州民营企业家的血脉。作为我国民营经济发展最为活跃的地区，一大批民营企业家通过发扬爱拼敢赢的精神，在短短几年内就富裕起来。他们致富思源，富而思进，不忘回馈社会、造福桑梓，积极参与各种帮扶和公益慈善活动，做到富而有德、富而有责、富而有爱。据不完全统计，改革开放以来泉州民营企业家为各种慈善公益事业捐资超175亿元。由民营企业家2002年发起成立全国第一家县级民间慈善机构——晋江慈善总会，截至2023年11月30日，累计募集善款45.98亿元，涌现出37个"慈善世家"、76名"慈善家"和33名"慈善大使"，许连捷等21人次先后荣膺中华慈善奖及提名，几乎囊括当地所有知名企业家。

第四章
泉州市民营企业代际传承的思想状况

泉州民营企业中第一代多来自农村,洗脚上田,"白天当老板,晚上睡地板"。凭着坚忍不拔的毅力与打拼,从产业链最低端开始,建基立业,一步一个脚印完成家族财富的原始积累。在市场经济浪潮的闯荡中,他们领悟到:企业要可持续发展,知识就是力量。于是,他们不仅通过各种渠道加强自身学习,同时格外重视子女的教育培养,许多人都把孩子送到国外大学深造。如今,当年的努力已结硕果,第二代接班人茁壮成长,两代人有的在一起共同创业,有的已经完成或正在完成代际传承。

石狮是全国百强县,中国十大活力县级城市、中国大陆最佳商业城市和最具活力及竞争力的县级市之一。我们以石狮青商会 378 名理事为研究样本,对其基础信息和企业概况进行综合分析(见表 4-1)。

表 4-1　石狮市青年商会理事基本情况统计表

序号	类别		数量	占比(%)
1	青商理事人数		378	100.0
2	青商平均年龄		37	—
3	年龄段	1979 年以前	64	16.9
		1980~1989 年	199	52.6
		1990~1999 年	111	29.4
		2000 年以后	4	1.1

序号	类别		数量	占比（%）
4	性别	男	275	72.8
		女	103	27.2
5	户籍情况	内地居民	326	86.2
		港澳台同胞	45	11.9
		海外侨胞	7	1.9
6	籍贯情况	福建泉州	277	73.3
		福建非泉州	27	7.1
		福建省外	74	19.6
7	学历层次	高中及以下	107	28.3
		大专	59	15.6
		本科	187	49.5
		硕士研究生及以上	25	6.6
8	留学情况	有海外留学经历的人数	47	12.4
9	政治面貌	中共党员	66	17.4
		民主党派人士	7	1.9
		无党派和群众	305	80.7
10	社会身份（县级及以上）	党代表	2	0.5
		人大代表	2	0.5
		政协委员	13	3.4
11	创业类型	创一代（白手起家型）	172	45.5
		创二代 主业继承型	184	48.7
		另起炉灶型	3	0.8
		以上两者结合型	19	5.0
12	企业规模	规上企业	40	10.6
		限上企业	23	6.1
		其他	315	83.3
13	产业分布	第一产业	18	4.8
		第二产业	193	51.0
		第三产业	167	44.2

分析石狮青商会的调查数据，具有以下几个特点：一是男性人数较多，有275人，占总人数的72.8%，侧面说明民营企业经营管理者男性居多。二是总体较为年轻，1990年后出生的111人（29.4%），2000年后出生的4人（1.1%），说明民营企业经营管理者也越来越年轻化，代际传承的规划安排较为迫切。三是学历较高，本科学历的187人（49.5%），硕士研究生及以上学历的25人（6.6%），相较于老一辈企业家，凸显了高学历的特点。四是参政议政积极性高，中共党员66人（17.4%），担任县级及以上的党代表2人（0.5%），人大代表2人（0.5%），政协委员13人（3.4%），说明青年企业家思想觉悟高，追求进步，主动向党组织靠拢，积极参与政治生活和社会治理。五是开放、包容性较强，港澳台同胞45人（11.9%），海外侨胞7人（1.9%）。六是创二代人数较多，206人（54.5%），属于企业中的大股东或者企业所有者直系亲属。七是产业分布较为集中，企业的业务主要分布在第二产业（51%）、第三产业（44.2%），第一产业的较少（4.8%）。八是企业规模差异较大，规上企业仅40家（10.6%），限上企业23家（6.1%），说明企业发展潜力和后劲较大。

　　从上述这些特点可以看出，泉州"创二代"企业家比老一代接受过更系统的教育，拥有更开阔的眼界、更多元的价值观和更丰富的生活乐趣。较之"富二代"脸谱化的形象，泉州"创二代"较好地传承了企业家的精神风貌，更爱学习、更善拼搏、更加上进，洋溢着敢拼、善拼，而且"智拼"的气质特征，有浓厚的家乡情结、抱团意识，愿意参与政企互动。由点及面，石狮青商会的调查数据结合线下面对面的座谈交流，我们发现，泉州两代民营企业代际传承过程中的思想状况归纳起来，有两点思想共识。

一、两代企业家形成应对新挑战的思想共识

据泉州市工商联统计，家族企业中的第一代大都只有中、小学学历，初中以下占 25.3%、高中以下占 51.3%、大专以下占 16.1%、本科以上仅占 7.3%，许多第二代在和课题组谈及自己心目中的第一代时，他们深感第一代的艰辛付出和良苦用心，表示自己要保持初心，坚守实业，把来之不易的企业经营好。即使还有部分尚未接班的第二代仍处在观望和思考的空窗期，但实践表明，他们中的多数终究还是会回到企业或自行创业。长期以来，在闽南文化的浸润和规范下，两代人之间这种相互认知的关系，最终达成对家族企业代际传承的共识。

当前，科学技术的迅猛发展不断促进经济社会变革，深刻影响人们的生产和生活方式。尤其近年来物联网、大数据、云计算、人工智能等新技术层出不穷，催生出新经济、新业态和新商业模式，在极大冲击着人们思维方式和商业逻辑的同时，也势必会推动泉州家族企业更积极地利用好代际传承这一机遇期。福建省万维区块链科技有限公司董事长陈朝辉等泉州企业家在与课题组交流时，提出要利用民营企业代际传承的时机点推动企业进行数字化转型升级，他们的看法可以总结为三点：一是代际传承和数字化转型升级都很重要，且是非常具有挑战性的时机点。代际传承不仅是财富交接、股权交接、决策权交接，还要协助新一代企业家立威、立信、立功、立德，要把新一代企业家送上企业的舞台中央，让他们从跟跑变成领跑，成为新的掌舵人。二是要引导新老企业家利用代际传承时机点共同推进数字化转型升级，年轻一代企业家容易掌握数字技术，能用好数字化系统、平台和工具，方便在企业中建功和立威，第一代企业家有经验、人脉资源丰富，对

行业理解深，对政策把握和解读更为准确，引导企业在数字化转型升级中发展平稳、合规合法，不会在商业模式创新上脱轨，保证企业的文化、价值观的可持续性，更好地维护企业的品牌和形象。三是在数字化大背景下对商业模式进行创新，引导新老企业家利用代际传承时机点共同推进数字化转型升级，重新激发第一代企业家年轻时期爱拼敢赢的精神。同时有利于年轻一代企业家理解第一代的企业家精神，共同面对新的挑战，"后浪""前浪"的关系并非此消彼长、相互替代，他们之间更重要的还有传承与发扬。

二、实现企业代际传承与完善现代企业制度 "双促进"的思想共识

关于代际传承，中外家族企业之间似乎并没有明显差别，但如果把传承内容和方式加以细分，会发现泉州乃至中国企业代际传承主要表现在所有权和经营权多是以合一方式进行传承，同时重视血缘传承甚至指定传承，并通过对家族拥有的有形资本和无形资本的传承，使这一过程变得丰富多彩。而国际上那些历经多代的老牌企业则显得相对简单，这些企业在所有权和经营权之间已出现较多分离，家族股权经过多代传递不断稀释，管理权也由更多的职业经理人参与分享，虽然家族品牌仍被控制，但在企业形式上比中国企业更接近于两权分离的职业化特征。例如，以当今美国最具价值的科技"七巨头"中的几家公司为例，苹果选择接班的是库克，微软选择的是萨提亚，亚马逊选择安迪·贾西接替贝索斯，他们选择的一个共同点就是这种代际传承都与血缘、亲缘无关，董事会挑选的是那些在公司工作多年，功绩卓著，能看到未来的领导人。

泉州的家族企业与国内其他地方一样，第二代当前面临的是与第一代迥然不同的发展环境，市场从短缺到饱和再到过剩；经济发展方式从粗放型转向内涵型再到高科技；由人口红利、资源消耗转向改革红利、创新驱动。第一代创业者所处的发展环境相对稳定，经济社会发展处于数量累积过程，而第二代目前面临的外部环境则复杂多变，经济社会发展处于转型期，不确定因素明显增多。这种状况，决定了第二代接班人所肩负的责任和使命更加繁重艰巨。但泉州家族企业通过自身努力，通过多年的摸索，在实践中已逐步呈现出一些相对固定的特征，展示出具有闽商地域文化特色的价值取向，影响和推动着代际传承稳健地向前发展。

第五章

泉州家族企业代际传承的影响因素及面临的挑战

近几年来，民间投资增长面临较大困难和下行压力。2023 年，民间投资增速和占整体投资比重明显下降，增速持续走低，既有外部环境复杂严峻的普遍影响，也有国内大循环存在堵点、有效需求不足的因素。在严峻发展形势下，对于代际传承阶段的民营企业而言，传承过程中的困难挑战更为严峻。

一、家族式管理存在的问题

泉州民营企业家族式治理结构，目前存在的问题主要有以下几方面：

一是产权封闭。家族企业多为创业者或家族持有，很少接受外界的参股，即使有些企业进行了股份制改造，企业的大股东仍是创业者及其直系亲属。所有权高度集中，家族成员不愿让投资者来参股分享利益，也不愿向多元化产权结构转变。这种产权的单一性、集中性，使企业难以获得外部的资金，阻碍了企业的规模扩张，企业的发展不能得到资源的有效流动和配置，因而不能有效发挥企业资本效率。

二是管理决策"集权"。家族式的企业管理，必然导致决策方式的独断专横。老板拥有绝对权威，往往说一不二，雷厉风行。这种主要依靠经验的独断决策，在企业规模不断扩大、经营不断拓展、市场竞争日趋激烈的情况下，经营者受自身知识、掌握的信息等多方面的局限，难以做出正确的决策，在激烈市场竞争中充满风险。同时，家族式管理导致民营企业中的集权制现象，部分家族成员凌驾于企业制度之上，经常以"亲情代替制度"管理企业，缺少必要权力监督，不利于企业权力制衡，容易形成不合理的权力运作机制。这也是造成一些家族企业出现大起大落现象的重要原因。

三是外来优秀人才不易融入。家企不分的产权闭塞，必然造成企业管理具有很强的垄断性，外部各种优秀人才难以进入企业管理岗位，企业中高层管理人员往往是以自己的亲属为主，大多是用人唯亲而非用人唯贤，关键岗位只用"自己人"，从而限制了外来的优秀技术、管理人才的输入。由于管理需要服从血缘关系，科学管理常受亲情羁绊，因此以经济利益为纽带的管理规则时常失效，导致企业内部缺乏科学的管理体制，甚至根本难以存在。由于家族成员在企业中掌握重要职权，许多人才往往难以得到提升，产生了"卖身打工"的自卑感，这就必然挫伤其积极性和创造性，导致工作效率降低。

四是"家""企"不清。家族企业也不是都有凝聚力的，如果家族成员之间关系处理不当，容易导致家族血缘关系的内聚功能转变为内耗功能。泉州许多家族企业是由几个兄弟姐妹或父子、夫妻共同创立，其内部产权往往不明晰，特别是遇到企业继承或分立的状况时，问题就更为突出，有可能出现内部纷争，兄弟反目、夫妻反目，导致企业走向没落。

五是"老板文化"浓厚。企业文化是企业的基本价值观和行为规范，是企业充满活力、永续发展的内在动力和源泉。当前，泉州许多家族企业内部存在的裙带关系以及家族成员矛盾等严重制约着企业文化建设，难以形成和促进企业可持续发展的文化氛围。具体表现为：浓厚家族式经营色彩，个人独断专行，企业文化就是老板文化；打擦边球、钻政策空子、违反游戏规则以致恶性竞争严重；诚信危机、伪造假账、偷漏税款，信用状况较差，存在不规范行为、不合法行为；忽视激励，管理层与员工关系疏远，少有感情沟通，缺乏团队凝聚力。这些因素成为影响企业发展的重大障碍，难以适应现代市场经济发展的要求，不利于企业做大做强，甚至在市场形势变化和经营风险加大时给企业带来灾难。

实践证明，家族式管理并不总是成功的。当企业发展到一定程度，其生存的制度环境发生改变时，这种管理模式的弊端将严重束缚企业的发展。实际上，在资产达到一定规模，市场活动更加频繁时，家族式管理固有的排他性和集权性的缺陷就会充分暴露出来，成为制约民营企业做大做强做久的绊脚石。

二、代际传承的主要影响因素

一是从影响代际传承的家族因素看，继承人综合素质能力是首要因素。家族企业作为一种制度安排，其顽强生命力说明它与其他企业相比有其独特的一面。创始人性格、继承人综合素质、继承人经营企业的兴趣与代际传承息息相关。

二是从影响继承人的选择标准看，继承人决策能力是重要因素。基于企业、继承人、家族成员等诸多影响因素，创始人选择继承人的重要标准主要看继承人的决策能力。

三是从影响代际传承的内部因素看，既有企业自身发展因素，也有创始人的思考、子女的自身条件等多因素。子女继承条件成熟作为影响的第一要素。

　　四是从影响代际传承的外部因素看，行业发展态势是主要因素。影响家族企业代际传承的外部因素较多，主要有行业发展态势、企业发展风险和法律法规要求等。

　　五是从制约代际传承的主要原因看，创始人不愿意交班是关键因素。创始人认为企业是其一生的事业和心血成果，对代际传承不放心，要牢牢把握企业的控制权。

三、代际传承的现实困境

　　中外家族企业的实践经验告诉我们，传承的关键所在还是家族内部，让所有利益相关方都满意的传承是很难实现的。代际传承并非一时一事，而是一个充满风险的长期过程，至少有六大现实困境值得关注。

　　一是第一代不愿让位。一项对全国 60 岁以上第一代企业家的调查显示，有三成左右尚未考虑交接班问题，而在泉州民营企业家对于接班时间的调查中，大多数第一代企业家称准备在退休前十年内才会考虑接班人问题；第一代企业家将其用毕生精力创办的企业视为又一个"亲生儿子"，情感上难以割舍；企业自创办至今能发展到传承阶段，说明创业者是正确和成功的，有的虽退居二线，实际上仍退而不休，对工作进行不恰当的干预；第一代的创业经历和成功业绩是个人素质、工作能力的体现，这些具有传承性，却缺乏替代性，故此他们往往担心第二代不能胜任。

　　二是继承人接班意愿不强。由于两代人文化背景和成长经历的差异，第二代普遍学历高，对行业技术、发展状况、管理模式都有较深入的了解，但大多没有创业历练，使得他们和管理团队、企业员工之间缺乏信任基础，极易形成多方对立，因此在管理理念、沟通渠道、思维方式方面容易形成矛盾，在理念和价值观方面产生分歧；现实中的两代人之间存在着一种虽亲密却复杂的关系，第二代不愿生活在父辈影响下，尤其是强势的第一代，他们担心社会对自己的努力与第一代进行简单化比较，有的第二代在回顾与父亲共事经历时说，那就好像是一碗饭里插了两双筷子；对于第一代创办的企业所在的产业发展前景，以及所学专业与家族企业不符，也是影响第二代接班意愿的因素，因此他们更愿意自主创业。此外，部分第二代对经营传统实体企业存在怕苦怕累思想，甚至有极少数人甘愿做"富二代"，沦为纨绔子弟。在与泉州第二代企业家接触中可知，由于从小受到创业家庭熏陶，在做生意、办企业方面有一种天生的敏感和能力，他们中绝大多数积极进取，还是勇于和愿意接班的。这与2015年《中国家族企业传承报告》调查样本中显示的家族企业第二代愿意接班的仅占不到40%，而有15%明确表示不愿意接班，另有45%对于接班态度不明朗或自行创业这一调查结果有着相当不同，这显示出泉州家族企业第二代接班的特殊性。

三是接班人经历不足。大量研究表明，接班人的决策能力、实践经验和领袖气质对企业传承有着显著影响；2017年《中国家族企业年轻一代状况报告》显示，全国近三成继承者是由学生直接转变为企业主；即使受过良好教育和在父辈创办的企业工作过，由于没有外部工作经验，缺少独立创新精神，不利于第二代在更为客观的环境中证明自己的能力。当然，社会及第一代也应当对接班人抱有宽容的"试错"心态，给予他们更多的展示时间和选择余地。对接班人来说，代际传承的过程其实也是一个不断处理各种关系的过程。这里有他们与第一代间的关系；与兄弟姐妹的关系；与职业经理人，尤其是与"老臣"的关系；与外部社会大环境的关系等，在所有这些关系中，首先需要处理好的就是与父辈之间的关系。

四是代际鸿沟无法避免。与西方家族企业两代人之间提倡的个性自由，彼此尊重不同，中国传统家族中自古有之的父权思想，使两代人之间事实上存在一种不平等关系。子女须服从家长，使接班人在成长过程中产生无力感。这种通常拥有权威的第一代，多决定第二代该做什么，能做什么，而第二代则希望父辈能够平等看待自己，双方又同时希望对方能够主动为彼此着想，而问题就出在两代之间都缺乏采取具有前瞻性和建设性方式与对方沟通的意识。家族成员对企业的奉献精神是家族企业的典型特征，也是家族企业独特的竞争优势，但这种优势很容易在代际传承过程中递减和流失。由于传承会伴随家族内部权力和财富结构的重新配置，这种变化也给家族成员带来很大不确定性。由于价值观差异，不同人对同一事情的看法和态度也不同，进而可能引发冲突。要成功解决这一潜在危机，在顺利传承的家族企业中通常有两点颇为重要，一方面是编织大家共同的梦想，另一方面是制定大家彼此认可的规则。

　　五是传承计划缺失。代际传承是家族企业一项十分复杂的系统工程，涉及两代人及家族成员、非家族管理人员、员工、客户、供应商、合作伙伴和政府等诸多利益相关方。近年来，专家和社会舆论都建议和呼吁重视提早对接班人培养、成立家族企业委员会、制定家族宪法等。老一代企业家也都认识到代际传承的重要性，但是往往缺乏具体行动，在企业经营顺风顺水时，很少顾及交接班安排，而一旦企业面临下行压力自己又力不从心时，会感叹未能提前物色和培养接班人，使心中的百年老店之梦可望而不可即。现实中真正重视"治未病"，提早制定传承规划的并不多。许多人相信"船到桥头自然直"，他们往往在随着企业家年龄增长和身体出现变化时，才开始把这一问题摆到家族的桌面上，从而使一些第二代临危受命，在没有经验支持和心理准备下就仓促上阵。尽管本书课题组尚未掌握泉州家族企业这方面的数据，但在和部分第二代企业家交流中，能够感受到这种现象的存在，探究其根本原因，与第一代企业家的自身素养和眼界有关。

六是职业经理人制度不完善。在家族企业中，所有者和管理团队之间的高度信任、特殊的成本控制力和投资的长期导向，不仅在创业初期创造极强的生存能力，也为企业日后成长提供持续稳定的推动力。尽管职业经理人制度在国际上普遍实行，但在我国仍然不规范和不成熟。市场竞争就是企业管理者的竞争。一个强大的经济体，背后必定站立着一批顶级的企业；一批世界级企业的背后，必定活跃着一批顶级的职业经理人。经过40多年改革开放，虽然泉州民营企业家素质有了明显提高，但整体看，综合水平还有待提高，在国际市场上的竞争力还不强。这集中表现在企业管理上的差距，缺少综合型高技能的管理人才，更缺少适合现代企业制度的职业经理人队伍。放眼全球，职业经理人在家族企业传承过程中普遍存在。日本三得利公司的第五任总裁就是一位非家族成员，而第六代接班人则是家族成员，跟着第五代总裁学习，这也是一种值得关注的传承方式。泉籍的新加坡大华银行荣誉主席黄祖耀对此曾有过这种观点：家族企业最理想的方式就是家族控制配合精英专业管理。家族企业家为企业制定方向，专业经理人则提供知识和专长，两者互相配合去实现企业的长远目标。

课题组发现，泉州家族企业对职业经理人多抱有不信任态度，更不会将其视为自己企业的传承方式。一些家族企业担心职业经理人对企业的忠诚度，即使聘用他们也不予以充分信任，使其放不开手脚工作。因此，如何创造有利于职业经理人的生长环境，培养、吸纳和引进职业经理人，为企业发展提供专业人才支援，是企业领导人需要认真思考的一件大事。现实中，有的企业对竞争对手采用"挖人"的手段，不按人才市场规则行事。与此同时，也确有少数职业经理人职业道德欠缺，做出损害企业的事情。如今，泉州也有一些家族企业已经意识到职业经理人的重要作用，并不惜重金聘请他们到公司工作，如安踏、利郎和恒安等企业。

四、代际传承中的重点难点问题

　　尽管传承的方式各种各样，各有千秋，但具体到家族企业内部，传给谁、传什么和如何传这三个存在逻辑关系的根本问题，成为最重要也是最为困难的决策。他们有时会产生不同看法，演绎出所有权人、家族成员和利益相关方的各种博弈，其中既交织着相连的血脉和共事情感，又潜伏着内在的理念和利益冲突。

　　一是传亲还是传贤成为传承的第一难题。在传给谁的问题上，影响人选的原因大致归结为主观和客观两大因素，前者是指创业家族尤其是第一代企业家的选择偏好；后者是指可供选择的合格接班人的来源范围。对于普遍有着多子女的泉州家族企业来说，明显具有天然优势。泉州的家族企业中，父亲是董事长，大儿子做总经理，小儿子负责对外事务，女儿则管理财务。福建省诺华卫生用品有限公司董事长郑友套 1972 年出生，他对课题组说，有两个儿子，当大儿子打算出国去读研究生时，却没得到他的同意，其中最主要的原因就是他希望儿子留在家乡能多生孩子。这种情况与全国 32.31% 的家族企业中只有 1个孩子的情况形成鲜明对照，这种可供遴选的第二代人力资源，尽管可能会使第一代到了挑选接班人和分配财富阶段时颇费脑筋，但肯定比"只有一个"好。因此，第一代在选贤任能时，多期望采用"田忌赛马"的方式，期待德才兼备者能从更多的子女中脱颖而出，让涌现出的这位第二代被培养成为家族企业掌控者。与此同时，明智的第一代也会考虑给予其他子女足够的机会，避免在自己过世后可能出现的家族纷争。与此同时，这期间还存在一个十分重要的问题，即在闽南这样非常重视宗族观念的地方，如何在强调家族整体利益的同时，又能兼顾将企业内部产权明确到每个自然人的身上，尤其要在第一代企业家过世前和家族代际传承过程中完成。

二是传承"有形"还是"无形"决定了传承后的发展走向。在传什么的问题上，两代人在认识上的正确与否及深刻程度，对传承成败有着重要影响。当今学术界普遍归纳出了可供传承的六大资本，主要是产业资本、金融资本、人力资本、家族资本、社会资本和智慧资本。其中前两项为有形资本，后四项为无形资本。尽管人们普遍认为，企业的股权、现金、不动产等有形的物质财富是传承的必要条件和重要基础，在本书课题组采访的泉州家族企业中，不少人还有着更为完整的表述，他们认为，除了财富和权力外，还应关注价值观、家风、家规、第一代的管理经验和社会关系等的传承，甚至还包括企业创办者独特的个人魅力，而企业家精神的传承则是最核心的传承。

在对泉州家族企业有形资本的具体传承操作中，产业资本和金融资本被认为是家族财富中最为重要的组成部分，也是在传承中最需重视的部分，但这并不妨碍他们对传承无形资本的重视程度，只是在理解力和执行力方面各有侧重与不同，因为在家族传承过程中，随着时间或空间的转换，六大资本也会面临新的变化，家族企业需因势利导，主动掌握六大资本之间的相互关联和转化关系，调整各种资本的运作重点，进而增进家族的整体价值和促进传承的顺利开展。除了两大有形资本外，其他四大无形资本的传承主要表现在：第一，家族中每个成员智商和情商，以及素质和能力的人力资本，如家庭的人员年龄、健康情况和教育程度等，直接关系到接班人的选择。第二，家族成员整体之间团结与凝聚力的家族资本，对于代际传承具有重要意义。一些家族企业的衰败往往是从家族成员之间产生嫌隙开始，而团结一致的家族则是企业成功的基础与保障。第三，代表家族与外部关系的社会资本，反映和传递出的是家族人脉和信誉，而家族企业的兴衰与政府、社区、员工、供应商、客户等利益相关方休戚相关，拥有良好的社会关系，能为企业不断创造出新的价值。第四，六大资本中最难量化的是智慧资本，它存在于家族每个成员头脑中，尤其是第一代实践中累积的经验和教训，传承正确的家族文化和价值理念，会引领家族企业做出正确抉择和顺利发展。

三是传承方式决定传承成效。在如何传承的问题上，尤其在进入传承阶段后，家族企业不可谓不重视。泉州许多第一代言传身教，再"扶上马，送一程"，尽管"各村有各村的高招"。在这方面，他们大都十分推崇方太集团创始人茅理翔对儿子茅忠群接班所采用的"带三年、帮三年、看三年"的设计。也有的家族企业请家族办公室专业培训师一对一地面授机宜、贴身辅导。除了在理论学习方面十分投入外，还会在实践上进行多种尝试，如在第二代接班前，尤其对从学校毕业不久的第二代，会先把他们放到其他的企业中去锻炼一段时间，然后再回来接班。

除家族内部在如何传承方面格外用心外，政府和社会也通过各种方式伸出援手，如采用专题培训、开研讨会、办企业家日等，还有组织国内外游学团开阔眼界或去大学和培训机构学习。据课题组了解，目前，泉州已成立 11 个县（市、区）青商会，涵盖了主要产业集群和龙头企业。他们秉持"爱国爱乡、爱拼敢赢、敬业创新、乐善好施"的精神，组织青年企业家交流联谊、提升自身素质、拓展市场商机、搭建服务平台、促进企业发展。石狮市青商会介绍，为帮助和服务第二代企业家成长，他们聘请福建第一代知名企业家曹德旺、许连捷、柯希平和丁世忠等组成青商创业导师团，为第二代接班人面授企业管理和代际传承方面的经验，同时还邀请同是第二代的优秀青年企业家组成交流团，与更多的第二代一起抱团学习，定期轮训，介绍自己的成功做法和经验教训，这些都取得很好的成效。

第六章
泉州家族企业走出独具闽南特色的代际传承路径

当前，泉州家族企业代际传承势头良好，第二代企业家群体开始成为创新发展"晋江经验"的生力军。近年来，在代际传承过程中企业不断升级转型，打造出新的品牌产品，开拓了国内和国际市场。同时出现一些新的传承趋势，清晰了家族内部和外部的产权关系；引进资金进行股份制改革，向现代企业形态过渡；创新治理结构，摸索完善职业经理人制度；有的企业甚至开始了关于家族信托的尝试和探索。泉州家族企业第一代、第二代企业家交接班整体而言是成功的，企业的发展是平稳的。从目前情况看，泉州家族企业的接班选择有两种类型：一种是血缘接班，包括第一代的兄弟姐妹、子女和家族中有血缘关系的成员；另一种是非血缘接班，仍由企业主控股，却可以从企业内、外部选择职业经理人。从泉州目前的实践看，企业多数采用第一种类型，"子承父业"是主流传承模式。在这一背景下，本书课题组通过调研大致梳理出以下几种传承方式：

一、单系为主方式

单系为主方式指主要传给独生子女或一名第二代子女，其他子女和亲属为辅。在第一代悉心培养下，接班人逐渐熟悉企业运作进而接管全盘，这是大多数企业所采取的模式。在这种模式下成长起来的第二代大都能够胜任工作，企业发展得更快更好。2017 年发布的《中国家族企业年轻一代状况报告》就证明了这一点，该报告显示，年轻一代企业家管理企业的经营绩效普遍高于年长一代企业家。以销售利润率为例，一般民营企业的销售利润率为 12.63%；年轻继承者管理企业后，销售利润率升为 13.68%。优安纳伞业科技有限公司总经理王翔鹏 2012 年从英国金融专业学成归国，回到家乡接过父亲创办的制伞企业。他对课题组说，金融业尽管很有前景，但他对实业更有信心。他从小看到父母为企业的辛苦付出，对第一代艰苦奋斗的经历感同身受。在父亲的鼎力支持下，他很快熟悉经营情况并顺利接班。由他推动研发成功的自动化装置成为晋江市唯一在科技部立项的国家重点研发项目，公司迄今已获得 160 余项专利技术，产品出口到欧洲市场。泉州奇龙物流有限公司的黄蔓菁是独生女，她告诉课题组，2016 年从澳洲留学回来，开始在父亲创办的超市里工作却不知如何入手，她形容自己当时就"像个打杂的"。在父亲的指点和支持下，她发挥个人所长做起电商，生意扩展到东南亚，现已成为公司总经理。

二、多系分传方式

多系分传方式主要表现为家中以几名子女为主，各管一摊，互不隶属。这种传承主要表现为接班的第二代分别管理企业部分板块，既独立又关联，共同为企业发展贡献自己的智慧和力量。或者企业原是由父子或兄弟共同创业，逐渐发展到整个家族成员的合作。随着创业者下一代家族成员的增加，以及其他家族成员堂（表）兄弟后代的出现，意味着血缘关系的疏远及管理权可能会产生变化，在这个过程中若两代人价值观趋同，齐心协力，公司会得到很好发展，反之则会影响企业的前程。匹克集团总经理许志达在与课题组交流时介绍，根据父亲许景南安排，他和哥哥许志华在公司既分工又合作，许志华负责品牌，他则负责投资，父亲作为集团总协调，管理方向和战略，公司的大事小事，只要两兄弟对父亲汇报过，没有不同意见就放手去干。经过 20 多年的磨合，三位一体，尽显优势。许景南董事长说，他对两个儿子的工作安排，是根据他们不同的性格特点决定的，实践表明是合适的，自己对他们的工作表现也是肯定的。2023 年的公司业绩也证明了这一点。在消费和外贸市场普遍下滑的背景下，匹克鞋类的国内销售增长 20%，国外销售更实现高达 60% 的增长，而且用的就是"匹克"这个国产品牌。

三、家族成员合作方式

作为中国十大民办品牌学校和福建省体育传统特色项目的石狮市自然门学校，是创校校长吴明怀和吴伟雄父子两代人成功合作、各司其职，历经 35 年的精心之作。学校前身是一家传授自然门武学的武术馆，之后调整升格为以文化教学为主的寄宿制学校。学校迄今已培养出全国国际武术冠军 700 多人次，蝉联三届世界武术锦标赛团体冠军。吴伟雄告诉课题组，他接班已逾十年，在家族成员的支持下，工作进展顺利，目前 1000 多名在校生中有 60% 是外来务工人员子女。他今天作为校长，正在完成父亲交班时的嘱托，以"心系中华，兴教强国"为教育使命，培养出更多德智体美劳全面发展的学生。

四、自由成长方式

自由成长方式多出现在第一代距退休年龄尚早，接班人的选择还未进入家族的谋划日程的阶段。第二代目前在家族内部或外部自由地工作和学习，而第一代则会有意和无意地进行安排与培养，特步集团企业公关中心总监邹旭向课题组介绍的情况就具备以上这种特征。1970年出生的集团董事局主席丁水波和他的妹妹丁美清、弟弟丁明忠1987年一起创业，创办如今已发展成一家拥有多个国际品牌的体育用品企业。丁水波共有4个孩子，前3个子女均已从英国和新加坡留学归来。如今，两个女儿丁利智和丁佳敏已分别在公司担任环球事业群助理副总裁与大众运动事业群产品系统总裁助理；两个儿子丁佳兴和丁俊楷一个在自主创业，另一个年龄还小仍在上学。两个女儿虽都已成家，但不拘泥于家乡相夫教子的传统，而是展现出一种全新的家庭相处之道，并分别在工作中独当一面且干得有声有色，丁佳敏甚至还接做宝马汽车广告，当起了"网红"，而儿子丁佳兴外出创业也得到父亲理解。这种局面的出现，一方面由于丁水波本身尚属壮年，另一方面也源自他倡导男女平等和自由成长的理念，他相信女性在商业中的力量，也尊重第二代的自主选择，更为丁氏家族今后的代际传承预留下了广阔的想象空间。

五、独立创业方式

据泉州市工商联会员企业调查，有20%左右的第二代选择自主创业或自主择业。这些第二代大都拥有大学文凭或在国外留学的经历，尽管他们没有选择回到家族企业工作，但他们的心中却都涌动着上一代敢于拼搏的企业家精神。20世纪80年代出生的泉州闽烨工程项目管理有限公司总经理林环环介绍，她出生在做房地产的家庭，毕业于泉州理工大学土木工程专业，在没有向父亲要一分钱的情况下，2011年用所学技术独立创业，并与同学合作成立一家工作室，负责工程建筑的造价和评估。她的婆家做粮油生意，年收入几百万元，有人对她说家里经济条件这么好，不用这么辛苦。可林环环却说，她要给下一代做个榜样。亿盛房地产总经理曾文平对课题组说，尽管父亲公司在土地开发方面已颇具规模，但他没有选择继承，而在四川大学毕业后自主创业，自筹创办资金与同学合作成立技术转让中心。他的其他4个兄弟姐妹目前也都在独立创业。

六、引入职业经理人方式

就像世界上没有同一片相同的叶子一样，家族企业传承，自然不局限于上述提及的几种方式，而且比较这些传承方式也难分优劣。课题组在造访利郎公司时，首先被安排参观世界服装设计师在这里举办的艺术展览，以及公司开发的优质服装面料和从国外引进的先进检测设备。1962年出生的王良星董事长见到本书课题组后的第一句话却是，他最近一直在思考能给企业留下什么这一问题。他和王冬星和王聪星兄弟三人，共有10个子女，最大的已39岁。他希望将公司所有权和经营权分离，把具体工作交给专业人士去完成，他不倾向二代来接班做CEO，最多只做个管方向的董事一类工作即可。关于这一点，他认为已获得子女认同，而他自己这辈子只会做时尚这一件事，而当公司市值达到 100 亿元后就会选择退休。他常想，为什么欧洲的家族企业能生产出那么多高贵典雅的奢侈品，我们也要朝这个方向发展，拿出最好的产品来。

就在大多数二代循着接班和创业路径奋斗的当下，通过王良星的话语，可以看到泉州家族企业的另一种选择，即非血缘、亲缘的传承方式在萌芽。这部分人目前可能是少数，且其中多数曾有过海外留学经历。他们正计划按照自己的兴趣和理想在选择生活与事业，他们往往比父辈接受过更现代更系统的教育，拥有更开阔的眼界和更多的想法。他们可能会像欧美一些古老家族企业后代那样，仅持有企业股权，而把精力放到自己所学习和喜爱的领域中，如科技创新、学术教育、艺术创作、体育产业、公益慈善、社会活动等，以自己的所长为社会做出贡献。例如，巴菲特的两个儿子霍华德和彼得都没有进入伯克希尔·哈撒韦，一个做了摄影师，另一个做了音乐人。其实，这也正是由于第一代创造的财富，才使他们有机会优于同辈，有可能去实现自身个性化的追求。对于两代人乃至整个社会而言，都应该是值得欣慰的现象，同时也折射出财富的价值所在。

第七章

泉州家族企业值得借鉴的传承做法与经验

　　泉州家族企业经过改革开放 40 多年的探索和发展，在我国民营经济中崭露头角。它们在企业转型和代际传承方面取得众多值得借鉴的做法与经验，涌现出一大批充满企业家精神、在全国都堪称楷模的民营企业家群体。在泉州，家族企业代际传承比较成功的典型有：恒安集团的许连捷家族、安踏集团的丁世忠家族、凤竹集团的李春兴家族、晋工集团的柯子江家族、达利集团的许世辉家族、日春集团的王启灿家族、美岭集团的苏新添家族、匹克集团的许景南家族、丰源集团的黄碧山家族、大帝集团的吕培榕家族、九牧集团的林孝发家族、顺昌集团的戴景水家族、火炬电子集团的蔡明通家族和克拉克集团的刘瑞金家族等。这些家族企业的传承经验主要表现在以下几个方面。

一、在家族和谐、企业团结氛围中传承的安踏集团

　　2024 年 1 月 19 日，在安踏集团举行的以"共生·向上"为主题的 2023 年度总结会上，董事局主席丁世忠在谈到什么样的企业是优秀的企业时说："大家一致的共识，从过去历史来看，优秀的企业就是能做

到百年以上的企业。"他表示："我们今天的中国能不能诞生百年以上的企业？安踏集团能不能做成百年企业？我认为，一定有机会。我一直相信，中国的头部企业将会成为世界的头部企业。"丁世忠之所以有这样的底气，不仅是因为安踏如今已成为拥有 15 个品牌，具有独特竞争力的全球化体育用品集团，更是因为安踏有着一个被称为"最和睦的富豪家族"的美誉。我国商业查询平台《天眼查》认为：安踏虽然遇到过行业低谷带来的各种问题，但不论遇到什么情况，从没有发生过家族纷争。公司的核心管理团队一直在品牌创始人丁世忠和丁世家的带领下十分稳定，而家族的团结文化和集体主义精神是公司的天然优势。2020 年丁世家卸任法定代表人，由其子丁思榕接任，而丁世忠之女丁斯晴则增补为监事。至此，丁氏家族的"90 后"第二代顺利接管了这家市值超过千亿元的上市公司。

二、在突破封闭管理、大胆借用外力环境下传承的恒安集团

恒安集团创办人许连捷是泉州家族企业教父级人物，他目光远大，勇于突破被人诟病的早期家族式封闭管理，自我开放，大胆借力，不仅大批聘用职业经理人，还花费巨资引进"洋顾问"。恒安集团现任党委书记和行政总监陈发沛原是泉州一名媒体人，2016 年被请来做许连捷总裁的助理。陈发沛对集团大小事务了如指掌，犹如一位"家人"。许连捷曾不惜花费公司一年近亿元的利润，购买世界咨询管理公司麦肯锡和汤姆斯提供的"解决方案"，使恒安管理团队"脱胎换骨"，企业也实现了跨越式发展。与此同时，和他一起创业的两个弟弟及三个留学归来的第二代也都得到恰当安排，大儿子许清流在 2021 年正式接

班，而退休后的许连捷一个月来公司次数也不会超过三次，他现在心里牵挂更多的是那 12 个孙子和孙女的成长与教育。

三、在两代人互相理解、换位思考前提下
传承的匹克集团

在两个儿子许志华和许志达的眼中，父亲许景南是个在事业上永不满足的人。如今兄弟两人已顺利接班，而且都干得不错。但看到父亲每天 10 小时以上、每周 6 天的工作强度，他们也不敢有丝毫懈怠，只有生病才会请假休息。这些年公司营销始终保持较高的增长速度，符合父亲许景南"企业发展应该由提速到加速再到高速"的要求，于是许志华认为公司"匀速"就可以了，但这种想法马上被父亲推翻了。接受新事物较快的兄弟俩，有时的想法也与父亲不一致，但父子之间对解决观点冲突不乏办法和信心。他们都认为，共同的事业追求是找到父子间沟通的契合点，最重要的是家人之间有"爱、认同感和共同的事业追求"。兄弟俩对父辈价值观和创业精神的认同和继承，以及许景南不断为他们培育出的适宜成长的土壤，使得彼此都很有想法的两代人解决了很多的认知冲突，创造了十多年来的良性合作局面。

四、在做精做优主业、把守业当做
创业观念中传承的晋工机械

我国叉装机行业第一强、装载机行业前十强的泉州晋工机械有限

公司创始人柯子江，是改革开放后第一批创业者。他的勤劳朴实、精明干练、富有胆略的性格，深深地影响着他的儿子柯金鏐，也造就了柯金鏐特殊的"接班路"。1997年，柯金鏐大学毕业，回到工厂后并没有进入管理层，而是从最基层的装配钳工做起，一路成长为总经理助理、营销副总经理，2000年接任总经理。选择这样的接班历练，源于柯金鏐的责任担当。他认为对继承者而言，"守"好业说到底是"创"好业，要保持有锐气、不守旧的创业精神。这种企业家精神的培养，离不开对父辈艰辛创业的了解，更离不开实践的挫折和磨砺。父亲的创业历史让柯金鏐深受教育，也深感接班担子重、责任大。为"守"好业，柯金鏐一方面强化个人学习：通过参加北京大学总裁班、厦门大学EMBA的学习及参与各类考察团，提高经营决策和市场驾驭能力。另一方面，注重企业提升，推动"技术创新、产业升级、管理优化、品牌跃升"。在技术方面，根据市场特点不断引领企业产品技术创新；在产业方面，在安海工业园区实施技改项目建设，占地面积230亩，在江苏建设占地面积450亩的分公司，智能化制造水平进一步提升，产业布局进一步优化；在管理方面，根据企业实际陆续和多家专业顾问公司合作，在营销与客服、精益生产、质量管理、人力资源、信息化管理等方面着力制度化、规范化；在品牌方面，投入数千万元开展品牌策划和广告宣传，参与各类大型展销会，连年组织大型商务年会，进一步提升品牌知名度，提升企业形象。经过一系列持之以恒的努力，如今晋工机械已发展成为一家知名大型专业化工程机械企业，朝着"打造中国工程机械行业的领军品牌"的目标前行。

五、在稳健守住主业、积极创新发展中
传承的福建凤竹集团

福建凤竹集团是一家集科工贸于一体的高新科技民营企业，其经营的纺织业部分在漂染等环节极易造成高污染，具有企业社会责任感的李春兴董事长，为此专门配套建立污水处理厂。2004 年他又接下晋江政府"揭榜挂牌"为民办实事项目，投资成立福建凤竹环保有限公司，使一家排污企业转型为治污企业。不久之后，从英国纽卡斯尔大学毕业的儿子李明锋学成回国，从为父亲"拎包"的小助理，逐步进入到代际传承的历练阶段。李明锋将留学期间所学的工商管理知识和公司实际情况相结合，创新性地提出污水治理的"中医疗法"并很快取得成功，成为全国污水处理行业标兵，形成闻名业界的"凤竹模式"。如今顺利接班已成为凤竹环保董事长的李明锋，还担任市县两级人大代表和政协委员，他积极宣传推介晋江海丝文化，带动更多海外高层次归国人才回家乡就业与创业。

六、在明晰产权、逐步向现代企业制度
转型中传承的火炬电子

福建火炬电子科技股份有限公司始创于 1989 年，2015 年 1 月在上海证券交易所挂牌上市。公司成立之初专注于陶瓷电容器的研发生产，长期从事电容器及关联产业的研发、生产、销售及检测等。目前已形

成元器件、新材料和贸易三大板块平台战略。火炬电子从 2015 年至今一共实施三期员工持股计划。在实施员工持股计划前后，火炬电子拥有相对集中的股权结构。第一大股东持有公司近半股权，其他股权较为分散，持股份额较小。第一期股权激励之前，当时第一大股东公司创始人蔡明通，持股比例 44.75%，其子第二大股东蔡劲军持股比例 6.55%，父子二人合计控股公司一半以上的股份。股权激励是现代企业管理的重要组成部分，股权激励可以更好地对企业做出贡献的骨干人员给予激励，促进其更积极投入到工作中。三次持股计划对财务业绩、营运能力、成长能力方面均有增强和改善。在火炬电子三次持股计划选择的时期，人员等要素也在不断优化，火炬电子开始从家族治理逐渐向现代企业制度转型。

七、在允许试错、不怕失败状况下传承的明祥食品

　　石狮市华宝明祥食品有限公司的第二代刘东旺坦率地说，他和哥哥两人尽管已经完成接班，但接到的并不是财富，而更像是个烂摊子。刘东旺曾在澳大利亚学习国际贸易，2013 年学成回国后到父亲创办的渔业公司工作，在生产、管理、进出口业务等部门轮岗中，逐渐发现公司发展中存在许多问题，首先是财务管理随意化，父辈对外交往应酬开销过大，甚至影响到企业的主业发展。但由于内部管理机制不健全，一言堂情况得不到改善，他和哥哥一度不得不离开公司，直到父亲年近七旬表示要交班时，他们才重回家族企业。长期的家族内耗使得企业元气大伤，接班后兄弟俩面临的首要工作，是解决数百名员工的薪资和偿还应付款等一系列问题。但刘东旺表示，解决公司这些遗

留问题，目前进展还比较顺利，他不会因公司问题给社会造成负面影响。

托尔斯泰在《安娜·卡列尼娜》一书的开头这样写道：幸福的家庭都是相似的，不幸的家庭各有各的不同。借用托尔斯泰的意思，也可以说：成功的家族企业都是相似的，失败的家族企业各有各的原因。本书分析介绍泉州家族企业代际传承的成功经验，是为了让更多的家族企业有所启发，有所借鉴。而像明祥食品这样目前算不上成功的家族企业，也可从中吸取教训，引以为戒。

第八章

党委、政府大力引导培育年轻一代
健康成长

当前，泉州民营企业家仍处于交接班的高峰期。据不完全统计，第一代企业家中60岁左右的占到60%，70岁左右的占到10%，他们下一代的年龄则多集中在25~45岁。目前，60%的第一代企业家已经正在交班，越来越多的二代企业家被推到代际传承的第一线。泉州市委、市政府认真贯彻落实习近平总书记关于"促进非公有制经济健康发展和非公有制经济人士健康成长""新一代民营企业家要继承和发扬老一辈人艰苦奋斗、敢闯敢干、聚焦实业、做精主业的精神，努力把企业做强做优"的要求，创新思想引领、典型示范、教育培训、平台搭建、项目孵化等方式，把培养"创二代"作为民营经济统战工作和党管人才工作的重要环节，持续加强教育、引导、帮扶，各县（市、区）结合产业特点和发展阶段，探索不少行之有效的工作抓手。

一、泉州市委统战部、市工商联大力引导培育

聚焦民营企业代际传承发展和青年企业家成长，泉州市委统战部、市工商联专门出台《加强青商培养创业工作的若干措施》等扶持政策，

着力"引领思想、引领人才、引领新风、引领创业、引领责任"的五个引领，培养壮大一批"善学习、会创新、有激情、讲责任"的青商才俊，帮助他们接过企业家老一代的接力棒，做大做强企业，助推民营经济实现高质量发展。

一是定制化集中培训。"顶尖机构＋本土化定制"落地企业家培训课程，在提升能力、革新观念的同时，构筑高黏性的"创二代""圈层"。例如，晋江市制订企业家素质提升"领航计划"，由政府牵头谈判引入投石智库、混沌学园等国内顶尖培训资源，用有限财政补贴撬动社会化运作，定制"领航班""混沌创新班"课程。创新"企业家培训企业家"机制，由知名企业家洪忠信全程担任班主任；学员中加入党政机关选派的优秀年轻干部和引进的高层次人才，连同参训青年企业家一道，按1∶1∶3搭建跨界复合的学员结构；通过案例复盘、"工作坊"等学习环节，催化人才经验跨界共享"化学反应"。学员普遍反映，参与相关课程收获远超预期，尤其是结识很多本地优秀"创二代"，在经历和情感共鸣的基础上，形成紧密的"圈层"联系，从而坚定留在本地发展的信心和决心。石狮市引入投石智库，开设两期"点石敢拼班"，安排部门负责同志担任"跟班助教"，获得"创二代"的广泛好评。

二是制度化双向交流。各县（市、区）拓宽机关事业单位与民营企业间常态化、制度化双向交流渠道，创新机制促成政企青年人才"双向奔赴"。例如，晋江市在选派机关干部兼任非公企业党建指导员的基础上，进一步加强与企业青年一代的联系互动，甄选15名首批"创二代"到市直机关事业单位兼职局长助理，开展为期一年的交流锻炼。挂职期间采取"半脱产"形式参加所在单位相关会议和活动，配合局领导挂钩产业项目、参与人才引育、促进产学研合作等工作，在紧密互动中凸显"亲""清"政商关系"亲而有度、清而有为"的特质，获得企业界广泛响应和好评，取得良好的示范和宣传效果。一些青年企业家表示，兼任政府部门职务和参与相关活动的经历不仅拓宽了眼界，更借由互动中党政领导同志的肯定表扬，向其长辈传递强烈正面信号，有效帮助其获得老一代的信任和放权。

三是精准的政治培养。泉州市将"创二代"作为新的社会阶层人士统战工作重点，借由"青商会""留联会""新阶联"等社团组织搭建交流合作平台。例如，石狮市将"青商会"打造成为县域首家AAAAA级社会组织，梳理"抱团学习""引领新风""创新创业"的社团文化导向，创新推行内设工作部门"部长组阁制""跨地域按产业分组"等高效灵活组织形式，广泛吸纳年轻企业家进入共同事业圈层，成为政府联系服务企业的高效渠道。举办"青商学院"，邀请优秀教授团队和商业大咖为会员免费提供"小班制"深度培训，并具体衔接承办"点石敢拼班"等青年企业家课程和第三届"创青春"福建省青年创新创业大赛、"石狮优秀青商励志奖"评选活动等，在社会上反响很好。不少中型企业"创二代"继承人表示，影响接班意愿的主要因素是缺乏与长辈的沟通能力，难以化解代际冲突，难以排解孤军奋斗的孤独感。青商会将一群痛点相似、理念相近的年轻人整合到一起，抱团学习交流且相互帮助，破解了许多现实困难，帮助其顺利融入家族企业角色。

二、充分发挥市县两级青年商会作用

泉州各级青年商会立足于抱团学习、搭建平台、扶持创业、融入大局，打造服务型、商务型、助力型、责任型的青商组织，组织广大青年企业家强化交流联谊、提升自身素质、拓展市场商机、搭建服务平台、促进企业发展。不断提高和拓宽青年企业家工作的辐射力和覆盖面。目前，全市有 11 个县（市、区）成立县级青商会，有 3000 多名会员，初步形成青年企业家市、县、乡三级工作网络。

一是抱团学习，共同提升。泉州市青商会持续实施"新生代企业家素质提升计划"，定期组织专题沙龙（培训），举办"青创超级公开课"，邀请国内知名企业家、专家学者来泉州授课，组织市县两级青商企业赴标杆企业（城市）开展游学活动，多渠道提升广大青年企业家、青年创业者专业知识素养。近三年来全市通过论坛、领航班、鸿鹄班、混沌班、公开课、主题沙龙、游学、参研等形式培训青年企业家和青年创业者共 12000 多人次。

二是搭建平台，促进资源整合。广泛联络"创二代""侨二代"，组织在外青年企业家返乡考察交流，促进"以商招商""友情招商"，强化项目合作、产业对接。近几年，共开展各类活动 100 多场，21 世纪海上丝绸之路青年创新大会、后疫情时代的"一带一路"与福建发展论坛、"晋江经验"专题系列调研会、高质量发展峰会、分产业发展研讨、项目合作展等丰富多彩的活动载体吸引广大青年企业家的广泛关注，杰出青年企业家和创业奖等一系列的表彰活动更是在广大青年企业家中发挥着重要的示范带动作用。创新成立泉州青商智库联盟五大服务中心，在知识产权、法律智囊、投融资、学习拓展、社会公益方面进行精准服务。出台《泉州青商企业营商环境优惠措施》，深化"青年人才鸿鹄行动"，与农商银行创设了全国唯一以"青年"为属性的青年支行，开发三代青创卡，向全市青年企业家和青年创业者发放 63.51 亿元的创业资金，有效助力青商青创企业健康协调发展。丰泽区青商会围绕"1+2+3"（"一个平台""两种学习""三个计划"）方针开展工作。"一个平台"指利用自身产业多样化的优势，将青商会打造成一个开放、包容的平台；"两种学习"指以抱团学习为主旨，加强会员内部的互相学习和"走出去，往外看"的外出学习；"三个计划"指利用丰泽青商梦想基金，助力团省委扬帆计划、市政府人才"港湾计划"以及丰泽青年企业家培养计划。

三是强化引导，承担社会责任。积极引导青年企业家主动承担社会责任，开展一系列以公益为主题的活动。近三年来，全市青年企业家直接捐助市青少年事业3000多万元。三年新冠疫情期间，全市青年企业家或会员企业以身作则担当志愿者或捐款捐物，款物总计约1.3亿元。鲤城区青商会围绕"抱团学习、传承文化、引领新风、奉献担当"四大理念，打造"C-R-E-A-T"计划，围绕文化、责任、教育、联盟、信任五大方向，持续践行商会核心理念。其中，"C计划"指向英文单词"Culture+"（文化），将通过开展红色教育、文创沙龙、文创产品展、"邻里美食长廊"等活动，以文会友，文创赋能，进一步坚定文化自信；"R计划"指向英文单词"Responsibility+"（责任），将整合资源、守正创新、抱团发展，不断提升青商企业市场竞争力；"E计划"指向英文单词"Education+"（教育），将实施青商提升论坛、青少年扶助计划，积极搭建人才实践平台，助力青少年健康成长；"A计划"指向英文单词"Association+"（联盟），将构筑合作联盟，搭建启智联盟，拓展交流联盟，实现共赢发展；"T计划"指向英文单词"Trust+"（信任），将加快企业和商会的绿色创新、数字高端转型等，展示青商良好形象。

四是上下联动，扩大网络覆盖。泉州整合市、县两级青商会资源，定期举办"活力创新·青商同行"泉州市青年商会走进县（市、区）活动，以"整合、分享、共赢"为出发点，开展内容丰富、形式多样、互动多元的交流考察活动，创新建立全市青商会互动联动机制，积极打造合作发展的青商会工作发展格局。各地青商会立足自身特色，开展内容丰富、形式多样的青商活动，形成全面活跃、百家争鸣的良好局面。洛江区青商会，以"广联青商·创新创优"为宗旨，围绕强产兴城，进一步为青年企业家提供服务。聚焦四个"点亮"：点亮新生代，成立洛江青商启航学院、开展洛江青年创新创业帮扶；点亮新动

第八章　党委、政府大力引导培育年轻一代健康成长

49

能，开展知名企业、知名企业家、知名行业专家学者走访，对接开展大学生扬帆计划，积极吸纳大学生见习就业；点亮新风尚，实施边远山村耕耘"麦苗计划"、开展温暖夕阳红行动；点亮"心"两岸，持续深化与市台资企业青年委员会的合作，进一步加强两岸青年企业家交流往来。此外，泉港区青商会、晋江市青商会、石狮市青商会、南安市青商会、惠安县青商会、安溪县青商会、永春县青商会和德化县青年商会，经过多年发展，打造系列品牌项目，在泉州乃至福建各界深受好评，力图打造全国县域青年社团的标杆。

三、加强民营企业高层次人员培养教育

泉州有 950 万泉籍华人、华侨遍布世界 170 个国家和地区，成立有上千个侨团组织和 250 多家异地泉籍商会，有多达 200 万人在外经商，这是一笔取之不尽用之不竭的宝贵人力资源财富。泉州有针对性地利用这一独特优势，成立了拥有 3000 多名归国学子的留学人员联谊会，其中不乏回国接班和创业的青年企业家，鼓励他们为泉州经济社会发展输入新的思想与活力，成为泉州家族企业传承的一支重要力量。

一是重组织建设，创新型之会。市委统战部依托泉州留联这一平台载体，按照"充分发挥留学报国人才库、建言献策智囊团、民间外交生力军作用"要求，利用社会化资源，打造"事事均参与奉献、人人都是工作人员、处处皆为活动场地"的自学习、自造血、自组织的社会组织。首先，培育团队文化。制定《会员准入标准和申请制度》《会员走访暂行办法》，日常小型联谊活动提倡"AA 制"，大型活动采取市场化运作、赞助、捐助的方式筹措费用，倡导会员参与即奉献。其次，打造多引擎班子。创新组织模式，平时活动采取项目化运作方式，根据活动内容临时组建一支理事团队负责运营推进，在组织活动中发现新人、锻炼新人，并鼓励理事自带点子、自组团队开展活动。同时吸收县（市、区）、高校多个团体会员打造"满天星"发展态势。最后，建立办公微平台。坚持资源利用最大化，每次活动尽可能利用会员企业的场所，为会员提供一个浸入式的学习交流机会。针对联谊会成员分散，跨行跨界多等特点，搭建泉州留联门户网站，以留联微信公众号为入口，建立入会在线申请，活动在线发布报名，在线问卷调查和投票，留联公益微店等多个模块，为会员提供一个随手可及的交流和信息获取平台。

二是重思想引领，创强芯之会。基于泉州家族企业子女留学人员多的特点，以"爱祖国、爱家乡"为办会宗旨，以"i尚"为主题，开展"修学、游艺、敦谊、励行"系列活动。首先，明德于心，加强政治引领。联谊会成立兼合式党支部，以支部为堡垒，举办学习会读书班。组织会员到江苏沙家浜红色基地等参观学习，接受红色教育。举办"我和我的祖国"主题快闪活动，组织留学人员唱响新时代的爱国爱党之声。其次，寓教于乐，厚植家国情怀。开展"i尚"系列研学活动，以年轻人喜闻乐见的形式将爱国爱乡情怀浸润于心。开展非物质文化遗产古城体验游，举办《留学·报国·追梦》大型主题沙龙等活动，了解家乡历史文化。最后，致知于行，助力创新创业。开展系列"加油"活动，助力留学人员创新创业。举办高层次人才创客群英汇、创业经验分享会、"匠心铸辉煌"主题分享会等，邀请留学英才分享经历、交流经验、联络情谊。2013～2019年共评出优秀创业项目56个，给予创业扶持资金590万元。2020年以来在优创项目评审的基础上，举办"同心杯"留学人员创新创业大赛，目前已成功举办两届大赛，共有23个获奖项目落地泉州，3个项目签订拟落地协议。

三是重发挥作用，创正能量之会。团结广大会员以身作则倡导正能量，引领社会新风尚，主动融入泉州发展大局，为家乡建设贡献留联力量。首先，以才引才聚才，融入大局助力发展。市留联及团体会员县区、高校留联组织共吸收来自各领域会员 3000 多人，其中国家级专家 3 人，省级专家 5 人。与其他留学人员组织、外国在华留学生组织建立广泛联系，并设立澳大利亚、英国、新加坡、北美、加拿大、菲律宾、泰国、阿联酋八个海外联络站，为留学人才归国提供帮助和便利。其次，发挥联系广泛优势，助力泉州走向世界。成立留学人员联谊会，在"亚洲艺术节""联合国海陆丝绸之路城市联盟工商理事会"成立大会、海上丝绸之路国际研讨会、泉州申遗等十几场大型涉外活动中提供翻译服务和陪同，向外籍来宾介绍推介泉州文化。制作并全球发布《我爱泉州》宣传片，组织"'一带一路'中国梦，海丝青春万里行"大型跨国越野公益宣传活动，将泉州推向世界。最后，汇聚留联力量，扶助社会弱势群体。设立泉州留联公益行动基金，许多家族企业留学子女积极参加"助医、助学、助困"献爱心公益帮扶活动。

第九章
对泉州家族企业代际传承的建议

目前，泉州第一代和第二代企业家尚处于交接班的高峰期，并且至少还要延续十年。在此之后，与第三代、第四代之间的代际传承将成为企业发展的常态化现象。家族企业"权杖"的交接，主要发生在企业内部新老两代人之间，但也离不开党委、政府的引导和社会组织的帮助，是一个复杂的系统工程，需要党政有关部门、新老民营企业家群体长期关注、协调、联动，共同做好家族企业传承工作。

一、党委、政府加强引导家族企业
稳健进行代际传承

党的十八大以来，习近平总书记反复强调促进非公有制经济健康发展和非公有制经济人士健康成长，持续营造促进民营经济发展壮大的社会环境。民营企业的代际传承事关"两个健康"大局，事关实现民营经济高质量发展问题，各级党委、政府必须高度重视、大力支持，持续关心引导，帮助其走上健康良性发展轨道。

一是把引导家族企业代际传承工作纳入泉州经济发展总体架构中。坚定不移贯彻落实党中央一系列支持民营经济发展的政策，采取"一

企一策一方案",帮助家族企业稳健进行代际传承。一方面,鼓励传统产业中小企业新一代创建专精特新企业,稳住经济全局基本盘;另一方面,结合泉州城市整体发展定位,引导已有一定规模的企业在代际传承中转型升级,形成新的产业集群。有关部门要把支持民营经济发展列为重点工作,以极大的热情安商、亲商、重商、帮商、护商,党政领导干部要重点关心民营企业代际传承问题,做到对民营企业发展情况全局在胸。建立企业发展预警机制,针对传承过程中可能出现的问题、存在的危机等,尽早通过制订企业代际传承计划予以防范。将法治贯穿民营企业代际传承过程,有法律解决代际传承纷争问题,保障代际传承顺利完成。

二是把年轻一代企业家作为统战工作新的着力点。积极稳妥推荐新一代优秀民营经济人士作为各级人大代表候选人、政协委员人选,支持他们在工商联和行业组织中发挥作用;大力宣传家族企业代际传承中富有泉州特色的成功经验,发挥示范带动作用;加大对新一代企业家的评选表彰力度,使他们政治上有荣誉、社会上有地位、事业上有成就。不定期安排民营企业家接班人到政府机关见习锻炼,通过现场看、坐下听、深入问,增加对政府工作的了解度和政治参与度,积累对接政府工作的经验。

三是积极营造有利代际传承的"生态圈"。泉州家族企业从小到大、从弱到强的一个重要原因,就是政府积极营建了一个包括资金、土地、人才等要素,政策法律保障等制度的经济、社会"生态圈"。家族企业代际传承离不开这个"生态圈"的同步转型发展。家族企业传承接班和科技转型适逢同一机遇期,需要银行、会计师事务所、法律事务所、信息咨询公司、投资和管理咨询、知识产权代理、广告展示等专业服务机构的大力支持,需要更加细分化、国际化、数字化的数字平台、电子商务、电子金融、现代物流等现代服务业的支持与贡献,工商联、行业商会协会要梳理整合咨询培训、人才培养、国际交流与合作等工作，发挥重点实验室、工程技术研究中心和综合研究机构作用，满足二代传人对企业更新升级的需要。

四是支持社会组织加强企业家群体沟通和交流。党政部门特别是统战部、工商联要利用企业家联谊会、商会活动和峰会论坛等，搭建老少两代企业家对话交流平台，在交流市场信息、经营理念和发展思路中碰撞思想、消除分歧、深化共识，增进两代人之间的信任理解。依托青年企业家商会等载体，开设民营企业接班论坛，搭建传承励志经验分享平台。组织已接班、正在接班和即将接班的新一代，交流接班经验做法，通过互相学习、互相借鉴，强化接班人"承接"意愿。

五是进一步提升新一代企业家的责任感、信任感、自豪感。党政负责人通过下企业调研、参加商（协）会或企业举办的座谈会、茶话会、年会等活动，积极与新一代企业家接触交往，听取意见建议，加强政策沟通和预期引导，帮助他们解决实际困难，建立和加强友谊，鼓励他们继承和弘扬一代企业家的优良传统作风。

六是大力提高泉州高等教育水平。泉州与福州、厦门相比较，高等教育相对薄弱，缺乏一所全省、全国知名的大学。要解决家族子弟"出外接受教育，回乡水土不服"的问题，根本的是办好泉州自己的大学，按泉州城市总体发展需要培育管理技术人才，把系统教育和企业实操结合起来。让家族子弟不离开本乡本土，生活方式和思想意识更接泉州地气。陈嘉庚创办集美学校和厦门大学是他最有远见的事业，树立了一个知识集成养育了经济发展的鲜活榜样。因此，泉州还是要尽早规划筹办，办好自己的大学。

二、发挥新老企业家在代际传承中的主体作用

当前泉州家族企业代际传承势头良好，新老两代企业家交接班整

体而言是成功的，企业的发展是平稳的。在充分肯定代际传承取得积极进展的同时，要清醒地看到，两代人之间在工作生活阅历、价值取向、思想观念、思维方式、经营理念等方面还是存在代际差异的，必须经过长时间的磨合，才能顺利进行交接班。

1. 老一代企业家要做好带、帮、放

一是及早制订传承计划。创业英雄总有老时，企业终归是要传给新人的，这是不以人的意志转移的规律。老一代要有一个培养接班人的计划，宜早不宜迟。泉州老一代企业家非常重视下一代的教育，用丰裕的金钱财富送子女在国内外接受高等教育，使他们具有较好较新的知识储备，为企业传承打下不可或缺的基础。但是，年轻一代需要一个管理、经营企业实操、历练的过程。经过数年培养、数年帮带，逐渐过渡、最后放手，老一代才能比较放心、新一代才能具有信心，交接班才能自然和顺畅。

二是传授要有重点。针对年轻一代的弱点，老一代以身作则，在代际传承中重视和发扬家族企业文化，特别注意在实践中传授对家族责任的承担、对家业长青的期望，在企业经营中延续家族创业勇于坚持"爱拼敢赢"的精神，在企业管理中营造亲密、凝聚的"家族式"氛围。

三是理解并允许下一代有新的观念、愿景、作风和方法。两代人在管理理念、生活方式等方面出现代沟，可以多从积极角度看待，当年老一代由农耕跃入现代工商业，人生意义、生活方式发生了巨大的改变，今天当以同理心看待年轻的接班一代。老一代在企业成长过程中承受了那么多失败的考验，"输赢笑笑""输人不输阵"，今天对年轻一代更要鼓励创新、允许试错、宽容失败，逐步完成从"扶着走"到"放手跑"的过渡。老一代企业家多数坚守主业，追求把主产品质量水准提升到极致。但是年轻一代的生活环境，接受的教育理念已经大不相同，对于他们另起炉灶、另谋他业，要给予理解和支持。因为他们毕竟是家族成员、血脉相通，也会回馈反哺老企业。

四是为下一代接班创造必要条件。首先，两代人的关系要有变化，从对企业经营的一言堂，逐渐转变为两代人沟通协商；从对下一代耳提面命过渡到提醒点拨，才能让接班人真正树立起信心，真正全程接班。其次，在企业内部处理好"老将与少帅"的关系。传承过程中，企业结构和人事管理如果发生变动，则要掌握节奏和弹性，尊重老管理层的利益，减少内耗。树立主要接班人和新班子的威信，"扶上马，送一程"。最后，注意转交并保持企业外部与管理部门、同行企业、上下游供销链的原有联系，让接班人理解现有社会资本的合理性和必要性。

五是为保存家族财产做准备，降低传承中的矛盾和风险。家族企业传承过程中，首先，需要注意企业资产和家族财富适当分离。通过明确家族内部成员的股权安排，提前调整好家族内部的利益关系。企业股权明晰地分配到家族成员个人名下，家族成员作为股东，在股东会中行使股东权益。家族成员在企业中担任职务，职务权限与股东权益需要分开。主要接班人行使企业资产的管理权，只对股东会负责而不是对特定家族成员负责。其次，要保障家族成员的利益。传承需要利用金融与法律工具，家族建立家族财富基金或家族信托，通过家族的顶层设计来进行家族财富的管理。这样即使子女不愿意接班，也可以分割企业的经营权和所有权，获得股权收益。通过家族信托实现风险隔离、资产增值、意愿延续、税务筹划及公益慈善等。2023 年 6 月起银保监会实施《关于规范信托公司信托业务分类的通知》，新的分类标准进一步释放了家族信托的发展活力，监管环境和法律制度日趋完善。

2. 新一代接班人要注重亲、学、创

按照习近平总书记关于"新一代民营企业家要继承和发扬老一辈人艰苦奋斗、敢闯敢干、聚焦实业、做精主业的精神，努力把企业做强做优"的要求，新一代接班人在传承中要努力做到以下几点：

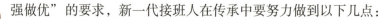

一是理解和亲近父辈。正是老一代的辛苦打拼，才使下一代普遍受到了良好的教育，为下一代发展积累了资金和资源。新一代要理解父辈创业的艰难、日常管理的万般辛苦、对家族的贡献和对事业长存的渴望。现在他们逐渐老去，需要下一代在生活和感情上和他们越加亲近，希望下一代能够承担起家族的责任和期望。这是传统文化"父慈子孝"在新时代背景下的体现。

二是传承老一代的企业家精神。家族企业代际传承，最重要的是企业家精神的传承，其次才是企业和财富的传承。市场经济必然存在不确定性，年轻一代接班人首先要承接泉州企业家集中表现的"爱拼敢赢"精神。随着市场经济的逐步成熟，企业家精神内容也要有相应的充实更新。泉州市委办、改革办联合课题组"民营企业代际传承专题调研报告"提出，新一代企业家更爱学习、更加上进，需要"敢拼、善拼、智拼"，这是紧扣时代潮流的提法。首先仍然是"敢拼"。日新月异的科技革命正在迅速催生新产业、新模式、新动能，发展新质生产力，无前人可学、无现成经验可循，只有敢闯敢干、不断激发创新活力和创造潜能，才能闯出新路。其次是"善拼"。要诚信守法、合规经营、承担社会责任，平衡竞争与合作的关系。最后是"智拼"。要重视市场、产业发展动向和资金流向；提升科技创新能力，提升应急扩产转产能力，提升产业链韧性；树立精密细致的经营风格，完善全面的风险管理制度。这样，才能完整准确、与时俱进地传承企业家精神。

三是认识到"接班是一个学习成长过程"。老一代能够在市场经济的大风大浪中把企业发展起来，必有过人之处，需要下一代虚心学习。首先，学习他们为人处事、言谈举止、思维与表达能力，提高自己的综合素质。其次，学习他们精于洞察行业和市场趋势的经营能力与知人善任的领导能力，在学习中逐步塑造自己的经营管理风格。最后，学习他们善于拓展人脉、善于准确理解政策的社会活动能力，加深自己对社会的了解，加快融入社会的步伐。

四是企业升级换代和创业既要积极也要慎重。泉州家族企业中传统产业仍占多数，在新经济、新业态和新商业模式浪潮中，年轻一代更容易掌握新技术、新知识、新工具，拥有企业升级换代的意愿和能力。根据泉州工商联对会员企业的调查，有20%左右的年轻一代选择了自主创业或自主择业。如果能够先稳住原有企业经营方向，这样传承的过程比较稳健，成功率比较高。而独立创建的企业如果是从父辈企业延伸到新产业，风险也能相对减少。

五是逐步建立自己的社会资本。无论哪种企业传承，年轻一代要重视父辈社会网络的传接，重视积累自己新的社会资本。现代社会中，企业兴衰不仅取决于商业资本的竞争优势，也取决于社会资本甚至文化资本的综合优势。社会资本不仅包括传统的家族血亲关系、联姻形成的族系，更包括通过朋友、同学之间的友谊，共同的价值取向、文化修养、生活爱好结成的社会网络，还包括履行社会责任、积极参与公益慈善事业所积累的社会信誉和信任，这些也是企业顺利传承的条件。

3. 逐步建立职业经理人制度

在泉州家族企业传承中，职业经理人问题越来越重要。随着企业规模的扩大和向高新产业、新业态、新商业模式的转型，仅靠家庭成员很难完全担负起复杂的管理和技术指导。企业要得到进一步发展，必须推动家族式管理模式向现代企业制度转变。建立职业经理人制度是企业发展传承中无法避免的趋势。年轻一代企业家在企业传承和企业创立中建立新的财富观，产权要开放，不能舍不得稀释股份，"财聚人散，财散人聚"。逐步完善法人治理结构，实现企业法人财产与出资人个人或家族财产分离，明晰企业产权结构，真正把企业建成利益共同体、事业共同体和命运共同体。一些企业采用的办法是，家族成员保留产权和最终决策权，职业经理人负责日常生产经营和技术指导。

打破任人唯亲，唯才是举，英雄不问出处，英雄为我所用。企业如风筝放飞高远，一线牵在家族手中。在企业发展的目前阶段，这是比较现实、稳妥的做法。

4. 在代际传承和经济转型中进一步发扬泉州侨乡优势

在企业代际传承和企业转型升级过程中，泉州年轻一代企业家已经开始向海外发展，参与共建"一带一路"，由企业产品输出、品牌输出提升为资本输出、产能输出。但也必然会遇到异质文化、市场发育不同阶段、政治外交关系等困难和挑战。泉州作为侨乡，在海外尤其是东南亚有数百万移民后代，经过长期奋斗已经在各业巩固了耕耘基础，甚至出现数十位世界级成功人士。这些前辈大多对泉州故土怀有感情，对故乡走出的晚辈愿意指路帮助，纾解困难。更重要的是，新老企业家在海外相遇，彰显的是民族大义，延续的是民族血脉。

5. 发挥女性接班人在代际传承中的作用

有些父辈企业家只有女性接班人，父辈希望让女儿参与接班。在以前传统社会中产业仅由男性继承，至今在文化习俗中仍有影响。随着社会的发展进步，女性社会地位不断提高，可以在家族企业传承中发挥更加积极的作用。家族企业家的女性后代自小在父辈身边接受言传身教，一般也受过良好的教育。她们之中许多人已经在企业中担任经营管理工作，有的已经成为企业接班人。在国际上，众多女性已经成为著名的企业家，在中国，女性企业家崭露头角也是必然趋势。政府和社会组织要给她们更多的支持和帮助；老一代企业家要给她们特别的爱护和关照；家庭和家族成员要更多地理解她们，分担她们的家庭责任；而她们更要自强自立，勇挑家族企业传承的重担。

　　《泉州民营企业家精神与代际传承》调研报告撰写历时半年，于
2024 年 5 月在福建省泉州市推出。在泉州民营经济研究院的安排下，
《泉州民营企业家精神与代际传承》课题组（以下简称课题组）自
2023 年 10 月始，多次在泉州开展专题调研，期间参加了两场由市、县
政府主办的座谈会和三场专家评审会；与泉州第一代和第二代企业家
举办了七场座谈会，先后和 60 余位企业家进行了面对面交流；实地走
访了火炬电子、恒安集团、利郎公司、匹克集团、凤竹环保公司、特
步集团和石狮市青商会七家企业及商会组织。

　　课题组顾问为全国工商联原副主席、中国民营经济研究会原会长、
泉州市民营经济研究院名誉院长庄聪生；课题组负责人是赵兹；课题
组执笔人有庄聪生、赵兹、戴建中、薛敏和田超。联合课题组有泉州
民营经济研究院相关同志。

　　企业家精神是企业健康发展的内生动力，而代际传承则是企业永
续成长的外在条件。鉴于此次调研重点是民营企业在企业家精神引领
下的代际传承，而中国民营企业的主体是家族企业，具体到泉州的民
营企业中，家族企业的占比更高于全国水平。因此，课题组亦将此报
告视为对泉州家族企业的一次深入调研与研究。

　　在调研方法上，课题组将泉州置于中国乃至世界历史与现实背景
下，以家族企业为调查样本和研究对象，通过典型案例和经验做法，

进行跨地域比较和趋势展望，分析研究泉州家族企业、家族企业代际传承和企业家精神之间的内在逻辑与相互关系，从而有利于对企业发展态势的深入了解，制定相关政策措施，推动民营经济实现高质量发展。

　　课题组在调研中深切感到，企业家精神一直是引领泉州民营企业发展的动力源泉和传承核心。泉州民营企业家群体，不仅具有一般企业家的共性，更脱胎于泉州民风、民情、民俗，而且极具地域特色。泉州是宋元中国的世界海洋商贸中心，曾拥有"东方第一大港""东亚文化之都"的繁华盛景。人们向海而生、梯航万国，多元文化交相辉映，底蕴深厚、历史悠久。泉州企业家精神的形成与泉州的地理、历史和风土人情相关，有着非常深厚的历史文化渊源，具有"向海而生、爱拼敢赢，兼容开放、诚实守信，勇于创新、追求卓越，富而仁爱、造福桑梓"的企业家精神特质。

　　泉州家族企业经过多年探索和实践，已走出一条独具闽南特色的代际传承路径，主要表现为六种传承方式：即单系为主方式、多系分传方式、家族合作方式、自由成长方式、独立创业方式和引入职业经理人方式，涌现了一批在传承方面较为成功的家族企业。典型的民营企业家有恒安集团的许连捷、安踏集团的丁世忠、达利集团的许世辉、匹克集团的许景南、九牧集团的林孝发、凤竹集团的李春兴、火炬电子集团的蔡明通、晋工集团的柯子江、丰源集团的黄碧山、美岭集团的苏新添、大帝集团的吕培榕、日春集团的王启灿和顺昌集团的戴景水等。

　　这些家族企业大胆创新，累积了风格各异的传承经验：如在营造家族和谐、企业团结的氛围中传承；在突破封闭管理、大胆借用外力的环境下传承；在两代人互相理解、换位思考的前提下传承；在做精做优、把守业当作创业的观念中传承；在稳健守住主业、积极创新发展中传承；在明晰产权、逐步向现代企业管理制度转型中传承；在允许试错、不怕失败的状况下传承。

泉州民营企业在代际传承中还有另一突出特点，表现为政府积极引导、恰当助力，采取多种方式和做法，通过弘扬企业家精神，善用闽南文化特点，推动企业的治理模式向现代企业制度转型。随着营商环境和法律环境不断完善，以及新一代接班人崛起，家族的传承和企业的转型也得到不断创新与发展。目前，泉州家族企业的第一代和第二代尚处于交接班的高峰期，且还要延续十年之久。在此之后，与第三代乃至第四代的代际传承将会成为企业发展的常态化内容。

课题组在整个调研过程中，处处可见泉州民营企业家精神的生命底色和代际传承的多彩追求，正在走出一条独具特色的区域经济发展之路。简单可用以下 12 句话概括为：传统独特的闽南文化、讲究孝道的宗族观念、爱国爱乡的道德情操、向海而生的营商方式、侨商先贤的示范引领、上辈拼搏的榜样力量、珍惜羽毛的家族荣誉、抱团取暖的群体观念、重义守信的经商之道、看淡输赢的广阔胸襟、善于借力的开放意识、乐善好施的社会责任。

调研期间，课题组深感泉州不愧是中国的"民办特区"，也是开展民营经济研究的"富矿"。课题组与政府相关部门和来自不同行业、不同年龄的民营企业家进行交流，共同分享对企业家精神的理解和在代际传承中的困惑与经验，通过初步分析和总结，发现泉州的民营企业在企业家精神引领下的代际传承起步早、基础稳、进展好，整个企业家群体现状与泉州当地的实际情况和我国经济社会转型的制度环境相适应，其探索和经验始于泉州，但不止于泉州，对全国民营企业健康发展不无借鉴意义。

改革开放 40 多年来，中国家族企业快速成长，其发展始终与改革开放进程紧密相连，是改革开放的重要成果。家族企业怀着延续自身的强烈动机和长期发展的愿望，以其旺盛的生命力和进取的身姿，活跃在市场经济的舞台，是一个有信仰、有追求的独特群体。他们含辛茹苦、历经磨难，力图将实业救国、经世济民的基因一代代传承下去。当前，如何传承创新、进行升级转型、完善结构治理、提升社会责任，是摆在所有家族企业面前的重大课题。在企业家精神引领下的代际传承，不仅是家族企业的"家事"，也是事关非公有制经济健康发展、实现我国经济高质量发展的一件大事。

课题组的调研得到了泉州市委组织部、统战部、党校、工商联等市直部门及各县市区的无私帮助，特别是泉州民营经济研究院理事会刘文儒、李自力等同志的大力支持。安踏、恒安、特步、匹克、九牧、凤竹、火炬电子、晋工、丰源、美岭、大帝、日春、克拉克等企业和石狮青商会，为课题组提供了大量翔实而珍贵的材料。同时，课题组查阅了许多档案资料，借鉴了大量的党政部门、学术研究者的研究成果。借由本书出版，对于以上有关同志、民营企业家给予的智慧支持和辛勤付出，在此一并表示感谢！最后还要感谢特步公司对本课题研究的大力支持！

课题组

2024 年 6 月

泉州市创新和发展『晋江经验』打造一流营商环境研究

上海华略智库　泉州民营经济研究院　著

经济管理出版社

ECONOMY & MANAGEMENT PUBLISHING HOUSE

图书在版编目（CIP）数据

泉州市创新和发展"晋江经验"打造一流营商环境研究 / 上海华略智库，泉州民营经济研究院著. -- 北京：经济管理出版社，2024. --（晋江经验：泉州民营经济研究系列丛书）. -- ISBN 978-7-5243-0128-8

Ⅰ. F127.573

中国国家版本馆 CIP 数据核字第 2024K3R337 号

组稿编辑：申桂萍
责任编辑：申桂萍
责任印制：张莉琼
责任校对：蔡晓臻

出版发行：*经济管理出版社*
　　　　　（北京市海淀区北蜂窝 8 号中雅大厦 A 座 11 层　100038）
网　　址：www.E-mp.com.cn
电　　话：(010) 51915602
印　　刷：北京市海淀区唐家岭福利印刷厂
经　　销：新华书店
开　　本：720mm×1000mm/16
印　　张：8
字　　数：110 千字（本册）
字　　数：411 千字（全四册）
版　　次：2025 年 1 月第 1 版　　2025 年 1 月第 1 次印刷
书　　号：ISBN 978-7-5243-0128-8
定　　价：198.00 元（全四册）

课题组成员

上海华略智库

课题负责人：姚荣伟

课题组成员：张莉杰　王伟业　王　倩

　　　　　　刘俊言

泉州民营经济研究院

课题组成员：刘文儒　李自力　颜清堤

　　　　　　杨　翚　张杰章

总序

民为邦本，本固邦宁。改革开放 40 多年来，民营经济已经成为推动我国发展不可或缺的力量，成为创业就业的主要领域、技术创新的重要主体、国家税收的重要来源，为社会主义市场经济发展、政府职能转变、农村富余劳动力转移、国际市场开拓等发挥了重要作用。进入新时代，以习近平同志为核心的党中央高度重视民营经济发展，2023 年 7 月，《中共中央　国务院关于促进民营经济发展壮大的意见》（以下简称《意见》）提出，"民营经济是推进中国式现代化的生力军，是高质量发展的重要基础，是推动我国全面建成社会主义现代化强国、实现第二个百年奋斗目标的重要力量"，明确了民营经济在推进中国式现代化建设中的重要作用。2023 年 8 月 29 日，《中共泉州市委　泉州市人民政府关于不断创新和发展"晋江经验"　勇当新时代民营经济强省战略主力军的意见》出台，全面加快和推进民营经济发展。

党中央站在更高起点谋划民营经济的发展，泉州民营经济研究院作为一家地方民营经济研究机构，深感责无旁贷，主动自觉融入推动民营经济高质量发展的国家战略宏图中。自 2023 年 1 月 27 日成立以来，泉州民营经济研究院深入贯彻党中央、国务院关于民营经济高质量发展的部署精神，着眼服务民营经济、民营企业、民营企业家，聚焦民营经济高质量发展的重大理论和实践问题，推动形成一批重要研究成果，集成《"晋江经验"——泉州民营经济研究系列丛书》，积极

发挥党委、政府决策的参谋助手和民营企业发展的智囊智库的作用。

　　"晋江经验"是本丛书的指导思想，也是主题主线。《意见》第31条指出，要不断创新和发展"晋江经验"，及时总结推广各地好经验好、做法，对行之有效的经验做法以适当形式予以固化。2002 年，时任福建省省长的习近平同志全面、深刻、系统地提出"晋江经验"，这一因高瞻远瞩而历久弥新的重大理论创新，成为坚持和发展中国特色社会主义道路的重要路标，至今仍彰显着重要的现实指导意义。"晋江经验"既回答了中国民营经济孕育、成长和发展壮大的秘诀，又蕴涵着新征程上推动高质量发展的重要方法论，具有超越时空的真理性和价值性，其内涵与习近平经济思想一脉相承、高度契合。本丛书深入研究阐释、传承弘扬"晋江经验"，从"晋江经验"中汲取发展民营经济的高超政治智慧、非凡战略眼光和系统思维方法，让"晋江经验"更好地引导新时代民营经济高质量发展。

　　在"晋江经验"的指引下，本丛书从新时代中国改革开放的社会实践出发，在中国式现代化体系、社会主义市场经济理论大框架下，努力阐释民营经济、民营企业、民营企业家的结构性地位和发挥作用机制，民营经济在形成市场活力、实现共同富裕、推动中国式现代化和中华民族伟大复兴进程中担当的任务和存在的问题，新型政商关系生态，民营经济高质量发展的法治保障等反映全国民营企业所需所盼和一系列民营经济普遍性、紧迫性问题，致力于应时代之需、发思想之声、解困厄之患。不谋全局者，不足以谋一域，欲得大观，必择立高处。本丛书系列研究成果力求做到高站位、宽视野，既胸怀国之大者，瞄准新目标、把握新阶段、贯彻新理念，又落地到具体的民营经济情势和民营企业的发展实践中。我们以"晋江经验"发源地泉州作为全国民营经济的研究样本，组织一批国内优秀研究机构、高校、智库团队参与研究，如中国社会科学院工业经济研究所和清华大学等，走进泉州民营企业广大群体中深入调研，摸清民营企业情况、倾听企

业真实呼声，提出对策建议，给出泉州方案，努力实现国际视野、中国智慧与区域实践相结合，希望从中总结民营经济发展的泉州经验，为全国提供借鉴和启示。

奋进充满光荣和梦想的新征程，我国民营经济将走向更加广阔的舞台，呼唤民营经济发展理论创新的智力支撑。《意见》旗帜鲜明地提出，"要加强理论研究和宣传，引导社会正确认识民营企业的重大贡献和重要作用"，"坚决抵制、及时批驳澄清质疑社会主义基本经济制度、否定和弱化民营经济的错误言论与做法"。作为泉州市委、市政府的重要智库、不断创新和发展"晋江经验"的主要阵地，促进民营经济健康发展、高质量发展的重要载体，泉州民营经济研究院将紧跟时代步伐，持续推出注重时代性、实践性、创新性的新成果，希望为中国民营经济理论体系建构添砖加瓦，鼓舞民营企业家发展信心、坚定发展预期，积极为民营经济健康发展、高质量发展营造良好的氛围。

泉州民营经济研究院

2024 年 6 月

序

　　"晋江经验"是习近平总书记在福建省任职期间总结提出的重大理论和实践创新，是对中国特色社会主义市场经济发展道路的积极探索。"晋江经验"的核心内容"六个始终坚持""正确处理好五大关系"，蕴含了"有效市场"和"有为政府"的双重逻辑。从"有效市场"来看，"晋江经验"提出的"始终坚持以市场为导向发展经济"，明确指出了优化营商环境的目标宗旨；"始终坚持以诚信促进市场经济的健康发展"，明确指出了构建信用体系对优化营商环境的重要作用。从"有为政府"来看，"晋江经验"提出的"始终坚持加强政府对市场经济发展的引导和服务"，明确指出了打造服务型政府、塑造亲清政商关系对促进民营经济健康发展的基本路径，要求政府既不"越位"，也不"缺位""错位"或"不到位"。"晋江经验"已经对优化营商环境作了深刻阐述和方向指引，是指引我国推动民营经济健康发展、打造一流营商环境的根本遵循。

　　新时代新征程，党的二十大报告明确提出要"营造市场化、法治化、国际化一流营商环境"。2023 年 7 月，中央将创新和发展"晋江经验"首次写入"民营经济 31 条"，这是国家对福建和泉州培育发展民营经济成绩的重大肯定。在此背景下，面对当前国际复杂经济形势、新科技产业革命机遇和国内新质生产力、新型工业化战略部署，如何通过传承弘扬好"晋江经验"，创新民营经济发展体制机制和政策举措，推动民营经济实现焕发活力、创新转型、提档升级，打造中国民营经济发展示范城市，已经成为泉州优化营商环境需要迫切解决的重大问题。

前言

为率先创新发展"晋江经验"，探索突破民营经济发展瓶颈的先行试点，打造市场化、法治化、国际化、便利化一流营商环境，华略智库课题组受泉州民营经济研究院委托，实地到泉州市及所属县（市、区）相关部门、商协会和重点企业开展调研，积极开展问卷调查和电话采访，深入了解和评估泉州民营经济的发展现状、核心问题及企业诉求，分析比较民营经济发达地区优化营商环境的经验做法，起草形成《泉州市创新和发展"晋江经验"打造一流营商环境研究》一书。

首先，本书对泉州优化营商环境绩效作了分析，总体判断为：泉州积极推进重点领域改革创新，在政务服务数字化转型、打造公平高效的市场环境、构建社会信用体系、强化知识产权保护、培育亲清政商关系等方面取得了重大成效，"泉心泉意"营商环境品牌全面打响，民营经济发展环境不断改善，成功跻身全省营商环境标杆城市。同时，问卷调查显示，泉州营商环境总体满意度高达 92.36 分，企业整体给予高度评价。

其次，本书对泉州营商环境存在的短板作了评估，与先进地区相比，仍存在一定差距：科创企业融资服务相对薄弱，创新人才支撑明显不足，外贸综合服务国资平台依然缺失，企业开办流程效率需要提高，行政执法质效有待增强，政务服务的在线办理深度、在线服务的减证便民程度存在不足，涉企政策及时落地见效存在障碍，整个城市公共服务国际品质亟待提升。

再次，本书明确了泉州优化营商环境的基本指向和顶层设计。本书建议泉州要落实中央和福建省关于优化营商环境、促进民营经济高质量发展的战略部署，对标世界银行宜商环境评价新标准，对照泉州市委、市政府推动民营经济全链升级的新要求，围绕打造国家民营经济高质量发展试验区、中国民营经济营商环境最优城市两大功能定位，持续将营商环境作为"一号改革工程"，全面实施"对标改革、开放先行""创业存活、创新成功""补齐短板、打响品牌""系统集成、闭环服务""数字赋能、靠前服务""提升品质、以城引流"六大策略，努力实现"五大提升突破"，推动泉州营商环境综合水平迈入全国第一方阵。

最后，在此基础上，本书建议针对泉州民营经济营商环境关键问题、短板环节，推出具备泉州特色、超常规的创新举措，全力在创新环境、开放环境、市场环境、法治环境、成长环境、要素保障等重点领域开展集成攻关。重点包括：探索设立泉商产业发展基金，拓宽优质民营企业对接资本市场通道，全面加强对新兴产业和新型企业培育的支持；组建泉州国资贸易平台公司、泉州新工科大学等，为企业提升跨境贸易能级、解决高技能人才供给问题提供重大支撑；探索建立公平竞争审查委员会、"元宇宙"政务大厅、"白话版"办事指南和业务办理系统、要素交易"一网交易"平台、知识产权"一件事"集成服务云平台、电子税务局等，全面提升民营企业服务效能；开展政务服务增值化改革，探索设立政策计算器，推出首席合规官、首席数据官等服务岗位，将政策和资源服务精准推送到企业；对标世界银行新标准完善全市营商环境评价体系，开展国家服务贸易开放试点，争创全国民营经济高质量发展试点。

目 录

第一章　泉州营商环境整体绩效的分析评估　/ 1

一、政务服务日趋高效便捷　/ 1

二、市场环境持续优化提升　/ 2

三、法治环境更加规范透明　/ 3

四、亲清政商关系形成品牌　/ 4

五、营商环境机制逐步完善　/ 5

第二章　泉州营商环境问题瓶颈的分析诊断　/ 6

一、创新生态支撑有待加强　/ 6

二、开放环境亟须补短提升　/ 13

三、市场环境亟待更加公平　/ 18

四、法治环境需更公平公正　/ 21

五、政务服务质效有待加强　/ 25

六、城市发展环境有待提升　/ 31

第三章　泉州营商环境优化提升的基本指向　/ 34

一、落实国家和省市营商环境最新部署　/ 34

二、对标世界银行宜商环境评价指标　/ 35

三、解决泉州民营经济全链升级命题　/ 35

第四章　泉州打造一流营商环境的总体思路　/ 37

　　一、总体考虑　/ 37

　　二、基本策略　/ 38

　　三、目标蓝图　/ 40

第五章　泉州打造一流民营经济营商环境的重点领域　/ 47

　　一、提高创新生态支撑能力　/ 47

　　二、形成自由便利开放环境　/ 51

　　三、构筑公平有序市场环境　/ 54

　　四、持续提高行政执法质效　/ 57

　　五、打造智慧便捷政务环境　/ 59

　　六、强化民营经济资源支撑　/ 62

　　七、提升城市生态宜居品质　/ 64

附件一　泉州优化营商环境改革创新事项清单　/ 66

附件二　泉州优化营商环境问卷调查分析报告　/ 73

附件三　先进地区优化营商环境案例研究　/ 99

后　记　/ 111

第一章
泉州营商环境整体绩效的分析评估

"十四五"以来，泉州市委、市政府全面贯彻中央和省委、省政府关于优化营商环境决策部署，将优化营商环境作为"一号改革工程"，深入推进重点领域改革，连续多年出台专项行动方案，全力打响"泉心泉意"品牌，营商环境建设取得了重大进展，成功获评省营商环境标杆城市，七项营商环境改革举措获全省推广，安商亲商护商氛围更加浓厚。

一、政务服务日趋高效便捷

泉州市积极推进政务服务数字化转型，建成全市统一政务信息网络、政务云平台、政务服务入口以及通用政务支撑平台，政务环境的企业满意度得分为 93.01 分①。"泉服务"掌上服务平台推广应用连续三年考核居全省第一，动态整合"一件事"集成套餐 579 项，基本实现重点领域和高频事项全覆盖；问卷调查显示，有 46.44% 的企业曾使用过"泉服务"掌上服务平台，平台覆盖业务范围、操作便捷程度、

---

① 为深入了解企业对泉州市营商环境的实际感受及意见建议，本书课题组特别针对全市企业，采用线上调研的方式开展企业满意度问卷调查。

业务办理效率等受到企业高度认可。全省首创"数字政务门牌"服务，精准收录高频常办事项 330 个，绘制办事流程图示 1710 张，入选国家政务服务效能提升"双十百千"工程的典型经验。深度打造"码上办"政务服务，推出电子证照"一码关联"协作拓展、服务事项"一码通办"扩容应用、应用场景"一码通行"推广使用三项改革创新机制，实现全市"网上可办率"99.21%、"一趟不用跑"占比 90.80%、"最多跑一趟"占比 99.40%，达到福建省先进水平，改革举措获评福建省机关体制机制十佳案例。

二、市场环境持续优化提升

泉州市通过降门槛、强监管、清障碍等举措，着力创造更加公平高效的市场环境，企业满意度得分为 93.03 分。在全省率先实施水电气网"一窗通办"改革，开发建立水电气网"一窗通办"平台系统，水电气网"全生命周期"联办服务模式被立项为省级地方标准；截至 2023 年 11 月，累计办理超近 10000 件，精简压缩 61% 申报材料、压缩 98% 审批时限、减少 83% 办理环节。创新实施政府采购"清隐去垒"专项行动，出台《泉州市打造一流政府采购营商环境行动方案》，持续提升政府采购透明度，规范政府采购活动，落实政府采购政策功能。在全国率先建立泉州市金融纠纷一体化调处中心，首创金融机构不良资产集中处置模式，实现"信用卡、小额贷款、小微企业贷款、个人经营性贷款"四类金融纠纷集中调处，形成金融纠纷全口径受理、全要素服务工作机制；截至 2024 年 3 月，累计调处成功各类金融纠纷 4.88 万件，涉案金额 33.22 亿元，调处成功率超传统模式 4 倍。在全省先行试点开展企业简易注销登记改革，建立企业简易注销登记容错机制，允许存在被列入"经营异常名录"、股权（投资权益）被冻结等异常状态的企业，待异常状态消失后重新依程序申请简易注销登记，进一步降低企业退出成本，释放市场竞争活力；截至 2023 年底，泉州市经营主体已超 140 万户，主体数量年均增长 12%。

三、法治环境更加规范透明

泉州市持续强化法治引领，法治环境的企业满意度得分为 90.21 分。建成海丝中央法务区泉州片区，泉州知识产权法庭和泉州国际商事法庭揭牌成立，入选国家知识产权强市建设示范城市，在 2022 年全国知识产权行政保护工作绩效考核中居全省首位；建立全国首个民营企业合规建设服务联盟，整合各方资源免费为企业合规"体检"，获最高人民检察院高度肯定。在全省率先推出不予处罚、从轻处罚、减轻处罚、免予行政强制措施等包容审慎监管执法"四张清单"，推行"首违不罚""轻违不罚"；2023 年，做出不予处罚、减轻或从轻处罚、免予行政强制 26 万余起，有效减轻行政相对人经济负担约 7852 万元。创新推出信用风险分类监管机制，实现监管资源向场所异常、曾受处罚、许可过期等异常主体倾斜，有效提高监管的精准性和有效性。出台"优化信用修复八条措施"，聚焦事前、事中、事后三个环节，帮助受罚经营主体尽快恢复经营；在全省首创破产企业纳税信用修复机制，完成全省首例重整企业纳税信用修复案件，推动泉州市知名品牌贵人鸟税务信用等级由 C 级提升至 B 级。成功创建全国"第四批社会信用体系建设示范区"，信易贷平台获评"2022 年度全国中小企业融资综合信用服务示范平台"，信用平台获评"2022 年度全国信用信息共享特色平台网站"。

四、亲清政商关系形成品牌

泉州市聚焦构建"亲不逾规、清不疏远"的新型政商关系，出台《关于促进政商关系亲清统一　推动优化营商环境的八条措施（试行）》，构建"亲"而有度、"清"而有为的边界清单，鼓励公职人员特别是领导干部要坦荡真诚同企业接触交往，让干部敢为、企业敢干。持续开展"万名干部进万企、一企一策促发展"专项行动，对全市1.1万家规模以上企业"全覆盖、全挂钩、全联系"；探索建立常态化"早午晚餐会"政企互动制度，及时了解企业诉求，为企业排忧解难。连续3年召开民营经济发展大会，让企业家"站C位""唱主角"，充分释放尊重企业家、弘扬企业家精神的鲜明信号；接续召开文旅经济发展大会、金融产业大会，2024年1月，国家发展改革委在晋江召开创新发展"晋江经验"促进民营经济高质量发展大会；将每年的11月1日设为"泉州企业家日"，定期表彰民营经济发展功勋企业和纳税大户；市四套班子主要领导定期在春节走访看望民营企业，为企业家们送"福"鼓劲；定期召开晋江海内外乡亲新春座谈会，与海内外人士热情交流互动，共叙乡情、共谋发展，营造了支持民营经济发展壮大的良好氛围。在全省率先组建政务服务"轻骑兵""大篷车"，深入一线破解企业、项目建设的"堵点""难点"问题，2023年泉州市、县两级审批服务"轻骑兵"队伍助推服务全市重点项目近900个，召开协调会超160场，协调解决堵点难点问题近600个，平均推动工程建设项目审批提速2~3个月；创新设立首批宜商环境观察点116个，推动政企沟通更加高效衔接。首次推出泉州政企直通车平台，为企业提供一键写信、政策资讯、一键咨询、快速诊断等服务，让企业快速了解相关政策，知政策、懂政策、用政策。

五、营商环境机制逐步完善

为打造国际一流营商环境，泉州市围绕开办企业、工程建设项目审批、获得电力等18个营商环境评价指标体系，建立一领域一统筹、一指标一专班、一整改一清单、一个月一台账、一专项一活动五大攻坚机制。从行动机制上看，泉州细分商事制度改革、政务服务、工程领域改革、财税贸易、法治建设、创新创业创造六大领域并成立专项小组由市领导牵头统筹，在此基础上针对全部18个营商环境指标建立工作专班，专班专人专业促进指标优化提升，督促指导各县（市、区）同步抓好工作落实。从具体行动上看，逐一对照国家、福建省营商环境评价问题清单，精准制定整改提升措施，做到1个问题形成1份整改清单；依托营商环境数字化监测督导平台，完善营商环境工作台账月报制度，及时对台账完成情况进行抽查检查和"回头看"，确保及时整改、及时纠正到位；持续强化对营商环境的引导造势，针对六个专项策划开展活动，营造了"人人都是营商环境，处处都是营商环境"的浓厚氛围。

第二章
泉州营商环境问题瓶颈的分析诊断

在肯定泉州优化营商环境取得成效的同时，通过分析诊断也可看到，对标北京、上海、重庆、杭州、广州、深圳等国家营商环境创新试点城市，东莞、苏州、宁波、温州、义乌等民营经济营商环境标杆城市，以及厦门、福州等省内先进城市，泉州在科创生态、外贸服务、市场准入、行政执法、智慧政务等方面仍有一定提升空间，尤其是在中小企业融资、惠企政策兑付、知识产权保护等方面，尚不能达到企业预期。

一、创新生态支撑有待加强

在创新环境方面，泉州短板效应最为明显，主要存在科技金融体系不完善、创新人才引育力度不足、创新主体地位不强等问题，需要进一步补短提升。

（一）科技金融体系尚不完善

1. 科技金融指标数值比较评估

对标省内先进水平，泉州企业融资服务有待进一步优化，主要表现为信贷类指标增速较低、融资平台服务质效还需提升等。从具体指标①看，政府性融资担保、机构融资担保，普惠小微贷款、"银税互动"、小微企业无还本续贷等信贷类指标增速，融资服务平台的中小微企业占比，股权融资、债券融资增长等指标，较省内最优有较大差距（见表2-1）。例如，2022年泉州制造业贷款增速、普惠小微贷款增速、各项贷款增速分别为8.11%、20.04%、9.34%，与宁德（64.88%）、平潭综合实验区（58.84%）、宁德（22.56%）等省内最优相比，分别存在56.77个、38.8个、13.22个百分点的差距。又如，2022年泉州上市公司股权融资金额、债券融资额分别为17.2亿元、571.88亿元，与宁德（450亿元）、厦门（1849.96亿元）等省内最优相比，分别有432.8亿元、1278.08亿元的差距。

表 2-1　融资支持监测指标表现

具体事项	泉州市	省内最优
制造业贷款增速（%）	8.11	64.88（宁德）
普惠小微贷款增速（%）	20.04	58.84（平潭综合实验区）
各项贷款增速（%）	9.34	22.56（宁德）
小微企业无还本续贷余额增速（%）	28.29	61.61（厦门）
银税互动小微企业贷款余额增速（%）	15.52	42.08（宁德）
上市公司股权融资金额（亿元）	17.2	450（宁德）
上市公司股权融资增长率（%）	312.82	6026.7（宁德）
推进企业上市情况（家）	24	94（厦门）
债券融资额（亿元）	571.88	1849.96（厦门）
债券融资增长率（%）	54.06	94.7（宁德）
政府性融资担保机构融资担保放大倍数	4.23	7.53（平潭综合实验区）
入驻已联通省级节点融资服务平台的中小微企业占比（%）	34.23	81.53（南平）

---

① 考虑到指标数据的可获得性，企业融资支持监测指标重点对标省内最优进行分析。

同时，与其他发展规模相近的民营经济强市相比，泉州民营经济信贷规模明显偏小。截至 2022 年底，泉州市金融机构本外币贷款余额为 9885 亿元，远低于苏州（4.68 万亿元）、宁波（3.3 万亿元）等工业发达城市水平，也低于福州（2.3 万亿元）、厦门（1.73 万亿元）等省内城市，与全市 140 多万家市场主体尤其是 40 多万家中小微企业的融资需求难以匹配（见图 2-1）。

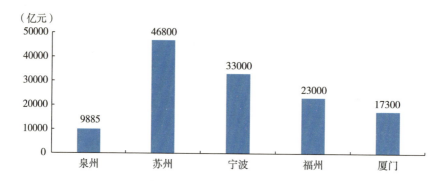

图 2-1　2022 年金融机构本外币余额对比

经分析，主要有三个方面原因：

一是担保融资受限较多。调研发现，泉州市民营企业主要通过政府融资担保从银行渠道获得信贷资金，由于前期信贷风险暴露问题较多，目前企业互保、对外担保意愿较低，且受制于银行担保合作门槛高、国家融资担保再担保业务规模有限等因素，政府性融资担保放大倍数比较小（2022 年泉州政府性融资担保机构融资放大倍率为 4.23 倍，较全省最优水平——平潭综合实验区的 7.53 倍存在较大差距）。此外，地市级银行业机构多为二级分行，普遍存在权限低、资源少，以及产品创新性、政策灵活性和市场黏合度不够等问题，在一定程度上也影响了贷款审批效率。问卷调查显示，银行贷款利率高、贷款手续烦琐、抵押物要求高等是目前泉州企业融资领域存在的突出问题，有企业建议，"希望创新科技金融产品，提升中小企业科技信贷可得性"。

二是直接融资渠道有限。调研发现，泉州市存在股权融资、基金融资等直接渠道不畅，以及地方金融组织融资服务作用不充分等问题。2023年初，证监会IPO"红绿灯"规则对主板申报企业提出行业要求，集成电路、生物医药等仍处于培育阶段的新兴产业为"支持类"行业，泉州符合上市条件的企业较少；相反，食品、纺织鞋服等传统优势产业则被划为"黄灯行业"，导致企业股权融资之路较为艰难。此外，地方金融组织因资本规模不大、运营资金成本高等问题，"小、散、弱"发展特征十分明显，在助力企业尤其是"小微"企业融资时无法充分发挥"拾遗补缺"作用。

三是企业信用应用不足。泉州企业信用数据缺乏实际运用，多数信用信息处于"数据静置"状态，尤其缺少金融领域企业信用数据应用的具体政策安排。目前，泉州市金融机构对小微企业的生产经营信息掌握得不充分，难以进行有效的信用风险评价，银企信息不对称导致金融扶持小微企业力度不足，有受访企业表示，"希望能够利用更多信用数据赋能企业融资""尽量降低银企信息不对等，解决中小微企业融资难问题"等。

2. 完善科技金融体系具体做法评估

与创新试点城市相比，泉州尚未创建包括种子基金、并购基金、S基金等在内的科创基金链式矩阵，且缺乏专业的科创投资运营团队和人才。例如，2022年上海组建全新科创集团，整体打造"一体两翼"的业务新格局，公司资本管理规模达1200亿元、参股创投基金超160家。又如，2023年，杭州市升级打造科创基金、创新基金和并购基金3只千亿母基金，推动形成总规模超3000亿元的"3+N"杭州基金集群，使杭州产投融生态更加完善和系统化。

（二）创新人才引育力度不足

1. 创新人才指标数值比较评估

目前泉州市在高层次人才吸引、产业科技研发人员储备等方面存在一定不足。截至 2023 年底，全市高层次人才总量 2.3 万，与苏州（高层次人才总量超 38 万）、东莞（高层次人才总量 23.6 万）等其他民营经济强势地区存在明显差距，特别是电子信息、新能源、生物医药等新兴产业高层次人才比较紧缺，这已成为制约行业发展的重要因素之一。此外，民营企业数字化转型的政策支持力度不足、网络应用技术人才缺失等，也是引进高端人才过程中存在的主要问题。问卷调查显示，有企业表示，"希望在企业数字化转型过程中引进一批网络应用技术人才""技术创新平台的复合型服务人才不足"；有企业建议，"搭建政企对接平台，提高创新开放水平""加快创新基础设施建设，引导企业进一步规范创新""加大资金扶持力度，增强高层次人才和高技能人才招引力度"；也有较多企业建议，"给予民企更多人才职称评定自主权""加大人才引进补贴力度，提高泉州人才吸引力""放宽先进制造领域的国际人才职业资质认可"。

经分析，主要存在三个方面原因：

一是人力资源专业服务有待提高。泉州民营企业习惯于通过网络或现场自行招聘，对人力资源服务尤其是中高端人力资源服务的接受度不高。市场需求不足导致泉州市人力资源服务中介引才作用发挥不明显，人力资源服务中介特别是高端猎头公司集聚度不高，人才发现、配置渠道受到影响。

二是传统生产岗位吸引力不强。调研发现，多数传统产业（纺织、鞋服、陶瓷等）企业反映，传统产业的一线生产岗位对年轻员工没有吸引力，目前在岗员工年龄偏大，存在学习能力不强、缺乏系统培训的问题，随着人口老龄化趋势加剧，生产线将面临较为严重的缺工现象。此外，因泉州城市品质不高，对高层次人才的吸引力也不强。

三是职业教育适配度有待提升。调研发现，泉州市职业教育与产业高质量发展不够匹配，主要表现为职业（技工）院校数量不多且层次不高，产教融合、校企合作不够紧密，尚不能很好满足当地制造业高质量发展需求。目前，仅有黎明职业大学入选国家高水平高职学校、高水平专业群"双高计划"。

2. 创新人才服务具体做法比较评估

对比国内创新试点城市、民营经济营商环境标杆城市，泉州在高层次人才服务、战略企业家特别是"创二代"培育等方面仍有一定差距，对高层次人才的吸引力仍然不足。例如，苏州持续优化高层次人才"一站式"服务中心功能，积极开发"苏 show 才"人才政策计算器，通过"大数据+AI 技术"解决人才政策找不到、看不懂、报不上等问题，实现了人才政策一网通看、一键匹配、一键申报，变"人找政策"为"政策找人"，截至 2024 年初已有 80 余万人才使用。又如，杭州实施外籍"高精尖缺"地方人才认定标准，结合重点产业发展，扩大外国高端专业人才认定范围。再如，温州积极鼓励民企依托全球温商网络优势，大力引育海内外优秀人才，通过搭建国（境）内外新生代创业者交流合作平台，出台海外留学人才归国创新创业激励政策，促进温商"创二代"和战略企业家技术、项目、产业回归。

（三）创新主体地位有待加强

对标省内先进水平及国内标杆，泉州市存在科技研发投入较低、高新技术企业集聚不足等问题。从具体指标看，2022 年泉州的研究与试验发展（Research and Experimental Development，R&D）经费投入强度、创业服务机构和研发机构数量、高新技术企业数量全省贡献率、省"专精特新"中小企业培育率、制造业单项冠军企业（产品）增加量等指标，较省内最优、民营经济营商环境标杆城市仍有明显差距。例如，2022 年泉州的 R&D 经费投入强度为 1.44%，对比省内最优厦门（3.15%）有 1.71 个百分点的差距，较民营经济标杆城市东莞（4.0%）、苏州（4.01%）分别有 2.56 个、2.57 个百分点的差距。又如，2022 年泉州共有 31 所本科和高职（专科）院校，对比省内最优的福州（66 所）仍有较大的差距（见表 2-2）。

具体事项	泉州市	省内最优	标杆城市
研究与试验发展（R&D）经费投入强度（%）	1.44	3.15（厦门）	4.01（苏州）
创业服务机构数（家）	213	356（厦门）	—
研发机构数（家）	392	745（福州）	—
高新技术企业增加量同比增长率（%）	15.96	66.86（厦门）	—
高新技术企业数量全省贡献率（%）	22.89	31.54（福州）	38.5（苏州）
省"专精特新"中小企业培育率（%）	4.1	15.38（平潭综合实验区）	—
省"专精特新"中小企业培育国家专精特新"小巨人"企业成功率（%）	25.99	49.47（厦门）	—
经工业和信息化部认定的制造业单项冠军企业（产品）增加量（家）	3	4（厦门）	52（苏州）
经省工业和信息化厅认定的制造业单项冠军企业（产品）增加量（家）	9	24（厦门）	25（东莞）
本科院校数量（所）	15	33（福州）	—
高职（专科）院校数量（所）	16	33（福州）	—

此外，与国内民营经济营商环境标杆城市相比，泉州市国家级科研创新平台、高能级大科学设施稀缺，无法有效满足创新主体的研发、小试、中试和产业化等需求，关键核心技术攻关能力不强，高新技术企业数量远落后于先进地区。例如，东莞市建成运行中国散裂中子源（位列全国 12 个大科学装置单体之首）、松山湖材料实验室、南方光源研究测试平台、先进阿秒激光设施（世界第二个）等一批大科学设施，与全国知名院校合作共建了华中科技大学制造工程研究院、广东省智能机器人研究院等 32 家新型研发机构，市级以上重点实验室和工程技术研究中心多达 217 个，国家级高新技术企业、国家级孵化器分别达到 640 家和 15 家（三年均实现翻倍）。其中，松山湖科学城常年有超过 50 位院士专家和 2000 多位顶尖科学家进行科学研究。对此，泉州市民营企业的创新主体地位亟待加强，全市科技创新能级有待进一步提升突破。

二、开放环境亟须补短提升

在开放环境方面，泉州存在贸易综合平台缺失、跨境贸易能级不高的问题，如跨境贸易规模较小、服务水平不高等。此外，跨境贸易的数字化水平也有待提升。

（一）跨境贸易能级相对较低

1. 跨境贸易规模指标数据比较评估

对标省内先进水平及民营经济标杆城市，泉州进出口贸易规模较小、增速缓慢。例如，2022 年泉州的货物进出口额分别为 717.3 亿元、1994.6 亿元，与省内最优厦门（4568.2 亿元、4657.4 亿元）相比差距较大（见表 2-3）。又如，2022 年泉州港口外贸集装箱货物吞吐量为 10.96 万标准箱、港口外贸集装箱货物增长率为 29.55%，远不及省内最优厦门（933.45 万标准箱）、宁德（265.85%），也低于义乌等民营经济标杆城市（48.5 万标准箱、24.4%）。此外，问卷调查显示，目前全市企业在外贸方面主要面临生产成本上升、用工成本较高、订单量不足等问题。

表 2-3　跨境贸易规模监测指标表现

具体事项	泉州市	省内最优	标杆城市
货物进口额（亿元）	717.3	4568.2（厦门）	605.0（义乌）
货物出口额（亿元）	1994.6	4657.4（厦门）	4616.2（义乌）
货物出口额同比增长率（%）	-2.01	65.68（宁德）	15.7（义乌）
港口外贸集装箱货物吞吐量（万标准箱）	10.96	933.45（厦门）	48.5（义乌）
港口外贸集装箱货物增长率（%）	29.55	265.85（宁德）	24.4（义乌）
货物进出口额占全省货物进出口总额的比例（%）	13.68	46.53（厦门）	—

具体事项	泉州市	省内最优	标杆城市
货物进出口额占本地区生产总值的比例（%）	22.41	118.24（厦门）	—
海关特殊监管区域进出口额占全省海关特殊监管区域进出口额的比例（%）	4.03	84.6（厦门）	—
港口外贸集装箱货物全省贡献率（%）	0.99	84.36（厦门）	—

2. 跨境服务水平指标数据比较评估

对标省内先进水平，泉州在通关流程便利度、进出口整体通关时长、代理报关行数量等方面，仍有较大提升空间。例如，从报关服务看，泉州本地区代理报关行数量较少（根据企业反馈，代理公司主要集中在厦门市，企业更愿意从厦门港出口），且很多海关扶持政策相比厦门较为缺乏，进（出）口整体通关时间较长（见表2-4、图2-2）。

表2-4 跨境服务水平监测指标表现

具体事项	泉州市	省内最优	标杆城市
港口外贸集装箱国际航线数量（条）	13	119（厦门）	24（义乌）
出口原产地证书签发份数（份）	81745	246292（厦门）	285000（义乌）
出口原产地证书签发金额（亿元）	331.94	1205.77（厦门）	—
出口整体通关时间压缩比（%）	94.76	98.27（莆田）	97.5（义乌）
进口整体通关时间压缩比（%）	91.27	99.91（龙岩）	—

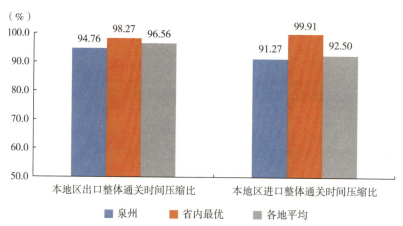

图2-2 2022年福建省港口进（出）口整体通关时间压缩比

经分析，主要存在两个方面原因：一是外贸综合服务支持不强。调研发现，泉州市民营企业在"走出去"过程中，普遍存在企业规模小、海外运营能力弱、风险防范能力不强等问题，且缺乏对当地法律法规及文化的了解，以及应对海外知识产权纠纷的预防机制，经常处于被动和弱势地位。有部分企业反馈，"由于企业规模小，导致国际竞争力不强，希望政府加大企业海外经营法律、金融等方面的支持力度"。二是对外贸易政策支持不强。与厦门以及国内其他口岸城市相比，泉州缺乏厦门国贸集团、上海东浩兰生集团等类似的国资贸易支撑平台，物流贸易的通道建设、对外贸易融资通道、物流贸易基础设施、中小贸易企业综合服务等领域均存在较大短板，加上外贸扶持政策不如厦门优惠，导致泉州大量进出口贸易在厦门海关进出关，对泉州建设商贸中心城市造成了明显影响。此外，调研发现，民营企业在开拓国外市场时，存在"国内的质量标准在其他国家不被认可，需要通过第三方标准化机构才能形成交易"的现象。例如，目前国内标准在东南亚市场通过第三方认证需要 15 天左右时间；泉州在促进民营企业融入《区域全面经济伙伴关系协定》（Regional Comprehensive Economic Partnership，RCEP）方面还存在不足，如 RCEP 规则普及率低、泉州优品出海渠道还不够畅通、海外华商往来交流不够活跃等。

3. 跨境贸易服务具体做法评估

与国内创新试点城市相比，泉州的跨境贸易便利化改革仍不够深入，进出口整体通关时间亟待提速，在促进要素资源的跨境流动方面还有进步空间，跨境贸易服务水平还需提升。例如，厦门围绕加快口岸数字化转型、支持新业态新模式创新发展、提升通关便利水平、降低口岸物流成本、提升市场主体获得感五个方面，持续改革创新，形成具有"厦门特色"的实践经验（见表2-5）。

表 2-5　跨境贸易的"厦门经验"

方面	创新举措
加快口岸数字化转型	依托厦门国际贸易"单一窗口"整合口岸信息化项目和数据资源，重点建设"一舱三平台"，即一个数字驾驶舱，辅助监管、协同合作、对外服务三个子平台，构建统一、高效、智能的厦门数字口岸平台。目前，平台已实现 212 项服务功能，服务全市进出口环节企业超 1500 家，高效助力企业"引进来""走出去"
支持新业态新模式创新发展	探索建设出口跨境电商退货中心仓，在全国首创跨境电商结汇模式，9610 货物通过公共服务平台自主结汇模式，解决企业通过第三方支付机构无法结汇的难题，降低收汇风险。2022 年前三季度，厦门市跨境电商进出口额约 156.32 亿元，较 2021 年同期增长 137.9%
提升通关便利水平	打造出口货物"智能云分流"模式，免去货物在码头内的中转和等待环节，压缩作业时间近 90%；实施进口货物"卸船分流"模式，压缩货物流转时间平均超 3 小时；"智慧直通闸口"投入运营，每年将减少集装箱卡车绕行港区道路 2 万余次
降低口岸物流成本	通过开展新型离岸国际贸易试点，以外汇服务便利化和财政资金扶持等方式有力推动船舶、飞机海外油品加注和物料补给等全球采购业务外汇结算。同时，设立全国首只数字人民币航运物流中小微企业融资增信基金并给予融资担保费补贴，推广实施启运港退税，升级"港航信易贷"
提升市场主体获得感	始终将市场主体的获得感和满意度作为衡量工作落地见效的"金标准"，围绕"企业少跑腿""数据多跑路"，建立健全沟通机制等，持续提升企业贸易便利化水平

　　东莞深入推进跨境贸易便利化专项行动试点城市建设，与香港国际机场合作建设"东莞—香港国际空港中心"，打造全球首个直达机场空侧的跨境海空联运项目，首创跨关境海空联运模式，将香港国际机场安检、打板、集拼等核心环节前置到东莞，持续推动粤港澳大湾区货物通达全球。

　　杭州持续提高跨境通关物流链供应链安全畅通，深化通关一体化改革，支持"区港一体化"发展，探索建设杭州综合保税区联合运营区、杭州保税物流中心（B 型）和机场口岸，支持海关监管作业场所设立和审批，探索"未来工厂+智能清关+海外仓"供应链智慧监管模式，实现基于高信用企业的自动申报。

苏州深入推进新型离岸国际贸易试点建设，基于海关特殊监管区域外汇监测服务系统，打造新型离岸国际贸易综合服务平台，以便银行更准确判断贸易的真实性。同时，积极响应生物医药产业需求，推出"研易达"，解决企业研发用医疗器械及零部件进口环节的难点痛点问题；成立自贸园区特殊物品风评中心，为生物医药企业提供一站式多元化便利服务。

（二）跨境贸易数字化水平亟待提升

与义乌等民营经济营商环境标杆城市相比，泉州在搭建跨境贸易、数字贸易平台，打造数字支付系统等方面仍存在较大差距，一站式的数字化贸易服务尚未建立。例如，在提升跨境贸易数字化水平方面，义乌全力打造 Chinagoods 数字贸易平台，汇聚展示交易、仓储物流、通关结汇、金融支付等贸易全流程服务。联动 1688、百度、京东等平台搭建义乌小商品城数字馆，累计服务经营户超 5.8 万家，累计服务在线交易额超 900 亿元。同时，大力发展线上市场，孕育青岩刘、北下朱、国际陆港电商城等 222 个电商村、32 个电商园区，吸引各大电商平台、超 50 万户电商卖家到义乌集聚。2022 年实现电商交易额 3907 亿元，其中跨境电商交易额 1083.5 亿元，2022 年快递业务量达 93 亿件，居全国第二。此外，义乌推出义支付（Yiwu Pay），与全球 400 多家银行达成合作，业务覆盖 140 多个国家和地区，国际收付主流币种达到 21 种。

同时，与国内创新试点城市相比，泉州在鼓励外资利润再投资方面，仍处于前期探索阶段。例如，深圳全面落实外商投资准入前国民待遇加负面清单制度，引导外资投向先进制造业、战略性新兴产业、未来产业等重点发展领域，支持设立外资研发机构。同时，贯彻落实境外投资者以分配利润直接投资暂不征收预提所得税等政策。又如，苏州鼓励外商投资企业利润再投资，支持外资企业利润再投资用于设立跨国公司地区总部或研发中心等功能性机构，支持其认定为省、市跨国公司地区总部和功能性机构，持续为外商投资企业扩大投资和新设机构提供全方位服务。

三、市场环境亟待更加公平

在市场环境方面，泉州存在企业开办流程有待简化、用水用气不够便捷等问题，同时市场竞争的公平性仍需加强。

（一）企业开办流程有待简化

1. 企业开办指标数值比较评估

对标省内先进水平，泉州企业开办的便利度仍然不高，主要表现为企业开办和注销的环节、时间、成本等仍有简化、优化的空间。从具体指标来看，市场主体登记数据质量、员工参保登记平均用时、新设立纳税人发票核定审批时间等指标，较省内最优仍有较大差距（见表2-6）。例如，2022年泉州公司及员工参保登记平均用时为0.23小时，相较省内最优厦门（0.03小时）多出0.2小时。又如，泉州新设立纳税人发票核定审批时间为3小时，相较省内最优厦门（0.46小时），存在2.54个小时的差距。

表2-6　开办企业监测指标表现

具体事项	泉州市	省内最优
市场主体登记数据质量	1	0.5（福州、厦门）
全体股东为自然人的有限责任公司及员工参保登记平均用时（小时）	0.23	0.03（厦门）
新设立纳税人发票核定审批时间（小时）	3	0.46（厦门）
税务Ukey发放比例（%）	98.91	100（厦门）

2. 企业开办具体做法评估

与国内创新试点城市相比，泉州的企业开办效率、智能化办理水平等仍有一定的提升空间。具体来看，武汉全面实行企业开办"1050"标准，即企业开办涉及的多个事项一次申报、0.5个工作日内办结、0费用；上海推行开办企业全流程"一站式"服务，企业设立登记、员工"五险一金"、刻制实物印章、申领发票等所有事项都可以在开办企业"一窗通"网上服务平台"一站式"完成，只需"1个环节、1天时间、0费用"即可开办企业。此外，在企业开办形式上，杭州推出"无须自己提供注册地址"政策，个体户可通过寻找专业的注册服务提供商来完成公司注册过程。深圳推行开办企业无介质电子签名，市场主体无须下载APP或办理U盾等实体介质，即可完成签名确认，降低开办企业成本。

（二）用水用气便利度有待提升

1. 用水用气指标数值比较评估

对标省内先进水平，泉州的用水用气获得便利度仍有待提升，主要表现为办理时间相对较长、尚未实现业务全程网上办理。从具体指标来看，获得用水/用气有外线工程平均办理时间等指标，较省内最优差距较大。例如，2022年泉州获得用气有外线工程平均办理时间为1天，而省内最优莆田仅需0.01天，差距较为明显（见表2-7）。

表2-7 获得用水用气监测指标表现

具体事项	泉州市	省内最优
获得用水有外线工程平均办理时间（天）	0.13	0.02（福州）
获得用气有外线工程平均办理时间（天）	1	0.01（莆田）
居民饮用水达标率（%）	98.91	100（厦门）
供水企业运行健康月平均分数（分）	96.04	98.74（福州）
燃气普及率（%）	99.7	99.99（莆田）

2. 用水用气用电服务具体做法评估

与国内创新试点城市相比,泉州的用水用气用电便捷性还需提升。例如,广州率先将电子证照、电子签章应用在办电领域,用户只需通过"刷脸"实名认证即可调用电子身份证、营业执照、不动产权证等信息,获取电子签章,在线完成供电合同签署,实现"零证办电""刷脸签约",足不出户即可完成用电报装申请。同时,以黄埔区为试点,成立全国首个"地方政府+供电企业"联席办公室,破解供电设施用地、施工受阻等前期"卡脖子"问题,加快输配电项目投产,同时聚焦企业需求拓展延伸性服务,搭建智慧用电和节能改造平台,推广临电租赁模式,研究支持临电租赁、受电设备财产综合保险补贴机制,进一步提高区域电力服务水平。在调研中,也有企业反馈,"现在企业用水用气用电的线上办理还不方便,很多时候需要去线下网点圈存"。

(三) 市场竞争的公平性还需加强

与国内创新试点城市相比,泉州在清除政府采购领域设置的隐形门槛和壁垒措施不够完善,且针对招标投标的智慧监管也有待加强。例如,深圳积极鼓励民营企业参与重大项目和补短板项目建设,稳步开展市场准入效能评估,归集和清理本地区违反市场准入负面清单制度情况。同时,开展招投标和政府采购违反统一市场建设专项整治行动,使各种所有制企业公平参与市场竞争。杭州平等保护各市场主体,探索建立市场准入效能评估制度,完善公平竞争审查制度,清理违反公平、开放、透明市场规则的政策文件,取消民营企业在资质资格获取、招投标、政府采购、权益保护等方面的差异化待遇。同时,出台《杭州市政务数据资源共享管理暂行办法》《杭州市公共数据授权运营实施方案(试行)》等政策,通过运行杭州市数据开放平台,为众多市场主体利用开放数据开发各类应用场景。上海做强公共资源"一网交易"总门户和综合交易、服务、监管系统,推进全流程电子化交易、招投标领域数字证书跨区域兼容互认，优化电子保函开具等功能。在调研中，也有企业反馈，"有些政府指定的代理机构法律意识不强，专业水平参差不齐，存在采购需求不明确、编制采购文件不规范的问题"。

四、法治环境需更公平公正

在法治环境方面，泉州存在行政执法质效不高的问题，如执行合同电子化水平不高、诉讼机制不够健全等。此外，还存在知识产权保护和运用水平有待提升、社会信用体系建设有待加强等问题，如信用数据壁垒依旧存在、政务诚信建设待加强等。

（一）行政执法质效有待提升

1. 执行合同指标数值评估

对标省内先进水平，泉州合同执行主要存在电子化程度不高、案件平均审理周期较长等问题。从具体指标看，合同纠纷平均审理时间、合同纠纷案件实际执结率等指标，较省内最优仍有较大差距（见表2-8）。例如，2022年，泉州买卖合同纠纷一审案件平均用时54.61天，相较省内最优莆田（36.62天）有17.99天差距。又如，泉州买卖合同纠纷执行案件执结率96.79%，相较省内最优漳州（99.26%）仍存在差距。

表2-8　执行合同监测指标表现

具体事项	泉州市	省内最优
一审买卖合同纠纷适用小额诉讼程序平均审理时间（天）	27.7	18.82（莆田）

具体事项	泉州市	省内最优
一审买卖合同纠纷适用简易程序平均审理时间（天）	40.63	30.32（莆田）
一审买卖合同纠纷适用普通程序平均审理时间（天）	104.37	79.28（莆田）
买卖合同纠纷一审案件平均用时（天）	54.61	36.62（莆田）
买卖合同纠纷上诉案件平均移送天数（天）	45.58	30.13（莆田）
买卖合同纠纷二审案件平均用时（天）	50.35	33.29（厦门）
买卖合同纠纷执行案件执结率（%）	96.79	99.26（漳州）
买卖合同纠纷首次执行案件有财产可供执行案件在法定期限内执结率（%）	99.7	100（漳州、莆田、南平、龙岩、宁德、平潭综合实验区）
买卖合同纠纷集约送达率（%）	90.63	97.31（莆田）
民商事案件诉前调解成功案件占一审立案比（%）	18.61	130.69（平潭综合实验区）
买卖合同纠纷一审独任审判适用率（%）	94.36	99.47（厦门）
买卖合同生效案件改判发回重审率（%）	0.016	0（福州、厦门、漳州、三明、莆田、南平、龙岩、宁德、平潭综合实验区）
买卖合同纠纷案件实际执结率（%）	43.67	63.85（厦门）
买卖合同纠纷实际执行到位率（%）	65.72	66.39（莆田）

2. 诉讼机制数值比较评估

对标省内先进水平，泉州仍然存在调解与仲裁、诉讼的对接机制不健全，与公司有关的纠纷案件诉讼便利度不高等问题。从具体指标来看，行政复议合法率、行政机关负责人出庭应诉率、行政诉讼被告败诉率等指标，较省内最优仍有较大差距（见表2-9）。例如，2022年，泉州行政复议合法率为91.7%，相较省内最优福州、漳州等地（100%），存在8.3个百分点的差距。又如，泉州行政机关负责人出庭应诉率为 80.18%，较省内最优漳州（99.12%）有 18.94 个百分点的差距。

表 2-9　司法与行政执法（保护中小投资者）监测指标表现

具体事项	泉州市	省内最优
对涉营商环境督促履职类行政检察建议完成整改率（%）	96.91	100（厦门、漳州、三明、莆田、龙岩、宁德、平潭综合实验区）
行政复议合法率（%）	91.7	100（福州、漳州、三明、莆田、南平、龙岩、宁德、平潭综合实验区）
行政机关负责人出庭应诉率（%）	80.18	99.12（漳州）
行政案件常住人口每万人成讼率（%）	1.57	1.14（三明）
行政诉讼被告败诉率（%）	16.43	6.57（漳州）
行政机关执行案件自动履行率（%）	96.15	100（龙岩、宁德）

此外，问卷调查显示，有 50% 的企业认为目前泉州存在"多头或重复性检查，比较影响生产经营"的情况。其中，针对生产安全、消防安全等领域的执法检查最为频繁，接下来是生态环保、创城创卫等；也有企业反馈，执法检查"重罚款、轻监管"。

3. 行政执法质效具体做法评估

与先进地区相比，泉州执行合同的电子化水平仍有待提升，电子档案系统联网、互联网查阅电子诉讼档案等功能有待完善，法律文书及调查令在线核验服务也有待加强。同时，二审速裁团队需加强建设，案件处理电子化程度和审执质效还需不断提高。例如，宁波创新设立"民营经济司法服务保障中心"，"一站式"提供多元矛盾纠纷化解、风险预警、司法政策传导、法律援助帮扶等服务；发动市内律师事务所组建商事调解中心实体平台，探索公益性与市场化相结合的商事纠纷化解机制。同时，在全国首创成立营商环境投诉监督中心，为企业提供高效便捷的解纷和维权渠道。广州通过灵活应用"5G 庭审本+5G 智能虚拟法庭"、多方联调、诉裁调衔接、有偿调解对接、法官参与调解、港澳特邀调解、云调解、微信调解等多种创新解纷机制，将矛盾纠纷化解在诉前，公正、高效地化解社会矛盾冲突。若运用"5G 庭审本+5G 智能虚拟法庭"，当事人无须往返于调解组织和法院，一日之内便可完成调解、听证、当庭确认、电子送达等程序，实现"光速解纷"。

（二）知识产权保护水平有待提升

1. 知识产权保护的企业诉求分析

问卷调查显示，目前泉州民营企业在知识产权维权过程中，依旧存在维权举证难、时间长、成本高的现象，知识产权保护力度不够，这就导致企业创新设计动力不足。同时，还存在知识产权创造质量和运用效率不高的问题。有企业反馈，"知识产权纠纷长时间未能解决，给企业带来了经济损失""企业对于参加展会有所顾虑，担心公司新设计产品被其他同品类企业拍摄抄袭"，也有企业表示，"专利会受到国企抢注，存在被不公平对待的问题"。另外，有企业反馈，"希望加大对知识产权的保护力度和处罚力度""银行对知识产权质押风险顾虑较大，较难实现知识产权价值的资产化"。

2. 知识产权保护的具体做法评估

与先进地区相比，泉州的高价值专利培育体系亟待完善，知识产权证券化工作缺乏国资平台引领，仍处于起步阶段。例如，东莞围绕重点培育发展的战略性支柱产业和新兴产业集群，支持科研机构、高新技术企业和入库培育企业开展精准高价值专利培育布局，推动建设高价值专利培育布局中心，立项资助高价值专利组合培育工程项目，加快专利技术成果转化，持续提升企业核心竞争力。杭州成立浙江（杭州）知识产权诉调中心和中国（杭州）知识产权，国际商事调解云平台，建立阿里巴巴知识产权保护平台和打假联盟，开启维权快速通道；同时，成立杭州国际仲裁中心，支持具备条件的商会、行业协会设立商事共享法庭，推行法律文书及律师身份在线核验服务。深圳围绕知识产权强市建设，落地深交所科技成果与知识产权交易中心、国家知识产权运营（深圳）交易服务平台等国家级平台，形成涵盖交易服务、金融服务、产业服务和特色服务的深圳知识产权运营服务体系；同时，充分发挥深圳金融业发达优势，大力发展知识产权金融，深化"国资主导、政府补贴、市场参与、企业获益"的知识产权证券化深圳模式；2023 年深圳专利商标质押登记金额超 300 亿元，累计发行 79 单、规模达 178.8 亿元的知识产权证券化产品，发行量及规模持续领跑全国。

（三）社会信用体系建设有待加强

积极打通信用信息平台、政务数据汇聚与共享应用平台、各行业部门系统等，加快数据自动共享、公开，对强化法治环境建设具有重要支撑作用。但调研发现，泉州市跨地区、跨部门、跨层级的数据壁垒依然存在，尤其是公安、税务等条线都有自建系统，各系统之间的数据尚未打通，政府服务过程中难以调用企业的电子证照，这就导致民营企业在办理业务过程中，依旧存在信息资源共享共用和业务协同力度不够的现象。部分民营企业反馈，"目前信息资源目录体系尚未成熟，重复采集、一数多源等情况较为普遍""希望加大跨部门协同和数据共享，减少重复审批"；有企业反映，"部分企业行政处罚信息更新不及时，存在不同平台之间信息更新不同步的现象"。

五、政务服务质效有待加强

在政务审批方面，泉州存在"智慧政务"亟待创新突破、"办税服务"效率亟待提升、重点领域审批服务有待加强等问题。同时，也存在涉企政策落地见效存在障碍、专业增值服务有待补缺强化等问题，需进一步强化提升。

（一）"智慧政务"亟待创新突破

1. "智慧政务"指标数值评估

对标省内先进、国内标杆，泉州市"智慧政务"建设亟待创新突破，政务服务的在线办理深度、在线服务的减证便民程度不足。行政许可事项"减环节""减跑动""减时间"仍有一定提升空间，特别是电子证照推广应用程度、政务数据资源目录编制占比、行政许可事项即办程度等指标数据明显偏低（见表2-10）。

表2-10 政务服务监测指标表现

具体事项	泉州市	省内最优	国内最佳实践
政务服务事项办结时生成电子证照的比例（%）	47.46	84.1（厦门）	深圳市创新推出政务服务"免证办"
政务服务事项办结时规范调用电子证照的比例（%）	39.25	79.87（厦门）	
已编制政务信息资源目录的政务服务事项占比（%）	39.26	85.28（莆田）	—
本地区发布需求清单的部门数量占本地区市直部门总数的比例（%）	6.5	33.1（龙岩）	—
本地行政许可事项"一趟不用跑"事项的覆盖率（%）	95.61	99.0（厦门）	99.29（深圳）
本地行政许可事项"一网通办"或"全程网办"率（%）	87.92	95.25（福州）	100（深圳）
本地行政许可事项"减时间"成效（%）	90.2	93.02（三明）	—
本地行政许可事项即办程度（%）	66.81	80.05（三明）	88.2（深圳）

问卷调查显示，有52.13%的企业对简化线上事项办理流程的需求最为强烈，有企业希望"尽量做到'一码通办'，不要让企业来回跑"

"审批信息同步性要加强，实现审批进度实时查询"。

2. "智慧政务"具体做法评估

在"智慧政务"建设方面，对比创新试点城市，泉州存在政务数据共享应用不足等问题。例如，深圳推出"免证办"改革，即利用大数据、人工智能等技术推进部门业务系统交互，加强与基础库、主题库等可信数据源对接，通过信息共享，自动比对、核验申请信息，实现基于标准化规则的表单和材料自动填充、系统自动审批，极大减轻了申请人办事负担，增强了群众办事体验感、获得感。截至2022年12月，深圳"免证办"已覆盖全市5603个政务服务事项，占具有申请材料的政务服务事项90%以上；其中，已实现393项高频电子证照替代实体卡证。

（二）"办税服务"效率亟待提升

1. "办税服务"指标数值比较评估

对标省内先进水平，泉州市"办税服务"效率亟待进一步提升，主要表现为线下办理涉税业务的等候和处理时间过长，使用电子发票的纳税人比例及纸质发票非接触申领比例较低，报税后事项耗时长。从具体的指标表现看，泉州市办税服务厅平均等候办理时间、业务平均办理时间分别较省内最优厦门市慢0.04小时和0.01小时，增值税留抵退税资料传递时间较省内最优三明慢1.53小时（见表2-11）。

表2-11 办税服务监测指标表现

具体事项	泉州市	省内最优	差距
办税服务厅平均等候办理时间（小时）	0.06	0.02（厦门）	0.04
办税服务厅业务平均办理时间（小时）	0.05	0.04（厦门）	0.01
发票邮寄网上申请处理平均办理时间（小时）	0.79	0.3（厦门）	0.49
纸质发票非接触申领比例（%）	97.94	99.2（厦门）	1.26
增值税留抵退税资料传递时间（小时）	2.02	0.49（三明）	1.53

2."办税服务"具体做法评估

对比省内最优厦门（见表2-12），泉州存在网办能力不足、数字应用场景不够广泛等问题。具体来看，厦门市在2022年打造了全市首家集"一站式"办、远程帮办、问办协同、场景交互等创新服务于一体的智慧办税厅，在全国税务系统中首先推出自助终端数字人民币支付、"银税互动"评估自助测算机、自然人涉税费体检报告、带有精准辅导功能的政策快充驿站四项功能，在全省首先实现自助终端可使用电子营业执照进行身份认证、增值税发票代开自动盖章一体机、申报表自助打印三项功能，日均服务量较传统办税厅增加7%，整体办税效率提高15%以上。

表2-12 "智慧办税"创新举措对比

厦门市智慧办税厅功能设置		泉州市创新举措
功能区设置	主要功能	
"零窗"自助办税	在全省首创推出"代开发票自动盖章"，即在出票的同时可自动加盖彩色印章，免去以往代开纸质发票后仍需前往办税窗口进行人工盖章的麻烦	—
智能导税区	提供办税区域引导、业务办理流程及资料查询等服务，还支持打印企业"体检报告"，实现企业基础情况、违法违章情况、未办事项情况等一目了然	率先推出"诚信保"，设置11个指标智能化监控、推动风险提示；推出"云税e检"服务，为企业推动"风险体检单"，"一企一策"辅导企业改进
远程帮办区	自助设备搭载"云客服"远程辅导功能，通过屏幕共享、桌面协同技术，后台"云客服"团队"手把手"对纳税人进行指导	—
政策快充驿站	汇集政策解读、操作指引、热点问答等内容，为纳税人提供"场景化""交互式"宣传阵地	—
视频点播区	推出"可视化办税指引—电子税务局操作短视频超市"，帮助不同类型需求纳税人开展"能看""能听""能办"的自助智慧导税	—

（三）重点领域审批服务待加强

对标创新试点城市，泉州市针对工程建设项目审批系统尚未实现从立项到竣工验收和公共设施接入全流程覆盖，且工程建设项目审批系统与相关部门系统数据互通共享不畅导致企业需反复提交材料，行政审批服务系统性有待提升。北京经济技术开发区探索实施产业用地标准化改革，目前已经形成了"区域评估+标准地+承诺制+政府配套"全流程工作机制，实现"标准化产业用地"对标招商、按标出让、按标施建、竣工验收、达产复核、全程监管、信用奖惩、违诺退出、企业综合评价全流程闭环管理，而且对于已经入区的、符合条件的项目，在办理施工许可环节实施告知承诺制改革，施工许可办理时限减少70%、事项材料减少50%，审批效能得到极大提升。此外，北京经济技术开发区创新实施"首席审批师"制度改革，即将受理、审核、决定、发证等多个审批环节合并，由一个具有"首席审批"资格的人员或团队独立完成，并对审批结果终身负责，同时建立完备的配套制度体系，确保审批质量。目前，"首席审批师"制度改革已在准入准营、工程建设全条线实施。其中，工程建设领域按照工程建设阶段分为立项、规划许可、施工许可、竣工验收、投产前五个环节，实现"跨领域、一件事、一个人、一次办"。

（四）涉企政策落地见效仍存障碍

调研发现，泉州各级各部门虽然出台了不少涉企优惠政策，但政策落地见效存在不少障碍。主要表现为：涉企政策制定与企业需求契合度不高，企业获取惠企政策的信息渠道不够通畅，以及企业对相关优惠政策的理解容易存在一定偏差等。同时，问卷调查显示，企业对加强与政府沟通交流的需求强烈，有 48.82% 的企业表示，"希望完善党政商协企多方沟通协商机制"。

经分析，主要存在以下三个方面原因：

一是涉企政策不够精准有效。惠企政策能够精准对接企业需求，是确保政策落地见效的重要前提和保障，但调研发现，泉州存在惠企政策不解渴、供需不匹配、冷热不均衡等问题，主要原因是政策制定未充分考虑企业诉求，政策的精准性、有效度仍有不足。有企业反馈，"目前省、市出台的很多惠企政策，门槛设置过高，导致传统产业、小微企业等难以享受""希望降低企业运营成本，或减免税收、降低税率，或降低社保缴存基数、缴存费率等"；有企业表示，"希望政府部门能积极邀请企业家参与到涉企政策制定过程中"；也有企业希望，"在规模以上企业设立软环境专员制度，全面对接企业、帮办日常政务，让企业更加充分地了解政策、享受政策""在普惠性政策基础上，根据项目类别建立'一事一议'制度"。

二是绩效考核机制不够健全。针对营商环境测评反映出来的顽疾难症、短板瓶颈和企业诉求，如何形成"问题清单—改进清单—督促解决—落实反馈"全流程绩效考核机制，并在此基础上建章立制、巩固成果，是需要相关部门重点考虑的问题。调研发现，泉州目前尚未形成这样的工作链条，且在营商环境测评中，存在考核指标设置和企业对营商环境的真实感受不够契合，指标难以反映真实营商环境的情况。例如，省营商环境考核指标"开工跨度时长"衡量的是企业从网上立项备案到办理施工许可的时间，但过程中有大量时间消耗在业主调整设计方案、红线图等主观事项上，该指标既无法真实反映地方营商环境的优劣，又导致基层要花费大量时间与精力进行应对。

三是惠企政策平台不够完善。泉州积极打造市、县两级惠企政策线上申兑统一入口，推动实现惠企政策线上直达兑现。但调研发现，市、县两级惠企政策平台有重复建设现象，且政策衔接不够通畅，主要表现为部分县（市、区）的惠企政策平台未能将省、市出台的资金类政策全部拆解上架，企业知晓度不高。同时，目前政务服务事项在省、市、县、镇、村五级实现了事项名称、申请材料等 15 个要素的统一，为企业提供了法定办事标准，但由于事项名称、办事指南均由"法言法语"描述，与企业平时的语言习惯不同，造成不少事项企业找不到、看不懂。有企业反馈，"优惠政策的申请材料太过复杂，且晦涩难懂"。

（五）专业增值服务有待补缺强化

政务服务增值化改革，被称为打造营商环境的高阶版，旨在推动政务服务从传统的便捷服务向增值服务全面升级，探索"有效市场"和"有为政府"更好结合。对比创新试点城市，泉州市的政务服务目前还停留在便利化阶段，增值化改革亟待探索推进。例如，杭州市钱塘区企业综合服务中心在大厅设置了人才、科创、政策、金融等服务板块，如果相关事项在窗口得不到满意解决，就会有服务专员将来访人员引导至一楼大厅的"兜底办"，重点解决常规窗口办不成的事。"兜底办"分成无处咨询或无处受理、多部门无牵头、非经常性无先例等六类，基本实现疑难事项全覆盖以及服务事项"有人管、能解决、不白跑"。杭州市钱塘区自实施政务服务增值化改革以来，短短数月就办成了 60 多件"办不成的事"。在调研中，也有企业反馈，"希望行政服务中心的功能更加丰富，增加'办不成事'窗口，推出更多便民惠企措施""希望落实首问负责制，避免各部门'踢皮球'，推动问题真正解决"。

六、城市发展环境有待提升

泉州在大力推进园区标准化建设过程中，存在园区周边的教育、医疗卫生、文化、住房保障等公共服务供给不平衡不充分的问题。对此，如何同步推进教育舒心、卫生与健康暖心、养老贴心、民生基础设施安心"四心工程"，增强城市的人才吸引力，是相关部门需要重点考虑的问题。

（一）全市优质教育资源仍有不足

从全市教育资源看，泉州优质公办园仍然不足，学前教育普及普惠仍存在较大压力，亟须通过加强省市示范幼儿园引领辐射作用，打造一批"总园+"优质样本；普通高中学位相对紧张，新建、改建、扩建普通高中任务较重。此外，区域、学校之间尚存在发展不平衡不充分的情况，且职业教育、高等教育、继续教育尚未形成协同创新格局，职普融通、产教融合、科教融汇尚处于探索阶段。

（二）医疗和养老服务体系待优化

相对城市人口体量和经济发展水平，泉州市医疗卫生服务还面临优质资源总量不足、区域分布不够均衡等突出短板，尤其是市属龙头医院的整体服务能力还有待进一步提升，区域辐射带动效应还不够突出，区域内各级医疗机构协同发展需进一步优化提升。同时，泉州市的养老服务模式不够完善，目前全市养老服务主要集中在养老院、福利院等载体，老年康复、老年疗养、老年文娱、老年家政护理、物业公司参与等多种新型养老服务还处在起步阶段。

（三）城市国际功能品质亟待提升

交通便利是降低企业物流成本、营造良好营商环境的重要因素，但调研发现：泉州市的城市交通布局欠佳，目前规划建设的高铁、轻轨线路和站点，未能与中心城区尤其是东海中央商务区等重大载体平台的布局紧扣；市域大中运量公共交通建设尚未启动，环湾中心城市的城际交通、市域交通、组团交通以及组团内部交通体系尚未按计划实施到位，且全市各个组团之间联系不够紧密。此外，泉州市在打造国际社区、科学家社区、国际医院等方面步伐不快，对青年人才特别是战略性新兴产业需要的科技人才吸引集聚能力不足。

第三章
泉州营商环境优化提升的基本指向

　　泉州作为"晋江经验"的发祥地和民营经济样板城市，应在创新发展"晋江经验"的实践过程中，承担"打造国家级民营经济高质量发展试验区""打造中国民营经济营商环境最优城市"等重大使命。为此，泉州营商环境优化提升主要有三个基本指向。

一、落实国家和省市营商环境最新部署

　　"民营经济31条"围绕民营企业发展环境、政策支持力度、法治保障以及推动民营经济实现高质量发展、促进民营经济人士健康成长、营造良好社会氛围等方面提出意见举措，尤其是提出聚焦解决民企运行过程中的痛点堵点问题，加快构建适合民营经济发展壮大的优质营商环境。为深入贯彻中央精神，福建省提出要创新发展"晋江经验"，要深入实施新时代民营经济强省战略，着力以创新增动能、以转型优结构、以改革激活力、以开放拓空间，推动福建民营经济提质增效、转型升级。对此，泉州市提出，要在新时代民营经济强省战略中走前头、作表率，要围绕激发民营企业内生发展动力、推进产业强链补链延链、营造公平竞争诚信重诺良法善治环境、创新政府管理和服务方

式、优化民营企业高效平等获取资源要素政策等方面，探索形成更多可固化、可复制、可推广的经验做法。

二、对标世界银行宜商环境评价指标

2023 年 3 月，世界银行正式推出全新的"B-READY"营商环境评价体系，推动营商环境评价走向数字化、系统化和效率均衡。包括以下内容：新增数字技术应用、环境可持续发展等交叉主题；采用整体主义评价原则，对影响民营企业发展的商业法规和公共服务进行评价；引入公共服务供给维度，注重考察政策的执行机构以及落实情况等。这对泉州市深入挖掘世界银行宜商环境（Business Enabling Environment，BEE）指标体系变化趋势，不断优化营商环境、激发市场主体活力提出了更高要求。对此，泉州要加快推进"智慧政务"建设，推动政府数据资源汇集共享，不断完善政务服务集成化办理，提高政务服务标准化、规范化、便利化水平，全面打造高效便捷的政务环境；要根据 BEE 指标变化及时调整营商环境监测指标体系，将相关体制机制改革纳入对应的组成部门与单位；要充分听取企业家的意见建议和真切诉求，不断加大涉企政策宣传力度，全力推动惠企政策落实落地。

三、解决泉州民营经济全链升级命题

面对民营经济存在的外部性风险和结构性缺陷，泉州市委、市政府提出要加快推动泉州民营经济全链升级。在建设全球先进制造基地方面，提出要构建"一湾两翼"重要增长极，做大做强以高新技术产业为核心的南翼高新区与以石化和新材料产业为主导的北翼石化产业基地；在建设高水平国家创新型城市方面，提出要实施科技创新"四个倍增"计划，力争到 2025 年研发投入、高新企业、科研平台、人才团队四大指标实现倍增；在助推龙头企业做大做优做强方面，提出要深入实施"重龙头、强品牌、铸链条"专项行动，加快培育一批主业突出、关联度大、带动性强的产业龙头企业，培育更多单项冠军和"专精特新"企业；在助推民营企业开拓海外市场方面，提出要依托在外泉商和侨港澳台资源丰富等优势，助推企业抱团"走出去"，融入海丝沿线国家，这对全市优化提升营商环境提出了新的要求。

第四章
泉州打造一流营商环境的总体思路

根据泉州营商环境对标先进地区存在的差距、民营企业对优化泉州营商环境的诉求、国内外优化营商环境的最新趋势、泉州市委市政府对提升民营经济发展能级的部署，对新征程泉州打造一流民营经济营商环境、推动民营经济实现转型跨越，提出如下顶层设计，形成明确的路线蓝图。

一、总体考虑

全面贯彻党的二十大关于优化营商环境的精神，学习贯彻习近平总书记关于优化营商环境、发展新质生产力的重要论述，积极履行创新发展"晋江经验"使命职责，紧密围绕打造"海丝名城、智造强市、品质泉州"的战略目标，充分发挥民营经济发达、世界文化遗产城市历史厚重、在外泉商和侨港澳台资源丰富三大比较优势，将优化营商环境作为"一号改革工程"，将解决民营企业诉求作为"一号呼应命题"，主动对标国内外营商环境先进标杆，坚持以市场化、法治化、国际化、便利化为导向，以制度化、数字化、品牌化为主线，以深刻转变政府职能为核心，以争创国家级民营经济高质量发展试验区为抓手，以超常规举措推进制度集成创新，着力营造公平竞争、办事高效、法治透明、包容开放的民营经济营商环境，探索形成更多可借鉴、可复制、可推广的经验做法，进一步激发民营企业内生发展动力、推进产业强链补链延链展链，努力将泉州打造成为中国民营经济健康发展、高质量发展的典型范例，助推泉州勇当新时代民营经济强省战略主力军。

二、基本策略

（一）对标改革，开放先行

参照世界银行 BEE 指标，对照深圳、苏州、杭州、东莞、温州等国内先进城市水平，全面推进营商环境改革提升工程，对泉州营商环境评价指标体系进行调整完善，对领军城市营商环境先进经验进行学习借鉴。对照国际最高规则、最好服务和自贸试验区改革经验，争取福建自贸试验区扩区到泉州，探索实施营商环境改革先行试点，努力打造竞争中立、公开透明的开放型营商环境，推动泉州民营企业深度融入国际市场网络。

（二）创业存活，创新成功

深刻把握优化营商环境最新动向，聚焦制约中小微企业生存发展的关键因素，以政务服务增值化改革作为推进营商环境优化提升的牵引性抓手，全力满足企业全生命周期和产业全链条发展需求，提高初创企业存活率、中小企业成功率。不断增强科技创新策源能力，积极布局大科学设施集群、企业研发中心集群、创新联合体集群、创新人才团队矩阵、垂直产业基金矩阵，全方位打造最优科创生态闭环。积极构建柔性监管新格局，加强引导市场主体依法经营、有序竞争，全力打造公平有序、预期稳定的市场环境。

（三）补齐短板，打响品牌

聚焦泉州民营经济营商环境关键问题、短板环节，紧扣泉州民营经济结构性短板和风险性挑战，制定实施具有针对性、突破性、实操性的营商环境重大举措，加快推动泉州营商环境、民营经济补齐短板、解决问题，真正让民营企业得到实惠和便利。紧密结合泉州民营经济特点和优势，总结民营经济营商环境典型经验，积极推进切口小、频次高、接地气、带动强、易推广的"微改革"，探索形成具有泉州特色、领先经验和推广意义的做法，在全国和全省全力打响"泉心泉意"营商环境品牌。

（四）系统集成，闭环服务

牢固树立"整体政府"理念，坚持全生命周期服务、系统集成服务，针对民营企业全生命成长阶段需求，加强营商环境改革顶层设计，系统整合各类办事流程，强化相关部门服务联动，积极打通数据壁垒、排除协同障碍、完善运行闭环，努力为民营企业提供全链条、全天候、全过程、全生命周期的优质服务，推动企业办事从"跑部门"向"跑政府"转变，政府部门从"各自为战"向"协同作战"转变，从行使"行政权力"向承担"行政责任"转变，加快形成"好办事""办成事"的工作生态。

（五）数字赋能，靠前服务

主动顺应数字化转型趋势，以数字化转型驱动营商环境治理方式变革，建立完善泉州数字化城市大脑，尽快出台政务信息化建设提升方案，编制基础数据共享责任清单，着力推动政府服务流程和治理模式系统数字化、智能化运行，形成"一网通办""一网统管"高效政务服务格局。积极主动开展服务下沉，主动上门为企业送服务、解决问题，致力打通行政审批和项目资金便捷直达落地"最先一公里"，解决企业生产运营痛点堵点"中间一公里"，落实政策服务企业"最后一公里"，切实降低制度交易成本。

（六）提升品质，以城引流

积极实践"城人产"发展思维，针对泉州城市国际化品质不高、教育和医疗服务资源分布不均衡、优质公共服务产品供给不足、对外地人才吸引力不够等突出问题，以打造国际化高品质海丝名城为指向，加快布局科学家社区、国际化街区、青年友好城区，引进国际化高品质医疗服务和教育公共服务设施，推出自由便利的人才自由港政策，打造生态宜居、人文魅力的人居环境，全面提升泉州对民营企业、创新人才、服务机构、数据平台、产业资本等高端要素资源的吸引力。

三、目标蓝图

展望到 2035 年，泉州优化民营经济营商环境将努力实现补齐短板、追平差距、创品牌、领先发展等阶段目标，在勇当新时代民营经济强省战略主力军的基础上，通过力争实现"五大提升突破"，推动泉州成为中国民营经济营商环境最优城市。在泉州加速形成民营经济总量规模更大、市场主体更活、创新能力更强、营商环境更优、核心竞争力更突出的良好发展生态，营商环境综合水平迈入全国第一方阵。

（一）创新驱动环境实现重大突破

围绕建设高水平国家创新型城市和"2+2+1"新赛道的战略任务，

实施"抓创新促应用"专项行动、科技创新"四个倍增"等获得重大进展，建成以泉州科学城—国家高新区—特色创新园区—品牌孵化器—创新联合体为主的创新载体链，构筑科创基金—研发设施—知识服务—人才服务—数字诊断等组成的创新服务链，全市科技研发创新和新兴产业能级突破性提升，民营经济高成长型企业形成集群梯队，高新技术产业占比与长三角和大湾区头部地区代差全面缩小，民营经济发展动能实现根本转变。

（二）市场投资环境更加开放包容

着力降门槛、强监管、清障碍，各种生产要素市场化配置和商品服务流通的体制机制障碍基本破除，保障民营企业公平参与竞争的投资开放体系、贸易服务体系、要素资源保障体系基本建立，高效规范、公平竞争、充分开放的市场投资环境基本建成，民营经济投融资渠道、产业用地空间、劳动力供给来源全面拓展，民营经济对外开放服务平台矩阵构筑形成，"柔性执法""首违不罚"的包容审慎执法和监管体系全面实施，全市资源要素配置效能大幅提升，制度性交易成本大幅降低。

（三）法治政商环境最为亲清规范

全面强化法治引领，各方面"一盘棋"系统推进法治化营商环境建设格局基本形成，少捕、慎诉、慎押刑事司法政策得到全面实施，合同诈骗、非法集资和侵犯知识产权等损害企业权益行为得到有效遏制，企业合规经营改革试点取得实质成效，诚信政府、诚信企业、诚信社会建设获得企业高度评价，法治保障成为泉州城市软实力和核心竞争力的重要标志。常态化政商关系沟通机制、链式配合协同的营商环境工作机制优化实施，"亲不逾规、清不疏远"的政企关系成为泉州民营经济营商环境的最亮品牌。

（四）政务服务环境达成高效智能

全市政务服务标准化、集成化、精准化和数字化水平持续提升，基本建成政务信息化公共基础服务平台一体化项目，"一个窗口""一网通办""一次办好"等高度集成政务服务体系全面建成，全生命周期、全流程闭合的企业服务体系全面成型，企业投资生产经营、群众办事过程中的急难愁盼问题得到基本解决，惠企政策和企业服务实现精准供给、高效执行、直达快享，部门政务信息应享尽享、实时联动、同步更新，市场主体的获得感、体验感、满意度得到大幅提升。

（五）公共服务环境获得明显改善

以"环湾面海""两江一湾"为标识的城市发展格局基本形成，"抓城建提品质""聚城畅通"等专项行动取得重大成效，科学家社区、国际化街区、青年友好城区嵌入发展，国际医疗、国际教育、国际演艺等高品质服务机构集聚入驻，基本公共服务实现均衡分布，优质公共服务实现充足供给，中心城市集聚辐射功能和品质实现大幅提升，地域文化特色浓郁的人居环境、人文氛围和生活场景得到全面展现，泉州成为民营企业、人才团队、头部机构向往的幸福之城、烟火之城（见表4-1）。

表 4-1 营商环境数字化监测督导指标

序号	指标	国内最佳实践水平	泉州表现	存在差距
1	开办企业	常州：开办的企业"全链通"综合服务成为全国示范引领，做到企业开办"一窗受理、0.5天办结、当天拿证"，并实现所有环节"一网通办"，获评全国营商环境"开办企业"指标标杆城市	全省率先推行企业开办"一窗通办"改革，让申请人少跑8个窗口，精简20份材料，企业开办时间压缩至1个工作日以内	企业开办时间较常州相差0.5天

序号	指标	国内最佳实践水平	泉州表现	存在差距
2	劳动力市场监管	宜昌：建立企业拖欠工资等信息的归集、交换和更新机制，将企业拖欠工资情况纳入国家企业信息公示系统，强化部门协同和联合惩戒。将劳动用工、工资支付情况等作为企业诚信评价重要依据	构建"五横五纵"调解网格，横向构筑人民调解、司法调解、行政调解、行业调解、企业调解五元社会化调解格局，纵向编织市、县、乡镇（街道）、村（社区）、企业五级区域劳动人事争议调解网络	泉州更加注重劳动纠纷体系建设，宜昌则创新性地将企业行为与信用挂钩，增加了企业违约成本
3	办理建筑许可	北京：首创低风险项目审批模式，并在全国范围内复制推广，以低风险项目施工许可证办理时限为例，对直接办理施工许可证的，3个工作日内审批通过；对规划许可、施工许可合并办理的，1个工作日内审批通过；对社会投资低风险小型建设项目，受理当日即时办理通过	深入推进"多评合一""多测合一"，对社会投资简易低风险项目建设工程规划许可证推行审批告知承诺制，将审批时限压缩至3个工作日	审批时间较北京相差2个工作日
4	政府采购	合肥：上线投标保证金自动退还系统，对应交易时间节点自动退还至原缴款账户，限时退还，应清尽清。2023年，全市工程建设领域三大类保证金应退未退共计48548.08万元，已清理退还48548.08万元，总体清退比例达100%	实施政府采购"清隐去垒"行动，共为投标人节省投标（响应）保证金约10.76亿元；节省履约保证金约2.33亿元	泉州重点在事前实行减免企业保证金方面改革，合肥改革更深入，更加注重事后保证金的退还工作
5	招标投标	杭州：实施"1+N"远程异地多点评标，实现建设工程项目远程异地评标行业全覆盖	加快对政府采购远程异地评审的推广，率先在全省推出政府采购远程异地评审"1+3"建设模式，即建设市级一个中心，在晋江、惠安、德化建设三个分中心	目前泉州远程异地投标场地数量较少，在工程项目的覆盖上较杭州尚有一定差距
6	用电	杭州：省内首创的大中型企业10（20）千伏延伸投资界面，实现"厂家门口"接电，可以为企业节约投资5亿元	严格执行价格主管部门制定的电价和收费政策，政策发布后及时通过多渠道公开电价、收费标准和服务程序	泉州在电力补贴力度上较杭州略小

序号	指标	国内最佳实践水平	泉州表现	存在差距
7	用水用气	深圳：深圳水务集团用水接入实现全流程电子化，用水报装系统对接政务服务平台，对小型低风险社会投资建设项目，在建设项目办理建设工程规划许可时自动推送建设项目信息，深圳水务集团提前介入，主动上门，将配套供水设施铺设至红线范围外，待项目内部用水设施建好后即可接入通水。省内率先实现线上、线下刷脸"零资料"无感报装燃气，用气报装申请资料从3项精简为0项	实行水电气网"全生命周期"联办服务，公共服务部门累计精简压缩61%申报材料，压缩98%审批时限，减少83%办理环节；推行用水报装"免证办"，获得用水2个环节、申请材料1项；实行管道燃气申报"网上办"、用气报装"零跑腿"	用水环节和申请材料较深圳分别相差2个环节、1项
8	登记财产	成都：与市中院建立"点对点"网络执行查控一体化机制，市、区两级法院与全市不动产登记机构实现了无纸化、高效率查控，有效保障了法院的执行权与查封登记的及时性和准确性；与市税务局建立"以地控税、以税节地"机制，实现土地税源动态监控和规范管理，税务完税凭证信息与不动产登记业务匹配	实施不动产登记、交易和缴纳税费"一网通办"；将公积金办理事项纳入二手房过户转移登记"一件事"套餐；推广不动产登记"一证一码"便民服务模式	泉州重点在于优化登记财产办理材料、时间等；成都更加注重打通不动产登记与各个部门之间的数据联通
9	获得信贷	厦门：全国率先在"信易贷"应用领域开展隐私计算试点，连通包含政务数据源在内的数据源单位和银行，安全融合公共数据和市场数据，实现政府端"原始数据不出域、数据可用不可见"，银行端"标签数据和模型不出域，数据高效融合计算"，让银行"敢贷、能贷、愿贷"，从而推动信贷精准投放	全省首创"政银企担"一站式融资服务机制，建立一张企业有效融资需求清单，授信成功率67.85%	泉州企业获取信贷重点从企业需求出发，更多的是政府帮扶企业；厦门从本质上解决企业融资难问题，建立企业信用与贷款共享机制，从根本上解决企业贷款问题

序号	指标	国内最佳实践水平	泉州表现	存在差距
10	保护中小投资者	广州：全国首创保护中小投资者全过程法律服务机制，建立省以下中小投资者保护宣传机制、中小投资者涉外法律服务机制以及优化营商环境企业家法治联合体	加强中小投资者法制保障，完善社会维权体系，提供多元维权渠道；健全完善第三方专业机构辅助机制和专家证人制度、涉众型纠纷示范性判决机制	泉州更加注重中小投资者维权渠道建设，广州更加注重顶层法律制度完善
11	知识产权创造、保护和运用	深圳：2022年，专利授权量达275774件，有效发明专利拥有量达243829件，每万人发明专利拥有量达137.90件，每万人高价值发明专利拥有量82.64件	2022年，专利授权量达40449件，发明专利拥有量达14103件；每万人发明专利拥有量15.88件，每万人高价值发明专利拥有量3.76件	每万人发明专利拥有量与深圳相差122.02件；每万人高价值发明专利拥有量与深圳相差78.88件
12	跨境贸易	厦门：打造出口货物"智能云分流"模式，压缩作业时间近90%；实施进口货物"卸船分流"模式，压缩货物流转时间平均超3小时。2022年港口集装箱吞吐量1243万标准箱	推进"提前申报""两步申报""两段准入""先放后检"等通关便利化改革，拓展国际贸易"单一窗口"海关功能，原产地证书申领实现"随时秒审""随处打印"，资质类企业备案做到全程网办、一网通办，属地查检"云签发"检验检疫证书仅需90秒。2022年泉州港口集装箱吞吐量为209万标准箱	泉州港口集装箱吞吐量较厦门相差1034万标准箱
13	纳税领域	上海：新设立登记的纳税人纳入数字化电子发票开票试点范围，开具数字化电子发票和纸质发票。增值税电子专用发票及增值税电子普通发票不再领用开具	打造税收服务快享模式，创新税收政策"不问即知"、涉税事项"不见即办"、政策红利"不来即享"、部门信息"不跑即用"的"四不四即"模式	目前泉州仍需增值税电子专用发票及增值税电子普通发票领用开具

第四章 泉州打造一流营商环境的总体思路

序号	指标	国内最佳实践水平	泉州表现	存在差距
14	执行合同	北京：对民商事案件审判流程精细化管控。审判庭、审判团队应当对自立案之日起超过十五日未成功送达应诉材料的案件、超过一个月未开庭的案件进行管理干预、重点监控	建立民营企业合同纠纷案件或特殊时期商事案件快速立案绿色通道	泉州对民商事案件审判时间未作明确规定，更多的是建立维权渠道
15	办理破产	北京：出台全国首个中小微企业快速重整工作办法，制定专门适用于中小微企业的挽救程序，最快52天完成破产案件审结	全省率先建立"企业破产信息查询平台"，实现破产管理人"一张表格、一套材料、一次办理"；2022年，新收破产案件平均审结时长90日	破产时间审结时间较北京相差38天
16	市场监管	上海：信用"一键修复"采用全程网办的形式，申请人只需通过"一网通办""国家企业信用信息公示系统（上海）""信用中国（上海）"网站中任一渠道提交申请，符合修复条件的，相关网站公示信息可实现"一次申请，同步修复"	仅受到通报批评或者较低数额罚款的行政处罚信息自公示之日起届满三个月的；其他行政处罚自公示之日起届满三年的；列入严重违法失信名单届满三年的（法律法规另有规定除外），免于申请自动修复	目前泉州企业信用修复多平台之间的同步更新工作存在一定的滞后
17	政务服务	厦门：全国首创自助服务跨省通办，覆盖全国9个省37个地市1500余项政务服务事项，实现福建省400余项自助事项"省内通办"	实施简单事项"直接办"、可网办事项"网上办"、属地权限事项"代收代办"、两地共审事项"联合办"，覆盖全国11个地市131项高频事项	跨省通办合作地市较厦门相差26个，可办事项方面较厦门相差超过269项
18	包容普惠创新	深圳：全国率先以立法形式确立不低于30%的市科技研发资金投向基础研究和应用基础研究，2022年，R&D投入强度5.81%	全省率先对高新企业的高研发投入，分档给予最高200万元奖励；率先系统出台促进异地研发孵化专门政策，2022年，R&D投入强度1.65%	科技研发费用支持力度与全国最优尚有一定差距，较深圳相差4.16个百分点

第五章
泉州打造一流民营经济营商环境的重点领域

聚焦创新和发展"晋江经验",围绕泉州民营经济营商环境关键问题、短板环节,以市场主体获得感为评价标准,对标国际国内先进标准和最佳实践,探索更多可复制、可推广的经验做法,不断激发民营企业的活力和创造力。

一、提高创新生态支撑能力

(一)提升科创金融服务质效

1. 引导社会资本向"高精尖"市场主体配置

强化科创投行思维,组建泉州科创投资集团,由其负责统筹各项产业资本和科创载体资源,积极开展资本招商、创新孵化、特色园区运营;打造集天使基金、产业基金、并购基金、母基金、S基金、美元基金于一体的科创基金群;构建全生命周期、全链条和投资、贷款、担保联动发展一体化的投资生态圈,着力完善科技金融体系。参照温州、东莞经验,发挥泉州民间资本丰厚的优势,探索设立泉商产业发展基金，拓宽优质民营企业对接资本市场通道，全面加强对新兴产业和新型企业培育的支持；探索民营企业参与组建保险公司、设立地方法人证券公司的渠道，培育一批合规的民间财团法人企业。建立泉州并购母基金，通过市场化投资手段，支持泉州优势产业开展以补链、强链、拓链为目标的产业并购与协同投资。

2. 做好企业上市服务保障

建立健全企业上市服务"绿色通道"，推广实施以企业信用信息报告代替上市行政合规证明的新机制，进一步简化相关审批流程，降低企业上市制度成本和时间成本。探索建立"一企一策一表""服务秘书制"等上市管家陪跑机制，打造"上市+产业""上市+国资""上市+基金"三维支撑体系，为重点后备企业规划上市工作计划路线，制定全流程监控表。探索技术产权证券化试点，通过"创新底层资产+政府担保+多增信主体"模式，支持科技型企业使用优质技术产权和技术合同在证券交易所进行融资。

（二）加强创新人才引育留用

1. 引进顶尖人才队伍

深化"海外校园引才大使"机制，"靶向"引进产业紧缺高层次人才团队，尤其是引进一批掌握关键核心技术或科研资源、具备国际话语影响力的国内外科学家和创新团队，实现"引进一个团队、落地一个项目、培育一个企业、形成一个产业"。强化产教研融合，建立健全"企业出题、院所出智、协同破题"的创新模式，全面提升"创二代"企业家的战略思维、经营管理、市场拓展、资本运作、创新发展和国际竞争能力；探索校企联合培养新机制，加快卓越工程师创新研究院建设，支持引导"专精特新"企业为工程师成长成才提供平台，联合共建一批卓越工程师人才培养实训基地。出台培养卓越工程师扶持政策，围绕工业软件、智能制造、新材料、集成电路等领域，支持科技型企业凝练项目需求，通过"揭榜挂帅"方式与合作高校开展硕博士研究生联合培养、技术攻关和成果转化。

2. 争创泉州国际人才自由港

复制推广福建自贸区科创人才自由出入、资金进出、个税优惠、国民待遇等政策。探索建设海外技术移民实践基地，建立民营企业异地用才、以赛引才机制，支持民营企业通过技术指导、岗位顾问、离岸设点等形式，柔性引进重大项目、关键技术、"卡脖子"环节紧缺急需高端人才。加强对海内外投资人才的招募组合，探索职业经理人制度和投资人分红制度，加快打造一支懂经济、懂产业、懂投资的国际化、专业化、市场化的基金投资人才队伍。

3. 强化创新人才服务保障

探索更加符合国际规则的引才机制与途径，为尚在创业孵化期的外国人才、STEM领域的外籍青年人才、战略科技力量外籍团队成员、科技企业外籍骨干等提供高质量的工作准入和准市民服务。完善人才评价和激励机制，形成以创新价值、自带流量、税收贡献、能力等为导向的人才评价和收益分配机制，向具备条件的科技领军企业、事业单位等下放职称评审权限。

（三）强化企业创新主体地位

1. 培育集聚新兴企业梯队

针对创新主体地位不强问题，建议泉州争取试行重点高新技术企业认定"直通车"服务改革，对符合条件的高新技术企业申请高新技术企业证书到期重新认定，免于专家评审，缩短认定时间。聚焦数字内容、软件服务、平台服务、知识服务等前沿风口领域，制定重点企业招商目录图谱，全力招引培育一批核爆型、竹笋型未来企业，力争占据市场主导地位。定期召开供应商大会、经销商大会等，积极推介供应商—经销商专题招商政策、园区载体、物流条件，招引供应商企业围绕终端链主企业投资布局，培育形成以链主企业为核心、植根性强的特色产业链群。

2. 加强企业数字化转型服务

构建数字化转型服务资源库，定期选取一批优质中小企业数字化转型公共服务平台、典型产品和解决方案，汇集形成满足行业共性需求和中小企业个性需求的数字化转型"资源池""工具箱"。围绕中小企业研发设计、生产制造等关键领域业务需求，引进培育一批数字化服务商，建立"数字诊断所"，聚焦不同中小企业转型难点，提供"小快轻准"产品和解决方案。

（四）提高科创平台服务水平

1. 打造科学设施矩阵

针对泉州缺少国家级科研创新平台、高能级大科学设施等问题，建议探索建设泉州科学城，争取落地更多国家重点和省重点实验室，构筑泉州大科学设施集群，提升泉州在原始创新和产业技术创新中的策源性地位。打造科创综合体，鼓励链主龙头企业设立大企业联合创新中心，加强对产业链上下游初创企业进行垂直孵化、投资和整合并购。探索建立泉州产业技术研究院，加强对未来产业风口的分析研判，引进更多新型研发组织、技术经纪人机构，推动泉州产学研用深度一体化。支持高校院所、企业依托省级以上实验室、技术创新中心、产业园区等创新载体，采用"先创建、后认定"的方式建设向社会开放的概念验证、中试熟化、小批量试生产等概念验证中心以及成果转化中试示范基地，提供中试熟化与产业化服务，打通科技成果转化"最后一公里"。

2. 提升科创服务能级

针对科技企业"卡脖子"技术需求，制定多元化科创服务菜单，设立综合科创服务平台，建立常态化服务交流、资源对接机制，为创业者提供"一站式、全过程、陪伴式"综合集成服务。支持龙头科技企业、链主企业牵头组建体系化、任务型、开放式技术创新联合体，形成全产业链条研发项目群，开展多学科、多主体、跨行业、跨单位集成式协同攻关，推动全产业链创新发展。加快推动技术经理人队伍建设，引导创新主体面向市场开展"订单式"研发，为传统产业转型升级和新质生产力发展壮大提供更强有力的技术支撑和创新服务。聚焦基层科技服务能力建设，加强科技特派员、重点园区服务专员培训，打造一支业务精、能力强的人才队伍，进一步充实科创服务力量。探索打造线上"科创365"新媒体平台，实现科技政策、科技活动、揭榜挂帅、成果转化等一站式科技资源对接服务。

二、形成自由便利开放环境

（一）建立高标准投资贸易保障机制

1. 构筑外贸综合服务平台

针对贸易综合平台缺失、跨境贸易能级不高的问题，建议泉州探索组建泉州国资贸易平台公司，出台专项外贸扶持政策，通过平台服务企业、资本带动货物、货物带动物流、物流带动航线，有效引导对外贸易本地化通关落地。搭建线上线下并行的进出口商品展示交易中心、跨境电子商务平台、贸易综合服务平台等，推动平台成为连接境内外市场的服务集成商。建立"进口商品自营+合作分销"体系，为中小企业提供小型场地办公和注册、专业培训等多项配套服务。

2. 争取福建自贸试验区扩区到泉州

积极争取"环泉州湾"自贸试验片区纳入福建自贸试验区扩区范

围，统筹财税、土地、产业等专项优惠政策，汇集各方资源，加大引进和投入，推动综合保税区、保税物流中心（B 型）和陆地港创新升级。推动石狮、晋江市场采购贸易试点差异化协作发展，放大综合保税区政策效应，探索"先入区退税、后出口"的跨境电商业务模式，引导外贸和实体企业合理布局建设海外仓。

3. 持续提升海关服务效能

加快推进智慧港口建设，积极推动石湖作业区集装箱码头的智能化、数字化改造，推广无人集卡和智能理货系统等智能设施的应用，探索智慧管控、绿色环保、5G 等新技术的创新应用。推动泉州港培育发展外贸航线，开通更多"一带一路"新航线，打造沿海集装箱枢纽港、国际石材物流港和对台客货运枢纽中心；复制推广海关"提前申报"模式，创新建立泉州港"口岸通关时效"监测评估系统，实现对泉州港口岸货物通关时效、成本的全程监测。此外，建议加快推进晋江国际机场扩容改造，争取新开来往胡志明、河内、雅加达、金边、万象等的航班，打造区域性国际航空货运枢纽。

4. 进一步放宽外资准入门槛

进一步扩大市场准入对外开放范围，密切跟踪国家扩大市场准入的时间表和路线图，引导外资投向市重点发展的石油化工、机械装备、电子信息等产业链群。推动外商投资企业依法平等参与标准化工作，保障外商投资企业依法平等参与标准制修订、开展标准化试点示范建设、加入标准化技术委员会。落实外国投资者境内取得利润再投资暂不征收预提所得税政策，鼓励境外投资者以分配利润直接投资，支持先进制造业、高新技术外商投资企业利润再投资。

（二）持续深化海丝先行区建设

1. 建立民营企业跨国培育机制

研究建立民营跨国公司培育机制，引导企业在共建"一带一路"

新兴市场、RCEP 成员国布局新型海外仓、泉州优品海外展示中心。搭建"泉通行海外版"外经贸企业服务平台，及时发布更新每年境外重点展会目录档期，对接好企业出境开拓国际市场需求。打造为侨服务综合体"侨立方"，组建为侨服务联盟，制订"侨立方"服务工作机制，编制投资兴业、政务服务、生活服务三类办事指南，为华侨提供更加精准到位的个性化服务。

2. 推动数字贸易便利化发展

依托东海中央商务区建设泉州贸易数字化领航区，积极发展共享、平台、众包、供应链、跨境电商等新兴市场主体，加快培育以研发、设计、营销、品牌等服务环节为引领的综合服务提供商，谋划建设以数字互联互通为重点的海丝国际中心城市。积极推进服务贸易外汇收支便利化试点增量扩面，实施跨境人民币结算和外汇收支便利化政策，优质企业凭收付款指令即可完成跨境贸易和投融资结算。

3. 争创国家深化服务贸易创新发展试点

加快服务贸易创新发展，大力发展新兴服务贸易，扩大旅游、文化教育以及与养老、医疗相关的生活性服务进口，推进研发设计、检测认证、商贸物流、节能环保、人力资源以及与法律、环境、财务等相关的生产性服务进口，争取在知识产权服务、"保税+服务"、数字服务、版权服务等领域创造一批新的业态模式。大力发展离岸服务外包，支持在共建"一带一路"国家和地区推广技术服务和标准。

（三）加强跨境专业服务能力建设

1. 加大海外知识产权保护力度

发挥泉州市海外知识产权纠纷应对指导中心、泉州国际商事法庭、泉州市知识产权法庭等平台作用，加大海外知识产权维权援助力度。探索通过"协会+国内专精机构+国外专业机构"三方共建模式，在泰国、马来西亚等国设立"海外知识产权公益服务站"，为泉州企业在海外进行知识产权布局提供咨询指导、公益培训及纠纷应对指导。完善知识产权保险服务体系，探索推行涉及专利许可、转化、海外布局、海外维权等的保险新产品。

2. 持续升级跨境金融服务

鼓励中资银行与东道国银行在人民币支付清算、资金拆借等方面开展合作，提升人民币跨境支付系统（Cross-border Interbank Payment System，CIPS）的服务功能并扩大覆盖范围。鼓励金融机构依托自由贸易账户、离岸账户等开展跨境金融服务。支持银行探索离岸转手买卖的真实性管理创新，为企业开展真实合规离岸贸易业务提供优质金融服务，提高贸易结算便利化水平。

3. 加强涉外法律服务能力

打造"一站式"国际商事纠纷多元化解决平台，设立商事"共享法庭"，引入律师、民办非企业调解组织等专业力量，为涉外纠纷提供专业高效解纷服务，促进商事纠纷高效及时化解。建立企业涉外重点案件跟踪联系机制，定期为企业开展涉外风险防范体检，加强企业"走出去"合规性审查，指导帮助企业应对反倾销、反补贴案件，增强企业应对涉外法律风险挑战的能力，切实保障企业合法权益。

三、构筑公平有序市场环境

（一）持续放宽市场准入门槛

1. 落实市场准入制度

全面实施市场准入负面清单制度，稳步开展市场准入效能评估，构建"开展甄别—组织破除—统筹协调—破除整改—总结成效"案例破除标准流程，推动"非禁即入"普遍落实。加快推进配套改革，特别是及时修订或调整与市场准入负面清单不一致的法律法规、部门规章及行政审批文件。针对政府采购领域设置的隐形门槛和壁垒问题，建议泉州全面推行"信用+承诺"准入管理，持续开展政府采购备选库、名录库、资格库专项清理，依法保障各类市场主体平等参与政府采购活动。

2. 深化商事登记制度改革

进一步放宽新兴行业企业名称登记限制，放宽小微企业、个体工商户登记经营场所限制。依托全国统一电子营业执照系统，全面推广"一企、一照、一码"应用，推出更多前瞻性、引领性、普惠性创新应用场景。探索推动企业登记信息变更后在有关部门业务系统中自动更新。加强政银合作，建立在线推送银行预约账号模式，进一步便利企业开立银行账户。

（二）维护公平竞争的市场秩序

1. 健全公平竞争审查机制

探索建立泉州市公平竞争审查委员会，推行公平竞争集中审查试点。聚焦公用事业、政府采购、招标投标等重点行业和领域，实施行政性垄断行为地区间交叉检查，组织清理妨碍统一市场和公平竞争的政策措施。试行独立的公平竞争审查制度，建立公平竞争集中审查、第三方审查的工作模式，结合各部门业务实际，选取业务素质强、信誉度好的律师事务所签订委托协议，协助审查公平竞争审查过程中遇到的复杂疑难问题。

2. 深化包容审慎监管执法

健全行政执法监督体系，督促各执法部门落实行政执法"三项制度"，实施包容审慎柔性监管，全面推行行政执法从轻、减轻、不予行政处罚事项和免予行政强制事项"四张清单"，通过有效监管帮助行政执法相对人积极预防、主动纠正违法行为，从源头上提升监管执法效能，为营造法治化营商环境赋能增势。针对确有经济困难且需要延期或分期缴纳罚款的企业，依法予以延期或分期缴纳罚款。加快构建完善的执法扰企"监督模型"，提升行政执法监督数字化水平，对"执法扰企"等问题实行实时监测、在线预警、监督纠正。

（三）加快社会信用体系建设

1. 加强政府诚信体系建设

建立健全政府失信责任追溯和承担机制，将机关、事业单位拖欠账款清偿情况纳入巡视、审计、督查范围，建立健全政府和社会资本合作、招商引资、政府采购等领域政务失信违约记录。建立政务失信责任追究制度，对失信机关事业单位的公务消费等予以限制。探索合同触发式支付模式，针对政府招商合同中包含对赌协议条款的，探索通过政府合同履约监管系统和财政支付结算系统直连，实现"触发式"结算。健全政务诚信第三方机构评估机制，支持信用服务机构、高校及科研院所等第三方机构规范、客观、公正地开展政务诚信评价评级并及时公布结果。

2. 强化企业信用数据建设

针对企业信用数据缺乏实际运用、多数信用信息处于"数据静置"状态的问题，建议泉州依托"信易贷"平台，精准绘制企业"信用画像"，科学研判企业违法失信的风险高低，通过"静态+动态""通用+行业""信用+风险"管理模式，多维度开展企业信用信息线上核查，提升监管精准性。加强企业信用数据应用，鼓励银行等机构依法依规将企业相关信息向融资信用服务平台和有关部门开放共享。全面推行"专项信用报告替代有无违法违规证明"改革，依托数字化应用，通过企业"一次"申请，实现部门"一秒"开具，形成"一份"专项信用报告。

3. 健全企业信用修复机制

优化跨部门、多平台"一键修复"机制，实现泉州市国家企业信用信息公示系统（福建）、"信用中国（福建泉州）"网上公示的涉企行政处罚信息数据同源、同步修复。建立行政处罚决定书与信用修复告知书"两书同送"工作机制，实行"一处罚一告知"。推行"轻微失信信用修复"一件事，通过认定单位内部核查、电子表单智能预填等手段，企业无须提前准备任何纸质申请材料，直接通过"泉服务"线上确认即实现电子材料上传，逐步实现市场主体"足不出户"即可申请信用修复。

四、持续提高行政执法质效

（一）依法保护企业家合法权益

1. 完善市场主体救治机制

建立突发事件动态分析评估和反馈机制，对易遭遇风险的行业、企业、设施、场所等制定安全保护应急处理方案，纳入应急预案。加强中小微企业破产程序实践探索，对陷入财务困境但仍具有发展前景和挽救价值的企业，通过庭外重组、和解提出债权债务解决方案，提高破产重整、破产和解成功率。明确企业破产启动援助资金可以用于个人债务集中清理启动援助，助力创业失败经营者恢复再次创新创业能力。建立企业破产办理一体化联动平台，完善办理破产数据共享、业务协同机制。

2. 提升企业维权服务效能

针对蓄意炒作、造谣抹黑民营企业的"网络黑嘴"和"黑色产业链"，建议建立集预警、监测、研判、应对于一体的民营经济舆情监测保护机制。发挥行业性企业维权援助中心的作用，协助企业组织打假、维权和处置知识产权纠纷。探索试行职业举报人"异常名录"共享，形成多部门对职业举报人的共同规制。聘请人大代表、政协委员、民营企业家等担任涉民营企业商事纠纷案件的特邀调解员，提高涉民营企业商事纠纷化解效率。

3. 深入推进综合监管改革

针对诸多企业反馈的多头检查、重复性检查的现象，建议全面推进"双随机、一公开"监管，探索"一业一查""综合查一次"等新模式，两个以上部门对同一监管对象实施不同行政检查且可以同时开展的，原则上应实行跨部门联合检查，除有投诉举报、上级交办、其他机关移送等线索或重点领域专项行动部署的情形外，原则上每年不得超过两次。探索"信用风险分类+双随机"融合监管新模式，强化市场监管领域企业信用与执法检查联动，对信用良好的企业原则上不主动开展检查，根据举报投诉、转（交）办等线索实施"事件触发式"检查。

4. 进一步优化涉企法律服务

探索成立企业合规专业协会，推广常态化"法治体检""合规体检"，聚焦常见多发犯罪领域，打造"涉案企业合规考察—问题漏洞排查分析—行业风险系统治理"模式，推动执法从"事后处罚"向"事前指导"转变，引导企业加强自身合规建设。探索设立"企检服务中心"，针对企业生产经营中面临的违法犯罪风险，立足刑事合规、行政合规、行业合规，全方位推进企业合规建设，为企业提供涵盖事前、事中、事后的"全生命周期"法治服务。

（二）加强知识产权保护和运用

1. 搭建知识产权服务载体

加快建设泉州知识产权运营服务集聚区，高水平推进中国（泉州）知识产权保护中心、维权援助中心、维权援助工作站和商标品牌指导站等载体建设，推动快速预审、快速确权和快速维权等服务落地泉州，开启相关产业领域专利审查的绿色通道，推行涵盖交易、评估、咨询、投融资、保险、维权等功能的知识产权"一站式"综合服务。探索建立知识产权"一件事"集成服务云平台，设立科创板拟上市企业知识产权服务站。

2. 强化知识产权质押融资服务

针对知识产权运用效率不高的问题，建议要探索设立知识产权基金，推动民营企业通过知识产权质押融资、作价入股、投贷联动等知识产权金融手段，扩大融资规模。进一步完善知识产权质押融资风险分担机制和质物处置机制，建立多元化知识产权担保机制，缓释小微企业知识产权质押融资风险。

3. 健全知识产权保护制度

严格执行知识产权侵权赔偿制度，加强知识产权纠纷快速处理机制建设，鼓励有条件的县（市、区）建立优势产业知识产权快维中心，提供以快速授权、快速确权、快速维权为一体的一站式知识产权服务。针对企业反馈的维权举证难、成本高的问题，建议探索建立知识产权技术调查官制度，搭建技术调查基础工作平台，提供专业技术领域的常规工具、通用检测仪器，为技术调查官开展对案件物证的拆解、记录、取证以及最终向法官展示技术解析过程提供重要帮助。

五、打造智慧便捷政务环境

（一）持续提升政务服务效能

1. 促进政务服务增值化

在优化提升基本政务服务基础上，聚焦政策、金融、人才、法治等涉企服务重点领域，进一步拓展涉企服务的广度和深度。依托各级行政服务中心，建立一站式集成的企业综合服务中心，负责统筹涉企服务事项、跨系统跨领域业务协同、线上平台运维管理、协调解决疑难问题、服务全程跟踪督办等工作，实现企业需求"一口子"受理。探索构建"问题发现—高效处置—举一反三—晾晒评价"的企业诉求分层分类分级高效闭环解决机制，通过切实解决问题推动项目快速落地。

2. 促进政务服务数字化

打造"政务服务地图"，为企业群众提供办事导航服务，实现"一图导览、一键预约、就近办理"。深化"AI+政务服务"能力建设，构建线上、线下全面融合的"泛在可及"服务体系，推动PC端、大厅端、移动端、自助端的"四端"联动及功能升级。运用高精度三维重建技术、感知交互技术和丰富多彩的数字化内容，打造可实现全套感知交互服务的"元宇宙"政务大厅。

3. 促进政务服务标准化

建立健全政务服务事项动态管理机制，依托省政务服务事项管理系统，统一管理政务服务事项基本目录和实施规范，实现数据同源、动态更新、联动管理。调整政务服务事项基本目录或实施规范时，要同步更新相关"白话版"办事指南和业务办理系统内容，确保事项名称、材料、流程、时限等要素统一、标准统一、运行统一。

4. 促进政务服务集成化

依托"泉服务"平台，加强政务服务集成化服务，探索推进项目周期"一图管理"、政务服务"一网通办"、惠企政策"一站直达"、融资信贷"一键授信"、人才保障"一码通服"、信用联动"一体监管"建设。探索设立泉州要素交易"一网交易"平台，推动土地、建设工程招投标、政府采购、矿业权、产权、排污权指标、用能总量指标、股权等各类要素资源进场交易，加快实现全要素、全资源市场化配置"一张网"。

（二）推动重点领域服务提质增效

1. 深化工程建设项目审批制度改革

加快推进工程审批系统与投资审批等相关部门既有审批系统互联互通，实现工程建设项目审批申报信息一次填报、材料一次上传、相关评审意见等过程信息和审批结果信息实时共享。按照"突出重点、分类管理，强化责任、严格监管"的原则，探索建立健全基于不同风险等级的施工图审查差别化管理模式和基于风险等级分类实施综合竣工验收模式。

2. 持续提升纳税服务水平

探索设立电子税务局，推广"非接触式"办税，以及全面数字化电子发票无纸化报销、入账、归档等工作，提高网上办税准确度和便利性。探索推出企业涉税费"体检服务"，通过"税务体检报告"查看企业可享受的税费优惠政策、潜在涉税风险指标等，帮助企业发现风险、解决风险，实现良性发展。定期公开纳税人意见建议，发布税收营商环境白皮书，提升纳税征管信息透明度。多维度细化纳税人分类标签，智能识别纳税人适用政策和办理需求，精准推送政策信息、服务措施、信用风险等，确保政策应知尽知、应享尽享。

（三）完善政策制定和落实机制

1. 推进惠企利企政策落地落实

完善涉企政策宣传解读和执行监督，将政策起草部门的"官方解读"与专家学者、企业家的"民间解读"相结合，深入细致做好涉企政策宣传解读工作，扩大涉企政策的知晓度。完善企业政策要点知识库，编制发布政策手册系列产品，结合 ChatGPT 智能问答机器人，及时解答企业疑问。推广运用人工智能技术实现精准推送和申报关联，加快推进"政策找企"等平台的建设，实现"惠企政策一站汇聚"

"政策匹配一键推送"。

2. 健全企业家参与涉企政策制定机制

针对惠企政策不解渴、供需不匹配等问题，建议探索建立涉企政策制定事前征询合作备忘录机制，在研究制定民营经济发展政策过程中充分征求民营企业意见，发挥好民营经济发展顾问和涉企政策咨询委员会作用，提升涉企政策稳定性、连续性和针对性。依托工商业联合会、企业联合会、行业协会商会等，科学合理选取参与涉企政策制定的企业家代表，兼顾不同所有制、不同类型、不同行业、不同规模的企业，做到覆盖面广、代表性强。定期开展涉企政策实施效果评估，每年至少开展一次由第三方机构主导，企业家代表、产业园区、重要企业服务机构等参与的政策实施效果评估，并将评估结果用于指导政策制定。

六、强化民营经济资源支撑

（一）优化民营企业用工服务

1. 做好企业产业工人用工保障

探索设立泉州新工科大学，加强对产业技能工匠的培养。探索园区共享用工机制，打造具有亮点特色的零工市场，推动人力资源服务产业园建设，在高校、职业（技工）院校的"校门口"设立服务站，在人才公寓等人才集聚区设立服务站，在集宿区等设立服务站，加快人力资源开发培育。

2. 优化职工职业发展环境

构建"问企识才"人才评价机制，让企业在评价人才时有更多"话语权"；畅通民营企业职称评审渠道，根据不同行业、专业等领域专业技术人才发展规律，分类制定评价标准。引导民营企业建立企业年金计划，持续完善养老保险体系，完善企业员工随迁子女积分入学机制；加强灵活就业人员权益保护，开展新就业形态就业人员职业伤害保障试点，逐步扩展灵活就业人员获得失业、医疗、养老等社会保障的覆盖面。

（二）保障民营企业土地需求

1. 完善"用地清单制"常态化服务

完善"用地清单制"，实现土地供应时"一单尽列"、免费公开，对市、区土地储备机构在土地出让前已主动完成的评估普查事项，企业在后续阶段不再重复申报或者审批部门简化审批条件，推动项目审批、建设提速增效，实现"交地即开工"。

2. 探索实行"数据得地"新模式

针对泉州无自有生产用地或厂房的企业发展状况和增资扩产意愿开展排摸行动，组织专家和相关职能部门搭建评估体系，对企业的产业类型、产值规模、亩均税收、固定资产投资强度等内容进行精准量化评估；将符合要求的企业列入全市初步供地企业清单，纳入增资扩产企业库管理，并根据综合赋分排名，逐个对接供地。

3. 高标准推动产业空间提质升级

鼓励国有企业当好"定制服务商""管理服务商"，建设运营一批低成本、高品质、符合现代企业需求的产业空间，以"总成本＋微利"的价格向市场主体分割出让。因地制宜、因业制宜推进"工业上楼""园区上楼"，系统规划新型立体厂房的楼宇定位、产业布局、清洁用能等，加快建设集研发、生产、经营于一体的多功能新型工业楼宇。

（三）保障企业融资需求

1. 推动信用融资服务提质扩面增效

针对科技型中小企业融资"难、贵、慢"问题，支持金融机构结合隐私计算试点研发符合行业领域特征的普惠金融产品，切实提升中小企业和个体工商户贷款可得性。支持金融服务模式创新，发展园区供应链金融、绿色金融，建设中小微企业融资促进中心、数字普惠金融服务平台和中小微企业信贷直通车平台。

2. 促进银行业金融机构"敢贷愿贷"

发挥财政资金杠杆效应，进一步强化各类风险缓释和分担机制作用，引导金融机构对接"信易贷""金服云""产融云"等线上投融资平台，创新信用融资服务特色金融产品，提升贷款风险管理水平。加快推动公共信用信息与金融信用信息共享整合，完善各类信用主体信用记录，为金融机构提供"贷前、贷中、贷后"全方位信用信息关联共享服务。

七、提升城市生态宜居品质

（一）大幅提升城市生态宜居品质

1. 深入实施"抓城建提品质"行动

持续推进古城提质，推动工厂等非古城功能疏解，腾出文旅文创发展空间，推动古城业态更新。全面实施高端产业集聚、生活商业配套、教育医疗扩容、文旅氛围营造、社区服务拓展"五大工程"，打造总部经济区、金融中心、商务中心，建设高端服务功能集聚、辐射带动作用明显的"海丝重要门户城市客厅"。

2. 完善城市综合交通体系

深入实施"聚城畅通"专项行动，开展中心城区"高快一体"建设，贯通环湾快速路网，加快站前南、北大道和普贤路快捷化改造等中环城路工程建设。加快串联市域组团，全面推进国道 G324 改线，实施构筑"多向放射线"工程，提升中心市区至周边组团通行效率。完善跨江、跨海通道，促进东海片区与台商投资区、晋江及石狮跨江联动。把握 R1 线轨道交通建设机遇，加快推进以公共交通为导向的综合开发，布局一批高端商业综合体、商务办公楼，打造功能织补、便捷换乘、空间缝合的复合多元城市节点。

（二）持续提升公共服务水平

1. 强化国际化公共服务供给

策划设立泉州国际医学中心，打造医学研究—医药制造—医疗服务—医疗器械制造—医美服务一体的生命康养产业链和服务链。推进集团化办学模式，链接珠三角区域名校，打造一批具有示范性和引领性的教育国际化窗口学校。提升西街、领 SHOW 天地、五店市等夜间文化和旅游消费集聚区业态，开发主题性、沉浸式、定制类演艺产品和街头艺术表演，完善服务配套。策划推动文旅商综合体、特色步行街等项目建设，培育一批海丝文化主题街区。

2. 推动社会事业加速提档升级

针对企业家普遍反馈的"义务教育资源紧张且区域教育资源分配不均衡"的现象，建议扩大优质教育供给，以"一湾两翼"教育空间布局为导向，一体化推进环泉州湾城市教育中心建设，推动南翼区域打造现代化滨海新城教育中心、北翼区域打造现代化新港城教育中心，优化区域内各类教育资源配置。优化创新创业人才子女入学办理流程，精简就学手续，选派"创新创业人才子女教育专员"，积极了解人才子女教育需求，为创新创业人才提供"保姆式"服务，确保创新创业人才子女入学"零障碍"。建好国家区域医疗中心、省级区域医疗中心，完善分级诊疗服务体系，提升基层医疗机构服务水平，提高县域内就诊率和县域内住院量占比。

泉州优化营商环境改革创新事项清单

序号	创新事项	主要举措	牵头单位
一、提高创新生态支撑能力			
1	提升科创金融服务质效	①组建泉州科创投资集团；②探索技术产权证券化试点，通过"创新底层资产+政府担保+多增信主体"模式，支持科技型企业使用优质技术产权和技术合同在证券交易所进行融资；③探索设立泉商产业发展基金，建立泉州并购母基金；④探索民营企业参与组建保险公司、设立地方法人证券公司渠道，培育一批合规的民间财团法人企业	市地方金融监管局
2	加强创新人才引育留用	①探索更加符合国际规则的引才机制与途径，优化外国人来华工作许可制度，为尚在创业孵化期的外国人才、STEM领域的外籍青年人才、战略科技力量外籍团队成员、科技企业外籍骨干等提供高质量的工作准入和准市民服务；②做好"创二代"服务工作，积极招引互联网前高管、家族创二代、STEM等有技术、有能力的人才；③探索校企联合培养新机制，推进卓越工程师创新研究院建设，支持引导"专精特新"企业为工程师成长成才提供平台，联合共建一批卓越工程师人才培养实训基地；④争创泉州国际人才自由港，复制推广自贸区科创人才自由出入、资金进出、个税优惠、国民待遇等政策；⑤完善人才评价和激励机制，形成以创新价值、自带流量、税收贡献、能力等为导向的人才评价和收益分配机制，向具备条件的科技领军企业、事业单位等下放职称评审权限	市工业和信息化局 市人社局

序号	创新事项	主要举措	牵头单位
3	强化企业创新主体地位	①大力培育一批竹笋型、核爆型未来企业，推动企业快速成长，在短时间内取得市场主导地位，引领行业变革；②构建数字化转型服务资源库，定期选取一批优质中小企业数字化转型公共服务平台、典型产品和解决方案，汇集形成满足行业共性需求和中小企业个性需求的数字化转型"资源池""工具箱"；③引进培育一批数字化服务商，建立"数字诊断所"，聚焦不同中小企业转型难点，提供"小快轻准"产品和解决方案，推动龙头企业建平台、中小企业上平台和用平台，切实降低中小企业数字化转型成本，引导和推动广大中小企业加快数字化转型	市工业和信息化局
4	提高科创平台服务水平	①探索建设泉州科学城，争取落地更多国家重点和省重点实验室，构筑泉州大科学设施集群，提升泉州在原始创新和产业技术创新的策源性地位；②探索建立泉州产业技术研究院，引进更多新型研发组织、技术经纪人机构，推动泉州产学研用深度一体化；③制定多元化科创服务菜单，设立综合科创服务平台，建立常态化服务交流、资源对接机制，为创业者提供"一站式、全过程、陪伴式"综合集成服务；④采用"先创建、后认定"的方式支持创新主体建设面向社会开放的概念验证、中试熟化、小批量试生产等概念验证中心；⑤支持龙头科技企业、链主企业牵头组建体系化、任务型、开放式技术创新联合体	市科技局
二、提升跨境贸易服务能级			
5	构筑外贸综合服务平台	①探索组建泉州国资贸易平台公司，通过平台服务企业、资本带动货物、货物带动物流、物流带动航线，有效引导对外贸易本地化通关落地；②搭建线上线下并行的进出口商品展示交易中心、跨境电子商务平台、贸易综合服务平台等，推动平台成为连接境内外市场的服务集成商	市商务局
6	争取福建自贸试验区扩区到泉州	①积极争取"环泉州湾"自贸试验片区纳入福建自贸区扩区范围，争取国家高新区、泉州开发区扩区调整，统筹财税、土地、产业等专项优惠政策，汇集各方资源加大引进和投入，推动综合保税区、保税物流中心（B型）和陆地港创新升级；②推动石狮、晋江市场采购贸易试点差异化协作发展，放大综合保税区政策效应，探索"先入区退税、后出口"的跨境电商业务模式，引导外贸和实体企业合理布局建设海外仓	市发展改革委 市商务局

序号	创新事项	主要举措	牵头单位
7	持续提升海关服务效能	①复制推广海关"提前申报"模式，创新建立泉州港"口岸通关时效"监测评估系统，实现对泉州港口岸货物通关时效、成本的全程监控；②探索港口与综保区、保税物流中心、陆地港的对接合作，推进泉州口岸电子公共服务平台建设，加快推进货主、码头、口岸管理部门企业数据共享	泉州海关
8	建立民营企业跨国培育机制	①搭建"泉通行海外版"外经贸企业服务平台，及时发布更新每年境外重点展会目录档期，对接好企业出境开拓国际市场需求；②打造为侨服务综合体"侨立方"，组建为侨服务联盟，制订"侨立方"服务工作机制，编制投资兴业、政务服务、生活服务三类办事指南，为华侨提供更加精准到位的个性化服务	市商务局
9	推动数字贸易便利化发展	积极推进服务贸易外汇收支便利化试点增量扩面，实施跨境人民币结算和外汇收支便利化政策，优质企业凭收付款指令即可完成跨境贸易和投融资结算	市商务局
10	争创国家全面深化服务贸易创新发展试点	①加快服务贸易创新发展，争取在知识产权服务、"保税+服务"、数字服务、版权服务等领域创新一批新的业态模式；②大力发展离岸服务外包，支持在"一带一路"沿线国家和地区推广技术服务和标准	市发展改革委
11	加大海外知识产权保护力度	发挥泉州市海外知识产权纠纷应对指导中心、涉外知识产权诉调对接办公室、泉州国际商事法庭、泉州市知识产权法庭等平台作用，开展企业海外知识产权纠纷信息收集与分析，加大海外知识产权维权援助力度	市市场监管局
12	持续升级跨境金融服务	①加大对"走出去"企业在人民币跨境结算、境外贷款和财务顾问等方面金融服务力度。鼓励中资银行与东道国银行在人民币支付清算、资金拆借等方面开展合作，提升人民币跨境支付系统（CIPS）的服务功能并扩大覆盖范围；②支持银行探索离岸转手买卖的真实性管理创新，依照展业原则，依据有关规定为企业开展真实合规的离岸贸易业务提供优质金融服务，提高贸易结算便利化水平	市地方金融监管局
13	建立涉外商事一站式多元解纷中心	建立集诉讼、调解、仲裁为一体的涉外商事一站式多元解纷中心，为国际商事纠纷提供多元、高效、便捷解纷渠道，建立健全线上、线下解纷平台，引入国内调解组织、仲裁机构	市法院
三、构筑公平有序市场环境			
14	开展市场准入效能评估	围绕清单覆盖度、服务成效度、审批效能度、壁垒破除度、准入保障度等方面探索建立市场效能评估指标体系	市发展改革委

序号	创新事项	主要举措	牵头单位
15	深化商事登记制度改革	①依托全国统一电子营业执照系统,全面推广"一企、一照、一码"应用,推出更多前瞻性、引领性、普惠性创新应用场景;②加强政银合作,建立在线推送银行预约账号模式,进一步便利企业开立银行账户	市市场监管局
16	健全公平竞争审查机制	探索建立泉州市公平竞争审查委员会,推行公平竞争集中审查试点	市市场监管局
17	强化企业信用数据建设	全面推行"专项信用报告替代有无违法违规证明"改革,依托数字化应用,通过企业"一次"申请,实现部门"一秒"开具,形成"一份"专项信用报告	市市场监管局
四、持续提高行政执法质效			
18	提升企业维权服务效能	探索试行职业举报人"异常名录"共享,形成多部门对职业举报人的共同规制	市市场监管局
19	深入推进综合监管改革	探索"信用风险分类+双随机"融合监管新模式,强化市场监管领域企业信用与执法检查联动,对信用良好的企业原则上不主动开展检查,根据举报投诉、转(交)办等线索实施"事件触发式"检查	市市场监管局
20	进一步优化涉企法律服务	①探索成立企业合规专业协会,推广常态化"法治体检""合规体检",聚焦常见多发犯罪领域,打造"涉案企业合规考察—问题漏洞排查分析—行业风险系统治理"模式,推动执法从"事后处罚"向"事前指导"转变,引导企业加强自身合规建设;②探索设立"企检服务中心",针对企业生产经营中面临的违法犯罪风险,立足刑事合规、行政合规、行业合规,全方位推进企业合规建设,为企业提供涵盖事前、事中、事后的"全生命周期"法治服务	市法院
21	进一步探索完善知识产权市场化定价和交易机制	①加快建设泉州知识产权运营服务集聚区,高水平推进中国(泉州)知识产权保护中心、维权援助中心、维权援助工作站和商标品牌指导站等载体建设,推行涵盖交易、评估、咨询、投融资、保险、维权等功能的知识产权"一站式"综合服务;②探索建立知识产权"一件事"集成服务云平台,设立科创板拟上市企业知识产权服务站	市市场监管局
22	强化知识产权质押融资服务	探索设立知识产权基金,推动民营企业通过知识产权质押融资、作价入股、投贷联动等知识产权金融手段,扩大融资规模	市市场监管局
23	健全知识产权保护制度	①加强知识产权纠纷快速处理机制建设,鼓励有条件的县(市、区)建立优势产业知识产权快维中心,提供以快速授权、快速确权、快速维权为一体的一站式知识产权服务;②建立知识产权技术调查官制度	市市场监管局

泉州市创新和发展「晋江经验」打造一流营商环境研究

70

序号	创新事项	主要举措	牵头单位
24	拓展"一网通办"业务范围	①推进电子营业执照、电子发票、电子印章在开办企业中同步发放，推进省市电子印章平台对接，重点强化电子印章、电子营业执照在政务服务领域多场景应用；②探索提供五险一金缴存登记后的代扣代缴多方协议在线签约服务	市市场监管局
25	提升企业退出便利度	解决企业"退出难"问题，建立除名制度，探索治理失联市场主体有效路径；探索实行依职权注销制度，打通市场主体退出"最后一公里"；探索实行代位注销制度	市市场监管局
26	企业登记信息变更全程网上办理	推进企业变更信息数据共享，企业可通过"变更登记一窗通"平台在线办理信息变更业务。在完成营业执照变更后，相关变更信息通过"变更登记一窗通"平台推送给相关部门，实现多部门信息同步变更，减少企业跑动次数	市市场监管局
五、打造智慧便捷政务环境			
27	探索建立企业合法权益补偿救济机制	①在债务融资、政府采购、招投标、招商引资等领域，针对因政策变化、规划调整而不履行合同约定，造成企业合法利益受损的情形，探索建立补偿救济机制和责任追究制度，维护企业合法权益；②加强中小微企业破产程序实践探索，促进小微企业重整挽救。推动金融机构为具有营运价值的破产重整企业提供必要的纾困融资	市发展改革委
28	进一步完善破产管理人选任等制度	完善破产管理人选任制度，允许破产企业的相关权利人推荐破产管理人，并由人民法院指定，增强破产企业相关权利人参与程度	市法院
29	推进商会、行业协会"共享法庭"建设	打造"一站式"国际商事纠纷多元化解决平台，设立商事"共享法庭"，引入律师、民办非企业调解组织等专业力量，为涉外纠纷提供专业高效解纷服务，促进商事纠纷高效及时化解。鼓励境内外知名仲裁及争议解决机构在泉设立业务机构	市法院
30	开展"一体化、数字管"新型监管机制改革	①强化市场监管领域企业信用与执法检查联动，对信用良好的企业原则上不主动开展检查，根据举报投诉、转（交）办等线索实施"事件触发式"检查；对信用风险一般的企业，按照常规比例和频次进行抽查；对违法失信、风险较高的企业，适当提高抽查比例和频次；②建立重点领域"红码"事项、双随机"黄码"事项和柔性监管"绿码"事项"三张清单"	市市场监管局

序号	创新事项	主要举措	牵头单位
31	健全知识产权质押融资风险分担机制和质物处置机制	①开展知识产权证券化试点建设，探索知识产权资本化新模式；②探索建立做市商交易制度；③探索担保机构等通过质权转股权、反向许可、拍卖等方式快速进行质物处置	市市场监管局
32	进一步完善知识产权保护制度	①高水平推进中国（泉州）知识产权保护中心、维权援助中心、维权援助工作站和商标品牌指导站等载体建设。探索建立知识产权"一件事"集成服务云平台；②建立知识产权技术调查官制度	市市场监管局
33	建立健全政务诚信诉讼执行协调机制	①建立涉政务诚信案件发现、推送和发布机制，健全涉政府部门、事业单位失信联合惩戒机制，建立涉政府部门、事业单位案件督办制度，加大涉政府部门、事业单位案件风险监管，形成涉政府部门、事业单位执行案件长效机制；②建立政务失信风险源头预防和化解联动机制，行政违法行为确认、推送、纠正、反馈和责任追究机制，涉政务诚信案件司法审查能力效率优化提升机制	市法院
34	促进政务服务增值化	建立一站式集成的企业综合服务中心，负责统筹涉企服务事项、跨系统跨领域业务协同、线上平台运维管理、协调解决疑难问题、服务全程跟踪督办等工作，实现企业需求"一口子"受理	市行政服务中心管委会
35	深化"多税合一"申报改革	①探索设立电子税务局，推广"非接触式"办税，以及全面数字化电子发票无纸化报销、入账、归档等工作，提高网上办税准确度和便利性；②探索推出企业涉税费"体检服务"，通过"税务体检报告"查看企业可享受的税费优惠政策、潜在涉税风险指标等，帮助企业发现风险、解决风险，实现良性发展	市税务局
36	精准推送惠企政策，提供便捷政策兑现服务	①加快推进"政策找企"等平台的建设，运用信息技术实现精准推送，完善惠企资金直达机制；②推进惠企政策"自行申报、网上办理、免申即享"，试点一批政策"零材料"在线申报兑现	市发展改革委
六、强化民营经济资源支撑			
37	优化民营企业用工服务	①探索设立泉州新工科大学，加强对全市产业技能工匠的培养；②推动人力资源服务产业园建设，在高校、职业（技工）院校的"校门口"设立服务站；③构建"问企识才"人才评价机制，畅通民营企业职称评审渠道；④加强灵活就业人员权益保护，开展新就业形态就业人员职业伤害保障试点，逐步扩大灵活就业人员获得失业、医疗、养老等社会保障的覆盖面	市人社局

序号	创新事项	主要举措	牵头单位
38	保障民营企业土地需求	①探索实行"数据得地"新模式，通过搭建评估体系，对企业的产业类型、产值规模、亩均税收、固定资产投资强度等进行精准量化评估，根据综合赋分排名，逐个对接供地；②因地制宜、因业制宜推进"工业上楼""园区上楼"，系统规划新型立体厂房的楼宇定位、产业布局、清洁用能等，加快建设集研发、生产、经营于一体的多功能新型工业楼宇	市资规局
39	保障企业融资需求	①建设中小微企业融资促进中心、数字普惠金融服务平台和中小微企业信贷直通车平台；②加快推动公共信用信息与金融信用信息共享整合，完善各类信用主体信用记录，为金融机构提供"贷前、贷中、贷后"全方位信用信息关联共享	市地方金融监管局
七、提升城市生态宜居品质			
40	提升城市生态宜居品质	①持续推进古城提质，推动工厂等非古城功能疏解，腾出文旅文创发展空间，推动古城业态更新；②全面实施高端产业集聚、生活商业配套、教育医疗扩容、文旅氛围营造、社区服务拓展"五大工程"，打造总部经济区、金融中心、商务中心，建设高端服务功能集聚、辐射带动作用明显的"海丝重要门户城市客厅"	市资规局
41	完善城市综合交通体系	①深入实施"聚城畅通"专项行动，开展中心城区"高快一体"建设，贯通环湾快速路网，加快站前南、北大道和普贤路快捷化改造等中环城路工程建设；②把握R1线轨道交通建设机遇，加快推进TOD综合开发，布局一批高端商业综合体、商务办公楼，打造功能织补、便捷换乘、空间缝合的复合多元城市节点	市交通局
42	持续提升公共服务水平	①策划设立泉州国际医学中心，打造医学研究—医药制造—医疗服务—医械制造—医美服务一体的生命康养产业链；②推进集团化办学模式，链接珠三角区域名校，打造一批具有示范性和引领性的教育国际化窗口学校；③策划推动文旅商综合体、特色步行街等项目建设，培育一批海丝文化主题街区；④优化创新创业人才子女入学办理流程，选派"创新创业人才子女教育专员"，为创新创业人才提供"保姆式"服务，确保创新创业人才子女入学"零障碍"	市卫健委市文旅局市教育局

附件二
泉州优化营商环境问卷调查分析报告

为夯实本书的数据支撑，深入了解企业对泉州市营商环境的实际感受及意见建议，特开展企业满意度问卷调查。问卷调查采用线上调查的方式，重点围绕政务环境、市场环境、创新环境、法治环境、开放环境五个方面开展，共回收有效问卷 211 份。

一、总体情况

企业满意度调查结果显示，泉州市企业营商环境的总体满意度得分为 92.36 分，表现优秀①，营商环境获企业高度肯定。从具体维度来看，开放环境、市场环境、政务环境、创新环境、法治环境维度的企业满意度得分依次为 93.59 分、93.03 分、93.01 分、91.96 分、90.21 分（见附图 1）。

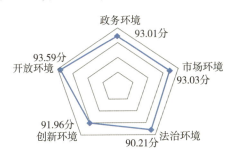

附图 1　泉州市营商环境企业总体满意度得分

二、主要结论

（一）创新环境

创新环境主要围绕"创新创业氛围""支持企业科技研发""人才服务""企业数字化转型"四个方面开展企业满意度测评，涉及15个三级指标（见附表1）。此外，企业对优化创新环境提出诉求建议。

附表1　创新环境指标体系

一级指标	二级指标	三级指标	二级指标	三级指标
创新环境	创新创业氛围	孵化器、加速器等科创载体建设	人才服务	提供档案管理、人才落户及签证服务
		高端科研平台建设		提供住房、医疗保障、子女入学等人才服务
		创新创业政策扶持力度		开展高技能人才职称评定
		科技成果转移转化等科技服务		引育高层次、高技能人才
	支持企业科技研发	民企知识产权保护力度		对台湾地区人才、国际人才的执业资质认可度
		支持企业开展联合攻关	企业数字化转型	数字化转型满意度
		政府采购民企创新产品或服务		
		加大研发费用加计扣除政策落实力度		
		科技中介机构支持力度		

创新环境的企业满意度得分为91.96分，具体来看，泉州市创新创业氛围获评较高，企业满意度得分为92.23分；接下来是人才服

务、支持企业科技研发，企业满意度得分分别为 92.12 分、92.01 分。企业数字化转型水平仍有一定提升空间，企业满意度得分为 91.47 分（见附图 2）。部分企业建议，"希望加大对民企数字化转型的政策支持力度""希望在企业数字化转型过程中引进一批网络应用技术人才"等。

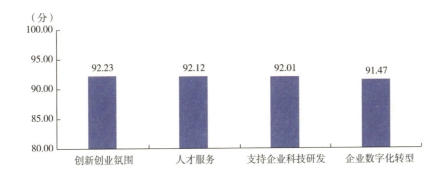

附图 2 创新环境企业满意度得分

1. 创新创业氛围

从创新创业政策扶持力度、高端科研平台建设、科技成果转移转化等科技服务，以及孵化器、加速器等科创载体建设四个方面对创新创业氛围进行企业满意度测评，企业满意度得分为 92.23 分。具体来看，孵化器、加速器等科创载体建设，满意度得分为 92.42 分；高端科研平台建设，满意度得分为 92.27 分；创新创业政策扶持力度，满意度得分为 92.23 分；科技成果转移转化等科技服务，满意度得分为 91.99 分（见附图 3）。有企业表示，"希望定期邀请专家开展科技成果转化专题讲座"。

2. 支持企业科技研发

从科技中介机构支持力度、研发费用加计扣除政策落实力度、政府采购民企创新产品或服务、民企知识产权保护力度、支持企业开展

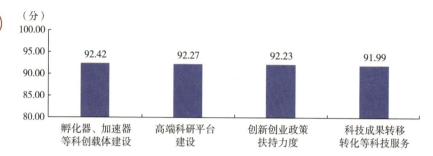

附图 3　创新创业氛围企业满意度得分

联合攻关五个方面对支持企业科技研发进行企业满意度测评，企业总体满意度得分为 92.01 分。具体来看，民企知识产权保护力度，满意度得分为 92.18 分；支持企业开展联合攻关，满意度得分为 92.13 分；政府采购民企创新产品或服务，满意度得分为 91.99 分；研发费用加计扣除政策落实力度，满意度得分为 91.94 分；科技中介机构支持力度，满意度得分为 91.80 分（见附图 4）。值得注意的是，部分企业表示，"希望加大科技中介机构的培育力度""希望政府加大对科技中介机构的补贴力度，进而降低机构服务费用"。

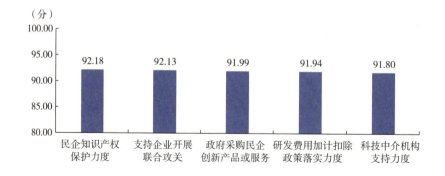

附图 4　支持企业科技研发企业满意度得分

从制约企业科技创新的主要因素来看，41.23% 的企业认为技术成果转化落地难度大是目前阻碍企业科技创新的主要因素；接下来，

35.07%、29.38%的企业表示企业缺乏高素质人才、科创类政策落实不到位，26.54%的企业认为科技中介机构服务能力不足，部分企业反馈，"科技中介服务机构规模偏小，缺乏专业化的科技中介人才"。此外，分别有21.33%、18.48%、18.01%的企业认为科技创新氛围有待加强、技术创新服务平台缺失、知识产权保护力度有待提升也是制约企业科技创新的主要因素，部分企业表示，"知名技术创新服务品牌机构较少""技术创新平台复合型服务人才不足，希望加快引育复合人才"（见附图5）。

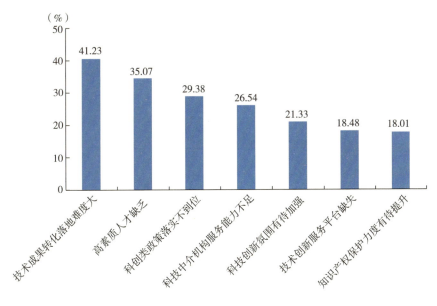

附图5　制约企业科技创新的主要因素

3. 人才服务

从引育高层次、高技能人才，提供档案管理、人才落户和签证服务，开展高技能人才职称评定，对台湾省人才、国际人才的执业资质认可度，提供住房、医疗保障、子女入学五个方面对人才服务进行企业满意度测评，企业总体满意度得分为92.12分。具体来看，提供档案管理、人才落户及签证服务，满意度得分为 92.37 分；提供住房、医疗保障、子女入学等人才服务，满意度得分为 92.18 分；开展高技能人才职称评定，满意度得分为 92.09 分，但部分受访企业表示，"希望给予民企更多人才职称评定自主权"；引育高层次、高技能人才，满意度得分为 92.04 分，但有企业反馈，"希望加大人才引进补贴力度，提高泉州人才吸引力"；对台湾省人才、国际人才的执业资质认可度的满意度得分为 91.94 分，部分企业表示，"希望放宽先进制造领域的国际人才职业资质认可"（见附图6）。

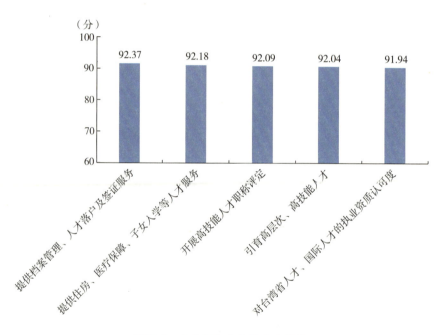

附图6　人才服务企业满意度得分

4. 企业数字化转型

从企业在数字化转型中面临的主要问题来看，"运营成本高，缺乏转型资金（55.45%）""企业创新能力不足（49.29%）""关键技术和装备受限制（23.70%）"较为常见，接下来为"企业经营管理落后（19.43%）""数字化基础设施不健全（18.48%）""网络支撑能力不足（7.11%）"，部分企业反馈，"政府扶持力度不足是影响企业数字化转型升级速度的主要因素之一"等（见附图7）。

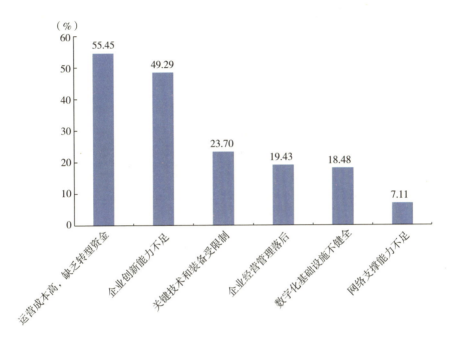

附图7 企业数字化转型中面临的主要问题

5. 优化创新环境的企业诉求

优化创新环境方面，有64.93%、40.28%的企业反馈，希望政府"加大创新人才引进力度""加大产学研合作，畅通企业与高校、研究院所的合作渠道"；接下来，有33.18%、20.38%的企业表示，希望政府"加大采购民企创新产品或服务力度""加大财政税收政策支持"。此外，有14.69%、12.80%、9.48%的企业反馈，希望政府"加强科创金融支持力度""支持中小微企业数字化转型""支持科技领军企业牵头组建创新联合体"。部分受访企业表示，"希望创新科技金融产品，提升中小企业科技信贷可得性""希望加快推动领军企业组建创新联合体，积极探索'产学研用'一体化科技创新模式"等（见附图8）。

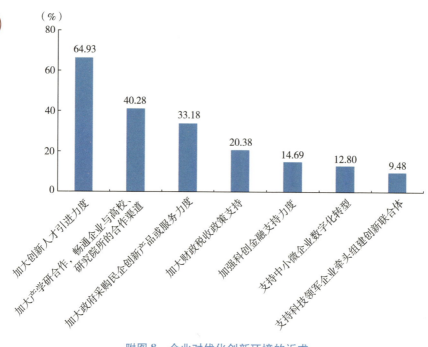

附图 8　企业对优化创新环境的诉求

（二）开放环境

开放环境主要围绕"外贸出口"开展企业满意度测评，涉及外资企业吸引力、企业海外经营支持力度和进出口边境审核效率、费用三个三级指标（见附表2）。此外，还深度挖掘了企业从事外贸出口业务过程中主要面临的主要困难。

附表 2　开放环境指标体系

一级指标	二级指标	三级指标
开放环境	外贸出口	外资企业吸引力
		企业海外经营支持力度
		进出口边境审核效率、费用

开放环境（外贸出口）的企业满意度得分为 93.59 分。具体来看，企业海外经营支持力度满意度得分为 94.10 分；进出口边境审核效率、

费用，满意度得分为 93.59 分；外资企业吸引力，满意度得分为 93.08 分（见附图 9）。但也有部分受访企业反馈，"希望进一步放宽外资准入门槛""希望加大企业海外经营法律、金融等方面的支持力度"。

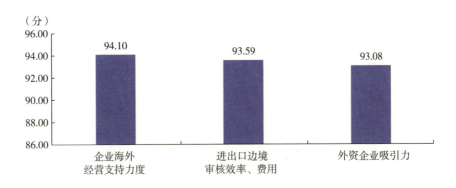

附图 9　开放环境（外贸出口）企业满意度得分

从企业从事外贸出口面临的主要困难来看，"生产成本逐渐上升（56.41%）""受需求、政治因素影响，订单量不足（53.85%）""企业用工成本过高（35.90%）"是较为普遍的问题；部分企业反馈，"一线工人难招难留情况普遍，企业用工成本增加"；接下来为"国内企业在国外恶意竞争，打'价格战'（23.08%）""面临融资困难（12.82%）"。此外，部分企业表示，"国外专利维权难度大（7.69%）""航线资源不足，市场渠道少（5.13%）"（见附图 10）。

（三）市场环境

市场环境主要围绕"企业开办和注销""办理建筑许可证""政府采购""市场公平竞争"四个方面开展企业满意度测评，涉及八个三级指标（见附表 3）。此外，深度挖掘了企业融资过程中存在的主要问题，企业对融资服务的诉求建议，以及企业在社会信用建设或维护方面面临的主要问题。

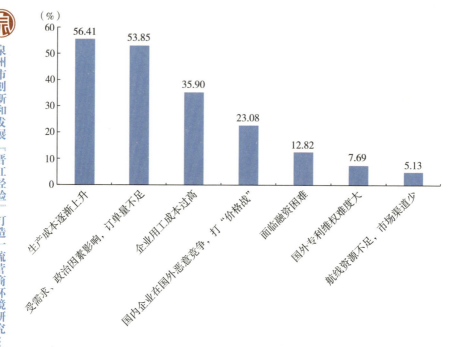

附图10　企业从事外贸出口遇到的主要挑战

附表3　市场环境指标体系

一级指标	二级指标	三级指标	二级指标	三级指标
市场环境	企业开办和注销	企业开办环节、时间、成本等	政府采购	政府采购信息公开、及时、透明
		企业注销环节、时间、成本等		政府采购流程规范、公平
	办理建筑许可证	获得建筑相关许可证的信息透明度	市场公平竞争	反垄断、反不正当竞争法规完善程度
		获取建筑相关许可证的办理环节、时间、成本等		竞争法规执行有效性

市场环境的企业满意度得分为 93.03 分。具体来看，企业开办和注销获评最高，企业满意度得分为 93.70 分，部分企业表示，"企业登记开办的速度快、效率高，很满意""现在企业开办网上办理很方便，给企业省去很多麻烦"等；接下来依次是办理建筑许可证、政府采购，

企业满意度得分分别为 93.32 分、93.13 分；最后是市场公平竞争，企业满意度得分为 92.06 分，有部分企业反馈，"产业发展的正向引导力度不足""反垄断、反不正当等竞争法规的实施执行要再加强"等（见附图 11）。

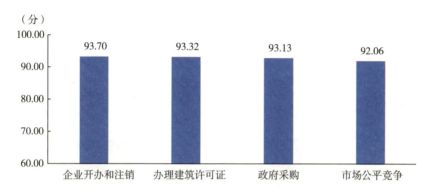

1. 企业开办和注销

从企业开办的便利程度、企业注销的便利程度两个方面进行企业满意度测评，企业满意度得分为 93.42 分。具体来看，企业开办的便利程度，满意度得分为 93.70 分；企业注销的便利程度，满意度得分为 93.13 分（见附图 12）。有部分企业表示，"希望能够进一步压缩企业开办时间，提高开办效率""希望有专人对接负责，提供一站式开办服务"。

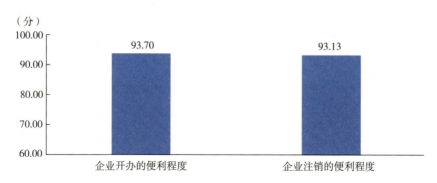

附图 12　企业开办和注销的企业满意度得分

2. 办理建筑许可证

从获得建筑相关许可证的信息透明度、获取建筑相关许可证的便利程度两个方面进行企业满意度测评，企业满意度得分为 93.32 分。具体来看，获得建筑相关许可证的信息透明度，满意度得分为 93.46 分；获取建筑相关许可证的便利程度，满意度得分为 93.18 分（见附图 13）。但也有部分受访企业表示，"希望精简建筑许可证审批办理环节""希望相关部门能够积极主动服务，解决企业工程项目建设难题"。

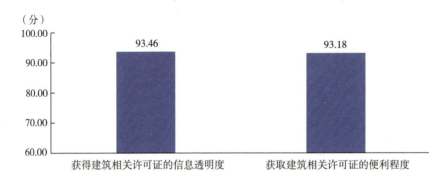

附图 13　办理建筑许可证的企业满意度得分

3. 政府采购

从政府采购信息的公开及时透明、政府采购流程规范公平两个方面进行企业满意度测评，企业满意度得分为 92.94 分。具体来看，政府采购信息的公开、及时、透明，满意度得分为 92.99 分；政府采购流程规范、公平，满意度得分为 92.89 分（见附图 14）。有部分企业表示，"希望拓宽政府采购信息发布渠道，让更多供应商获取项目采购信息"。

4. 市场公平竞争

从反垄断、反不正当竞争法规完善程度及竞争法规执行有效性两个方面进行企业满意度测评，企业满意度得分为 92.06 分。具体来看，竞争法规执行有效性，满意度得分为 92.18 分；反垄断反不正当竞争

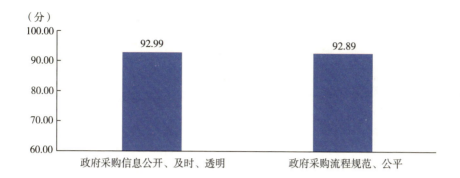

（分）

附图 14　政府采购的企业满意度得分

法规完善程度，满意度得分为 91.94 分（见附图 15）。部分企业反馈，"要加强对中小企业的保护力度""保障国企、民企公平竞争"。

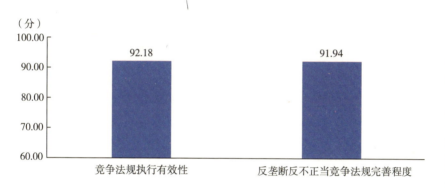

（分）

附图 15　市场公平竞争的企业满意度得分

5. 企业融资服务

从企业融资过程中面临的主要问题来看，"银行贷款成本高"是主要问题，39.81%的企业认为，"银行贷款利率偏高""中小企业贷款成本太高"等；接下来，有 37.44%、34.12%的企业反馈，银行贷款手续烦琐或银行对抵押物要求过高；然后，有 25.69%的企业表示，银行的信用审查过严；最后，分别有 15.64%、13.27%、12.32%的企业表示，融资政策支持力度不足、获得第三方担保难度大、融资渠道狭窄（见附图 16）。

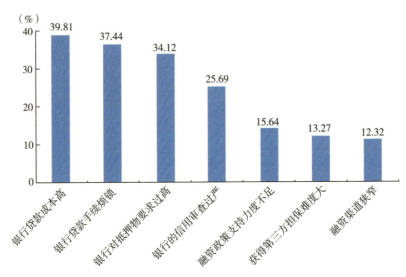

附图 16　企业融资面临的主要问题

从企业对融资服务的诉求建议来看，企业对"与金融机构建立联系"的诉求最为强烈，有41.23%的企业表示，希望政府帮助企业搭建与金融机构的沟通联系。接下来，37.44%的企业表示，希望政府完善信用和诚信体系建设；分别有36.97%的企业表示，希望能够建立信用担保机构、小额贷款担保基金。此外，有9.95%、9.48%、5.69%的企业表示，希望政府支持供应链融资、降低发债门槛、放宽股票质押融资用途（见附图17）。

6. 社会信用建设

从企业对社会信用建设或维护方面的诉求建议来看，企业对"建立健全社会信用机制"的诉求最为强烈，有51.66%的企业认为，泉州市缺乏对守信企业的激励。接下来，35.54%的企业认为，信用修复难度大、障碍多，部分企业反馈，"企业信用修复的程序过于复杂，较难处理"；27.49%、23.22%的企业认为，泉州市对失信企业的惩戒力度不足、企业信用意识较为薄弱。最后，20.38%的企业表示，崇尚诚信的市场氛围有待提升，19.43%的企业认为对第三方中介机构的信用监管不到位（见附图18）。

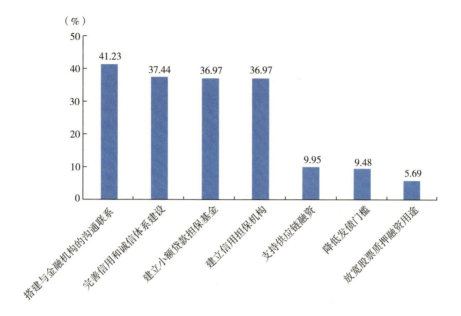

附图 17 企业对融资服务的诉求建议

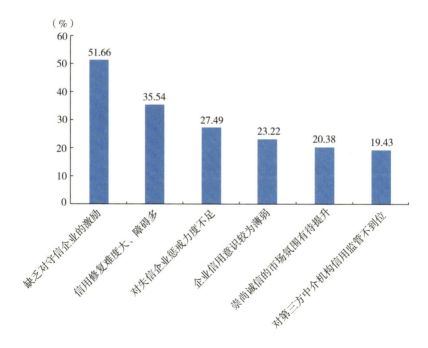

附图 18 企业对社会信用建设或维护的诉求建议

附件二 泉州优化营商环境问卷调查分析报告

（四）法治环境

法治环境主要围绕"行政执法""司法诉讼"两个方面开展企业满意度测评，涉及五个三级指标（见附表4）。此外，针对执法检查涉及领域以及主要问题、企业拖欠账款情况等进行了问卷调查。

附表4　法治环境指标体系

一级指标	二级指标	三级指标
法治环境	行政执法	行政执法满意度
	司法诉讼	法院组织和诉讼程序有序性
		完善的替代性纠纷解决机制
		法院电子信息化水平
		案件管理的合理性

法治环境的企业满意度得分为 90.21 分。具体来看，泉州市行政执法表现出色，企业满意度得分为 93.70 分；司法诉讼的受认可度有待进一步提升，企业满意度得分为 86.72 分。部分参与过司法诉讼的泉州企业反馈，"由于法院裁决时间较长，导致企业知识产权维权难度大，对于开展自主研发企业造成较大损失"。

1. 行政执法

调查结果显示，分别有 63.51%、62.09% 的受访企业表示，"生产安全""消防安全"领域的执法检查较为常见；分别有 45.02%、24.17% 的受访企业表示，"生态环保""创城创卫"领域的执法检查也经常遇到（见附图19）。

从执法检查存在的主要问题来看，有 50.00% 的企业反馈，"多头检查，重复检查，影响企业生产经营"最为明显。分别有 31.25%、18.75%、12.50%、12.50% 的企业反馈，执法检查中存在"执法自由裁量权过大""检查不公开、不透明""重罚款、轻监管""执法简单

泉州市创新和发展「晋江经验」打造一流营商环境研究

粗暴、态度生硬"的问题（见附图20）。

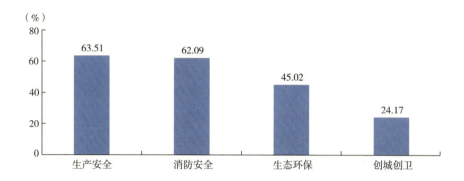

附图 19 执法检查涉及领域

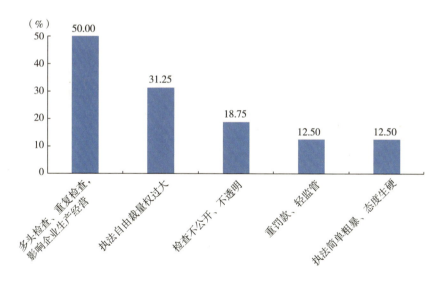

附图 20 执法检查存在的主要问题

2. 司法诉讼

从完善的替代性纠纷解决机制、法院组织和诉讼程序有序性、案件管理的合理性、法院电子信息化水平四个方面进行企业满意度测评，企业满意度得分为86.72分。具体来看，法院组织和诉讼程序有序性，满意度得分为 91.88 分；完善的替代性纠纷解决机制，满意度得分为 86.88 分；法院电子信息化水平，满意度得分为 86.25 分，部分企业反馈，"希望加快建设'数字法院'，不断丰富拓展应用场景"；案件管理的合理性，满意度得分为 81.88 分，部分企业表示，"希望限制延期开庭次数，提高审判效率"（见附图 21）。

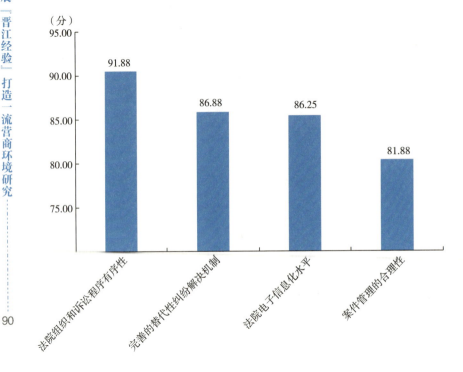

附图 21　司法诉讼企业满意度得分

（五）政务环境

政务环境主要围绕"政务服务水平""政务服务网上办""财产登记""扶持政策"四个方面开展企业满意度测评，涉及 12 个三级指标（见附表 5）。此外，还收集了企业对减税降费、营造政商关系等方面的诉求建议。

附表5 政务环境指标体系

一级指标	二级指标	三级指标	二级指标	三级指标
政务环境	政务服务水平	进驻政务服务大厅事项数量	财产登记	不动产登记的办理效率
		政务大厅"一件事"联办综合受理事项覆盖范围	扶持政策	政策扶持力度
		窗口人员和审批人员的服务态度、业务能力等		政策制定充分考虑企业诉求
	政务服务网上办	政务服务网上办业务覆盖范围		政策稳定性和连续性
		政务服务网上办业务受理效率		政策宣传解读
		政务服务网上办系统的操作便捷性		政策落地执行

政务环境的企业满意度得分为 93.01 分，具体来看，财产登记获评较高企业满意度得分，为 93.74 分；政务服务网上办、扶持政策，企业满意度得分分别为 93.41 分和 93.05 分；政务服务水平，企业满意度得分为 91.82 分（见附图 22）。部分企业反馈，"政务服务中心功能还需进一步扩充，办事流程还需进一步优化"。

（分）

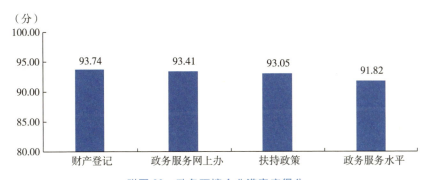

附图22 政务环境企业满意度得分

1. 政务服务水平

从进驻政务服务大厅事项数量，政务大厅"一件事"联办综合受理事项覆盖范围，窗口人员和审批人员的服务态度、业务能力三个方面对政务服务水平进行企业满意度测评，企业总体满意度得分为 91.82

分。具体来看，窗口人员和审批人员的服务态度、业务能力，满意度得分为93.51分；政务大厅"一件事"联办综合受理事项覆盖范围，满意度得分为92.84分；进驻政务服务大厅事项数量，满意度得分为89.10分（见附图23）。部分企业表示，"希望政府服务大厅入驻更多知识产权领域相关事项"。

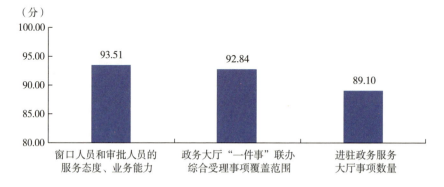

附图 23　政务服务企业满意度得分

2. 政务服务网上办

从政务服务网上办业务覆盖范围、政务服务网上办业务受理效率、政务服务网上办系统的操作便捷性三个方面对政务服务网上办进行企业满意度测评，企业总体满意度得分为93.41分。具体来看，政务服务网上办业务覆盖范围，满意度得分为93.55分；政务服务网上办业务受理效率，满意度得分为93.41分；政务服务网上办系统的操作便捷性，满意度得分为93.27分（见附图24）。部分企业反馈，"线上部分业务操作流程复杂，希望线上办事操作路径能够更加清晰易懂、方便快捷"。

针对"泉服务"掌上平台的使用情况，有46.44%的企业表示曾使用过"泉服务"掌上平台。小程序业务覆盖范围、小程序操作的便捷度、线上业务办理流程效率三个方面进行企业满意度测评，企业满意度得分均为95.61分，受到企业高度认可。

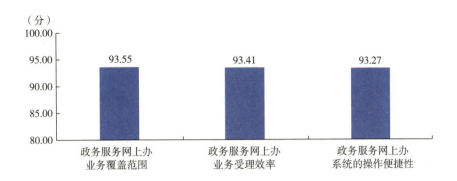

（分）

附图 24　数字化政务服务企业满意度得分

　　从企业对优化政务服务网上办理系统的诉求建议来看，企业对"简化线上事项办理流程"的诉求最为强烈，有 52.13% 的企业表示，"希望简化线上企业增资变更登记流程"。51.18%、44.08% 的企业表示，希望政府能够简化线上公司登记注销流程，简化线上企业合并、分立的变更登记流程；38.86% 的企业表示，希望提升政务服务网上办理系统的响应速度，部分企业反馈，"有时网上办理存在卡顿现象，政务服务网上办的体验感有待提升"（见附图 25）。

　　3. 扶持政策

　　从政策扶持力度、政策制定充分考虑企业诉求、政策稳定性和连续性、政策宣传解读以及政策落地执行五个方面进行企业满意度测评，企业满意度得分为 93.05 分。从具体维度看，政策宣传解读，企业满意度得分为 93.36 分；接下来是政策落地执行、政策稳定性和连续性、政策扶持力度，企业满意度得分依次为 93.32 分、93.03 分、92.84 分。政策制定充分考虑企业诉求，企业满意度得分为 92.70 分（见附图 26）。部分企业反馈，"希望政府能更多地站在企业角度出发，充分考虑企业生产经营的诉求，在融资、用地各方面加大扶持力度""制定涉企政策时充分征求和考虑企业和企业家的意见和建议"等。

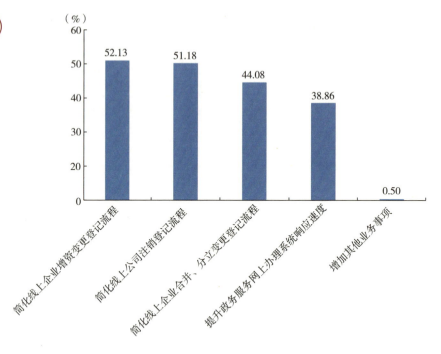

附图 25　企业对优化政务服务网上办理系统的诉求建议

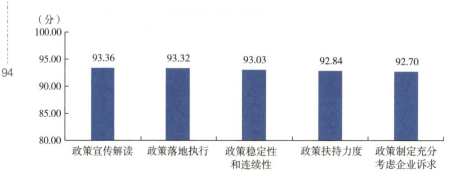

附图 26　扶持政策企业满意度得分

　　从企业对扶持政策的诉求建议来看，企业对"降低企业运营成本"的诉求最强烈，62.09%的企业表示，希望减免税收、降低税率；46.44%的企业表示，希望能够降低社保缴费基数、缴存费率；41.71%

的企业表示，希望能降低企业用水、用电、用气成本。24.17%、23.70%的企业表示，希望政府优化办税服务、加大税收政策宣传，有企业提出，"希望政府能够提高税收减免服务的主动性"。最后，13.74%的企业表示，希望政府降低物流运输成本，9.00%的企业希望降低行政事业性项目收费标准（见附图27）。

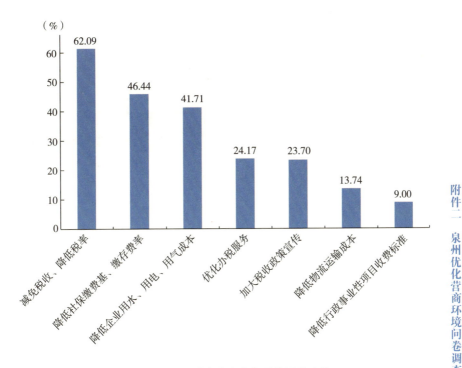

附图27　企业对减税降费方面的诉求建议

4. 政商关系

从企业对构建亲清政商关系的诉求建议看，企业对"进一步加强与政府部门的沟通交流"的诉求最强烈，48.82%的企业表示，希望完善党政商协企多方沟通协商机制。同时，分别有42.65%、32.70%、30.81%的企业希望政府加强对民营企业的舆论引导和正面宣传、建立民营经济人士崇廉激励惩戒机制、办好"泉州企业家日"活动。此外，

29.38%的企业希望政府深化理想信念教育，引导企业家培育依法治企、合规经营思维（见附图28）。

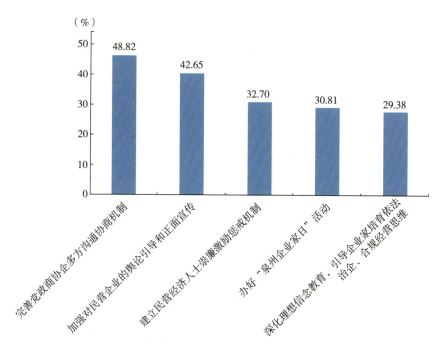

附图28　企业对构建亲清政商关系方面的诉求建议

三、基本情况

本次调查面向泉州市下辖的 13 个县（市、区）的企业①，从企业性质看，民营企业是主要受访对象，占比为 92.89%；接下来依次为港澳台商投资企业（3.79%）、外商投资企业（1.42%）、集体企业（0.95%）、国有企业（0.95%）（见附图29）。

---

① 不含金门县。

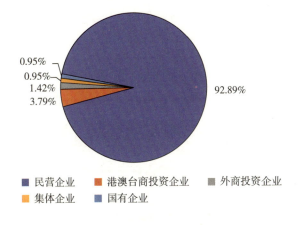

0.95%
0.95%
1.42%
3.79%

92.89%

■ 民营企业　■ 港澳台商投资企业　■ 外商投资企业
■ 集体企业　■ 国有企业

附图 29　受访企业性质

　　从受访企业规模看，主要受访企业为 30 人及以下的小微型企业，占比为 46.45%；接下来是规模在 31~50 人、51~100 人、101~300 人的企业，占比分别是 11.85%、13.27% 和 18.96%；然后是规模在 301~500 人、501~1000 人的企业，占比均为 3.79%；1000 人以上的大型企业最少，占比为 1.90%（见附表 6）。

附表 6　受访企业人员规模

人员规模	计数（家）	占比（%）
30 人及以下	98	46.45
31~50 人	25	11.85
51~100 人	28	13.27
101~300 人	40	18.96
301~500 人	8	3.79
501~1000 人	8	3.79
1000 人以上	4	1.90
总计	211	100.00

从受访企业所属行业看，建材家居占比 16.59%，生产性服务业占比 13.74%，纺织服装和工艺制品均占比 8.53%，生活性服务业占比 7.58%，健康食品占比 7.11%（见附图 30）。

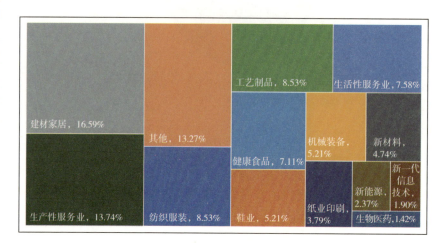

附图 30　受访企业行业分布

附件三
先进地区优化营商环境案例研究

当前，营商环境正成为各地构筑核心竞争力的主赛道，经梳理，深圳、东莞、上海、苏州、杭州、温州、金华、合肥、厦门、福州等先进地区近年来持续打造创新机制完善、贸易投资便利、行政效率高、法治体系完善、政务服务规范的国际一流营商环境，涌现出一批优秀创新案例，值得泉州充分学习借鉴。

一、打造国际一流的创新环境

（一）破解企业融资难题

深圳创新债券市场服务科技型企业新模式，优化受理审核、信息披露、风险揭示、簿记建档、存续期管理等业务流程，探索"投资人选择、发行人付费"的中介机构选聘机制；支持符合条件的科技型企业发行科创票据、科技创新公司债券，鼓励有条件的科技型中小企业发行高收益债，打造全国首个高收益债券市场试点，更好发挥债券市场对科技型企业的金融服务功能。同时，引导风投创投支持科技，优化"募投管退"全链条发展；鼓励保险资金、家族财富公司、产业链龙头企业等社会资本参与创业投资，鼓励社会资本设立私募股权二级市场基金，推动设立私募股权和创业投资份额转让试点。此外，为打通高成长期科技型企业信贷融资"不解渴"、银行贷款收益风险不匹配的堵点，深圳创新推出"腾飞贷"，着眼企业高成长特点，向科技型企业提供授信额度更高、贷款期限更长的资金支持。截至 2023 年底，深圳已有首批 6 家银行运用"腾飞贷"业务模式，为 8 家科技型企业提供授信共计 2.49 亿元，已提款 1.89 亿元。温州大力推广"科创指数"融资模式，使企业可凭借科创能力，获得银行授信支持，有效打通科技企业"科技资产—信用资产—信贷资金"的转化通道。具体来看，温州银保监分局、市科技局联合创设"科创指数"评价体系（包括创新能力、创新产出、创新融合 3 个方面，以及企业资质、科研情况、高层次人才、知识产权等 11 项指标），对企业科技创新能力进行综合评价赋分；各银行机构则根据该评价体系，开发专门的科技企业授信和风控模型，并在金融综合服务平台上线无抵押"科创指数贷"产品，制定专门的授信授权、尽职免责、考核激励机制，配套完善"连续贷+灵活贷"等机制，扩大科技企业信用贷款审批权限，为"科创指数"融资模式应用提供全面有效的机制保障。截至 2023 年 9 月，温州 44 家银行机构已累计向 13671 家科技企业授信 701.11 亿元，科技型企业授信覆盖率超 80%，累计发放贷款户数 9748 户、贷款金额 371.40 亿元。

（二）搭建高能级创新平台

合肥发挥科创优势，将 17% 的财力投入科技创新，以综合性国家科学中心建设为牵引，布局建设 12 个大科学装置，以"揭榜挂帅""赛马"等方式攻坚关键核心技术，催生出悟空探秘、墨子传信、九章计算等国际领先重大原创成果，2023 年创新实力跃居全球"科研城市"第 13 位。同时，加速推动科技成果向产业转化，创新前沿科技"沿途下蛋"机制，与大院大所共建 37 家协同创新平台，组建全国首个城市"场景创新促进中心",推动"科学发现—技术发明—产业发展"协同联动,不断催生新产业、新业态。2023年,合肥净增国家高新技术企业1994户,总数8406户,国家科技型中小企业突破1.1万户,实现两年翻番。苏州探索市场驱动型、平台支撑型、战略引领型三种各具特色的创新联合体发展模式,让企业、高校、研发机构等多元主体在融合各自优势的过程中,破题高端产业创新。具体来看,市场驱动型强调龙头企业要承担起科技创新"出题者""答题者"和"应用者"的多重职责,并积极牵引其他相关主体协同创新。例如,苏州市单克隆抗体研发和产业化创新联合体在龙头企业信达生物的牵头下,多家知名医疗机构、上下游企业和高校等按照"风险共担、利益共享"的市场化原则开展定点技术攻关,加快实现关键技术和关键材料国产替代。平台支撑型主要通过大院大所搭建的创新平台协调各方展开联合创新,一般适用于尚无领军企业诞生且发展不充分或细分领域过多、链条过短的产业。战略驱动型则以国家重大科技战略突破为导向,致力攻克制约国家持续发展的"卡脖子"难题。截至2024年初,苏州单克隆抗体研发和产业化创新联合体立项及培育建设数量达120家,初步形成了企业牵头的产学研融合创新发展态势。

(三)优化人才发展环境

宁波慈溪主动接轨上海,联动设立柔性引才库,成立"青春智库""环湾智库"和"专业智库",集聚在沪人才近1500人,以人才引育撬动科创智造项目落地。同时,迭代引才和服务机制,出台《"星期日工程师"遴选支持办法》,对企业柔性引才共给予13人、每人10万元的奖励,并落实党委联系制和组团服务制,开展技术难题帮扶39项。此外,建立上海引才工作站,聘请"引才大使",开展人才直通车项目,2022年共引进上海中高层次人才117名。杭州深化人才发展评价机制改革,持续推进"三定三评"高层次人才评价认定。推动职称制度与職业资格、职业技能等级制度有效衔接，在不直接涉及公共安全和人民群众生命健康且风险可控的领域，建立国际职业资格证书认可清单制度。同时，实施杭州市外籍"高精尖缺"地方人才认定标准，结合重点产业发展，拓宽外国高端专业人才认定范围。此外，杭州完善"杭帮彩"人才服务工作机制，提升人才综合服务效能。截至 2023 年底，杭州全市人才资源总量达 310 万人，培育领军型创新创业团队超过 100 个，引进各类科技人才超过 2000 名。

二、建立更高水平的开放环境

（一）提高贸易便利化水平

2023 年 9 月，在海关总署授权下，杭州海关率先开展跨境电商网购保税零售进口商品跨关区退货试点，在全国率先打破跨境电商网购保税零售进口商品"原进原出"的退货模式。通过这一新模式，电商企业可以通过在一地建设退货仓，集中处理来自各地消费者的退货商品，帮助企业节约运营成本，加快退货商品处理时效。截至 2023 年底，杭州海关所属钱江海关已经验放近 2000 票来自广州、郑州、上海、厦门等城市的跨境电商退货商品。随着"跨关区退货"模式顺利实施，预计每年可为各个电商企业节约成本近千万元。义乌以"抵港直装"模式为突破口，会同义乌海关、义乌港务、陆港集团、宁波国际物流等单位推动改革落地。通过积极协调争取，发挥"第六港区"海铁联运班列"一次申报、一次查验、一次放行"优势，结合进出口企业特点和需求，便于企业合理安排预约集港时间，率先针对异形货、大件货、危险品等商品采用"抵港直装"模式，进一步保障运输过程更安全、更高效、更稳定，提供便捷集港服务。据悉，传统模式下海铁联运班列出口货物需要在海关截关前运抵码头，运抵码头后需要在其他堆场堆存，船靠港后再进入装船作业区，至少增加一次装卸作业；通过"抵港直装"模式，企业可在船舶截关前灵活地安排物流运输，以周日截关次周二开船为例，由原模式的"周日前进码头"优化为"周二进码头"，压缩至少 2 天时间，是企业降本增效的便利化举措。截至 2023 年 11 月底，义乌至宁波舟山港海铁联运班列累计开行 1632 列、发运货品 146942 标准箱，较 2022 年同期增长 10.46%。

（二）加快贸易数字化转型

宁波口岸重点落实"经认证的经营者"（Authorized Economic Operater，AEO）企业跨部门联合激励措施，创新水水中转、转关无纸化叠加"离港确认"模式，实施外国籍船舶"临开不查"机制等便利化举措，不断优化通关服务效力。同时，以"甬 e 通""单一窗口"和"四港"联动智慧物流云等平台建设为抓手，推进通关物流信息共享，持续提升口岸智慧力。以"甬 e 通"国际贸易一站式服务平台为例，该平台的"企业报关一件事"应用能将报关资料通过 AI 识别自动录入申报系统，智能识别率 99%，最快 10 分钟就能完成一票申报业务；"甬 e 通"还创新推出"口岸云贷"，为小微型代理服务企业量身打造专属线上金融产品，并上线资信预警、询保申请等功能，"甬 e 通"平台上线运行以来，已实现数据自动采集、单证智能生成，企业报关资料智能识别准确率提高到 99%，单票报关单制作时间缩短到 1 分钟。厦门自贸片区加强与港区码头数据共享，实现海关监管、企业预约、码头作业等信息的高效流转，同时整合口岸数据资源，立足企业的痛点难点问题，优化口岸服务，提供报关、物流、跨境、综保等一站式服务，通过优化整体作业流程帮助企业作业效率提升 50%，每年可为企业节约成本 1.5 亿元。同时，创新服务应用，打造空运无感通关服务,在全国首创"单一窗口+空运物流"的模式,依托厦门国际贸易"单一窗口"数据汇聚的优势,实现航空物流链条上各参与方信息的互联互通,为企业提供航空货运进出口全流程电子化作业;在全国率先实现空运查验创新"机边分流"模式、RCEP查验生鲜小程序、出口转关运抵作业申报等功能。此外,通过"空运物流+通关服务"的建设思路,建立单一窗口、海关、机场货站数据的传输共享机制,实现多方并联协同,便利企业作业的同时强化海关监管和信息溯源。

三、建立公平竞争的市场环境

(一) 简化企业开办流程

2023年8月,深圳在"开办企业一窗通"平台全国首创通过录音录像双录签名新模式(即扫码音视频签名的新认证方式)实现用户无介质全流程快捷申报,新认证方式还引入电子签名区块链、公证处存证体系,音视频双录电子签名过程由公证处实时存证,必要时可以出具数据取证保全报告,便于完整证据链留存及后续产生纠纷时的充分举证。该模式首年即可为企业、申请人节约办理数字证书费用1.92亿元,后续每年节约年费约5.445亿元。合肥依托智能审批和自助设备,创造企业开办智能审批的"合肥模式",形成无人值守、"365天7×24小时"不打烊、零见面、零接触的新型政务服务方式。同时,打造"容e查"电子档案查询平台,实现企业档案查询"随时随地,即查即得"。此外,合肥实行企业变更"一件事",企业在网上办理名称、法定代表人等事项的变更时,系统自动将企业变更后的信息共享至税务、社保、公积金等部门,实现前端申请合并、后端审批分离。

（二）完善市场准入机制

深圳出台优化市场化营商环境专项工作方案，以重点行业、企业为突破，在前海试点探索放宽电信领域跨境服务贸易市场准入限制。同时，推行"一照多址、多址监管"模式，避免针对一个地址执法造成连锁企业关联门店普遍停业。此外，制定"i深圳"APP多语种版本建设工作方案，上线繁体字、英语、日语等多语种版本，围绕出入境、就业居留、文体旅游、交通出行等高频场景，提供多语种服务。杭州依法公开公共资源交易全过程信息，实行公共资源交易全流程电子化，推动招投标数字证书跨区域兼容互认，推广远程异地评标，保障各类市场主体及时获取相关信息并平等参与交易活动。同时，构建涵盖"措施覆盖、服务完备、审批便捷、清查成效、效能保障、主体感受"等指标的市场准入效能评估体系，开展全市域评估，通过定期监测、归集、通报，及时清理各种形式的不合理限制和隐性壁垒，有力保障市场准入负面清单制度全面落地。上海探索建立标后履约监管规则，加强招投标系统与财政、税务等部门以及银行系统的对接，推广投标保证金和履约保证金使用电子保函，探索实现政府采购工程电子支付、电子发票、电子保函全程网办。同时，聚焦采购人设置差别歧视条款、代理机构乱收费、供应商提供虚假材料、供应商围标串标等违法违规行为，开展政府采购领域专项整治。

（三）优化资源要素保障

温州创新实施"数据得地"快速供地新机制，对企业的产业类型、产值规模、亩均税收、固定资产投资强度等内容进行量化评估，根据综合赋分排名逐个对接供地，并针对优质中小企业用地难、用地贵等问题，建立优质制造业企业便捷获得发展空间的评价标准和供地（供房）机制，进一步降低企业用地成本。同时，迭代"数据得地365"

预评审机制，将政策覆盖面逐渐拓展至所有需要新增供地的增资扩产项目，进一步做实用地计划和耕地占补平衡"指标银行"，实现优质企业从"跑腿要地"到"快捷拿地"。截至 2023 年底，温州已有 84 家企业通过供地新机制解决发展空间问题，用地面积达 2100 亩。广州搭建"网、掌、微、支、政"五位一体的线上办电服务渠道，向用户提供40 类 107 项办电服务；率先将电子证照、电子签章应用在办电领域，用户只需通过"刷脸"实名认证即可调用电子身份证、营业执照、不动产权证等信息，获取电子签章，在线完成供电合同签署，实现"零证办电""刷脸签约"，足不出户即可完成用电报装申请。同时，以黄埔区为试点，成立全国首个"地方政府+供电企业"联席办公室，实行企业服务局、规划和自然资源局、住房和城乡建设局等政府部门与供电企业合署办公；在用电报装申请环节推行"以函代证"，由政府部门出具"容缺受理"函件作为用电报装依据，方便用户早投产、早用电。

四、构建更为规范的法治环境

（一）强化知识产权保护

深圳强化知识产权案件技术支撑，组建技术调查官队伍，探索"技术调查官+专利侵权判定"专业服务模式，为行政执法案件提供技术咨询、技术调查意见等支撑，高效处理各类知识产权疑难案件。截至 2023 年 9 月，技术调查官已协助办理 31 起知识产权行政执法案件；技术调查官全流程参与办理的案件中，对技术事实所提出的专业意见的采纳率超过 90%，平均结案周期缩短至 146 天。同时，提高知识产权纠纷多元化解能力，深化与各级法院和行政执法部门的合作，发挥

"知识产权联合保护工作室"作用,完善知识产权纠纷诉源治理联合调解模式,推进知识产权纠纷多元化解。此外,深圳知识产权法庭立足审判实际,在全国首创知识产权案件"速裁+快审+精审"三梯次审判工作模式,让简单的案子快审、复杂的案子精审,同时完善相关配套制度,力促审判质效提升。截至2023年5月,累计有约1.2万件知识产权案件适用速裁快审程序审理,速裁案件平均审理周期缩短至一个半月。

(二) 强化企业法律保障

苏州成立由产业链企业、律师事务所、律协专业委员会共同组成的"产业链+法律服务"联盟,依托同程集团、生物医药产业园、开发区光电产业园等产业链重点企业、产业园,设立律师工作站,打造产业链法律智库,结合"万所联万会"活动,深入2000余家产业链企业开展法治体检服务,从企业内部治理、投资融资、市场竞争等方面进行"把脉问诊"。同时,指导市律师协会、公证协会、司法鉴定协会、破产管理人协会、基层法律服务工作者协会等共同发起成立苏州市法律服务行业联盟,推进法律服务业产业集聚,为苏州数字经济时代产业创新集群融合发展提供高质量配套法律服务。

宁波探索设立全国第一家整合纪委监委、检察院、司法局相关投诉监督职能的"营商环境投诉监督中心",构建统一便捷、高效公正、专业权威的投诉监督体系,引导涉企矛盾纠纷在法治化轨道上及时高效解决。其中,宁波市纪委监委负责办理、答复纪检监察监督类营商环境问题的投诉;宁波市检察院负责办理、答复检察法律监督类营商环境问题的投诉;宁波市司法局负责办理、答复行政处罚类营商环境问题的投诉;宁波市投诉监督中心联席会议单位负责办理、答复其他行政执法监督类营商环境问题的投诉;其他涉及营商环境有关单位负责办理、答复职责范围内的具体投诉事项。"营商环境投诉监督中心"

成立以来，共接收市场主体各类投诉 1300 余件，处置回访满意率达 98% 以上。

（三）打通全生命周期服务

为最大程度避免债务恶性膨胀、债务挤兑，提升债权人、债务人等各方共赢的概率，深圳打造数智化的破产保护综合服务平台"深破通"，为陷入财务困境的企业提供业务咨询、破产申请指引、庭外重组和解磋商、财产处置协助、投融资以及跨境破产咨询等综合性服务。同时，为推进内地与香港管理人在跨境破产事务协助方面开展合作，"深破通"平台以市场化为切入口打造了跨境破产协作服务工作模块，深港两地管理人和两地协会可在线沟通交流，境外投资机构可在线查阅破产投融资需求信息，便利跨境破产事务的合作办理，有力促进境内外破产理论与实务的交流融合，推动粤港澳大湾区跨境破产规则探索和市场化服务"软联通"。

苏州近年来相继成立苏州知识产权法庭、苏州破产法庭、苏州国际商事法庭、苏州劳动法庭和苏州互联网法庭，建立"五庭协同"工作机制。其中，苏州国际商事法庭与苏州市工商业联合会、中国国际经济贸易仲裁委员会上海分会、上海经贸商事调解中心等机构签约对接，创建中立评调机制；苏州知识产权法庭拓展纠纷多元化解渠道，打造"苏知最和合"诉源治理品牌；苏州劳动法庭推进"调裁审执"劳动保障维权一体化中心建设，有效整合调解、仲裁、诉讼等力量，提供菜单式、集约式、一站式解纷服务。2022 年苏州两级法院共诉前分流调解涉企纠纷 111269 起，调解成功 53324 件；苏州中院牵头的执行合同、办理破产、保护中小投资者 3 个指标均获评全国标杆。

五、营造便利高效的政务环境

（一）强化智慧政务建设

苏州持续优化企业开办、不动产登记等 50 多项高频"一件事一次办"服务，推动更多事项实现"一表申请、一套材料、一次提交、限时办结"；依托一体化公共数据底座，打造法人数字空间，方便企业对自身数据资产和电子证照资源的查询、管理、应用。同时，探索通过电子营业执照关联企业相关信息，实行"刷脸办""一照通办""一证通办"；深入推进企业经营、项目建设、金融支付等"免证办"应用，加快拓展政务服务事项"免证办"覆盖范围，助力企业实现"零跑动"。广州南沙对线下政务大厅进行实体 1∶1 模型制作与引擎渲染，搭建具有极高还原度的实景三维仿真场景，同时搭载顶尖的三维感知交互技术和丰富多彩的数字化内容，打造全国第一个可实现全套感知交互服务的元宇宙政务平台，以数字化政务大厅为载体助推政务体系多元化发展。目前元宇宙政务大厅不仅可办理特种设备使用登记、公共场所卫生许可证、国有土地自建房《建设工程规划许可证》等业务，还推出一对一客服、实时客服功能，为内地和港澳办事人员提供云坐席、港澳身边办、综窗连线等专属贴心服务，办事群众可在线咨询和办理南沙区内涵盖商事登记、建设工程、经营管理等领域的约 1400 个事项。

（二）提升办税服务水平

为加强纳税人信用等级维护，强化对纳税人维护等级的预见性、知晓度和确定性，成都创新打造全省首个智能型纳税信用服务产品和服务品牌，向纳税人发放"信用明白卡"，建立"事前引导、事中提醒、快速修复"信用管理机制，将信用服务模式从"申请、办理"升级到"预先提醒、专班辅导、提速办理"，助力纳税人用好用足信用政策，不断提升信用信息增值效应，进一步为企业发展"输血供氧"。同时，推出税务"蓉易信"智能纳税信用管家，以优化纳税信用为导向，以智能预警提醒为核心，依托"两平台一榜单"，面向纳税人开展全环节、全流程、全生命周期的"管家式"信用服务。2023 年，全市自动修复纳税人较上年度增加 6.88 万户次，AB 级纳税人较上年度增加 4.74 万户，人工修复实现信用升级 114 户次。

（三）推动涉企政策落地

杭州在全国首创推出"亲清在线"数字化政商服务平台，通过数据共享改造业务流程，实现端对端"瞬间兑付"，推动政策资金直达地方、直达基层、直达民生。2023 年，平台重塑资金拨付流程，改"企业找政策"为"政策找企业"，上线惠企政策"免申即享"功能，对于符合申报条件的企业，平台将以短信的形式把政策主动推送至企业，企业只需通过短信确认账户信息即完成兑付，实现惠企政策"免申即享"，兑付资金"一键到账"。同时，打造"政策超市"，面向全市各级政策部门和各类在杭市场主体，提供政策实施前的企业意见征询、政策实施中的发布查询、推荐推送、解读咨询、申报审核、资金兑付，政策实施后的资金溯源、绩效管理等惠企政策全生命周期管理和服务。2023 年"亲清在线"平台年度上线政策超 2300 条，年度兑付金额超 250 亿元，年度累计访问量超 2900 万次。

后记

　　泉州作为"晋江经验"的发祥地，在新的时期，面对国内外环境的重大变化，如何创新发展"晋江经验"，以超常规的思路、超常规的举措优化民营企业营商环境，已经成为泉州打造中国民营经济发展示范城市的首要命题。

　　为此，泉州民营经济研究院联合上海华略智库，就这一命题做了深入研究。我们采用了"定性+定量+比较"相结合的研究方法，实地到泉州市直相关部门、区县相关部门、商协会和重点企业开展座谈调研，力求对泉州民营经济营商环境进行分析评估，切实了解取得的成效和存在的问题。推送了数百份民营企业满意度问卷，力求了解民营经济不同行业企业面临的瓶颈问题、强烈的政策诉求。横向对比上海、深圳、杭州、苏州、东莞、厦门等先进城市优化营商环境、推动民营经济高质量发展的经验做法，力求指出泉州存在的主要差距和追赶方向。

　　在此基础上，我们形成了《泉州市创新和发展"晋江经验"打造一流营商环境研究》，系统提出了泉州进一步提升和优化营商环境的目标路径和战略举措。这些目标和举措，尽可能具备前瞻性、突破性、针对性和操作性，希望能够为泉州民营经济的发展带来引领作用。路虽远，行则将至；事虽难，做则必成！

　　在本课题研究出版成书之际，我们要感谢泉州市直有关部门及县市区等对课题研究的支持！感谢调研过程中给予无私帮助的企业家！还要特别感谢中乔体育公司对本课题研究的大力支持！

姚荣伟

2024 年 6 月

泉州市创新和发展「晋江经验」打造一流营商环境研究

"晋江经验"——泉州民营经济研究系列丛书

清华大学全球贸易与产业竞争力研究中心 泉州民营经济研究院 著

泉州民营企业主动融入RCEP的路径与对策研究

经济管理出版社
ECONOMY & MANAGEMENT PUBLISHING HOUSE

图书在版编目（CIP）数据

泉州民营企业主动融入 RCEP 的路径与对策研究 ／ 清华大学全球贸易与产业竞争力研究中心，泉州民营经济研究院著. -- 北京 ：经济管理出版社，2024. --（晋江经验 ：泉州民营经济研究系列丛书）. -- ISBN 978-7 -5243-0128-8

Ⅰ. F279. 275. 73

中国国家版本馆 CIP 数据核字第 2024U2T597 号

组稿编辑：申桂萍
责任编辑：申桂萍
责任印制：张莉琼
责任校对：陈　颖

出版发行：经济管理出版社
　　　　　（北京市海淀区北蜂窝 8 号中雅大厦 A 座 11 层　　100038）
网　　　址：www. E-mp. com. cn
电　　　话：（010）51915602
印　　　刷：北京市海淀区唐家岭福利印刷厂
经　　　销：新华书店
开　　　本：720mm×1000mm/16
印　　　张：5. 75
字　　　数：81 千字（本册）
字　　　数：411 千字（全四册）
版　　　次：2025 年 1 月第 1 版　　2025 年 1 月第 1 次印刷
书　　　号：ISBN 978-7-5243-0128-8
定　　　价：198. 00 元（全四册）

课题组成员

清华大学全球贸易与产业竞争力研究中心

课题负责人：李东红

课题组成员：李东红　李　蕾　谢真臻

　　　　　　陈浩邦　王艺琳　杨主格

泉州民营经济研究院

课题组成员：刘文儒　李自力　颜清堤

　　　　　　杨　翚　王鸿燕

总 序

民为邦本，本固邦宁。改革开放 40 多年来，民营经济已经成为推动我国发展不可或缺的力量，成为创业就业的主要领域、技术创新的重要主体、国家税收的重要来源，为社会主义市场经济发展、政府职能转变、农村富余劳动力转移、国际市场开拓等发挥了重要作用。进入新时代，以习近平同志为核心的党中央高度重视民营经济发展，2023 年 7 月，《中共中央　国务院关于促进民营经济发展壮大的意见》（以下简称《意见》）提出，"民营经济是推进中国式现代化的生力军，是高质量发展的重要基础，是推动我国全面建成社会主义现代化强国、实现第二个百年奋斗目标的重要力量"，明确了民营经济在推进中国式现代化建设中的重要作用。2023 年 8 月 29 日，《中共泉州市委　泉州市人民政府关于不断创新和发展"晋江经验"　勇当新时代民营经济强省战略主力军的意见》出台，全面加快和推进民营经济发展。

党中央站在更高起点谋划民营经济的发展，泉州民营经济研究院作为一家地方民营经济研究机构，深感责无旁贷，主动自觉融入推动民营经济高质量发展的国家战略宏图中。自 2023 年 1 月 27 日成立以来，泉州民营经济研究院深入贯彻党中央、国务院关于民营经济高质量发展的部署精神，着眼服务民营经济、民营企业、民营企业家，聚焦民营经济高质量发展的重大理论和实践问题，推动形成一批重要研究成果，集成《"晋江经验"——泉州民营经济研究系列丛书》，积极

发挥党委、政府决策的参谋助手和民营企业发展的智囊智库的作用。

　　"晋江经验"是本丛书的指导思想，也是主题主线。《意见》第 31 条指出，要不断创新和发展"晋江经验"，及时总结推广各地好经验、好做法，对行之有效的经验做法以适当形式予以固化。2002 年，时任福建省省长的习近平同志全面、深刻、系统地提出"晋江经验"，这一因高瞻远瞩而历久弥新的重大理论创新，成为坚持和发展中国特色社会主义道路的重要路标，至今仍彰显着重要的现实指导意义。"晋江经验"既回答了中国民营经济孕育、成长和发展壮大的秘诀，又蕴涵着新征程上推动高质量发展的重要方法论，具有超越时空的真理性和价值性，其内涵与习近平经济思想一脉相承、高度契合。本丛书深入研究阐释、传承弘扬"晋江经验"，从"晋江经验"中汲取发展民营经济的高超政治智慧、非凡战略眼光和系统思维方法，让"晋江经验"更好地引导新时代民营经济高质量发展。

　　在"晋江经验"的指引下，本丛书从新时代中国改革开放的社会实践出发，在中国式现代化体系、社会主义市场经济理论大框架下，努力阐释民营经济、民营企业、民营企业家的结构性地位和发挥作用机制，民营经济在形成市场活力、实现共同富裕、推动中国式现代化和中华民族伟大复兴进程中担当的任务和存在的问题，新型政商关系生态，民营经济高质量发展的法治保障等反映全国民营企业所需所盼和一系列民营经济普遍性、紧迫性问题，致力于应时代之需、发思想之声、解困厄之患。不谋全局者，不足以谋一域，欲得大观，必择立高处。本丛书系列研究成果力求做到高站位、宽视野，既胸怀国之大者，瞄准新目标、把握新阶段、贯彻新理念，又落地到具体的民营经济情势和民营企业的发展实践中。我们以"晋江经验"发源地泉州作为全国民营经济的研究样本，组织一批国内优秀研究机构、高校、智库团队参与研究，如中国社会科学院工业经济研究所和清华大学等，走进泉州民营企业广大群体中深入调研，摸清民营企业情况、倾听企

业真实呼声，提出对策建议，给出泉州方案，努力实现国际视野、中国智慧与区域实践相结合，希望从中总结民营经济发展的泉州经验，为全国提供借鉴和启示。

奋进充满光荣和梦想的新征程，我国民营经济将走向更加广阔的舞台，呼唤民营经济发展理论创新的智力支撑。《意见》旗帜鲜明地提出，"要加强理论研究和宣传，引导社会正确认识民营企业的重大贡献和重要作用"，"坚决抵制、及时批驳澄清质疑社会主义基本经济制度、否定和弱化民营经济的错误言论与做法"。作为泉州市委、市政府的重要智库、不断创新和发展"晋江经验"的主要阵地，促进民营经济健康发展、高质量发展的重要载体，泉州民营经济研究院将紧跟时代步伐，持续推出注重时代性、实践性、创新性的新成果，希望为中国民营经济理论体系建构添砖加瓦，鼓舞民营企业家发展信心、坚定发展预期，积极为民营经济健康发展、高质量发展营造良好的氛围。

泉州民营经济研究院
2024 年 6 月

《区域全面经济伙伴关系协定》（以下简称"RCEP"）的签订与生效，标志着我国高水平对外开放迈上新台阶。泉州与 RCEP 成员国之间有着广泛的经济贸易往来，推动泉州民营企业主动融入 RCEP，既是促进亚太国家与地区共同应对逆全球化思潮、建立亚太统一大市场、践行我国高水平对外开放战略的基本要求，也是推动泉州民营企业持续增长、促进泉州外向型经济高质量发展的必然选择。

自 RCEP 签订以来，泉州市政府各级主管部门积极行动，制订并实施了全面对接 RCEP 的行动计划，民营企业主动响应，学习理解 RCEP 框架与条款，利用 RCEP 规则服务企业发展，取得了一系列成效，形势喜人。与此同时，泉州市民营企业在融入 RCEP 的过程中仍面临不少现实难题，诸如多数民营企业在充分理解 RCEP 规则方面存在困难、中小型民营企业把握 RCEP 机遇的能力不足、民营企业抱团融入 RCEP 的生态尚未全面形成等。

面对以上问题，泉州民营企业有必要在如下方面积极探索融入 RCEP 的有效路径：借力既有合作优势，抢抓机遇，扩大出口，形成进出口双向互动新格局；争取政府政策支持，积极参与"两国双园"建设；全面推进技术进步、产业转型升级与国际经营能力的提升，实现从"高依赖"外向型向"高水平"外向型的转变；大中小企业抱团，以"雁阵模式"出海；与政府、行业协会、第三方机构等联动，在借力多方支持中更好、更快地融入 RCEP。

　　在民营企业主动融入 RCEP 的过程中，泉州市政府应该秉承一贯积极支持的态度，做好民营企业融入 RCEP 的"引路人""推车手""服务员"，可以在如下方面采取有力措施：成立 RCEP 贸易协定工作专班，提升建设效率和精确度；解决 RCEP 基础建设缺口，加快 RCEP 人才引进，拓展渠道开展培训，及时收集处理企业诉求；营造良好的营商环境、政策环境、创新环境和试点环境，充分激发企业融入 RCEP 的自主性；整合侨商资源，发挥驻外经商机构对企业在海外的服务功能，实现资源互联共享；拓宽宣传方式，打造更具竞争力的泉州品牌。

目 录

第一章　RCEP 的签署生效过程与核心内容　/ 1

　　一、RCEP 签署过程　/ 1

　　二、RCEP 生效过程　/ 2

　　三、RCEP 的核心内容　/ 3

第二章　RCEP 的地位与战略价值　/ 14

　　一、RCEP 在全球贸易体系中的地位　/ 14

　　二、RCEP 对中国的战略价值　/ 17

　　三、泉州民营企业主动融入 RCEP 的战略意义　/ 19

第三章　泉州支柱产业及民营企业发展的
　　　　基本情况　/ 23

　　一、泉州六大支柱产业发展状况　/ 23

　　二、泉州民营企业发展状况　/ 32

第四章　泉州民营企业主动融入 RCEP 的
　　　　现实难题　/ 39

　　一、多数企业在充分理解 RCEP 规则方面存在困难　/ 39

二、中小民营企业把握 RCEP 机遇的能力不足　/ 44

三、民营企业抱团融入 RCEP 的生态尚未全面形成　/ 48

第五章　泉州民营企业主动融入 RCEP 的
　　　　基本路径　/ 56

一、抢抓 RCEP 机遇，构建民营企业全球发展新格局　/ 56

二、开拓创新，着力提高企业国际竞争力　/ 59

三、抱团出海，打造泉州国际化产业生态　/ 63

第六章　推动泉州民营企业主动融入 RCEP 的
　　　　对策建议　/ 65

一、成立 RCEP 贸易协定工作专班　/ 65

二、解决 RCEP 人才、培训、企业反馈渠道的
　　建设问题　/ 66

三、营造良好环境，激发企业融入 RCEP 的主动性　/ 68

四、整合侨商资源，发挥驻外经商机构的服务功能　/ 70

五、拓宽品牌宣传、优化保护渠道，打造泉州
　　城市品牌　/ 71

参考文献　/ 74

后　记　/ 77

第一章
RCEP 的签署生效过程与核心内容

一、RCEP 签署过程

《区域全面经济伙伴关系协定》由东盟于 2012 年发起，历经 8 年共 31 轮正式谈判，最终 15 国达成一致，于 2020 年全面完成市场准入谈判，同年 11 月 15 日正式签署。

2011 年 11 月，东南亚国家联盟（ASEAN，简称东盟）提出"东盟区域全面经济伙伴关系"框架，意在形成以东盟为核心、东盟自贸伙伴国共同参加的区域自贸协定。2012 年 8 月，在柬埔寨举行的第一届东盟和自贸伙伴国经贸部长会议通过了《RCEP 谈判的指导原则与目标》文件。2012 年 11 月 20 日，东盟十国与中国、日本、韩国、印度、澳大利亚、新西兰六国领导人在东亚领导人系列会议期间宣布启动谈判，并共同发布了《启动〈区域全面经济伙伴关系协定〉（RCEP）谈判的联合声明》，标志着这一覆盖 16 个国家的自贸区建设进程正式启动。2013 年 5 月 9 日，RCEP 第一轮谈判在文莱举行，中国、日本、韩国、澳大利亚、新西兰、印度以及东盟十国均派代表团参会。在之后的 2013~2020 年，各参与国陆续经历了 23 次部长级会议和 31 轮正式谈判。

2017 年 11 月 15 日与 2018 年 11 月 14 日，RCEP 先后召开了第一次、第二次领导人会议。2019 年 11 月 4 日，RCEP 第三次领导人会议联合声明中指出，"15 个 RCEP 成员国已经结束全部 20 个章节的文本谈判以及实质上所有的市场准入问题的谈判"，但"印度有重要问题尚未得到解决"，由此印度宣布退出 RCEP 的谈判工作。

2020 年 6 月 23 日，东盟成员国与澳大利亚、中国、日本、韩国和新西兰的贸易部长在《区域全面经济伙伴关系协定》（RCEP）第 10 次部长级会间会联合媒体声明中重申，将根据 2019 年 11 月 4 日 RCEP 第 3 次领导人会议上各参与国领导人的指示，在 2020 年签署 RCEP 协定，同时强调 RCEP 将对印度保持开放。

2020 年 11 月 15 日，RCEP 第四次领导人会议通过视频方式举行，在东盟十国、中国、日本、韩国、澳大利亚、新西兰共计 15 国领导人的共同见证下，各国贸易部长签署了 RCEP 协定。

二、RCEP 生效过程

2022 年 1 月 1 日，RCEP 正式生效。率先正式实施协定的有 10 个国家：文莱、柬埔寨、老挝、新加坡、泰国、越南 6 个东盟成员国和中国、日本、新西兰、澳大利亚 4 个非东盟成员国。随后，2022 年 2 月 1 日，RCEP 对韩国生效；2022 年 3 月 18 日起对马来西亚生效；2022 年 5 月 1 日在中国与缅甸之间生效；2023 年 1 月 2 日起对印度尼西亚生效；2023 年 6 月 2 日起对菲律宾生效。至此，RCEP 对 15 个成员国生效，全球最大的自贸区建设开始进入全面实施阶段。RCEP 的全面生效充分体现了 15 国支持以开放、自由、公平、包容为核心理念和以规则为基础的多边贸易体制的决心和行动，为区域经济一体化注入了强劲动力，有助于提升东亚等区域贸易投资的自由化和便利化水平，助力地区和全球经济长期稳定发展。

三、RCEP 的核心内容

RCEP 是一个现代、全面、高质量、互惠的大型区域自贸协定。RCEP 协定文本共计 1.4 万页（商务部中国自由贸易区服务网），由序言、20 个章节、4 个市场准入承诺表附件组成。本书将针对 RCEP 核心章节进行进一步说明。

（一）货物贸易

RCEP 在货物贸易领域的核心内容主要涉及第二章至第七章，包括六个章节、四个附件和各成员具体关税承诺表，涵盖内容较为丰富，旨在通过降低或取消区域内关税与非关税壁垒的方式促进各项规则的统一实施，提升货物贸易的自由化和便利化水平，降低区域内贸易成本，提升各类产品的国际竞争力。货物贸易市场准入章节（第二章）包括 21 个条款和各成员国关税承诺表附件，主要内容包括：说明各成员国之间的关税减免安排，重申各成员国应在 WTO 框架下取消农业出口补贴与数量限制，对其他成员国货物给予国民待遇，建立非关税措施的技术磋商机制等。在这一章中，RCEP 规定成员国之间采用双边"两两出价"的方式对货物贸易自由化进行安排，协定生效后区域内 90% 以上的货物贸易最终实现零关税，且主要是立刻实施零关税和 10 年内降税到零。这些规定有望使 RCEP 自贸区在较短时间兑现所有货物贸易自由化的承诺。

3

其中一项规定的特别之处在于，中国通过 RCEP 首次与日本建立了自贸关系。中国对日本零关税产品比例最终将达到 86%，日本对中国零关税产品比例最终将达到 88%。其中，中国从日本进口的接近 86% 的工业品和接近 87% 的农水产品将逐步实现零关税，降税产品涉及电子电气设备与零部件、机械设备和汽车零部件、仪器仪表、塑料和塑料制品、化工产品等。中国对日本出口的超过 96% 的工业品和超过 63% 的农水产品也将逐步享受零关税待遇。

RCEP 也将助力除中国与日本之外的其他签署过双边自贸协定的 RCEP 成员国，针对部分产品实现新一轮新增降税承诺。例如，韩国在 RCEP 项下会给予中国所出口鹿茸产品在其所有自贸协定中的最优惠待遇，干鹿茸和加工鹿茸将享受零关税待遇。再如，马来西亚对产自中国的部分棉纱及其织物、工业机械设备零部件、汽车、摩托车等产品的降税额度，中国对产自东盟的菠萝、叶子、胡椒等农产品及部分化工品、纸制品、柴油发动机等产品的降税额度，均超出了已有的中国—东盟双边自贸协定的货物贸易降税承诺。RCEP 通过已有双边自贸协定的整合与叠加，将进一步降低进出口成本，提升中国与其他成员国之间的贸易自由化水平。

（二）区域原产地累积规则

RCEP 原产地累积规则章节（第三章）共 35 个条款，规定了原产地规则、签证操作程序。原产地规则规定了货物获得原产资格的实体性判断标准，原产地标准和补充规则共同构成了一整套关于判定货物原产资格的规定。原产地是生产、采集、饲养、提取、加工和制造货物的所在地，原产地规则是指判定进出口货物原产地的标准和方法，可分为非优惠原产地规则和优惠原产地规则。非优惠原产地规则适用于与关税优惠无关的贸易政策措施，如最惠国待遇、反倾销反补贴税、数量限制或关税配额等；优惠原产地规则是指一国为实施各种优惠贸易政策而制定的原产地规则，货物符合原产地规则规定则具备原产资格，可以享受进口缔约方承诺的优惠关税待遇。RCEP 列举了原产货物的三类情况、产品特定原产地规则和补充规则，它们共同构成了货物原产资格的判定规则。

RCEP 从申请享惠、提交原产地证明、提交直接运输规则的证明和其他规定等多个方面说明了原产地规则的具体程序，具体包括：货物进口时、货物进口后、货物在途时如何申请享惠；提交原产地证明所需的原产地证书、原产地声明、免于提交原产地证明、背对背原产地证明的具体要求；直接运输过程中进出口商须向进口方海关提供的未经进一步加工的证明；第三方发票与享受关税优惠的规定；进口缔约方可以拒绝给惠的情形；等等。

RCEP 关于原产地规则的规定与以往有一些明显的不同，这体现了其在贸易规则方面的创新。首先，RCEP 使用区域累积原则，即产品原产地价值可在 15 个成员国构成的区域内进行累积，来自 RCEP 任何一方的价值成分都会被考虑在内，这将显著提高协定优惠税率的利用率。例如，根据此前成员间双边自贸协定原产地规则不能算作某国原产的某一产品，经过区域价值累积后，将可能被认定为 RCEP 区域原产，享受 RCEP 优惠关税。这将有助于跨国公司更加灵活地进行产业布局，建立更精细更完善的产业链分工体系，降低最终产品的生产成本。其次，相较于以往东盟和中国的"10+1"协定，RCEP 进一步丰富了原产地证书的类型，在传统原产地证书之外，允许出现经核准的出口商声明以及出口商的自主声明，标志着原产地声明制度将由官方授权的签证机构签发模式转变为企业信用担保的自主声明模式，这能够节省政府的行政管理成本和企业的经营成本，并进一步提高货物的通关时效。

（三）海关程序和贸易便利化

海关程序和贸易便利化（第四章）共有 21 个条款和 1 个附件，主要通过制度约束和变革简化海关程序、提升海关法律法规透明度、加快货物通关放行等方式实现高水平的贸易便利化，尤其是通过提升快件货物、易腐货物通关效率等进一步推动国际海运、航空运输、陆路运输扩大开放，进一步强化区域物流网络。RCEP 的贸易便利化措施主要包括海关程序和贸易便利化措施、卫生和植物卫生措施以及标准（详见 RCEP 第五章）、技术法规和合格评定程序（详见 RCEP 第六章）方面的措施。

第一，在海关程序和贸易便利化方面，RCEP 简化了海关通关手续，采取预裁定、抵达前处理、信息技术运用等促进海关程序的高效管理手段。在可能情况下，RCEP 对快运货物、易腐货物等争取实现货物抵达后 6 小时内放行，促进了快递等新型跨境物流的发展，推动了果蔬和肉、蛋、奶制品等生鲜产品的快速通关和贸易增长，整体水平超过了世贸组织《贸易便利化协定》。

第二，RCEP 规定了货物进出口的预裁定。货物进口前，进口成员国海关可以根据贸易主体的申请在 90 天内就进口货物的税则归类、原产地、海关估价等事项进行预裁定，预裁定有效期至少二年。在出现进口国相关法律变动等影响预裁定效力的情况时，进口国需要通过书面通知的方式撤销或废止预裁定。

第三，RCEP 规定了提前申报制度。货物抵达前，进口成员国海关允许贸易主体提前提交货物进口所需的报关文件和信息，并在货物抵达前处理。提前申报制度将海关审核、税费征收程序前置，能够有效缩短通关时间、加快放行。

第四，RCEP 规定了装运前检验证书制度。货物装运前，进口国海关可依据规定检验货物或要求其出具装运前检验证书，但不得要求使用税则归类、海关估价相关的装运前检验，且不排除以卫生和植物卫生等为目的的其他类型的装运前检验，鼓励各方不再采用或使用新的装运前检验要求。

第五，RCEP 规定了风险管理要求。货物抵达后，海关应加快低风险货物放行，海关监管应集中于高风险货物。其中，RCEP 要求易腐货物、快运货物尽量 6 小时内放行，普通货物尽量 48 小时内放行。

第六，对于经认证的经营者，RCEP 要求各成员国在单证要求、查验比例等多方面给予便利，同时要求加强信息技术应用、建立电子海关系统，在海关操作中应用高科技信息技术，在无纸化贸易方面采用国际标准。

（四）卫生与植物卫生措施

卫生与植物卫生措施章节（第五章）共有 17 个条款。在卫生和植物卫生措施方面，RCEP 为保护人类、动物或植物的生命或健康制定了一系列措施，规定了成员国在进口动植物产品检验与贸易方面的相关事宜。

RCEP 在世界贸易组织《卫生和植物卫生应用措施协定》的基础上加强了风险分析、审核、认证、进口检查以及紧急措施等规则的执行，并确保这些措施尽可能不对贸易造成限制，不对其他 RCEP 成员国构成不合理歧视。RCEP 要求成员国在能达到相同保护水平的要求下，对其他成员国的检验检疫措施等效认可，在不损害各缔约方进口控制权的前提下，进口方应当接受出口方颁发的与进口方管理要求相一致的证书，并且明确指出，各进口成员国主管机关可以对出口国设备进行检查以确定其是否符合进口国卫生和植物卫生要求。RCEP 引入了"风险分析"新规则，便于出口国获取风险评估信息并参与其中。

（五）标准、技术法规和合格评定程序

标准、技术法规和合格评定程序章节（第六章）共有 14 个条款。在标准、技术法规和合格评定程序方面，RCEP 强化了成员国对 WTO《技术性贸易壁垒协定》的履行，推动缔约方就标准、技术法规、合格

评定程序方面达成谅解并减少不必要的技术性贸易壁垒。

RCEP 鼓励各成员国在为了实现相同目标的前提下认可其他成员国的技术法规，除了发生安全、健康、环境保护或国家安全等紧急问题的情形之外，进口国应在技术法规公布和生效之间预留不少于 6 个月的时间间隔。

RCEP 原则上要求各成员国使用国际标准作为合格评定程序的基础，但由于国家安全、防止欺诈、保护人类和动植物健康、保护环境等原因而无法适用的情形除外，RCEP 还鼓励各成员国尽可能接受其他成员国的合格评定程序结果。

（六）贸易救济

贸易救济章节（第七章）共有 16 个条款和 1 个附件（与反倾销和反补贴调查相关的做法），规定当出现进口产品大量增加的情况时应采取限制进口、保护国内产业的措施，主要包括保障措施、反倾销和反补贴税两方面。

在保障措施方面，RCEP 在 WTO《保障措施协议》规定的权利义务基础上设立了过渡性保障措施制度，对缔约方履行协议降税而遭受损害的情况提供了救济，此制度实施期限为协定生效之日起至关税承诺表中取消或削减关税完成后的 8 年之内。RCEP 规定，当成员国因履行协议降税而遭受损害时可以调整关税税率或实施临时保障措施（情况紧急方可使用），每次过渡性保障措施实施期限最长不得超过 4 年，制度不能包括配额或数量限制等非税率调整方式。

在反倾销和反补贴税方面，RCEP 重申了缔约方在《1994 年关税与贸易总协定》《反倾销协定》《补贴与反补贴措施协定》中的相关权利与义务，并通过制定相关附件、规范书面信息、磋商机会、裁定公告等实践做法，提高反倾销与反补贴程序的透明度要求，同时规定在计算倾销幅度时应纳入负的倾销幅度，这样有助于客观评估。

（七）服务贸易与自然人移动

RCEP 在服务贸易（第八章）和自然人移动（第九章）两个章节规定了各成员国在服务贸易相关领域应履行的义务以及应遵守的纪律。

服务贸易章节（第八章）共包含 25 个条款和 3 个附件（金融服务、电信服务、专业服务），以及各成员国在服务贸易领域的开放承诺，主要针对四个核心方面进行了限定，并对服务部门开放进行了承诺，以消除限制性和歧视性措施。服务贸易的核心义务主要包括四个方面：国民待遇、最惠国待遇、市场准入、本地存在。国民待遇和最惠国待遇实质就是要求对列入承诺表的部门给予缔约方的服务及其提供者的非歧视性待遇，不能低于给予本国和其他国家同类服务和服务提供者的待遇。本地存在条款目前仅针对负面清单承诺的国家，即除负面清单列出的部门外，禁止对跨境服务提供提出在本地设立公司、代表处、分支机构或成为东道国居民等本地存在要求。除此，RCEP 还提出了国内法规条款的公开透明要求。

服务部门的开放承诺分为正面清单和负面清单两种方式，日本、韩国、澳大利亚、新加坡、文莱、马来西亚、印度尼西亚 7 个成员国采用负面清单方式承诺，中国等其余 8 个成员国采用正面清单方式承诺，并将于协定生效后 6 年内和 15 年内逐步转化为负面清单。此外，RCEP 还规定以正面清单方式承诺的国家要以"FL"（进一步自由化）的列表方式承诺"棘轮"义务，确保进一步自由化不得回撤从而锁定开放成果。对于我国而言，RCEP 中的服务贸易开放承诺达到了已有自贸协定的最高水平，承诺服务部门数量在中国加入 WTO 承诺的约 100 个部门的基础上新增了研发、管理咨询、制造业相关服务、空运等 22 个部门，涉及管理咨询服务、制造业相关服务、专业设计、养老等 11 个服务领域，提高了金融、法律、建筑、海运等 37 个部门，涉及 12 个服务领域的承诺水平。其他成员国在我国重点关注的建筑、医疗、房地产、金融、运输等服务部门都做出了高水平的开放承诺，其中日本的开放水平最高，韩国、澳大利亚承诺的开放水平明显高于中韩、中澳自贸区。

服务贸易章节除包含市场开放及相关规则外，还包含金融服务、电信服务和专业服务三个附件，这些附件在金融、电信等领域做出了更全面和更高水平的承诺，对专业资质互认做出了合作安排。

金融服务附件代表了中国金融领域的最高承诺水平。它首次引入了新金融服务、自律组织、金融信息转移和处理等规则，就金融监管透明度做出了高水平承诺，在预留监管空间、维护金融体系稳定、防范金融风险的前提下，为各方金融服务提供者创造了更加公平、开放、稳定和透明的竞争环境。这些规则将不仅有助于中国金融企业更好地拓展海外市场，还将吸引更多境外金融机构来华经营，为国内金融市场注入活力。

电信服务附件制定了一套与电信服务贸易相关的规则框架。在现有的"10+1"协定电信服务附件基础上，RCEP 还制定了监管方法、国际海底电缆系统、网络元素非捆绑、电杆、管线和管网的接入、国际移动漫游、技术选择的灵活性等规则。这将推动区域内信息通信产业的协调发展，带动区域投资和发展重心向技术前沿领域转移，促进区域内产业创新融合，带动产业链价值链的提升和重构。

专业服务附件对 RCEP 成员国就专业资质问题开展交流作出了一系列安排。它的内容主要包括：加强有关承认专业资格机构之间的对话，鼓励各方就共同关心的专业服务的资质、许可或注册进行磋商，鼓励各方在教育、考试、经验、行为和道德规范、专业发展及再认证、执业范围、消费者保护等领域制定互相接受的专业标准和准则。

自然人移动章节（第九章）规定了使从事货物贸易、提供服务或进行投资的自然人临时入境与临时停留更加便利的规则，15 国承诺对于自然人类别规定的人群可有条件获取一定居留期限并享受签证便利。

各方承诺对于区域内各国的投资者、公司内部流动人员、合同服务提供者、随行配偶及家属等各类商业人员，在符合条件的情况下，可获得一定居留期限，享受签证便利，开展各种贸易投资活动。与以往的协定相比，RCEP 将承诺适用范围扩展至服务提供者以外的投资者、随行配偶及家属等协定下所有可能跨境流动的自然人类别，总体水平均基本超过各成员国在之前已有自贸协定缔约实践中的承诺水平。

（八）投资

投资章节（第十章）共包括 18 个条款和 2 个附件（习惯国际法和征收），RCEP 投资章相当于当前亚太地区规模最大的投资协定。

在投资章节中，RCEP 规定成员国在 5 个非服务业产业领域采取负面清单的开放模式（见 RCEP 附件三），规定各成员国均采用负面清单方式对制造业、农业、林业、渔业、采矿业 5 个非服务业领域投资做出较高水平的开放承诺。RCEP 成员国在投资章节的开放承诺水平超出以往签署的"10+1"自贸协定，部分 RCEP 成员国达到 CPTPP（全面与进步跨太平洋伙伴关系协定）接近的承诺水平。投资章的主要内容包括：明确要求给予外国投资者国民待遇和最惠国待遇，并将其覆盖范围由准入后的运营过程扩大到准入前的设立阶段；纳入了高级管理人员和董事会、超过 WTO 水平的禁止业绩要求等条款；加强了外国投资者权益保护；制定了详细的投资促进和便利化条款；等等。

中方投资负面清单反映了国内改革的最新进展，这也是中国首次在自贸协定项下以负面清单形式对投资领域进行承诺，对完善国内准入前国民待遇加负面清单外商投资管理制度，锁定国内压缩外商投资负面清单改革成果，实现扩大外商投资市场准入具有重要意义。RCEP 投资章规则主要包括四方面内容，除了投资自由化相关规则外，还包括投资保护、投资促进和投资便利化措施。具体而言，该章包含了公平公正待遇、征收、外汇转移、损失补偿等投资保护条款，以及争端预防和外商投诉的协调解决等投资便利化条款。

各方还约定在 RCEP 协定生效后的 2 年内就投资者与国家间投资争端解决机制进行讨论。RCEP 投资章是对多个"10+1"投资协定的全面整合和提升，将为本地区投资者创造一个更加稳定、开放、透明和便利的投资环境。

（九）RCEP 规则领域（第十一至第二十章）

RCEP 规则领域主要涉及营商环境（知识产权章节、电子商务章节、竞争章节、政府采购章节）、经济合作（中小企业章节、经济技术合作章节）、其他法律程序性规则几个方面的内容。

在提升营商环境相关规则的章节方面，知识产权章节（第十一章）包括 14 节 83 条和两个附件，是 RCEP 内容最多、篇幅最长的章节，也是中国已签署自贸协定中内容最全面的知识产权章节，其中涵盖著作权、商标、地理标志、专利、工业设计、遗传资源、传统知识和民间文艺等广泛内容，在兼顾各国不同发展水平的同时，可以显著提高区域知识产权保护水平。在电子商务章节（第十二章）中，RCEP 除了规定电子认证和签名、在线消费者保护、在线个人信息保护、网络安全、跨境电子方式信息传输等条款之外，与传统电子商务不同的是，它强调并规范了数字产品贸易，RCEP 沿袭了 WTO 的做法，对数字内容电子传输免征关税，但电子商务零售进出口产品需按规定缴纳关税。此章节还规定了无纸化贸易、电子签名和电子认证等内容。在符合公共政策目标等前提下，RCEP 允许将国内数据信息传输至境外，且不要求交易数据必须在国内存储或备份，以此推动 RCEP 成员间跨境数据自由流动。在竞争章节（第十三章）中，RCEP 在促进反垄断、消费者保护等领域达到了较高水平，提出了各方竞争和法律方面的合作框架，要求加强消费者权益保护，并通过立法禁止贸易虚假描述。此外，RCEP 对文莱、柬埔寨、老挝、缅甸等成员给予了过渡期。在政府采购章节（第十六章）中，RCEP 推动各方在积极开展政府采购信息交流和合作、提供技术援助、加强能力建设等方面达成共识，RCEP 将政府采购主体界定为中央政府，要求公开政府采购相关法律、法规和程序，鼓励加强合作、设立联络点、共享电子采购系统在内的相关信息，与 CPTPP 协定相比较，RCEP 政府采购规则较为简单，各方有意协商一致后可进一步完善。

在经济合作相关规则方面，在中小企业章节（第十四章）中，RCEP 提出要建立可公开访问的信息平台，以便于充分共享与中小企业发展相关的协定内容、中小企业贸易投资法律法规等信息。在经济技术合作章节（第十五章）中，RCEP 为各国缩小发展差距、实现共同发展提供了合作框架，如对发展中成员国家提供技术援助和能力建设等，涉及货物贸易、服务贸易、投资、知识产权等诸多领域，以促进协定实施和增强其包容性。

（十）其他规则与议题（第一、第十七至第二十章）

初始条款和一般定义（第一章）阐明了 RCEP 缔约方的目标："共同建立现代、全面、高质量、互惠的经济伙伴关系合作框架，促进区域贸易和投资增长，并为全球经济发展做出贡献"；一般条款和例外（第十七章）规定了适用于 RCEP 整体的一般性条款和例外规则；机构条款（第十八章）明确了管理机构及其各自的职能；争端解决机制（第十九章）规定了除电子商务、政府采购、竞争、中小企业、经济技术合作等章节外适用的争端解决程序；最终条款（第二十章）包括附件、附录、脚注处理和其他协定的关系，以及协定的生效、保管、修订、退出条款等。

第二章
RCEP 的地位与战略价值

一、RCEP 在全球贸易体系中的地位

（一）RCEP 是亚太国家共同应对国际经贸规则变化的关键举措

近年来，经济全球化遭遇逆流，WTO 主导形成一致性国际经贸规则的难度进一步加大。

现存的多边经贸关系是 20 世纪末的乌拉圭谈判最终形成的 WTO 主导下的多边经贸关系，是基于发达国家和大型跨国公司的利益而建立的。随着全球化进程不断深入，经贸规则的焦点逐渐由制成品转向农产品关税减让、服务业开放、数字贸易、贸易便利化等利益分配复杂的领域，且规则的制定涉及国家安全、传统文化等非经济因素，再加上不同经济体所处的发展阶段不同，因此，WTO 越来越难以建立符合各类经济体利益诉求的经贸规则。

在此基础上，发达国家逐步转向双边、多边区域经贸合作。虽然现存贸易协定中关税壁垒数量显著减少，但非关税壁垒依旧存在，阻

碍要素和产品流通的原因不再单纯局限于流通成本和禀赋差距，而是体现在政治、环保等多重因素，如美墨加协定中的"毒丸条款"、欧盟碳边境调节机制（CBAM）下的低碳壁垒等。

从国别来看，欧美等部分发达国家主导的"自由贸易"至"平等贸易"态度，极大地阻碍了商品与生产要素的跨境流动和全球价值链的形成，对多数发展中国家与部分发达国家的贸易带来了冲击。此外，美国退出《跨太平洋伙伴关系协定》（TPP）、印度退出 RCEP 谈判后，亚太地区的自由贸易与贸易便利化进程一度陷入僵局。

RCEP 是亚太经济体应对国际经贸规则新动向的有力手段，长期以来，亚太各经济体在世界经济中扮演重要角色的同时，也在持续积极推进贸易投资自由化和便利化。自中国最先与东盟签署《自由贸易协定》（FTA）之后，日本与韩国相继与东盟开展了 FTA 谈判，相继成为亚太地区相对高标准 FTA 的重要推动者。自 1976 年东盟第一次首脑会议启动东盟成员间贸易自由化、便利化以来，至今，东盟已与中国、韩国、日本、澳大利亚、新西兰等多个国家签署了 FTA，形成了以东盟为轴心的 FTA 放射型网络。在此基础上，RCEP 协定在现有的双边、多边贸易协定的基础上进行了整合与拓展，RCEP 的生效标志着东亚FTA 网络和东亚统一大市场的初步形成。虽然贸易规则和市场标准有待进一步优化和提升，但 RCEP 对于逆全球化背景下维持亚太地区大市场的稳定具有重要意义。

（二）RCEP 为不同发展水平经济体共同构建新型经贸规则体系树立了典范

RCEP 涉及国家数量多、范围大，所包含的规则较为全面，覆盖全球近1/2 的人口与近 1/3 的贸易量，其在现有的双边、多边贸易协定的基础上进行了整合与拓展，为经济体量不同、所处阶段存在差异的多个国家共同构建新型经贸规则树立了标杆。

首先，RCEP 兼容了不同经济体之间的发展情况，缓和了经济体之间的经贸规则分歧。RCEP 是建立在以东盟为核心的数个 FTA 基础之上的，直接表现为制度型开放，与现有的部分双边、多边贸易协定不同的是，RCEP 秉承扩大产品市场、优化产业结构、建设全球价值链的原则，综合考量各国经济规模、产业结构以及成员国之间现有的双边或多边协定，结合实际制定并循序渐进地推进和实施各项条款，能够兼顾发达经济体与新兴经济体现有经贸规则和不同的利益诉求。

其次，RCEP 不同于 USMCA《美墨加三国协定》、CPTPP 主要服务于发达经济体而建立的高标准政策，RCEP 条款相对更加"温和""富有弹性"，旨在兼顾各国利益诉求的基础上建立稳定的亚太市场。RCEP 设置了大量非强制性约束条款，通过鼓励、引导的方式推动各类经济体积极参与其中。例如，允许部分发展中经济体在服务贸易和投资中先使用正面清单、再过渡到负面清单等，这充分考虑了各类经济体的经贸规模、商品结构等客观实际。

此外，RCEP 在对标国际高标准自贸规则的基础上还实现了诸多创新。例如，RCEP 拓展了原有"10+1"自贸协定的规则涵盖领域，既对标国际高水平自贸规则，纳入了知识产权、电子商务、竞争、政府采购等议题，又在中小企业、经济技术合作等领域做出了加强合作等规定。

（三）RCEP 签署有助于促进亚太经贸合作以及各成员国的经济增长

RCEP 签署后，各成员国整体对外贸易与内部合作情况均表现良好。RCEP 生效实施首年（2022 年），RCEP 区域对外贸易额达 14 万亿美元，同比增长 9.4%，占全球货物贸易比重达 28.5%，其中整体对外出口 7.4 万亿美元，同比增长 9.0%，占全球货物贸易总出口比重

30.5%，整体进口 6.6 万亿美元，同比增长 9.9%，占全球货物贸易总进口比重 26.5%；成员国对外贸易增长速度有明显提升，9 个成员国增速高于同期世界贸易增长水平，较 2021 年仅有 5 个成员国增速高于世界同期平均增长水平有明显变化。2022 年 RCEP 区域内部贸易额达 6.1 万亿美元，占其对外世界贸易比重达 43.6%，其中东盟、中国、日本、韩国分别占内部贸易比重为 35.6%、31.8%、12.8%、11%。整体来看，绝大多数成员国贸易在签署 RCEP 后呈现出良好的增长态势，成员国对 RCEP 区域内部贸易的依赖度较高。此外，RCEP 区域的对外投资和吸引外资的数量整体增长迅速，这意味着 RCEP 签订后带来的对外贸易和区域内部贸易成为拉动各成员国经济增长的关键力量。

二、RCEP 对中国的战略价值

（一）RCEP 将成为新时期我国扩大对外开放的重要平台

多年来，我国积极推动 RCEP 谈判与协定条款确立、文件签署等工作，诠释了我国坚守全球化阵地和维护多边贸易体制的决心和立场。作为迄今为止我国参与的成员国规模最大的多边自由贸易协定，RCEP 是我国新时期持续对外开放的重要平台，标志着我国在推进高水平对外开放方面再次迈出坚实的一步。

RCEP 成员国是我国的重要贸易伙伴。与其他国家或地区相比，RCEP 区域对中国外贸增长的贡献率较高，显著超过欧盟、美国、金砖国家、非洲等国家或区域。2022 年，RCEP 成员国与中国贸易总量约占中国外贸总额的 1/3，其贸易增长对我国外贸增长的贡献率达

28.8%，其中中国对其外贸出口增长对我国外贸出口增长的贡献率达50.8%。此外，RCEP 成员国是中国重要的中间品出口目的国和进口来源地，能为区域内成员的中间品贸易和投资合作提供制度约束下的平台，RCEP 所涉及区域也是外资流入流出和企业对外投资的热点区域。总之，RCEP 主导形成的一体化大市场将释放巨大潜力，进一步促进区域内贸易与投资往来，进一步优化各国对外贸易和投资布局，构建更高水平的开放型经济新体制。

（二）RCEP 将助力我国形成国内国际双循环新发展格局

RCEP 在一定程度上破除了中日韩三国自由贸易安排的外部干扰，为三国之间的经贸合作提供了制度基础。RCEP 与"一带一路"形成双轮驱动的高水平对外开放格局，在合作地区、领域、内容等方面相互补充、相互影响，发挥"1+1>2"效能，推动我国各产业充分参与市场竞争。国家竞争优势来源于企业与产品的竞争优势，RCEP 的制度型开放为提升产品竞争优势提供了新思路与新保障，产品竞争优势来源于地区初始的比较优势和创新升级实现的生产条件优势等方面，企业能通过"买全球"的方式实现产业链、价值链、供应链转型升级，形成经贸合作发展的全新格局。RCEP 将促进中国各产业更充分地参与市场竞争，提升中国在国际国内两个市场配置资源的能力，有利于中国以扩大开放带动国内创新、推动改革、促进发展，不断实现产业转型升级，巩固中国在区域产业链供应链中的地位，为国民经济良性循环提供有效支撑，加快形成国际经济竞争合作新优势，推动经济高质量发展。

总之，从经济全球化视角下的要素分类来看，在各国推动实现自由贸易目标的背景下，RCEP 的制度型开放为传统要素的双向流通提供了坚实保障，为国家和政府层面提供了合作领域和合作模式的新形式，同时为企业转型升级提供了生产链价值链布局的新思路。

（三）RCEP 将显著提升我国自由贸易区网络"含金量"

RCEP 提升了我国在自贸伙伴数量与质量方面的"含金量"。RCEP 增加了我国现有的对外签署的自贸协定数量和自贸伙伴数量，使我国与自贸伙伴的贸易覆盖率大大增加，是我国首次与世界排名前十的经济体（日本）签署的自贸协定，是我国实施自由贸易战略取得的重大突破。

RCEP 提升了我国与各成员国之间高质量贸易通道的"含金量"。随着我国对外开放程度的不断加深，自贸区建设目标由初期的促进"稀缺要素的引进来""丰裕要素走出去"转向现阶段高水平对外开放要求下"实现要素双向流动和实现全球范围的产业链布局"，RCEP 的原产地累积规则、贸易便利化要求有助于进一步激发高质量物流通道建设需求。例如，RCEP 规定的进出口货物享惠和税款减让有效降低了贸易成本；RCEP 关于无国别差异的海关执法标准、时间要求、法律救济等一致性条款的设立，提升了通关前信息的可预测性；RCEP 规定的无纸化贸易和电子认证手段提高了实际进出口效率；等等。这些都有利于各区域依照自身产业优势和区位优势推动点对点专列、联运路线等通道建设，推动实现自贸区内跨境联运常态化，打造高效、高质的经济走廊，助力各地区贸易蓬勃发展。

三、泉州民营企业主动融入 RCEP 的战略意义

RCEP 是迄今为止全球范围内参与人口最多、区域覆盖范围最大、最具发展潜力的自由贸易协定。长期以来，泉州与 RCEP 成员国有着广泛的商业及社会联系，具有良好的贸易合作基础。伴随 RCEP 的签

订与生效，泉州各类企业和产业迎来了诸多发展机遇。如何更好地推动民营企业主动融入 RCEP，对于培育壮大泉州企业和加速泉州外向型经济的高质量发展，都具有十分重要的战略价值。

（一）促进泉州外向型经济高质量发展

泉州具备典型的外向型经济特征，与全球 200 多个国家和地区有着贸易往来。如图 2-1 所示，2017~2022 年，泉州市每年的出口额占进出口总额的比重均超过 60%，最高达到 78%。其中，泉州与"一带一路"沿线国家、RCEP 成员国之间的贸易往来较为密切。以 2022 年为例，泉州对共建"一带一路"国家进出口总额达到 1487.75 亿元，占全市货物进出口总额的比重约为 54.9%，比上年增长 14.2%；泉州对 RCEP 其他成员国进出口额达到 978.92 亿元，占全市货物进出口总额的比重约为 36.1%，比上年增长 3.9%。

图 2-1　2017~2022 年泉州市出口额总额及占比情况

资料来源：《泉州统计年鉴》。

泉州民营企业主动融入 RCEP 的路径与对策研究

20

泉州拥有上下游全覆盖的消费品产业体系，截至 2022 年共拥有建材家居、纺织服装、鞋业等九大千亿产业，在国内市场拥有较高市场占有率，是中国重要的快消品和民生产业基地，也是国际消费品市场不可缺少的货源地。民营企业主动融入 RCEP 将有助于泉州更好地利用国内国外两个市场的机会，发挥两种资源的优势，促进外向型经济的高质量发展。

（二）推动泉州民营企业持续成长

民营经济是泉州经济高质量发展的核心力量，它贡献了泉州 80% 以上的税收、80% 以上的 GDP、90% 以上的研发投入、90% 以上的城镇就业。2022 年，泉州市 GDP 中民营企业贡献比例高达 83%，居万亿城市榜首，其中规模以上工业增加值中民营企业贡献率为 86.4%。2022 年，泉州市九大千亿产业中七大产业的规模以上工业增加值实现了正增长，民营企业发挥了关键作用。如图 2-2 所示，2017~2022 年，泉州民营企业出口额从 671 亿元增加到 1665 亿元，出口额占比从 64% 增加到 83%。因此，RCEP 协定推动各成员国实行更高水平的对外开放，必然能够为泉州民营企业提供更多的海外发展机会。

图 2-2　2017~2022 年泉州市民营企业出口额及占比情况

资料来源：《泉州统计年鉴》。

（亿元）和（%）坐标轴，柱状图数据：2017年671，2018年834，2019年1081，2020年1197，2021年1734，2022年1665；折线图数据：64、70、74、80、85、83。

图例：泉州民营企业出口额　占泉州出口额比重

泉州民营企业主动融入 RCEP 有利于其充分把握各成员国普遍推进更高水平对外开放所带来的制度和政策红利，扩大市场规模，降低交易与生产成本，提升产品质量，创新生产和贸易模式，加速人才流动，促进技术进步，从而更好地利用海外市场机会获得更多的收入和盈利，积累更多的国际化经验，更充分地实现其做强、做大、做优的持续成长目标。

（三）发挥现有优势，为其他省市企业提供先行先试经验

在具备上述外向型经济特征以及与共建"一带一路"国家、RCEP成员国之间保持密切贸易往来的基础上，泉州在融入 RCEP 方面还拥有天然的区位优势和丰富的侨胞资源。泉州自古以来被称为"东方第一大港""海上丝绸之路起点"，具备"山海亚侨特台"优势，是我国知名侨乡和台胞祖籍地。据泉州市发展改革委披露的信息，泉州旅居海外的华侨华人有 950 多万，在印度尼西亚、马来西亚、菲律宾等RCEP 国家都有规模庞大的泉州侨胞。

这些资源条件意味着泉州民营企业在主动融入 RCEP 方面有必要、有能力、有责任走在全国的最前列，泉州通过在先行先试中把握 RCEP提供的新机遇，既能推动企业自身成长和地区经济的发展，又能为相关行业的转型升级和对外贸易积累丰富宝贵的经验，从而为国内其他省份相关企业融入 RCEP 提供借鉴和参考。

第三章

泉州支柱产业及民营企业发展的基本情况

对泉州的支柱产业和民营企业发展的情况进行分析，既有助于理解 RCEP 对泉州经济发展的作用，也有助于认识泉州民营企业在融入 RCEP 过程中的优势和劣势。

一、泉州六大支柱产业发展状况

支柱产业是经济发展的引擎，也是泉州融入 RCEP 的关键条件。泉州六大支柱产业包括纺织鞋服、石油化工、建材家居三个万亿级产业集群以及机械装备、电子信息、健康食品三个五千亿级产业集群。总体来看，泉州的产业体系比较完善，产业之间形成了闭环，具备规模经济优势，在国内外具有较高的竞争力。根据《泉州市国民经济和社会发展第十四个五年规划和二〇三五年远景目标纲要》（以下简称泉州"十四五"规划），泉州将遵循产业结构演进规律，打造世界级产业集群，确立泉州在全球产业的标准地位，塑造泉州国际品牌形象。

（一）纺织鞋服产业

纺织鞋服产业是泉州传统优势产业的一张亮丽名片，在"泉州制

造"板块中具有不可替代的重要地位。泉州是"中国休闲服装名城"、全国最大的鞋业生产基地，拥有国内最齐全的纺织鞋服产业链条。一双鞋、一件衣服从原料采购到生产销售全过程均可在泉州实现。2022 年，泉州全市纺织鞋服企业 1.3 万多家，产值近 7000 亿元，其中制服、工装、校服、工装鞋的职业装的产业规模约为 400 亿元，占福建全省职业装工业产值的比重超过 50%（陈诗婷，2023）。

泉州"十四五"规划指出，泉州将在多个方面采取措施，推动纺织鞋服产业的发展：围绕打造世界纺织鞋服基地和中国纺织鞋服流行趋势策源地，力争至 2025 年纺织鞋服产业产值达 7200 亿元；突出科技、时尚、绿色化，强化科技创新和产业组织创新，完善供应链管理、材料研发、创意设计、柔性制造、新零售等产业生态，补齐高端面料和染整环节，培育新领域领军企业、重大平台，抢占价值链制高点；对接国际时尚 IP，打造国际潮流品牌生产及转化基地；推动优势龙头企业在全球范围内参与企业并购、重组，强化国际品牌形象塑造，打造若干世界级大企业集团。

泉州城市战略的转型聚焦于将这一传统优势产业提升至新的高度，即从规模扩张转向追求高质量发展，实现品牌国际化。在这一过程中，泉州不仅重视产业的内部优化升级，而且通过一系列外向型策略，积极融入全球市场，展现出泉州企业的国际竞争力与创新活力。

首先，泉州采取了一系列措施推动纺织鞋服产业的全球化布局，强调"全球化"商标注册的重要性。近年来，泉州不断推进纺织鞋服产业外贸新业态提质增效等项目建设，依托国家市场采购贸易方式试点（石狮服装城）平台，发挥石狮服装城、国际轻纺城等专业市场优势，加速全球海外仓布局，推进"海外线下展示中心+海外仓"建设。其中，促成"侨易邦"先后在泰国、马来西亚、新加坡等 23 个国家设立海外联络处，在菲律宾、泰国、印度尼西亚等 6 个国家布局 11 个海外仓。此外，泉州还积极参与国际商标注册体系，如马德里国际注册系统，由此泉州的企业得以在全球范围内保护自身品牌，这不仅简化了海外商标申请流程，更为企业拓展国际市场提供了法律保护。截至目前，泉州企业在国际上的商标注册数量达到了 1200 件，这在很大程度上帮助企业减少了国际贸易中的知识产权风险，促进了泉州品牌的全球布局。

其次，泉州致力于培育和提升纺织鞋服产业的头部品牌，如安踏、匹克、特步等。这些企业不仅在国内市场具有领先地位，也在国际上展现出强大的竞争力。通过收购国际知名品牌，参与国际合作，这些头部企业成功构建了多元化的品牌集群，形成了独特的品牌价值链，进一步巩固了泉州在全球体育用品市场中的地位。安踏集团的成功证明了泉州企业在全球竞争中所具备的策略眼光和执行力。

最后，泉州实施了商标助力战略，促进龙头企业与中小企业之间的协同发展。泉州通过"大手拉小手"的合作模式，形成了一种互利共赢的产业生态系统，不仅提升了中小企业的生产能力和市场竞争力，也为龙头企业提供了强大的产业支持。晋江、石狮等地的块状经济体现了泉州在推动产业集群化、品牌化发展上的成效（薛缤勇，2022）。

（二）石油化工产业

作为国民经济的重要部门，石油化工是泉州经济发展的基础。泉州有两个超千万吨级的炼油厂，做强做优石化产业的优势非常明显。依托泉港、泉惠两大石化园区，泉州化工产业加速布局，泉州石化产业集群逐步形成优势。这两个园区不仅聚集了中化泉州石化、福建联合石化、福建百宏等行业巨头，还成功形成了"油头—化身—轻纺尾"的完整产业链，极大地促进了地区经济的整体协同发展。目前，泉州正全力推进"石化—纺织鞋服"两大万亿级产业链群的建设，旨在打造一个覆盖上中下游的全产业链生态系统，加快产业结构的优化升级（金台资讯，2023）。

泉州"十四五"规划指出，泉州将在多个方面采取措施推动石油化工产业的发展：围绕打造具有国际竞争力的世界级绿色石化产业基地和海峡西岸石化产业先导区，力争至 2025 年产值达 5000 亿元；突出一体化、绿色安全，推动泉港、泉惠石化工业园区整合；设立泉州石化园区并升格为国家级经济技术开发区，支持联合石化和中化扩能提质，从炼化到优化调整，拓展烯烃、芳烃、碳四等产业链，发展化工新材料、专用精细化学品、电子化学品。

泉港石化工业园区，位于泉州市泉港区东北部，依托其独特的地理位置和先进的产业布局，成功吸引了众多国内外知名石化企业的入驻。泉港石化工业园区内的产业链条丰富多元，从传统石油化工到新兴的精细化工、新材料、新能源等领域，均有所涉及。尤其是在高端聚烯烃、特种工程塑料等领域，泉港石化工业园区展现出了强大的发展潜力和市场竞争力。随着园区产业生态的不断成熟，泉港石化工业园区正成为全球石化产业链中不可或缺的一环。

泉惠石化工业园区，则以其炼化一体化的产业布局和绿色低碳的发展理念，成为泉州市乃至福建省石化产业的新高地。泉惠石化工业园区坚持原料多元化、产品高端化的战略方针，通过技术创新和产业链延伸，不断提升产业的核心竞争力。泉惠石化工业园区在合成材料、有机原料、化工新材料等方向的突破，为泉惠石化工业园区带来了新的增长点，也为整个泉州市的石化产业发展注入了新动力（余娜，2023）。

展望未来，泉港和泉惠两大石化工业园区将继续秉承高端化、绿色化、协同化的发展理念，通过加大研发投入、优化产业结构、强化国内外合作，推动泉州石化产业实现高质量发展。

（三）建材家居产业

自 2014 年跻身于泉州市千亿产业集群之后，建材家居产业在泉州市经历了稳健而持续的增长。截至 2021 年，泉州市的规模以上建材家居企业数量已达到 1230 家，实现了近 3600 亿元的规模以上工业产值，体现了泉州在建材家居领域的深厚实力和广阔潜力。特别是晋江南安建陶、南安石材、南安水暖厨卫三大主导产业集群，不仅产业链完整、集聚度高、竞争力强，而且已成为推动泉州、福建省、全国乃至全球建材产业发展的重要引擎（东南网，2022）。

泉州"十四五"规划指出，泉州将在多个方面采取措施推动建材家居产业的发展：围绕建设全球泛家居产研销中心和全国建材（装饰）产业现代化基地，力争至 2025 年产值达 7000 亿元；突出健康、创意、智能化，推动石材、建陶、水暖厨卫等向节能环保、高科技新材料、物联网智能家居、专业展会、结算中心等方向发展，建设智能产业园；加快高端建材产品、工艺制品与文化创意产业融合，打造"世界石文化之都""中国工艺美术之都"；调整纸制品印刷品结构，加快发展节能环保型产品和新兴智能产品，努力构建全国纸业印刷基地；培育壮大建材家居龙头企业，支持开展品牌并购，加强产业链整合力度，不断提升品牌国际影响力，推广全屋定制、泛家居模式，抱团布局国际国内营销网络。

在应对人力成本和运营成本上升的挑战过程中，泉州市的部分建材家居企业抓住"智能化转型"这一关键机遇，从自动化向智能化升级，显著提高了生产效率和产品质量，同时有效压缩了成本，增强了企业的市场竞争力。例如，锐丰源实业通过智能化工厂改造，实现了生产成本的大幅下降和效率的显著提升；安泰建材实业则通过生产线的智能化改造，专注生产高端岩板，提高了产品的市场竞争力。

同时，泉州市积极推动建材家居产品"走出去"，如在菲律宾晋江建材家居展销中心的建设，旨在打造菲律宾乃至东南亚地区最大的国际建材家居批发零售市场，这不仅有助于提升泉州建材家居产业的国际影响力，同时也促进了泉州与全球市场的深度融合。此外，泉州还在全球范围内构建了原材料供应和配置网络，如在印度、巴西、埃及、西班牙等国家和地区建立了矿山资源和供应链，这些都为泉州建材家居产业的全球化发展奠定了坚实的基础。

（四）机械装备产业

泉州的机械装备产业，凭借深厚的经验积累和不断创新的技术实力，已经成为推动地方经济发展的重要动力。早在 2018 年，泉州机械装备产业的产值就已经突破了 2000 亿元大关，显示出其在泉州乃至整个区域经济中的核心地位。机械装备产业的迅猛发展，得益于泉州市政府对产业结构调整和技术创新的高度重视，以及企业自身在市场开拓和产品研发方面的不懈努力。在通用设备制造、专用设备制造、金属制品、计算机通信及其他电子设备制造、仪器仪表制造等多个子行业内，泉州的机械装备产业均实现了快速增长，不仅满足了国内市场的需求，同时也在国际市场上赢得了广泛的认可和高度的评价（泉州政务，2021）。

根据泉州"十四五"发展规划，泉州市计划在机械装备产业领域将泉州打造成为具有重要区域影响力的智能装备制造基地，通过推动产业高端化、智能化的转型升级，力争到 2025 年，实现产业产值达到 3000 亿元的目标。在这一宏伟蓝图的指导下，泉州将加速推进洛江、晋江、南安等地的装备制造园区建设，专注于传统产业的智能改造和高新产业的深入发展，特别是在数控机器人产业的发展上下足功夫，进一步提升泉州机械装备产业的核心竞争力。

与此同时，泉州的机械装备企业正积极拓展海外市场，通过国际并购、投资建厂、合作生产等多种方式，加速自身的国际化进程。泉州机械装备企业纷纷走出国门，不仅将高质量的产品和服务带到了印度、巴基斯坦、印度尼西亚、马来西亚等新兴市场，还通过与国际知名企业如韩国现代建设机械的战略合作，进一步提升了泉州机械装备产品的国际影响力。这些成功的海外拓展案例，不仅为泉州机械装备产业带来了宝贵的国际经验和先进的技术理念，也为产业的持续健康发展注入了新的活力。

（五）电子信息产业

电子信息产业作为泉州市战略性新兴产业的重要一环，已经形成了具有地区特色的产业集群。随着泉州市超过 10 个电子信息相关产业园区的建立，总面积超过 3000 亩，以及总投资额超过 180 亿元的投入，电子信息产业的发展势头强劲，正在成为推动地区经济转型和升级的新动力（中国经济网，2022）。

在泉州市"十四五"规划中，泉州市政府明确提出了将泉州建设成为"芯谷"和全国领先的新一代信息技术应用服务示范基地的宏伟目标。为实现到 2025 年产值达到 1500 亿元的目标，泉州不仅强调了在服务万物互联和进口替代方面的重要性，还强化了自主创新及应用的必要性。泉州市计划推进对讲机、微波通信、智能安防产业的转型提升，同时着力发展集成电路、化合物半导体、光电、新型显示等核心产业链，以在智能硬件细分市场中占据先机。

为了支持电子信息产业的快速发展，泉州政府采取了一系列积极的政策措施。《泉州市电子信息产业发展规划》不仅清晰地界定了产业发展的目标和发展方向，而且还制定了包括土地利用、资金投入、人才引进等多方面的支持政策。这些政策的出台，旨在为企业的技术创新和产业升级创造有利条件，推动电子信息产业的可持续发展。

此外，为进一步激发企业的创新活力和市场竞争力，泉州还设立了专门的电子信息产业发展基金。这一基金主要用于支持企业在技术研发、产品创新、市场拓展等方面的需求，帮助企业突破技术"瓶颈"，提高产品质量和市场竞争力，从而使企业在激烈的国内外市场竞争中占据有利地位。

泉州市在电子信息产业园区建设方面采取了前瞻性的战略部署，通过整合联东 U 谷、世纪金源、上海均和、中南高科等市场化运营主体的优势，开创了园区载体建设的新模式。特别是联东 U 谷南安半导体科技产业港项目，它不仅总占地约 199 亩，而且计划总投资超过12 亿元，这一重大投资项目的实施，不仅为泉州市的电子信息产业提供了物理空间，也为产业发展注入了新的活力和动力（何金，2022）。

随着泉州市电子信息产业园区品牌效应的日益增强，泉州市采用机构招商、大会招商、线上招商、专家招商等多元化的新模式，精准招引了一系列有助于产业链延伸、补链、扩链的高质量项目。目前，晋江集成电路小微工业园、安溪芯园、联东 U 谷南安半导体科技产业港、腾云硬科技半导体产业园、均和云谷南安产业园等多个项目的入驻，为泉州电子信息产业的持续发展提供了坚实的基础和强大的支撑（何金，2022）。

此外，泉州市在"引智"方面也在加快步伐。泉州科技部门发布的数据显示，目前已有 18 家包括"双一流"高校的研究院、中国科学院系列院所、央企研发中心等在内的科研院所落户泉州。这些高水平的研究机构为泉州引进了 800 多名各类人才，解决了近千项技术难题。这不仅极大地丰富了泉州的科研氛围，也为电子信息等产业领域的关键共性技术和重大创新产品研发攻关任务提供了有力的支持（李向娟等，2023）。

然而，泉州在电子信息产业的发展过程中仍面临一些挑战。与国内一线城市相比，泉州在核心技术研发和创新能力方面存在一定的差距。泉州产业链配套不完善，尤其是在高端元器件和核心芯片等关键环节的自主供应能力有待加强，这在一定程度上影响了产业的整体竞争力。此外，泉州在吸引和培养高端人才，特别是在急需的专业技术和研发人才方面，仍需进一步优化人才政策和提供更有力的支持体系。

面对全球电子信息产业竞争的加剧，泉州的电子信息企业必须进一步提升产品质量和市场竞争力，通过加大研发投入，促进产业升级，加快技术创新，以期在激烈的国际竞争中脱颖而出，实现产业的可持续发展。

（六）健康食品产业

泉州作为中国三大重点食品生产基地之一，凭借其丰富的资源和先进的生产技术，在国内外食品市场中占据了显著的位置。泉州生产基地以休闲食品为主，烘焙、糖果、膨化食品等占全国市场份额较大。泉州健康食品产业从原料生产、加工到销售环节形成了完整的产业链。作为海外华侨地区的重要食品供货基地，泉州食品畅销海内外，特别是在菲律宾、越南、泰国、柬埔寨等国家和地区，华侨采购商经营着当地相当规模和数量的食品商超和餐饮场所，对泉州各类休闲食品的需求种类繁杂、数量庞大（金台咨询，2021）。

在"十四五"规划中，泉州市提出了打造全国健康食品基地的宏伟目标，力争到2025年实现产值达2000亿元。该计划不仅体现了泉州市对食品产业未来发展的雄心壮志，也明确了其发展方向——突出健康、绿色、功能化的产品开发，以满足市场对高品质食品的需求。泉州市计划在保健食品、休闲食品和饮料业、海洋生物食品、航空食品、户外用食品、医用食品、特殊群体食品、军需专用食品、现代茶产业、有机果蔬、调味品等多个领域取得新的突破，从而引领食品产业的发展潮流，提升泉州食品产业在国内外的竞争力。

为实现这一目标，泉州市不断加强原材料供应链的建设，优化包装设计，完善渠道管理，强化品牌营销策略，并在专业生产和展示体验方面进行创新。通过这些综合措施，泉州市致力于打造一个集原材料供应、包装设计、渠道管理、品牌营销、专业生产、展示体验等多方面均衡发展，具有强大竞争力的产业集群。这不仅将进一步提高泉州市食品产业的品质和效益，也将为消费者提供更多高品质、多样化的健康食品选择，满足他们对食品品质和健康价值的新要求。

近年来，泉州积极探索食品国际贸易政策，促进食品产业的发展。2019 年 9 月，泉州石狮服装城获批全国首个市场采购预包装食品出口试点；2023 年 9 月，晋江国际鞋纺城新增试点，突破"出口食品生产企业备案"——内销食品可直接出口，突破出口食品"产地检验"监管——支持全国各地食品集拼出口，突破出口食品"专柜装载"模式——破解海外商超百货混装出口难题。试点以来，泉州海关 4 年累计共监管市场采购贸易出口预包装食品 8111 批，货值 13.9 亿元，约占全国试点总量的八成，成为地方出口食品贸易的重要补充和泉州外贸发展的新动能，形成独具福建地方特色的出口贸易新业态（中国网，2023）。

二、泉州民营企业发展状况

（一）泉州民营企业的整体发展状况

泉州的民营企业众多，行业覆盖广泛，它们构成了泉州经济的核心支柱，从传统的纺织服装、鞋业、石材加工业，到涵盖电子信息、新能源、生物科技、新材料等前沿高新技术产业，泉州的产业体系呈现出多元化、高端化的发展趋势。特别值得一提的是，泉州民营企业的起步，大多可追溯到 20 世纪 80 年代末 90 年代初改革开放的浪潮中，这一时期的泉州民营企业以其敏锐的市场嗅觉和灵活的经营策略，快速成长。

随着时间的推移，这些最初规模不大、形式多为家庭作坊或小型加工厂的企业，如今已经发展壮大成为拥有先进生产技术、管理经验和市场竞争力的现代化企业集团。泉州民营企业的快速发展，尤其是在 20 世纪 90 年代，借助"晋江经验"的成功模式，使得泉州成为改革开放中的一个亮点。到了今天，泉州民营经济不仅实现了质的飞跃，而且在"晋江经验"的基础上持续创新和发展，民营经济活力得到进一步释放，"闽南三角"的重要经济地位愈加凸显。

当下，泉州民营企业在全国乃至全球经济格局中扮演着越来越重要的角色。这不仅得益于泉州对制造业的不断投入和民营经济的强劲发展，更因为泉州市政府在专精特新企业培育方面的有力推动。通过积极落实国家政策，泉州已累计培育出 52 家被认定为国家级专精特新"小巨人"的企业，这些企业在各自的细分行业领域中取得了突出成绩，为泉州乃至国家的经济发展贡献了重要力量（黄文珍，2023）。

此外，泉州民营企业的快速发展还得益于其不断的创新驱动和开放合作。无论是在产品研发、市场开拓，还是在国际合作上，泉州民营企业都展现出了强烈的创新意识和开放态度。它们通过引进国际先进技术、拓展海外市场、参与国际竞争，不断提高自身的国际竞争力，使泉州成为中国乃至世界经济中不可或缺的一部分。未来，泉州民营企业定将在全球化的浪潮中，继续扮演更加重要的角色，为地方乃至国家的经济发展注入更多活力。

（二）"晋江经验"带动民营企业发展

"晋江经验"作为泉州民营企业创新发展的重要里程碑，不仅体现了泉州对民营经济的重视和支持，而且彰显了泉州在推动民营经济发展中的创新精神和实干精神。为了深入贯彻《中共中央　国务院关于促进民营经济发展壮大的意见》，泉州市政府继续深化"晋江经验"，全力以赴支持和促进民营企业的创新与发展。根据最新发布的《2023 泉州民营企业 100 强奖励办法》，泉州市不仅为民营企业提供了包括资金奖励、教育支持、医疗保障等在内的全方位奖励政策，更是通过实质性的"真金白银"奖励办法，为民营企业的创新发展注入了强大动力（游怡冰，2023）。

在"引才+平台+服务"战略的指导下，泉州市民营企业不断突破自我，推动企业平台建设走向深入。例如，在安踏运动科学实验室、九牧集团技术中心等建设中，泉州市政府通过精准指导和支持，帮助这些企业打造了行业内领先的技术研发平台，实现了技术创新和产品升级，显著提高了企业的市场竞争力和品牌影响力。同时，泉州市通过引导和支持企业开展配套平台建设，形成了创新平台链，促进了上下游企业之间的紧密合作与共赢发展。例如，晋江信泰公司在加工过程中加强网布创新平台建设，不仅满足了安踏、特步等大品牌的高标准要求，还推动了整个行业技术水平的提升（洪亚清、陈江，2019）。

此外，泉州市政府的政策支持还体现在对企业进行技术攻关和创新平台建设的具体引导上。通过对制作工艺等关键技术难题的攻关，泉州市的企业不仅解决了生产中的技术瓶颈，还显著提升了产品的附加值和企业的利润空间。这一系列政策和措施，无疑加速了泉州民营企业在新材料、新能源、电子信息等高新技术产业领域的发展步伐，为泉州民营经济的高质量发展奠定了坚实基础。

泉州市民营企业创新发展战略特别注重聚焦行业特性，推动产业创新平台的建设，以期通过专业化的产业园区和创新平台，进一步激发企业创新活力，推动产业升级和转型。在这一战略指导下，泉州市各地依托本地产业优势，建立了一系列行业特色鲜明、功能完善的创新平台，如石狮的服装智能制造园和惠安县的泉州绿色建筑产业园等，这些平台不仅为行业发展提供了强有力的技术支撑，也为企业创新和人才培养打造了优质环境。

石狮市通过"一馆一院一中心"的建设，集面料展示、学术研究、信息交流等多种功能于一体，有效地促进了面料和配饰产业的创新发展。惠安县依托泉州绿色建筑产业园，专注于装配式建筑产业的研发和实操，为该领域的人才提供了高水平的研发平台，加速了绿色建筑技术的本地化应用和推广。此外，泉州市通过成立人才创新共享联盟，联合各方力量共同攻关创新项目，不仅共享了丰富的仪器设备，还促成了大量的发明专利和行业标准的制定，极大地提高了泉州市民营企业的技术创新能力和产业竞争力。

泉州市还特别关注公共基础平台的建设，尤其针对创新成本高、中小企业难以承担的现状，通过实施"十百千"大院大所计划，大力推进公共科研平台和人才培养基地的建设。例如，安溪县依托福建农林大学安溪茶学院，为茶叶产业提供了专业的研究和人才培养平台，有效促进了当地茶叶产业的技术进步和品质提升。南安市建立的科技创新服务中心，为顶尖科技人才提供了优质的科研条件，加快了科技成果的转化应用。同时，泉州还不断强化创业孵化器平台建设，如石狮市引进的国内知名运营机构和建成的各类众创空间、孵化器，为"专、精、特、新"小微企业的孵化提供了有力支撑，有效促进了创新创业活动的活跃度和创新成果的产业化。

（三）民营企业国际化的整体状况

随着中国经济的快速发展和全球经济一体化进程的加快，泉州的民营企业逐渐意识到只有融入全球市场，实现资源的全球化配置，才能在激烈的国际竞争中立于不败之地。因此，它们积极探索国际市场，通过参加国际展会、建立海外营销网络、设立海外研发中心和生产基地等方式，加快了国际化进程。泉州民营企业在利用国际市场和整合全球资源方面展现了显著的能力和智慧。它们不仅积极参与全球产业链的竞争，而且通过整合全球资源，提升了自身的核心竞争力。

第一，积极开拓国际市场。泉州民营企业广泛参与各种国际贸易展会，通过这些平台展示自己的产品和技术，寻找国际买家和合作伙伴。同时，泉州许多企业还采用市场采购贸易、跨境电商等新兴的国际贸易方式，开拓海外市场。

第二，逐步开展海外投资与并购。为了更好地融入全球市场，泉州一些民营企业开始通过海外投资和并购，快速拓展国际业务。例如，安踏体育成功收购了意大利著名运动品牌 FILA 的中国业务，极大地提升了其在全球体育品牌中的地位。

第三，不断加强全球资源整合。泉州民营企业在全球范围内寻找和整合资源，包括原材料采购、海外技术引进和人才招聘等，有效降低了生产成本，提高了产品竞争力。同时，泉州通过设立海外研发中心，与国际顶尖科研机构和大学合作，加速了技术创新和产品升级。

（四）具有代表性的泉州龙头企业和特色企业

2023 年底，泉州市发布了"2023 泉州民营企业 100 强名单"，其中排名前十的民营企业分别是百宏聚纤、安踏体育、恒安集团、达利食品、福海粮油、特步集团、闽南建筑、九牧集团、福建路港和惠东建筑。这些龙头企业和具有特色的企业，涵盖了纺织、体育用品、日用消费品、建筑、食品加工等多个重要产业，是泉州经济发展的重要支柱，同时也是泉州品牌向全球扩展的重要力量。

百宏聚纤科技实业有限公司，作为泉州排名第一的民营企业，其在 2022 年的营业收入达到了 623.62 亿元，标志着其在全国民营企业中的领先地位。作为一家专注于差别化化学纤维研发、生产和销售的企业，百宏聚纤不仅在国内市场建立了坚实的地位，同时也在国际市场上赢得了广泛的认可。该公司通过引进和吸收国际先进技术，不断优化生产流程和提升产品质量，致力于满足全球市场对高端纺织原料的需求，其成功的背后是对科技创新的持续投入和对国际市场趋势的敏锐把握。

安踏体育，作为中国体育用品行业的佼佼者，其成功的国际化战略让安踏在全球体育品牌中占据了一席之地。通过一系列的海外收购和品牌整合，安踏不仅快速拓展了其在全球市场的布局，更通过持续的品牌建设和市场推广，加强了安踏品牌的国际影响力。2009 年，安踏首次海外收购，获得了意大利运动品牌 FILA 在中国内地、中国香港和中国澳门的独家经营权。此后，安踏通过收购或持股等方式，逐步扩大其品牌组合，包括 Amer Sports（拥有 Salomon、Arc'teryx、Wilson 等品牌）等。安踏体育的成功案例充分展示了泉州民营企业在全球化发展中的积极探索和不断创新，通过全球研发中心的建设和国际人才的引进，安踏将国际先进的设计理念和技术创新有效地融合于产品开发和品牌建设中，使得安踏能够更加准确地把握和满足全球消费者的需求，推动了企业的持续成长和国际市场的深度开拓（王毅，2022）。

恒安集团，作为中国乃至亚洲领先的生活用纸和妇幼卫生用品制造商，其产品线涵盖了从卫生纸、婴儿尿裤到女性卫生用品等多个领域，市场占有率在同行业中名列前茅。在全球化布局方面，恒安集团展现出了极强的战略眼光和执行力。通过在马来西亚收购上市公司、在印度尼西亚和俄罗斯投资建厂、在芬兰投资生物制浆项目等一系列国际化动作，恒安不仅成功延伸了产业链，也加速了其在全球市场的布局。这些海外投资和布局策略，不仅进一步巩固了恒安集团在国际市场上的品牌地位，也为集团的长远发展增添了新的动力和提供了广阔的空间（国泰君安证券，2019）。

（五）以侨商网络带动泉州民营企业出海

海外社会网络资源，尤其是海外华侨华人社会网络，构成了一个以亲情、业务关联、地缘为纽带，集合人力资本和社会资本的独特体系。这一网络超越了传统经济和商业网络的范畴，建立在相互之间的信任和信誉之上，形成了一种深层次、非营利性的关系网络。在这一庞大且复杂的网络中，海外华人社群通过信息交流和资源共享，不仅加强了相互间的联系，还将网络成员纳入更加广泛的社会关系网中。

每个网络成员不仅在网络内部建立和维持社会关系，还与网络外部的个体和集体形成各式各样的联系。这些多样化的网络交汇和重叠，促成了一个错综复杂、广泛延展的人际关系网络（周丽萍，2015）。

泉州籍华侨华人在海外所建立的商业网络不仅庞大而且影响深远，这些网络遍布全球各个角落，尤其在东南亚、欧洲、北美等地区拥有显著的商业活动和社会影响力。泉州籍的华侨华人在海外经商的历史悠久，他们所涉及的行业广泛，从最初的农业种植、食品加工到现代的采矿业、商贸、运输、石油、地产、金融业等，几乎囊括了经济生活的所有领域。他们利用自身的社会网络，通过家族、宗亲、地缘等多种社会关系，建立了互助互利的商业模式。

随着泉州籍华侨华人的不断努力和奋斗，许多企业已从最初的小规模经营成长为具有一定国际影响力的大企业。在这一过程中，华商网络的作用不可小觑。通过这个网络，泉州籍的海外华商企业不仅能够与当地的企业、其他省籍的华人企业，甚至与国际企业进行广泛的合作和商贸往来，还能够实现商业信息的快速交流和共享。这一切，无疑为泉州民营企业"走出去"提供了宝贵的资源和支持。

此外，海外商业网络的存在为泉州民营企业提供了一种强有力的信息支撑。借助这一网络，泉州民营企业可以更容易地获得关于投资方向、市场趋势、人才需求、技术创新等方面的最新信息。这不仅帮助企业规避了投资风险，还为它们在全球市场上的定位和战略部署提供了重要的参考。综上所述，泉州籍华侨华人构建的海外商业网络，不仅是一种经济和商业的联系，更是一种文化和社会的桥梁，对促进泉州民营企业的国际化发展起到了不可或缺的作用。

第四章

泉州民营企业主动融入 RCEP 的现实难题

自 RCEP 生效以来，以商务局等为代表的泉州市政府主管部门印发实施了全面对接 RCEP 的行动计划，围绕货物贸易扩大行动等十大行动，推进部门协调机制、强化政策解读宣传，推动形成民营企业主动融入 RCEP 的良好环境。

以大型企业和外贸企业为代表的部分民营企业根据各自生产情况和产品布局主动融入 RCEP 并已取得了一系列成效。2023 年，泉州海关共签发出口 RCEP 项下原产地证书 4346 份、出口享惠货值超 3.08 亿美元，同比分别增长 29.15%、66.38%，累计为泉州企业出口货物争取关税减让超 2100 万元。其中，伞具、鞋靴、铝制品、化学品等泉州市优势产品受益明显。

然而，对于主动融入 RCEP，尤其是理解 RCEP 规则、把握融入 RCEP 机遇等，泉州民营企业仍面临诸多现实难题。

一、多数企业在充分理解 RCEP 规则方面存在困难

（一） RCEP 规则的专业性很强

RCEP 的规则有很强的专业性，要充分理解与掌握并不容易。首先，

RCEP 由序言、20 个章节、4 个市场准入承诺表附件组成,篇幅超过 1.4 万页,协定涉及的 15 个成员国在经济发展水平、法律制度、文化习俗等方面存在差异,最终经谈判形成的 RCEP 规则非常复杂。

其次,RCEP 的目标在于建立贸易规则框架、实现制度型开放,条款涵盖货物贸易、原产地规则、海关程序、检验检疫、评定程序、贸易救济、服务贸易、自然人临时流动、投资、知识产权、电子商务等众多领域,理解并把握 RCEP 的核心内涵需要具备多个领域的专业知识。

最后,中国与除日本之外的其他成员国之间都签署了双边自贸协定,RCEP 不是原有的双边自贸协定基础上的简单叠加,存在政策重叠、适用税率交叉等问题,具体哪些条款对特定的企业有利需要非常专业的分析和判断。

面对内容丰富且复杂、专业性很强的 RCEP 规则,泉州民营企业目前对相关条文的理解还不够充分。本书在研究过程中对泉州市民营企业进行了问卷调查,问卷调查结果(见表 4-1)充分显示了这一点。如图 4-1 所示,在受调查的企业中,表示"比较了解""非常了解" RCEP 条款的企业仅占 11.59%,绝大多数企业对 RCEP 条款"不了解"或"了解程度一般"(78.05%),甚至有 10.37% 的企业表示"完全不了解" RCEP 条款。

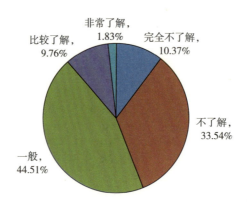

图 4-1 泉州市民营企业对 RCEP 条款的了解情况

相关部门曾努力推进相关政策的宣传解读，但效果有限。由于缺乏充分的了解，民营企业在利用这一最新协定促进企业海外业务发展方面也就相应地比较有限。本书问卷调查结果表明：在业务涉及 RCEP 原产地但尚未申领原产地证书的企业中，63.5%的企业表示目前还不了解原产地证书，还有 14.1%的企业认为申领要求无法满足，这两项合计达到 77.6%。

（二）多数企业缺乏相关专业能力和必要的投入

民营企业对 RCEP 不够了解主要是由于专业能力和时间精力投入不足。第一，民营企业普遍缺乏专业团队，没有相应的专业基础，难以准确把握 RCEP 的内容。如图 4-2 所示，本书问卷调查结果显示：44.51%的受访企业表示公司没有专门的外贸团队，学习 RCEP 的人手不够；40.24%的企业表示公司人员专业基础比较薄弱，难以消化吸收 RCEP 的内容。

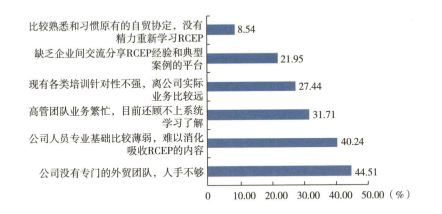

图 4-2　泉州市民营企业在学习 RCEP 过程中面临的困难

第二，不少企业学习 RCEP 规则的主动性不够。一些企业在并没有深入了解相关条款的情况下就武断地认为 RCEP 意义不大，认为没必要去花时间和精力做太多的关注，缺乏自主学习的动力和热情。部分企业的业务经营存在较强的路径依赖，当前市场状况良好、增长较为稳定，因而它们认为没有必要去了解不熟悉的新生事物。还有一些企业则存在畏难情绪，自认为要了解如此庞杂的协定太过耗时耗力。此外，部分企业认为其国际贸易伙伴对 RCEP 的接受程度不高，短期内较难在 RCEP 框架下达成合作，推动难度较大，意义不大。

如图 4-2、图 4-3 所示，根据本书的问卷调查数据，56.1% 的企业对 RCEP "兴趣一般"，25% 的企业对 RCEP "兴趣不大" 或 "完全没兴趣"，31.71% 的企业表示高管团队业务繁忙，目前还顾不上系统学习了解 RCEP。面对复杂的协定内容，如果没有企业高管团队的亲自了解和过问，这项工作实际上是很难有效推进的。

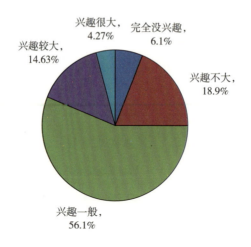

图 4-3　泉州市民营企业对 RCEP 条款的学习意愿

当然，不同类型的企业在学习 RCEP 协定内容方面也有一些差异。总体来看，经营绩效越好的企业，对 RCEP 的兴趣越大。如图 4-4 所示，本书对问卷调查受访企业按照 2023 年经营绩效情况进行了划分，绝大部分绩效 "非常差" 的企业学习 RCEP 的热情不高。这类企业在短期内需要将大部分精力用于解决经营不善的问题。

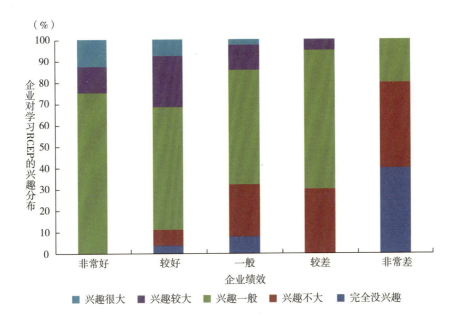

图 4-4　按照 2023 年企业经营绩效划分的 RCEP 学习意愿

（三）企业普遍忽视直接税费减免以外的条款

本书通过实地调研发现，目前民营企业大多关注 RCEP 条款中"关税"等直接税费的减免，对协定涉及的其他事项关注不够。实际上，除了关税减免等即时性、要素性的条款以外，RCEP 的条款还涉及多个有助于贸易国际化、制度化发展的内容。把握和理解这些内容，有利于企业避免非关税贸易壁垒带来的损失、提高国际竞争力。

一是高端产业链和制造业合作条款。RCEP 通过区域累积的原产地规则，致力于加强成员国之间的产业链和价值链合作。企业需要利用 RCEP 契机，积极拓展与 RCEP 成员国之间的中间品贸易，打造互利共赢的 RCEP 合作网络（李宁，2024）。

二是科技合作条款。RCEP 强调了科技合作的重要性，科技合作不仅能够促进成员国之间的技术交流和共同研发，还有助于提升整个区域的科技水平和创新能力。在这一背景下，企业一方面可以更充分地利用 RCEP 各国的创新资源和试验场景，另一方面可以在更大、更多元化的市场中实现企业创新的价值。

三是投资政策透明度条款。RCEP 成员中，七个国家在所有投资领域采用了负面清单模式实施开放承诺，其他八个国家在制造业、农业、林业、渔业、采矿业五个非服务业领域采用了负面清单模式实施较高水平的开放承诺（赵书博、胡江云，2023）。企业可以在 RCEP 的投资框架下充分地利用外资，同时进一步提高国际化投资的效率。

四是现代化议题纳入条款。RCEP 纳入了高水平的知识产权保护、电子商务、竞争政策、政府采购等现代化议题，能更好地促进互联互通。对于企业而言，如果能够敏锐洞察到现代化议题的长期影响，并对标企业现有情况优化产业转型升级步骤，就能够享受 RCEP 框架下利好的长尾效应，进一步优化企业所处的产业链、价值链位置。以知识产权保护议题为例，RCEP 在"技术转移"问题上体现出较为开放的态度，企业可以更好地实现技术的"引进来""走出去"，参与国际技术标准和规则的制定（马忠法、王悦玥，2021）。

二、中小民营企业把握 RCEP 机遇的能力不足

总体来看，当前泉州的大型民营企业在了解 RCEP 规则并积极把握机会方面要优于中小型企业。但是，作为泉州民营企业中的大多数，中小型企业普遍存在着自身实力不足以有效把握 RCEP 机遇和应对 RCEP 挑战的问题。

（一）中小企业在 RCEP 国家市场的业务拓展能力不足

第一，中小企业缺乏精通合作对象国家当地语言且具备经营管理经验的国际贸易专业人才，在国际市场上缺乏竞争优势。本书的调查问卷结果显示，在进入 RCEP 市场的过程中，43.9%的企业不了解当地的市场需求状况；32.9%的企业不了解当地的法律法规。国际化人才的缺乏导致企业无法充分了解海外市场信息，无法适应不同国别的要求。

泉州庞大的侨商网络在一定程度上缓解了这一问题，然而一部分企业在调研中表示，它们从现有的侨商贸易拓展到更大范围的国际化贸易的难度较大，仍然难以在熟悉不同 RCEP 国家的文化、规范、习惯等方面积累起自身的专业知识和人才。

第二，中小企业融资难题依旧存在，无法获得充分的资金支持。本书的实地调研情况显示，当中小型民营企业开展国际贸易或在海外设厂时，通常较难从中国商业银行在海外的分支机构中获得充分的资金支持，海外融资门槛更高。政府对于中小企业的直接资金支持多在后期奖励阶段，而非事前补助阶段。本书的问卷调查结果显示，54.9%的企业希望政府能够提供财政补贴，42.7%的企业希望政府能够提供税收优惠。资金上的障碍制约着泉州中小企业短期内向 RCEP 国家市场的业务拓展进程。因此，中小企业仅凭自身产业规模和有限的预算投入难以通过 RCEP 获得短期收益，它们在对外贸易中根据国外客户需求而被动签订证书的情况较为普遍，企业融入 RCEP 的积极性不强。

第三，中小企业管理和控制海外风险的能力有限。首先，不同国家和地区有不同的法律法规、标准和程序，加入 RCEP 的国家不仅需要遵照 RCEP 规则，更需要了解当地的经营合规要求。例如，中小型企业在应对海外市场中出现的恶意抢注、恶意维权行为时，会由于不熟悉当地司法流程等，面临维权需要付出较高的人力物力成本、退出当地市场可能血本无归的风险。其次，国际市场的经营环境比我国本土市场更加复杂和不可预测，中小企业可能面临汇率波动、供应链中断、市场需求剧烈波动等的影响，业务的稳定性和盈利能力常常受到冲击。

（二）中小型企业的产品附加值普遍偏低

作为全国最大的轻工业品生产和出口基地，泉州目前仍存在出口产品单价偏低、附加值不高的现象（刘惠煌，2022a）。泉州广大中小型民营企业的产品，则更是普遍处于产业链中低端，项目体量小、分布散，产品议价能力弱。

从国际竞争角度来看，RCEP 短期内可能会给泉州市的传统劳动密集型低附加值产业带来压力，也可能使中高端机电产品面临来自日、韩等国家的更多竞争。在本书与机械制造类企业的访谈调查中，多数企业家提到 RCEP 协定生效后，日韩机械制造行业对同类产品的进出口影响会进一步增强，主要体现在其领先的技术水平和规模优势会加剧本地同类产品的市场竞争。

从与国内企业竞争的角度来看，目前泉州民营企业的国际化市场定位与一些国内头部企业重叠度较高，竞争劣势明显。在国际市场上，国内行业领先的企业通常拥有更多的资源、更强的品牌影响力和市场控制能力，能够在国际化早期通过压低价格的方式快速占领市场。当泉州民营中小型企业在国际市场上与出海的国内大企业同台竞争时，它们在多个方面处于劣势地位。当国有大型企业为获取市场份额和收入不计成本，不追求短期利益时，情况更是如此。以泉州机械装备产业为例，产业内中小企业在与国有大企业的直接竞争中处于明显的被动局面。实际上，一旦机械装备大企业发现了海外市场机会并决定进入，泉州中小型企业之前形成的市场基础就会面临较大的威胁。

泉州利用 RCEP 优化产业链供应链

RCEP 原产地累积规则促使生产企业更多采购域内中间品，极大地增加了区域内中间品的交换，推动了区域产业链供应链的优化调整。泉州产业基础较好，形成了 9 大实体经济千亿产业集群，并不断打造"六三五"产业新体系。RCEP 为泉州融入区域产业链供应链创造了新机遇，同时也对产业转型升级带来了一定挑战。

纺织服装产业：作为泉州市出口 RCEP 成员国主要产品，纺织服装具有扎实的产业支撑，将借助 RCEP 进一步拓展市场，开展产业链供应链跨国合作。利用好协定关税减让政策，特别是新增的对日自贸关系，有助于扩大对日韩在内的各国面料和高端成衣出口，以更低成本进口棉纺织机和高端面料，扩大在本区域双向投资，构筑共赢的纺织供应链合作体系。同时，成衣加工外移的情况下，要考虑产品设计和研发、上游面料配件的产业链条尽可能留在国内。

机械工业：RCEP 有利于促进泉州对成员国机电产品出口，进一步推动工程机械、机床、食品包装机械等行业深度走进东盟；RCEP 有利于泉州以更低成本进口先进技术、重要设备、关键零部件；RCEP 框架下来自日韩的竞争将"倒逼"泉州机械装备产品质量和安全标准与国际接轨，促进产业转型升级和国际竞争力提升。

农业：作为各国开放的敏感领域，农业在 RCEP 框架下实现了新突破，超六成的农产品将相互取消关税，中日之间首次达成农产品关税减让协定。协定要求对快运货物、易腐货物等力争 6 小时通关，将促进海鲜、果蔬、乳品等生鲜农产品的快速通关和贸易增长，有利于泉州市加大茶叶、芦柑等农产品出口，特别是开拓日本市场，也有助于泉州市增加调剂性、紧缺型农产品进口，比如澳新牛羊肉、乳品，东盟日韩热带水果、加工休闲食品等，丰富泉州市消费市场。

轻工行业：RCEP 增加了对轻工商品的关税降零税目，泉州市可积极开展国际对标，推动箱包制鞋等产品对成员国扩大出口。日本是我国第一大轻工商品进口来源国，泉州可从日本进口日化用品、塑料制品、家用电器等。

石油化工行业：RCEP 降低了进口石化原料产品关税，有利于企业降低生产成本，促进下游产品企业的出口外销。东南亚国家石化行业投资门槛降低，营商环境提高，有利于石化行业企业走出去，而下游产业链可能面临转移。

电子信息产业：RCEP 将强化区域内的电子信息产业链深度融合，也将扩大区域内产业投资合作，有利于泉州市电子信息产业加快与全球产业发展接轨，加快实现关键技术创新突破和产业转型升级。同时，泉州也将面临日韩先进技术、品牌、营销优势竞争压力，产业链关键环节滞后等问题。

现代服务业：RCEP 区域内中间品的交换将极大地激发商贸物流需求。泉州市数字服务、商贸物流、文化旅游、健康服务、金融服务五大现代服务业将获得良好的发展机遇，可加强与 RCEP 成员国在现代服务业的合作与交流。

资料来源：泉州市商务局。

三、民营企业抱团融入 RCEP 的
生态尚未全面形成

RCEP 是迄今为止全球体量最大的自贸区，不论是从人口和经济总

持当地企业更好地利用 RCEP 提供的机会，但是在相关部门充分形成合力方面还有很大的提升空间。本书在调研中发现，相关部门对 RCEP 的认识存在一些差异，部门之间围绕支持当地企业融入 RCEP 的沟通交流也不够充分，所做的工作既存在一些重复，也存在某些方面共同缺位的问题。例如，各部门对企业接受 RCEP 培训的实际情况有不同的看法，RCEP 企业培训的参与率高，但是企业高层对 RCEP 的了解不足。此外，政府部门虽然已经做了大量的工作，但顶层设计还不够深入、不够精细，尚未在宏观层面对泉州主动融入 RCEP 做出系统规划，也没有对泉州现有的资源进行梳理。

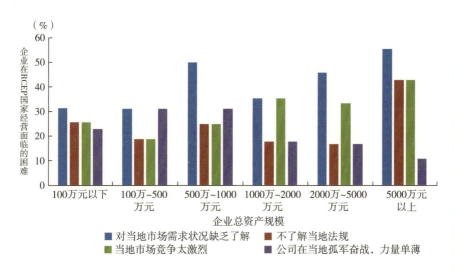

图 4-5 泉州市民营企业在与 RCEP 国家贸易往来中面临的主要困难

晋江陆地港：促进侨商合作与抱团出海

在泉州民营企业"走出去"的战略中，与海外侨商的深度合作成为推动企业国际化的重要途径。其中的一个典型案例是晋江陆地港与澳洲华人快递及跨境快件公司的战略合作。依托澳洲华人社群的资源优势，双方聚焦跨境物流和海外仓等关键领域，共同构建了专业化的产品与服务体系。

2023 年，晋江陆地港跨境服务口岸（澳洲部分）实现报关单量达 138.32 万件，其业务量占整个跨境服务口岸业务量的比重超过 30%，并创造了 5181.47 万美元的贸易额。此外，晋江陆地港与澳洲华人快递及跨境快件公司的未来合作还将拓展至澳洲华人购物平台，旨在推广泉州食品在澳洲市场的广泛认可和销售。

为进一步支撑"品牌出海"，晋江陆地港与泉州晋江国际机场协作开通了"泉州—马尼拉"全货机航线，主要服务于普货、鲜活产品及电商货物的国际运输，提供独具特色的"门到门"服务。这标志着泉州机场首次开通定期国际全货机航班，实现常态化运营，至今已成功运行 40 班次，运输总货量达 755.52 吨，出港金额达 2422.55 万美元。

在泉州丝路出海项目的引领下，晋江陆地港正积极推进泉州民营企业的抱团出海战略。通过"线上+线下"双线融合模式，泉州企业正快速培育外贸发展的新动能，并推动数字化转型。该策略包括线下短期展会+长期实体展示+线上推广服务等多元化模式，全面促进民营企业集体走向国际市场。

线上方面，晋江陆地港通过整合 TikTok、YouTube、Facebook、Instagram 等海外主流社交媒体平台进行内容运营和推广，以获取大量流量和有效转化。线下方面，晋江陆地港则通过建设"海外展厅+直播"和公共海外仓，构建 RCEP 直播生态圈，为泉州企业提供电商和 B2B 贸易服务。这一策略旨在无缝对接国内跨境电商运营商、制造业工厂等，提供海外仓储一件代发、B2B 货物分销等一站式解决方案。

资料来源：晋江陆地港。

本书的调查问卷结果显示，16.5%的企业认为政府部门对企业拓展海外业务的支持力度很大，35.4%的企业认为政府的支持力度较大，并且企业对政府支持的需求是多样且具体的，如图4-6所示，有55%的企业希望政府能够提供财政补贴，43%的企业希望政府提供税收优惠，37%的企业希望政府增加RCEP相关培训。同时，企业对帮助对接第三方专业机构、金融支持、增进信息共享等方面有不同的需求。因此，政府需要有针对性地为企业提供支持。

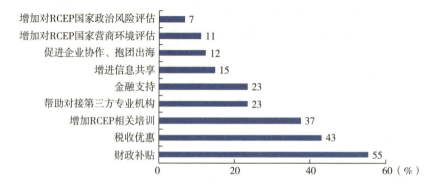

图4-6 泉州市民营企业在融入RCEP过程中希望从政府方面获得的支持

（四）生产性服务业对企业的赋能不足

泉州民营企业主动融入RCEP离不开生产性服务业的支持和保障。根据钱纳里的经济发展六阶段论，当地区经济发展进入工业化后期时，在第一、第二产业进一步协调发展的同时，第三产业开始由平稳增长转入持续的高速增长，成为区域经济增长的主要力量。然而，从产业结构来看，服务业是泉州经济的短板。如图4-7所示，2022年泉州第三产业占GDP的比重为41%，与全国53.3%以及福建全省47.2%的水平相比，仍有差距。

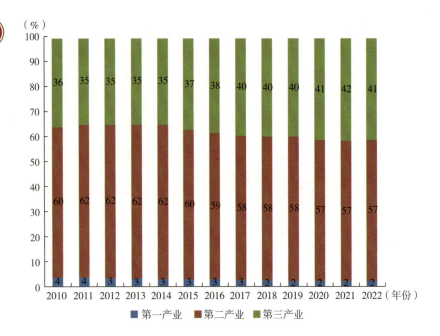

图 4-7　泉州市 2010~2022 年生产总值构成

资料来源:《泉州统计年鉴》。

　　本书在实地调研中发现,生产性服务业对泉州产业发展和转型的促进作用较小。首先,贸易服务商的能力没有充分发挥。本书的调研结果显示,贸易服务商在泉州民营企业的国际贸易中发挥了桥梁的作用。一方面,外贸公司深耕于国际贸易实务,对于贸易规则的理解更加深入,已经形成了程序化、专业化的业务流程,对于 RCEP 的理解和吸收能力更强。另一方面,贸易服务商连接着企业网络,可以发挥规模效应,最大效率地赋能中小企业。泉州外贸公司应当为中小企业对接相应的外贸人才,引导企业融入 RCEP,然而,当前服务商处于散点、探索式发展的阶段,网络赋能作用没有得到充分发挥。

　　其次,企业对优质咨询公司的需求没有得到满足。与政府、行业协会相比,市场化属性更高的第三方机构对企业经营的诊断和分析更有专业性和针对性,可以为泉州民营企业战略转型提供帮助,在一定程度上能促进企业更好地为融入 RCEP 做准备。然而，本书在实地调研中发现，由于融入 RCEP 涉及国内、国际方方面面的政策和规则，如业务办理、风险评估防范，原产地证书签订中涉及的价格、审核、归类、估价工作，都需要有专门机构提供相应服务，发挥规模效应，理顺政策关系，梳理关键要素，目前泉州缺乏专业机构针对 RCEP 提供一整套服务体系。当前，部分企业对于高质量的专业机构提供的咨询服务有较大需求，但是很难找到合适的渠道。另外，企业对人力资源服务特别是中高端人力资源服务的接受度总体不高，更习惯于通过网络或现场自行招聘，人力资源中介的引才作用发挥不充分，高端猎头公司缺乏。

最后，缺乏知识产权保护的专业平台。商业侵权现象仍然比较普遍，大部分机械装备行业企业家表示，当前专利保护力度不够、滞后性强，"越告越死"的现象难以避免。因此，我国亟须设立行业性、专业性的知识产权保护平台，提供风险预警、维权支持等集群式的服务，为企业融入 RCEP 后面临更加复杂的知识产权保护问题做好准备。

第五章
泉州民营企业主动融入 RCEP 的基本路径

一、抢抓 RCEP 机遇，构建民营企业全球发展新格局

（一）进一步扩大出口，逐步形成进出口双向互动经济格局

泉州民营企业要充分发挥泉州作为民生制造业基地的优势、侨资侨智侨力等侨商网络的优势、外向型经济基础好的优势，以显著扩大对 RCEP 国家的出口为突破口，以全面提升企业国际竞争力为根本目标，充分利用 RCEP 协定提供的机遇，吃透 RCEP 规则，因地制宜，增强与 RCEP 国家之间的贸易、投资等经贸往来，着力提高纺织鞋服、机械制造、家居建材等泉州优势产业的海外市场拓展与渗透能力，构建起泉州民营企业在 RCEP 国家乃至全球市场的新发展格局。

如表 5-1 所示，整体来看，泉州对 RCEP 成员国的出口贸易依存度大于进口贸易依存度，向菲律宾出口额占比高达 16%，远高于其他 RCEP 国家。在进一步巩固对菲律宾出口份额的同时，泉州民营企业需要利用 RCEP 的契机加强与其他 RCEP 成员国之间的商贸联系。

表5-1 2018~2022年泉州与RCEP国家主要贸易往来情况

国家	2018年		2019年		2020年		2021年		2022年	
	出口额(万美元)	占比	出口额(万美元)	占比	出口额(万美元)	占比	出口额(万美元)	占比	出口额(万美元)	占比
日本	43585	0.02	41393	0.02	57095	0.03	98707	0.03	66051	0.02
韩国	28248	0.02	45936	0.02	71575	0.03	141707	0.05	110472	0.04
马来西亚	22907	0.01	39418	0.02	75923	0.03	194747	0.06	88255	0.03
菲律宾	243811	0.13	366035	0.17	375480	0.17	488715	0.16	583604	0.19
印度尼西亚	29704	0.02	33611	0.02	33952	0.02	58010	0.02	65094	0.02
新加坡	9949	0.01	11311	0.01	27010	0.01	46116	0.02	86734	0.03
泰国	31045	0.02	39012	0.02	48265	0.02	68367	0.02	75068	0.02
澳大利亚	35004	0.02	36279	0.02	47532	0.02	70451	0.02	68674	0.02

国家	2018年		2019年		2020年		2021年		2022年	
	进口额(万美元)	占比	进口额(万美元)	占比	进口额(万美元)	占比	进口额(万美元)	占比	进口额(万美元)	占比
日本	50815	0.05	12125	0.01	11769	0.02	37497	0.03	28321	0.03
韩国	16558	0.02	9460	0.01	11423	0.02	19378	0.02	23274	0.02
马来西亚	4972	0	6388	0.01	4978	0.01	7505	0.01	14048	0.01
菲律宾	1890	0	2408	0	1495	0	2177	0	1973	0
印度尼西亚	8171	0.01	7781	0.01	9677	0.01	13075	0.01	15034	0.01
新加坡	16339	0.02	3188	0	6064	0.01	12586	0.01	5012	0
泰国	7043	0.01	8307	0.01	10208	0.02	9765	0.01	7303	0.01
澳大利亚	944	0	2184	0	6221	0.01	9250	0.01	17599	0.02

资料来源:《泉州统计年鉴》。

第五章 泉州民营企业主动融入RCEP的基本路径

泉州民营企业主动融入 RCEP 不仅旨在想方设法开拓成员国市场，更应致力于形成"买全球、卖全球"双向互动的开放型经济，实现泉州民营企业与 RCEP 其他成员国伙伴商家的合作共赢。长期以来，RCEP 成员国之间经济结构高度互补，域内资本要素、技术要素、劳动力要素等要素齐全。RCEP 使成员国在货物、服务、投资等领域的市场准入进一步放宽，原产地规则、海关程序、检验检疫、技术标准等逐步走向统一，区域内的经济要素流动更加自由。

因此，在特别强调借助 RCEP 实现更大规模、更高质量出口的同时，泉州民营企业要努力借助 RCEP 提供的机遇实现资金、技术、人才等核心经济要素从其他成员国更为高效便利、低成本地向中国市场流动，将泉州打造成为 RCEP 下"买全球、卖全球"并驾齐驱的全球经贸合作枢纽，借此实现泉州民营企业充分融入 RCEP。

（二）借力既有合作优势，积极建设"两国双园"

以往的跨国经贸合作实践表明，"两国双园"是一种非常有效的带动我国企业走向海外市场的合作模式。泉州在建设"两国双园"方面已经有了一定的基础。例如，泉州近些年着力推动石狮国际商贸城与泰国阳光电商园合作共建中国—泰国"两国双园"。同时，泉州和东南亚国家在以往的经贸往来中形成了非常密切的合作关系。

随着习近平主席 2022 年访问泰国并与泰国总理达成重要共识后，泉州市积极响应中泰两国深化合作的号召，推进了中国（福建泉州）—泰国经贸创新发展合作示范园区的建设。该示范园区旨在实现中泰两国在产业互通、政策互通、资金互通、设施互通及人心互通五个领域的深度融合。以跨境电商为核心，该示范园区计划利用泉州的纺织服装、食品等九大千亿产业集群，结合跨境电商综合试验区等政策优势，以及泰国阳光电商园的海外仓、物流、销售等能力，共同推进中泰两国产业的深度融合与高质量发展。该示范园区的建设将深化

"一带一路"倡议下的中泰双向贸易投资，增强两国经贸紧密度，促进双方城市就业和产业人才培育，通过双方园区相互优势的互补，推动泉州和泰国在海运、航空等基础设施领域的合作，进一步促进人员交流和文化互鉴。

立足于此，泉州民营企业有必要充分借力与东南亚国家已经形成的经贸合作优势，积极扩大"两国双园"的合作对象国家范围，在仓储、冷链物流、国际货运、跨境电商金融、专业服务、数字服务等领域与一些 RCEP 成员国商家建立起更为紧密的合作关系。泉州民营企业应充分认识到：两国双园模式能充分发挥企业生产成本、规模、产品附加值等方面的比较优势，能够促进企业的长期发展，并且有助于企业根据全产业链自身定位、优化生产思路、推进技术升级，形成自身核心竞争优势。

二、开拓创新，着力提高企业国际竞争力

（一）寻找新跳板，主动获取战略资源

RCEP 不仅覆盖中国和东盟两个全球最有增长潜力的大市场，还涵盖了日本、韩国、新西兰、澳大利亚四个发达国家。泉州民营企业主动融入 RCEP 的路径不能仅仅局限于利用新的关税减免和贸易便利化扩大出口，更不是依靠低价抢占海外低端市场，而是以此为契机形成更加开阔的国际化思维，全面提高企业国际竞争力，夯实企业全球经营的内在基础，形成企业在高质量发展新阶段持续发展的新动能和新优势。

在中国等新兴国家，企业海外扩张一方面是为了寻找并进入尚未

开发的市场、提高企业利润；另一方面则是为了获取并吸收海外的优质资源、建立自身的战略优势。在美国脱钩、技术封锁压力不断增强的背景下，民营企业需要以 RCEP 签订为契机，在日本、韩国、新西兰、澳大利亚等发达国家获取战略资源、学习先进经验，全面推进技术进步、产业转型升级，提升国际经营能力，实现从"高依赖"外向型向"高水平"外向型的转变，不断提高在国际市场的主动权。

根据本书的问卷调查结果，泉州 15.9% 的受访企业正在推动转型升级，45.7% 的企业计划开始升级。因此，泉州需要充分嫁接利用国内外优势创新资源，提高国际资源的可转化性，不断巩固企业在双循环新发展格局中的优势地位。泉州民营企业要立足于自身的优势，链接 RCEP 15 个成员国的资源和市场，放眼全球，找准在全球产业链价值链分工中的定位，内引外联，积极通过双向贸易与投资互促打开市场，建立海外生产与研发基地，引进资金、技术与人才，真正实现"腾笼换鸟"，在转型升级中形成新的技术和经营管理能力。

专栏

福建泉工股份：以战略并购推动国际技术合作与创新

福建泉工股份有限公司坐落于泉州市，近年来在国际技术合作与技术创新方面取得了显著成就，其经历了一系列战略性收购与合作，不仅巩固了其在建材机械行业的领先地位，更推动公司模具设计技术及混凝土制砖技术达到了世界领先水平。

2014 年 7 月，泉工股份标志性地收购了德国老牌砖机企业策尼特公司，此举不仅为泉工股份掌握了免托板设备技术和变频砖机的六大核心技术，还帮助其成功在德国设立技术研发中心，从而确立了其在全球砖机技术领域的领导地位。为进一步深化其技术优势，2016 年 4 月，泉工股份又收购了奥地利莱尔集团旗下的模具制造公司，此后更名为策尼特模具公司。这一举措使得公司在模具设计技术方面达到了世界领先的水平，大幅提升了产品的市场竞争力。2017 年 7 月，泉工股份与德国索玛公司达成战略合作关系，掌握了自动化智能化装配式建筑预制技术。同年 12 月，泉工股份与印度阿波罗集团合资在印度设立阿波罗策尼特混凝土科技有限公司，专注于小型全自动制砖机设备及其配套生产线的制造销售，进一步拓展了其在全球建材市场的影响力。

目前，泉工股份的技术和产品在埃及、巴基斯坦、肯尼亚等多个国家广泛应用于市政、住宅建设和基础设施建设等领域，赢得了国际客户的广泛好评。2019 年，福建泉工股份有限公司全自动混凝土砌块成型智能生产线通过了工信部制造业单项冠军复核，成为制砖设备行业唯一入选企业。2020 年，该生产线更是登上了首批《"一带一路"重点产品、装备及技术推荐目录》，彰显了其技术创新与国际合作的成功典范。

通过一系列的战略收购与国际合作，福建泉工股份有限公司不仅在技术上实现了跨越式发展，更在国际市场上树立了泉州企业的典范。泉工股份的成功案例，不仅是中国制造向中国创造转变的缩影，也是泉州企业"走出去"战略在全球经济舞台上取得实效的生动展示。

资料来源：泉州市商务局。

（二）积极探索与日本等发达国家的经贸合作

在 RCEP 成员国中，日本的经济规模仅次于我国。此外，作为全球发达国家中的一员，日本在中高端市场需求、资金与技术供给等方面有着一定的优势。通过 RCEP，中国与日本首次建立了自贸关系，这对于进一步促进中日两国之间的经贸往来意义重大，既有助于我国企业更好地开拓日本市场，也为我国企业引入日本的资金、技术、设备、产品等提供了重要契机。

日本是唯一的泉州进口贸易依存度高于出口贸易依存度的国家。如图5-1所示，泉州对日本进口额始终高于其他RCEP成员国。因此，泉州民营企业要充分把握RCEP带来的对日合作、提高国际化能力的机会。

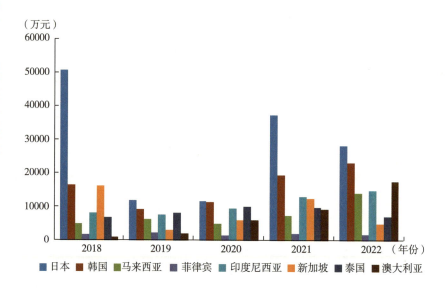

图5-1　2018~2022年泉州从部分RCEP成员国的进口额

资料来源：相关年份《泉州统计年鉴》。

第一，依靠RCEP带来的对日关税红利，增强产品在日本市场的价格竞争力，提高日本市场占有率；用足原产地累积规则，增强对日本制造业领域跨国集团的招商吸引力。第二，用活RCEP程序便利规则，加快发展云服务、供应链管理等"数字+服务"新业态，力争引进一批知识产权、管理咨询、海运海事等领域的日本服务型企业与泉州本地民营企业开展合资合作。第三，利用日本发达的技术创新网络和丰富的技术创新资源，创造条件开展技术和新产品开发等领域的合作。

三、抱团出海，打造泉州国际化产业生态

在扩大 RCEP 潜在市场，利用 RCEP 成员国优质资源的基础上，泉州企业需要链接 RCEP 15 个成员国的资源和市场，不断巩固在国内国际双循环中的优势地位，最终形成可持续的国际竞争力，大规模、跨市场的链接离不开泉州企业国际化生态的形成。

一方面，大企业和中小型企业需要发挥各自的优势，形成抱团出海雁阵模式，携手促进国际化。首先，泉州民营大企业要发挥综合实力强、信息收集能力强、市场和社会影响力大等优势，在民营企业主动融入 RCEP 中扮演领头雁的作用，既要发挥示范作用，又要有意识地带动支持广大中小型企业共同融入 RCEP。其次，中小型企业要发挥互补性专业性强、转向调整灵活、覆盖领域全等优势，主动加入大型企业在出海过程中所构建的商业生态圈中，在借力大型企业所搭建的平台和渠道的同时，发挥不可或缺的互补作用，增强大中小型企业合作出海的整体实力。

另一方面，泉州民营企业主动融入 RCEP 需要借助政府、行业协会、专业机构的力量，激发企业国际化动能。首先，泉州市政府部门扮演着"引路人""推车手""服务员"的角色，能积极引导民营企业学习关注 RCEP 政策、增强国际化意识，扎实推动有能力的民营企业融入 RCEP，有力保障民营企业的合法权利，实现信息互通资源共享，降低海外交易成本。其次，泉州市的行业协会具有产业类型丰富、外贸经验丰富等优势，能够推动产业内协同创新与转型升级，并联合侨胞侨商为出海企业提供资源对接等支持性工作，有效减轻企业在海外市场中的摩擦和信息不对称性，提高企业韧性。最后，专业中介机构

能够发挥专业性强、实践能力强、本地经验丰富等优势，通过对比各类贸易政策、结合泉州现有产品的进出口结构，针对不同产品类型和生产规模的企业开展针对性的 RCEP 培训咨询工作，充分高效赋能中小企业出海。

第六章

推动泉州民营企业主动融入 RCEP 的对策建议

泉州市政府需要进一步创新方式方法，大力支持民营企业把握 RCEP 这一历史机遇，政府应在鼓励企业充分发挥主观能动性的基础上，有效对接 RCEP 发展要求、精准施策，解决企业堵点痛点，有针对性地扮演"引路人""推车手""服务员"的角色，为民营企业融入 RCEP 提供切实的帮助和支持。

一、成立 RCEP 贸易协定工作专班

泉州市政府应牵头、各区政府应协助成立 RCEP 贸易协定工作专班，在充分汇总现有政策、广泛吸纳企业切实诉求的基础上，针对 RCEP 新增条款和成员国带来的诉求增补职能、优化分工，围绕 RCEP 需求开展信息互通、推动相关基础设施建设，RCEP 贸易协定工作专班要定期召开各部门与企业间联合会谈，统筹相关部门（如工业和信息化局、商务部、侨联等）之间的职能分工与协调，避免相似政策的重复出台或宣传不到位。

例如，海关方面可结合 RCEP 中货物贸易、原产地规则、海关程

序和贸易便利化等相关内容章节，做好泉州与各 RCEP 成员国之间原材料、设备及产品进出口情况，原产地证书签发情况等数据统计工作，并将相关数据定期上报；依据实际贸易情况建立或协助第三方机构建立并及时调整各 RCEP 成员国进出口标准一览表，最大化利用好海关工作一手数据的价值，做好记录与分析，并将这些成果转化为企业的优势；及时向各单位汇报 RCEP 相关工作的进展情况和建议，为工作专班投资决策和产业链供应链布局提供依据，这有助于工作专班及时调整帮扶政策。

此外，针对本书调研中出现的 RCEP 与现存其他贸易协定的规则出现重合的现象，工作专班应联合第三方专业机构给出专业解读，并结合各企业的实际交易情况，不断调整与优化现有部门之间的职责分工。

二、解决 RCEP 人才、培训、企业反馈渠道的建设问题

（一）加快 RCEP 相关人才引进，解决专业人才缺口问题

RCEP 的落实有利于创造各类就业岗位和新职业需求，进一步提升企业雇佣需求。泉州市政府应以建设工作专班为切入点，引入人才参与专业梯队建设、标准化人才培训基地建设，通过人才引进推动促进国际职业学校建成落地，为地区特色产业培养引进国际化人才，推动产品国际化，进一步优化供应链、产业链、价值链。此外，泉州市政府还应积极鼓励中小企业引进人才，做好综合型人才企业间流通的政策支持，为专业型人才提供具有竞争力和吸引力的引进待遇。

（二）利用数字化平台等开展培训，解决培训不到位的问题

RCEP 工作专班应充分学习利用电子商务章节中相关政策利好，针对泉州产业结构和企业需求，打通信息公开平台到企业决策人员的"最后一公里"。RCEP 工作专班应牵头做好针对性强、专业度高的政策宣讲与企业培训工作，借此打通企业有关 RCEP 专业化问题的咨询通道，做好 RCEP 政策支持的信息基础设施建设。数字化平台对于开展更具针对性、更丰富的解读和培训工作具有重要作用，可以增强企业学习自主性。RCEP 工作专班可结合实际情况，开发针对高层人员、普通员工等不同群体的系列课程，采取线上线下相结合的方式，借助 App 等各类数字平台打造系列课程等，实现"政策找人"，确保解读工作的覆盖面和人员学习效果。

（三）收集企业诉求，畅通企业反馈渠道

泉州市政府可借助数字平台进一步开发一站式服务咨询平台，打通企业决策人员与 RCEP 政策专业解读团队之间的咨询通道，同时有助于第三方机构、政府部门汇总从理论依据到实际工作开展之间遇到的问题，集中解决、提升效率，走好企业融入 RCEP 的"最后一公里"。此外，泉州市政府还可通过上述平台持续发出民营企业发展利好和支持民营企业结合 RCEP 创新的政府声音，增强民营企业信心，消除企业产业链国际化带来的本地产业空心化误解，鼓励民营企业积极创新。针对所收集到的信息反馈，泉州市应及时整合企业需求、衡量工作效果，切实为民营企业尤其是中小型企业融入 RCEP 减负增效。

总之，RCEP 工作专班应做到有效信息的互联互通，共同跟进 RCEP 普适性利好条款的实施情况，简化烦琐程序、整合有效需求，做好对失败案例的归纳总结以及对优秀案例的开发宣传，形成"专班统

筹—三方参与—效果评估—升级研判"的工作路径。

三、营造良好环境，激发企业融入 RCEP 的主动性

（一）推动营造公平竞争的营商环境

泉州市政府应积极引导企业审视自身所处产业链的位置，避免打"低价战"，引导中小型企业合理看待市场需求、优化其所处产业链位置，结合市场竞争情况和 RCEP 对生产成本的影响适度调整生产链构成，鼓励企业依据市场产能与实际需求选择性"走出去"，推动 RCEP 国内外市场下同质产品分散竞争、精细化分工，不断改善因产品同质化与非技术密集型产品的产能过剩导致的恶性竞争现象，营造公平竞争的营商环境。

（二）推动营造财政和金融支持的政策环境

泉州市政府应通过财政和金融支持政策解决中小企业受制于规模和资金的难题。一是利用税收优惠、财政补贴、财政贴息、财政奖励、扩大普惠性信贷范围等方式，打好财政政策和金融政策组合拳；二是积极开展补贴方式改革，试行"对优胜企业实施资金奖励"方式至"对企业研发贷款贴息补助"改革，推动政府补助税点化、前期化；三是努力解决中小企业的前期研发资金缺口、融资难、外贸风险高等难题。

（三）推动营造主观能动的创新环境

泉州市政府应通过奖励、引导等方式充分挖掘民营企业在高质量发展阶段的创新潜力。一是推动大型企业发挥龙头优势，带动相关产业创新发展；二是积极探索关税减让下的生产新形态，优化供应链布局，探索海外仓——海外市场新模式；三是积极推动中小型企业尝试所处行业领域可控成本下的技术创新、服务创新、产业链创新、管理创新等，推动低价值附加产品向高端迈进；四是鼓励各类外贸企业针对 RCEP 中关税减让等条款比对双循环新发展格局下各类要素禀赋差异，积极探索生产与贸易路径；五是鼓励各类企业开拓海外市场，充分发挥企业"干中学"的创新能力。

（四）推动营造功能健全的试点环境

泉州市政府应积极组建 RCEP 高标准示范区和创新实验基地，优先推行园区内各类政策试点、产品推广等多项利好政策在园区内落地。一是进一步推进产业园区建设，支持 RCEP 产业园区建设或在现有产业园区内增赋 RCEP 元素；二是鼓励各类企业尤其是中小企业入驻高标准示范区和创新试验基地，形成同类企业聚集优势，积极融入反馈信息收集系统；三是加快出口审批流程简化、知识产权保护申报流程提速加密等试点工作，扩大示范区规模；四是在建设打造"两国双园"模式时，在积极引进 RCEP 各成员国相关部门或企业入驻产业园区（如支持成员国生产加工基地入驻园区）的同时，提升园区竞争"软实力"；五是除了通过试点政策为企业提供利好之外，还应通过多样化宣传方式建立"卖全球"销售渠道，利用部分产品制造卖点等方式，提升园区对买卖方的双向吸引力，使得园区成为卖方+买方双重聚集区。

四、整合侨商资源，发挥驻外经商机构的服务功能

侨商侨亲不仅是"晋江经验"的重要缔造者、参与者、践行者，也是高水平对外开放的"无形通道"和高质量发展的宝贵资源。泉州市政府应充分发挥侨商资源和侨联优势，吸收传统外贸企业的宝贵经验教训。

本书在调研中了解到，现有的外贸商会中具有纺织鞋服、机械等各类品类的外贸企业，它们在产品出口国拥有工厂，且已较好地打入国外市场并形成了自身品牌，具备丰富的外贸经验，政府部门可以对它们进行统一协调，从而为出海企业提供路径参考等切实帮助，有效避免企业在海外市场遭受不公平待遇等情况。例如，当企业在海外市场中遭遇贸易纠纷或面临申诉等无法避免的司法审查流程时，侨联应设立相关求助渠道提供帮扶，协助企业降低海外维权难度。例如，针对 RCEP 中明确规定的"进出口双方均可针对海关做出的行政决定提起行政复议或司法诉讼"条款，实际情况下，出海企业通常会采取"退出当地市场+寻求本地关系"的方式避免维权产生的高额成本，在侨联资源有效整合的情形下，出海企业能够更加全面、高效地了解相关信息与流程，避免因信息不对称带来的失败。

泉州多措并举　促进民营企业主动融入 RCEP

习近平总书记指出："我国改革开放和经济特区的建设同大批心系乡梓、心系祖国的华侨是分不开的。"侨乡泉州因侨而立、因侨而兴，

特别是近几十年，广大海外泉籍华商踊跃回乡投资兴业、支持家乡建设。也正因如此，泉州大部分民营企业与侨有关。2023年，泉州市应势提出"聚侨赋能"工程，开展"聚侨引侨"专项行动，突出做好"侨"文章，发挥海外华商作用，引导民营企业主动融入RCEP，共享RCEP红利，促进民营经济健康发展、高质量发展。

开展RCEP政策宣讲活动：举办多场海内海外同步、线上线下结合的政策宣讲活动；参与举办福建省RCEP青年侨商创新创业峰会；邀请权威专家解读RCEP；帮助海外华商、在泉侨资企业了解相关政策；做好企业利用RCEP政策"走出去"拓展事业的引导和服务工作。

拓展RCEP业务培训工作：依托石狮东南亚采购集散中心设立"海外华商青年路电商实训基地"，2021年举办首届海外华商青年（小语种国家）跨境电商培训活动，把RCEP规则等业务作为培训的主要内容，2000多名海外华商青年参加线上培训；第二届培训开幕式就有3000多人线上参加，培训期间共3万多人参加；第三届培训分设石狮专场和惠安专场，参与的国家更多、范围更广，培训课程更丰富，培训期间，邀请在泉侨商侨企参加，鼓励线上线下互动，引导海外华裔青年发挥海外仓等资源优势，充分运用RCEP规则，加强与泉州企业的跨境商务合作。

资料来源：泉州市侨联。

五、拓宽品牌宣传、优化保护渠道，
打造泉州城市品牌

泉州市政府应在强化企业品牌意识的基础上积极打造本地品牌、

拓宽品牌宣传渠道，借助 RCEP 中知识产权保护优势，推动泉州品牌走出国门、享誉世界。

（一）推动企业自主寻求品牌特色

泉州市政府部门应积极引导泉州各企业依托产品品质、企业文化，充分发掘产品特点，形成别具特色的产品生态。一是引导各类企业对标 RCEP 成员国需求，结合各个国家的发展特点、文化特点，打造别具特色的泉州品牌，形成有特色、有保障、有口碑的产品生态；二是引导企业积极参与出口产品所在地区建设，打造负责任、有担当的国际形象；三是引导并支持企业扎根目标国家，与当地有关部门建立稳固的合作关系，避免同质企业间恶性竞争。

（二）发挥多样化宣传过程中的政府作用

泉州市文旅局、宣传部等部门应牵头带队，加大宣传力度、丰富宣传手段，推动知名产品出市、出省、出国，强化国际合作。例如，针对中小企业难以凭借自身力量"走出去"的情况，应强化政府部门在推动其产品对外宣传、走出国门过程中的总领带队职责，尤其是针对融合本地文化特征、具备国际特色的产品，泉州市政府应通过带领多种类产品共同"走出去"降低出海成本、提升国际竞争力与文化吸引力。泉州市政府还应积极推动泉州文化具象化走入市场，紧抓产品时效性，如可围绕现阶段关注度较高的德化白瓷设计文创产品举办设计大赛、拍摄宣传片等，尤其要利用好数字媒体等宣传方式，以德化白瓷为起点，为其他产品乃至泉州地区打造特色数字名片、形成特色文化品牌。

（三）强化泉州本地品牌保护

泉州市政府要对标 RCEP 知识产权章节，强化本地产品的品牌保护力，保障民营企业创新的动力与信心：在保护内容方面，要通过有效宣传强化民营企业对知识产权保护的敏感度，针对泉州市主要出口产品的特点，尤其要做好对商标、地理标志、专利、外观设计等领域的知识产权保护工作；在形式方面，要优化保护渠道，简化知识产权申报流程和手续，提升相关企业申报流程的整体效率，可通过集中办理、帮助企业熟悉申报流程等方式有效降低企业维权的金钱成本和时间成本；在保护力度上，应在提高知识产权保护平台专业性的基础上，严格依照申报流程中先来后到次序实施知识产权保护，严厉打击"换汤不换药"式侵权行为，严厉打击专利审核过程中其他企业的恶意侵权行为。

参考文献

［1］商务部中国自由贸易区服务网．《区域全面经济伙伴关系协定》（RCEP）［EB/OL］．［2012−11−20］. http：//fta. mofcom. gov. cn/rcep/rcep_ new. shtml.

［2］陈诗婷．泉州举行制服工装全省推介会　启动职业装三年发展行动［EB/OL］．［2023 − 02 − 28］．https：//www. baidu. com/link？url = 0kF5N _ s9knQiUdtwvJLTAFq8MdosDln0nRPOd _ udhdgBY94bvTanSEtAxppKy0OZpP5VvGr5nLqHvjS1tQxjCAgPYRA4J1Jn _ − VkQJbj5aa&wd =&eqid = c8978ca5000ad2c5000000036604eb91.

［3］薛缤勇．构建商标品牌高质量发展生态体系　助力泉州纺织鞋服产业登顶新高峰［J］．福建市场监督管理，2022（12）：18−19.

［4］金台资讯．奋力打造世界级石化产业集群　2023 中国化工园区论坛在福建泉州召开［EB/OL］．［2023 − 10 − 26］．https：//baijiahao. baidu. com/s？id = 1780811517069955466&wfr = spider&for = pc.

［5］余娜．福建泉州打造国内一流石化产业基地［N］．中国工业报，2023−10−31.

［6］东南网．泉州市建材家居与工艺制品产业发展小组双改造双提升　助力行业发展［EB/OL］．［2022 − 12 − 31］．http：//qz. fjsen. com/wap/2022−12−31/content_ 31217071. htm.

［7］泉州政务．泉州加速机械装备产业高质量发展［EB/OL］．

［2021-04-30］．https：//mp. weixin. qq. com/s/cLu＿＿ToOsiPveA4zOlmABw.

［8］中国经济网．福建泉州多重发力激发电子信息产业新动能［EB/OL］．［2022-10-13］．http：//city. ce. cn/news/202210/13/t20221013_7350334. shtml.

［9］何金．泉州电子信息产业奠定"芯"优势［N］.福建日报，2022-12-06.

［10］李向娟，何金，黄琼芬．泉州：爱拼敢赢，奋力建设21世纪"海丝名城"［N］.福建日报，2023-07-10.

［11］金台资讯．石狮预包装食品出口3.91亿元［EB/OL］．［2021-12-13］．https：//baijiahao. baidu. com/s？id＝1718990687088895154&wfr＝spider&for＝pc.

［12］中国网．泉州海关：市场采购贸易预包装食品出口为泉州外贸发展注入新动能［EB/OL］．［2023-11-07］．https：//fj. china. com. cn/haisi/202311/37846. html.

［13］黄文珍．今年我市新增6家"小巨人"企业［N］.泉州晚报，2023-12-06.

［14］游怡冰．2023泉州民营企业100强奖励办法出台［N］.泉州晚报，2023-10-11.

［15］洪亚清，陈江．福建泉州："引才+平台+服务"助力民企创新发展［J］.中国人才，2019（2）：48-49.

［16］王毅．大国品牌："晋江经验"之安踏样本——"中国鞋王"卅年"王者之谜"［EB/OL］．［2022-09-13］．http：//caijing. chinadaily. com. cn/a/202209/13/WS632017d4a310817f312edc5b. html.

［17］国泰君安证券．恒安国际（01044）盈利水平远高于同业，产品创新推动需求增长［EB/OL］．［2019-09-02］．https：//www. zhitongcaijing. com/content/detail/234454. html.

［18］周丽萍．泉州民营企业利用海外华商资源"走出去"战略研

究 ［D］. 泉州：华侨大学，2015.

　　［19］李宁. RCEP 实施两年，中国是获益者更是贡献者 ［N］. 国际商报，2024-01-24.

　　［20］赵书博，胡江云. 高质量实施 "区域全面经济伙伴关系协定 （RCEP）" ［J］. 红旗文稿，2023 （13）：36-39.

　　［21］马忠法，王悦玥. 论 RCEP 知识产权条款与中国企业的应对 ［J］. 知识产权，2021 （12）：88-113.

　　［22］刘惠煌. 用好 RCEP 协定　助推泉州打造 "外贸强市" ［J］. 中国对外贸易，2022 （4）：36-39.

　　［23］刘惠煌. 搭上 RCEP 快车　做强招商引资——运用 RCEP 政策利好服务泉州开放招商的若干思考 ［EB/OL］. ［2022-04-28］. https：//baijiahao. baidu. com/s？id = 1731317326723797564&wfr = spider&for = pc.

后记

　　2023 年下半年，我们与泉州民营经济研究院联合开展《泉州民营企业主动融入 RCEP 的路径与对策研究》的课题研究。对于整个研究团队来说，能参与这项研究工作是非常荣幸的。

　　《区域全面经济伙伴关系协定》（RCEP）于 2022 年 1 月 1 日正式生效。此后，从中央到地方、从企业到学术界，相关的实践工作有序推进，政策持续出台并不断完善，学术研究也日渐广泛和深入。很显然，这是一项在实践和理论两个层面具有前沿性的重要课题。

　　泉州民营经济研究院（以下简称"研究院"）在 2023 年 1 月正式成立。新组建的研究院以高水平起步，旨在传承和弘扬"晋江经验"，建设具有中国特色和泉州特点的思想库和智囊团。经过数月的调查研究和酝酿之后，研究院最终选定包括本课题在内的五个项目作为研究院的首批研究课题。研究院对这五项课题研究给予了高度重视，精心设计了课题开题、中期汇报、结题汇报等关键环节，大力协调各方力量。研究院组织研究团队深入泉州市及各区县的相关政府部门、行业协会、龙头企业等开展调查研究，并协调相关单位提供了大量的电子文档资料。研究院还为本项课题研究专门安排了调查问卷的发放与回收。毋庸置疑，这样的研究课题及其推进过程，对每位研究人员而言，既是一项令人兴奋的研究工作，也是一次难得的学习机会。

　　研究课题的初衷是完成一份具有内部参考性质的政策建议报告，

而今该报告获得了公开出版的机会，这令研究人员倍感荣幸。

在课题研究过程中，泉州市及所属区县政府部门、行业协会、企业的领导与专家等给予了大力支持，提供了大量的资料，也分享了富有洞察的看法。此外，在课题开题、中期汇报、结题汇报以及整个文稿的撰写和修改过程中，泉州市以及来自国内知名高等院校和科研机构的多位专家学者给出了许多宝贵的意见和建议，这对本项课题的顺利推进和最终成果的形成大有裨益。在此，我们对相关单位及专家表示衷心的感谢。当然，本项课题的最终成文由研究团队完成，文责完全由研究团队承担。鉴于研究能力有限，文章难免存在不足，我们恳请读者不吝赐教。

泉州的经济发展呈现典型的外向型特征，而泉州广大民营企业则是践行外向型经济发展模式的主力军。数十年来，大批泉州民营企业走出国门、融入全球，在自身不断成长的同时，为泉州、福建乃至全国的经济发展做出了重要贡献，还促进了具有贸易往来或投资关系的国家或地区的经济增长。RCEP 的正式生效，为泉州民营企业提供了新的海外发展机遇，主动融入 RCEP 是泉州民营企业的普遍共识，也是泉州市政府大力推进的重要事项。可以预见，在企业、政府部门及社会各界的携手努力下，泉州将在民营企业融入 RCEP 方面不断取得新的进展，从而带来企业更大的发展。泉州民营企业的探索与实践，也将为全国其他省份的民营企业融入 RCEP 提供有益的借鉴。

纵观历史，经济一体化是全球经济走向共同繁荣的重要引擎。数十年来，世界主要经济体一度对此形成高度共识，并着力推进之。然而，逆全球化思潮在过去数年间沉渣泛起，为全球经济一体化蒙上了阴影。全球经济将走向何方、什么是未来数年乃至数十年经济增长的原动力等问题，受到各国政府及社会公众的普遍关注。

中国是积极推动全球经济一体化以实现共同繁荣的坚定力量。中国持续推进对外开放，不断融入世界经济体系，加强国家间互惠合作，为全球的经济增长做出了卓越贡献。在过去的数十年,面对复杂多变的国际环境,中国提出共建"一带一路"倡议,倡导建立全球命运共同体。作为全球规模最大的自由贸易协定,RCEP是这一时期中国与区域内十数个国家共同推动世界经济繁荣与发展的一项重要成果。

无论是宏观层面的国家间自由贸易与国家经济增长,还是微观层面的企业国际化与业务发展,新的机遇必然伴随新的挑战。但我们深信,各国及各类企业在优势互补、合作共赢中共同发展是历史的必然。探究中国企业的国际化、中国企业与其他国家或地区企业之间的合作之路,始终是我们的研究重点。对泉州民营企业主动融入RCEP路径与对策的研究,是其中的一项重要研究工作。未来,我们将持续跟踪并拓展相关领域的研究。

李东红

清华大学经济管理学院教授

清华大学全球产业研究院副院长、全球贸易与产业竞争力研究中心副主任

2024 年 6 月 10 日

后
记

"晋江经验"——泉州民营经济研究系列丛书

泉州民营企业廉洁治理建设的逻辑途径与制度保障

德勤中国 泉州民营经济研究院

著

经济管理出版社

ECONOMY & MANAGEMENT PUBLISHING HOUSE

图书在版编目（CIP）数据

泉州民营企业廉洁治理建设的逻辑途径与制度保障 /
德勤中国，泉州民营经济研究院著. -- 北京：经济管理
出版社，2024. --（晋江经验：泉州民营经济研究系列
丛书）. -- ISBN 978-7-5243-0128-8

Ⅰ. F279.245

中国国家版本馆 CIP 数据核字第 2025SY9782 号

组稿编辑：申桂萍
责任编辑：申桂萍
责任印制：张莉琼
责任校对：陈　颖

出版发行：经济管理出版社
　　　　　（北京市海淀区北蜂窝 8 号中雅大厦 A 座 11 层　　100038）
网　　　址：www. E-mp. com. cn
电　　　话：（010）51915602
印　　　刷：北京市海淀区唐家岭福利印刷厂
经　　　销：新华书店
开　　　本：720mm×1000mm/16
印　　　张：10.75
字　　　数：150 千字（本册）
字　　　数：411 千字（全四册）
版　　　次：2025 年 1 月第 1 版　　2025 年 1 月第 1 次印刷
书　　　号：ISBN 978-7-5243-0128-8
定　　　价：198.00 元（全四册）

课题组成员

德勤中国

课题负责人：计　芳

课题组成员：计　芳　郑　澄　陈　倩

　　　　　　翁东辰　胡　聪　吴雅证

泉州民营经济研究院

课题组成员：刘文儒　李自力　颜清堤

　　　　　　杨　羃　李淑娇

总序

　　民为邦本，本固邦宁。改革开放 40 多年来，民营经济已经成为推动我国发展不可或缺的力量，成为创业就业的主要领域、技术创新的重要主体、国家税收的重要来源，为社会主义市场经济发展、政府职能转变、农村富余劳动力转移、国际市场开拓等发挥了重要作用。进入新时代，以习近平同志为核心的党中央高度重视民营经济发展，2023 年 7 月，《中共中央　国务院关于促进民营经济发展壮大的意见》（以下简称《意见》）提出，"民营经济是推进中国式现代化的生力军，是高质量发展的重要基础，是推动我国全面建成社会主义现代化强国、实现第二个百年奋斗目标的重要力量"，明确了民营经济在推进中国式现代化建设中的重要作用。2023 年 8 月 29 日，《中共泉州市委　泉州市人民政府关于不断创新和发展"晋江经验"　勇当新时代民营经济强省战略主力军的意见》出台，全面加快和推进民营经济发展。

　　党中央站在更高起点谋划民营经济的发展，泉州民营经济研究院作为一家地方民营经济研究机构，深感责无旁贷，主动自觉融入推动民营经济高质量发展的国家战略宏图中。自 2023 年 1 月 27 日成立以来，泉州民营经济研究院深入贯彻党中央、国务院关于民营经济高质量发展的部署精神，着眼服务民营经济、民营企业、民营企业家，聚焦民营经济高质量发展的重大理论和实践问题，推动形成一批重要研究成果，集成《"晋江经验"——泉州民营经济研究系列丛书》，积极

发挥党委、政府决策的参谋助手和民营企业发展的智囊智库的作用。

"晋江经验"是本丛书的指导思想，也是主题主线。《意见》第31条指出，要不断创新和发展"晋江经验"，及时总结推广各地好经验、好做法，对行之有效的经验做法以适当形式予以固化。2002年，时任福建省省长的习近平同志全面、深刻、系统地提出"晋江经验"，这一因高瞻远瞩而历久弥新的重大理论创新，成为坚持和发展中国特色社会主义道路的重要路标，至今仍彰显着重要的现实指导意义。"晋江经验"既回答了中国民营经济孕育、成长和发展壮大的秘诀，又蕴涵着新征程上推动高质量发展的重要方法论，具有超越时空的真理性和价值性，其内涵与习近平经济思想一脉相承、高度契合。本丛书深入研究阐释、传承弘扬"晋江经验"，从"晋江经验"中汲取发展民营经济的高超政治智慧、非凡战略眼光和系统思维方法，让"晋江经验"更好地引导新时代民营经济高质量发展。

在"晋江经验"的指引下，本丛书从新时代中国改革开放的社会实践出发，在中国式现代化体系、社会主义市场经济理论大框架下，努力阐释民营经济、民营企业、民营企业家的结构性地位和发挥作用机制，民营经济在形成市场活力、实现共同富裕、推动中国式现代化和中华民族伟大复兴进程中担当的任务和存在的问题，新型政商关系生态，民营经济高质量发展的法治保障等反映全国民营企业所需所盼和一系列民营经济普遍性、紧迫性问题，致力于应时代之需、发思想之声、解困厄之患。不谋全局者，不足以谋一域，欲得大观，必择立高处。本丛书系列研究成果力求做到高站位、宽视野，既胸怀国之大者，瞄准新目标、把握新阶段、贯彻新理念，又落地到具体的民营经济情势和民营企业的发展实践中。我们以"晋江经验"发源地泉州作为全国民营经济的研究样本，组织一批国内优秀研究机构、高校、智库团队参与研究，如中国社会科学院工业经济研究所和清华大学等，走进泉州民营企业广大群体中深入调研，摸清民营企业情况、倾听企

泉州民营企业廉洁治理建设的逻辑途径与制度保障

2

业真实呼声，提出对策建议，给出泉州方案，努力实现国际视野、中国智慧与区域实践相结合，希望从中总结民营经济发展的泉州经验，为全国提供借鉴和启示。

奋进充满光荣和梦想的新征程，我国民营经济将走向更加广阔的舞台，呼唤民营经济发展理论创新的智力支撑。《意见》旗帜鲜明地提出，"要加强理论研究和宣传，引导社会正确认识民营企业的重大贡献和重要作用"，"坚决抵制、及时批驳澄清质疑社会主义基本经济制度、否定和弱化民营经济的错误言论与做法"。作为泉州市委、市政府的重要智库、不断创新和发展"晋江经验"的主要阵地，促进民营经济健康发展、高质量发展的重要载体，泉州民营经济研究院将紧跟时代步伐，持续推出注重时代性、实践性、创新性的新成果，希望为中国民营经济理论体系建构添砖加瓦，鼓舞民营企业家发展信心、坚定发展预期，积极为民营经济健康发展、高质量发展营造良好的氛围。

泉州民营经济研究院

2024 年 6 月

习近平总书记在看望参加全国政协十四届一次会议的民建、工商联界委员时指出："要把构建亲清政商关系落到实处，为民营企业和民营企业家排忧解难，让他们放开手脚，轻装上阵，专心致志搞发展。"民营经济作为社会主义市场经济的重要组成部分，是我国经济社会发展的重要基础。改革开放以来，我国民营经济不断发展壮大，民营企业的数量和质量都得到了显著提升，然而，进入新发展阶段，民营企业的发展也遇到了新的挑战。

近年来，随着我国反腐倡廉工作的不断深入，企业的廉洁治理意识不断加强，尤其部分企业需要上市融资，或"走出去"对外投资、开拓海外市场，业务的不断扩展对企业廉洁治理提出了更高的要求。

泉州作为中国"民营经济大市"以及著名的"侨乡"，聚集了大量知名民营企业。泉州的民营经济蓬勃发展，不少民营企业出海开展业务，国际化水平大幅提升，但在廉洁治理方面，相较于其他所有制企业而言，民营企业依旧存在起步较晚、意识较为薄弱、方式较为原始等问题。由于廉洁治理制度的缺失和不健全，给民营企业的发展带来了不良影响，因此，开展民营企业廉洁治理工作非常重要。

本书基于第三方视角，通过理论分析与政策研究相结合、案例分析与对标分析相结合、企业访谈与政府座谈相结合等研究方法展开研究。在案头研究和调查问卷的基础上，本书结合德勤丰富的内部资源和行业专家资源，有针对性地进行对标分析，为民营企业廉洁治理提出实施路径及具体举措。具体而言：

一是结合德勤中国卓越管理公司（BMC）项目的优秀案例，为泉州民营企业廉洁治理提供案例支撑。该项目旨在发现和见证具有先进管理理念和卓越管理水平的民营企业，并希望更多的中国企业重视长期、平衡和可持续的发展。

二是依托德勤中国公司治理中心先进的方法论工具对泉州民营企业廉洁治理情况进行分析。德勤中国公司治理中心的建立旨在促进中国内地和香港特别行政区两地的公司治理的领先实践。聚焦两地处于领先地位的公司治理实践，并重点收集来自德勤中国和其他第三方关于公司治理多元化的资源及领先理念。本书基于德勤中国公司治理中心的过往优秀案例以及研究成果，为泉州民营企业廉洁治理提供更为先进的管理理念。

三是结合德勤自身专业的服务经验，有针对性地对泉州民营企业在财务合规、风险合规等领域提供制度建议。德勤作为专业服务机构，业务涵盖审计、企业风险管理与环境、社会和公司治理（ESG）等多领域。同时，笔者针对不同业务线合伙人进行调研访谈，从行业实操角度为泉州民营企业廉洁治理提供专业观点。

四是基于德勤自身经验，不断丰富完善书稿内容。德勤作为一家拥有全球网络且进行国际化经营的专业服务机构，拥有健全完整的廉洁治理体系和实施机制。在开展研究的过程中，特别是有关内控和制度保障等方面，笔者也参考和借鉴了德勤在廉洁治理过程中的实践经验。

本书对泉州民营企业廉洁治理发展的现状、痛点、难点进行梳理，并依托实际调研反馈和德勤内部资源进行对标分析，从行业、区域和企业多方视角，对标先进经验案例，重点关注泉州民营企业内部廉洁治理问题，并提出"1+3+7"泉州民营企业廉洁治理逻辑框架，即根据打造民营企业廉洁治理的"泉州经验"这一目标，基于政府及公检法部门、行业、企业三个不同主体研判来推动泉州民营企业提升廉洁治理水平的有效途径，并根据泉州民营企业的特点，最终形成泉州民营企业内部治理的七大关键制度保障措施。此外，为增强研究的实践性和应用性，我们提出了民营企业廉洁治理建设的重点环节制度保障建议（附录1）作为企业日常经营借鉴的模板；提供了京东集团反腐败反贿赂制度文件（附录2）和深圳企业合规体系地方标准（附录3），为泉州市民营企业廉洁治理建设的落实应用提供可资借鉴的范本。

目录

第一章　中国民营企业廉洁治理 / 1

一、民营企业廉洁治理的含义界定 / 2

二、民营企业廉洁治理的必要性与重要性 / 4

三、我国民营企业廉洁治理的主要特征及发展现状 / 7

第二章　泉州民营企业廉洁治理 / 18

一、泉州民营企业廉洁治理的实践举措 / 18

二、泉州民营经济治理的主要问题 / 24

第三章　廉洁治理的案例与借鉴 / 43

一、市场主体主导的廉洁治理案例介绍 / 43

二、地方政府案例介绍 / 49

三、企业案例介绍 / 53

四、对标案例经验总结 / 62

第四章　泉州民营企业廉洁治理的基本框架 / 64

一、一个目标：打造民营企业廉洁治理的"泉州经验" / 65

二、三方共建：构建"多中心治理"的民营企业
　　廉洁治理生态 / 66

三、七大举措：民营企业廉洁治理建设的关键落实 / 67

第五章　泉州民营企业廉洁治理的制度保障 / 69

一、基本思路 / 69

二、制度保障 / 70

第六章　泉州民营企业廉洁治理的实践建议 / 78

一、加强廉洁文化建设 / 78

二、推动企业全生命周期的廉洁治理 / 80

三、协助中小企业构建廉洁治理体系和行动方案 / 81

四、引导家族企业引入现代企业管理制度 / 82

五、增强企业海外合规风险意识 / 86

六、强化企业廉洁治理工具和手段的运用 / 89

七、构建亲清的政商关系 / 93

结　语 / 95

附录1　民营企业廉洁治理建设的重点环节保障建议 / 96

附录2　京东集团反腐败、反贿赂制度文件 / 103

附录3　深圳企业合规体系地方标准 / 120

附录4　民营企业廉洁治理建设的逻辑途径与
　　　　制度保障调查问卷 / 149

后　记 / 156

第一章
中国民营企业廉洁治理

党的二十大强调，要弘扬企业家精神，促进非公有制经济健康发展和非公有制经济人士健康成长；提出要优化民营企业发展环境，并强调完善产权保护、市场准入、公平竞争、社会信用等市场经济基础制度，优化营商环境；依法保护民营企业产权和企业家权益。

在此背景下，2023 年 7 月，中共中央、国务院发布了《关于促进民营经济发展壮大的意见》（以下简称《意见》），《意见》指出，民营经济是推进中国式现代化的生力军，是高质量发展的重要基础，是推动我国全面建成社会主义现代化强国、实现第二个百年奋斗目标的重要力量。在新发展阶段，《意见》的颁布为民营企业的发展指明了方向。

《意见》对民营企业廉洁治理建设提出了具体要求，主要聚焦四个方面：一是构建民营企业源头防范和治理腐败的体制机制，主要从外部执法和企业内部管理两个层面提出具体要求；二是引导完善民营企业的治理结构和管理制度，主要聚焦企业合规、财产分离、风险管理等多个维度；三是健全民营经济人士思想政治建设机制，包括发挥党员先锋模范作用，探索民营经济领域党建工作方式；四是全面构建亲清政商关系，如各级领导干部要主动作为、靠前服务，民营企业家要遵纪守法办企业、光明正大搞经营。

此外，最高人民检察院也就民营企业廉洁治理出台了相关规定。2023 年 7 月，最高人民检察院发布《关于依法惩治和预防民营企业内部人员侵害民营企业合法权益犯罪、为民营经济发展营造良好法治环境的意见》，明确指出民营企业内部人员犯罪，不仅严重损害民营企业合法权益，影响民营企业核心竞争力和创新发展，而且扰乱公平竞争市场秩序，破坏民营企业发展环境，并对惩治民营企业内部人员犯罪提出了基本要求规范。从外部治理来看，司法机关将进一步出台更多的规范和指引，旨在优化民营企业发展环境，保护民营企业产权和企业家权益，促进民营经济发展壮大。

由此可见，在鼓励民营经济发展的同时，民营企业廉洁治理也是党和国家重点关注的领域之一。近年来，随着我国国民经济和社会的不断发展，民营经济规模不断壮大，民营经济的作用不断凸显。而伴随着民营经济的高速发展，民营企业廉洁治理建设成为当前民营经济发展的重要课题。

一、民营企业廉洁治理的含义界定

廉洁是体现一个国家治理水平的重要指标，廉洁治理是指政府、企业、公民等各类主体对自身或他人的品格进行管理和监督，促使其展现出节制克己、不贪不占的廉洁品德。从现代治理的角度来看，廉洁治理不仅涵盖廉洁政府治理，还包括廉洁企业治理、廉洁文化治理和廉洁社会治理等多个方面。

针对廉洁治理涵盖的范围，经济合作与发展组织（简称"经合组织"）官网的"反腐败与廉洁"专栏基本将廉洁等同于不腐败，并进一步将廉洁分为政府等公共部门的公共廉洁和企业等私营部门的商业廉洁。2010年，《世界银行集团廉洁合规指引》将廉洁界定为禁止腐败、舞弊、共谋、胁迫等不法行为。

在此基础上，我国的廉洁治理还考虑到文化和思想建设等多个层面。以廉洁文化建设为例，我国出台了《关于加强新时代廉洁文化建设的意见》《关于加强国有企业新时代廉洁文化建设三年行动的实施方案（2022—2024年）》等一系列文件，为廉政文化建设提供了方向引领和制度框架。

在实践层面，企业合规体系建设同样是保障和维护企业廉洁治理的重要保障，根据《合规管理体系要求及使用指南》（ISO 37301：2021）的相关规定和我国《中央企业合规管理办法》第三条，合规是指企业经营管理行为和员工履职行为符合国家法律法规、监管规定、行业准则和国际条约、规则，以及公司章程、相关规章制度等要求。例如，遵守组织外部的法律法规、监管规定、行业准则和国际条约、规则等要求，以及组织内部的章程、规章制度等要求，以实现合规风险[①]管理，即不合规发生的可能性和未履行合规义务所造成的后果（如引发法律责任、造成经济或者声誉损失以及其他负面影响）最小化。

从整体情况来看，企业合规包含的范围和内容更加广泛，廉洁治理是企业合规的重要组成部分。在国内层面，多数廉洁问题往往伴随着"不合规"现象的发生。因此，廉洁治理必然伴随着合规制度的落实，但重点依旧是廉洁治理。在国际层面，对于"出海"经营企业而言，主要关注由于合规引发的相关问题。从类型看，政府及公共部门、公有制企业具有更为丰富和完善的法律保障和制度要求（具体见本章后文），而私营部门在廉洁治理领域遇到的问题更为复杂，且相关违规及犯罪行为也更为隐蔽，仅依托外部力量实现内部廉洁治理难度较大，也不利于企业的良性发展。基于此，本书将重点关注民营企业内部的廉洁治理问题，以及为提升企业内部廉洁治理水平而需要开展的合规治理体系建设。

---

① 合规风险指企业及其员工在经营管理过程中因违规行为引发法律责任、造成经济或者声誉损失以及其他负面影响的可能性。

二、民营企业廉洁治理的必要性与重要性

"国廉则安，家廉则宁"。"欲治其国者，先齐其家"。党的十八大以来，习近平总书记高度重视廉政建设和家风建设，深刻指出家风是社会风气的重要组成部分。改革开放以来，我国的民营经济大多从家族企业、乡镇企业、合伙经营起步，逐渐做大做强。而随着企业规模的扩大和时代的变迁，民营企业也面临着内部腐败等问题，给企业家、创业者和社会造成了不良影响甚至不可挽回的损失。

（一）民营企业廉洁治理的必要性

针对民营企业廉洁治理问题，许多大型企业开始了"集体反思"，马化腾直言腾讯内部的贪腐问题"真的是触目惊心"；刘强东痛批"京东中高层拿 PPT 骗自己"；李彦宏也表示"马化腾说的问题，百度也都有"。从企业界人士的表态不难发现，在民营企业的发展过程中，贪腐问题已经成为影响企业健康发展的重要因素。

从实践层面看，民营企业内部腐败的形式有以下几种表现：收受贿赂、占用企业资金、出卖商业秘密、虚增报销金额、侵吞企业财产、侵占企业核心技术、为家属亲友谋取利益等。上述行为给民营企业在经济、声誉、竞争力等各方面造成了严重影响。同时，这些企业内部的腐败行为，对消费者、其他市场主体以及公平竞争的营商环境都将造成不良影响。因此，开展民营企业廉洁治理具有必要性。具体而言：

第一，民营企业内部贪腐不仅会造成经济损失，也会影响民营企业的竞争力。实现经济效益最大化是企业的长期诉求，而廉洁治理需

要占用企业的人力资源和管理时间，且不能在短期内产生直接经济效益，因此常被企业，特别是初创企业忽略。从长期发展来看，一方面，如果企业长期处于廉洁不合规的状态，在出现重大风险时可能造成经济效益、品牌效益的重大损失；另一方面，如果企业希望未来走得更远，在发展壮大的过程中需要经历开拓境外市场、进行境外融资等活动，如果没有形成廉洁的内环境，将可能付出重大的经济和声誉损失代价。从表面上看，民营企业贪腐大多体现在金钱上，往往涉及收受好处费、礼品等，但更为严重的是内幕交易、窝串等行为。前者将对公司在业界的口碑和声誉造成严重不良影响，而后者通过非正当的途径转移原本属于公司的经济利益和资源，会导致公司业务受到严重影响，甚至出现资金链断裂等不良后果。

第二，民营企业内部腐败会间接损害消费者利益，甚至影响整体市场的健康发展。民营企业发生内部腐败问题后，其贪腐成本将最终转嫁到消费者身上，表现形式可能是商品、服务价格提高或品质降低。从更为宏观的视角来看，民营企业内部腐败还可能造成对整体市场公平竞争环境的破坏，带来整个市场交易秩序的混乱后果。

第三，民营企业腐败往往呈现出民企内部腐败和公共领域腐败交织的特点，对整体营商环境造成负面影响。以电商行业为例，电商业务的大热也催生了利用职务之便收受经销商好处、利用公司资源为自身牟利、倒卖公司货物等腐败行为。一方面，这影响了公司在行业内的口碑；另一方面，在经营环节上的"吃拿卡要"也间接影响了整个市场公平竞争的营商环境。因此，通过加强廉洁治理，让腐败行为得不到利益回应，将使更多的行为人放弃使用腐败的方法开展业务，进而推动法治化、市场化营商环境建设。

第四，在全球反腐败的大背景下，企业在"走出去"过程中必须建立廉洁合规体系，以免造成不可挽回的损失。公平竞争、反舞弊与反腐败、反垄断和反洗钱、环保、质量等合规要求已经成为全球立法和监管的趋势。我国于 2005 年加入《联合国反腐败公约》，经过数十年发展，企业廉洁合规治理已经成为中国企业全球化经营的重要能力。随着中国企业国际化经营要求的提升，企业面临的合规风险更为突出。2016 年美国司法部《反海外腐败法》执法案件（含不予起诉决定）中，有 10 件与中国相关，占比 45%；美国证监会的相关执法案件中，14 宗涉及中国，占比 58%。由此可见，一些中国企业并没有对合规给予足够的重视，尚未学习和适应国际竞争规则，而是沿用在国内的习惯和做法，最终导致因不合规而受到制裁或处罚。因此，加强企业廉洁治理能力建设对于企业的国际化经营十分重要。

（二）民营企业廉洁治理的重要性

民营企业廉洁治理作为公司治理的一部分，是国家治理的微观基础和重要组成部分。开展民营企业廉洁治理有利于社会主义市场经济的稳定发展，有利于推进政府机构反腐败治理，有利于完善司法监管体系。

第一，民营企业廉洁治理有利于社会主义市场经济的稳定发展。民营经济为社会主义市场经济发展注入了富有活力的微观主体力量，一定程度上能够推动国有企业效率的提高。民营经济是非公有制经济的重要组成部分，国家多次强调要毫不动摇地鼓励、支持、引导非公有制经济发展。因此，开展民营企业廉洁治理，有利于营造良好的市场环境，促进民营经济发展壮大，进一步激发各类市场主体活力，维护和促进各类所有制经济"齐头并进"。

第二，民营企业廉洁治理有利于政府机构的反腐败治理。民营企业的经营离不开与政府及其他公共部门的沟通与合作。民营企业和民营企业家在同政府打交道时，要做到交往有道、公私分明，有交集不搞交换、有交往不搞交易，光明磊落地交往，否则可能产生企业内部的腐败问题，进而滋生权钱交易、以权谋私等腐败问题。因此，开展民营企业廉洁治理，有利于构建亲清政商关系，实现政商交往有度有界、有规有矩，这不仅有利于完善现代企业治理结构和内控机制，加强企业内部腐败问题治理，也是对政府行为的监管和监督，利于推进政府机构内部的反腐败治理。

三、我国民营企业廉洁治理的主要特征及发展现状

党的十八大以来，习近平总书记高度重视清正廉洁价值观的培育，将其纳入党内政治文化建设的总体部署中，并将廉洁内涵贯穿"社会主义核心价值观"，对国家、社会和公民都提出了具体要求。在党的二十大报告中，习近平总书记指出，要加强新时代廉洁文化建设，教育引导广大党员、干部增强不想腐的自觉，清清白白做人、干干净净做事。2024年1月，习近平总书记在二十届中央纪委三次全会上再次提出"加强新时代廉洁文化建设"的明确要求。

在从严治党，构建亲清政商关系的大方针下，我国的廉洁治理建设由政府层面不断向企业、社会传导，廉洁治理已经成为全社会的广泛共识。

（一）中国民营企业廉洁治理法治发展历程

从整体情况看，我国民营企业廉洁治理主要可以分为三个阶段，即20世纪90年代的起步阶段、党的十八大之前的完善阶段、党的十八大以来的新发展阶段，具体如图1-1所示。

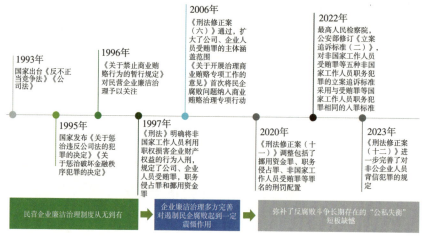

图 1-1　中国民营企业廉洁治理制度建设发展历程

1. 起步阶段：企业廉洁治理规则从无到有

1988 年，第七届全国人民代表大会第一次会议通过宪法修正案，确立了私营经济的合法地位，规定私营经济是社会主义公有制经济的补充。自此，我国私营经济在宪法层面得到了保障和承认。然而，在这一阶段我国并没有颁布或出台与企业廉洁治理相关的法律规则。例如，1979 年《刑法》仅对国家工作人员利用职权损害公共利益的行为作出规制，并未提及私营经济中工作人员的廉洁治理问题。

自 20 世纪 90 年代起，我国开始逐步建立民营企业廉洁治理制度。

1993 年，党的十四届三中全会审议通过《关于建立社会主义市场经济体制若干问题的决定》，确立了建设社会主义市场经济的目标，明确坚持以公有制为主体，多种经济成分共同发展，进一步明确了私营经济在社会主义市场经济体系中的重要地位。同年，《公司法》和《反不正当竞争法》出台，标志着我国在市场经济框架下，从法律层面确立了现代企业制度和市场经济的竞争规则，更好地规范公司的组织和行为，维护公平的市场竞争环境。具体而言，1993 年《公司法》对公司董事、监事和经理的任职条件作出限制，明确因犯有贪污、贿赂、侵占财产、挪用财产罪或破坏社会经济秩序罪的主体在一定条件下不得担任前述职务，并明确规定公司董事、监事、经理应当忠实履行职务，不得利用其在公司的地位和职权为自己谋取私利。1993年《反不正当竞争法》第八条和第二十二条分别规定了禁止商业贿赂和商业贿赂的法律责任，明确单位或个人不得在账外暗中收受其他经营者回扣，否则将以受贿论处。

1995年《关于惩治违反公司法的犯罪的决定》《关于惩治破坏金融秩序犯罪的决定》和1996年《关于禁止商业贿赂行为的暂行规定》等有关法律问题和重大问题的决定、部门规章进一步在规则层面对相关单位工作人员利用职权损害单位利益的行为进行整治和处罚。在此基础上，1997年《刑法》明确将公司、企业人员受贿罪、职务侵占罪和挪用资金罪纳入规制范畴，使得非国家工作人员利用职权损害企业财产权益的行为入刑，为民营企业的廉洁治理提供了有力保障。

上述法律法规的颁布，标志着民营企业反腐败治理实现了法律层面上从无到有的历史性跨越。

2. 完善阶段：企业廉洁治理规则不断完善

自1997年《刑法》颁布以来，我国在法律层面不断完善反腐败治理的相关规定。2006年《刑法修正案（六）》将商业贿赂论罪的主体扩大到公司、企业以外其他单位的工作人员，即相较于1997年《刑法》，公司、企业以外其他单位工作人员也可以构成公司、企业人员受贿罪。

在政府层面，2006年中共中央办公厅、国务院办公厅印发了《关于开展治理商业贿赂专项工作的意见》，标志着我国首次将民营企业腐败问题纳入商业贿赂治理专项行动，重点解决工程建设、土地出让、产权交易、医药采购、政府采购以及资源开发和经销六个领域的商业贿赂问题。

在这一期间，我国涉及商业腐败的有关法律和政策不断完善，对遏制民营企业腐败起到了一定的震慑作用。

3. 新发展阶段：民营企业廉洁治理受重视程度不断提高

党的十八大以来，我国反腐败进入新阶段，腐败问题得到极大遏制。在此背景下，民营企业同样开始重视内部反腐败治理并开展内部自查工作。

2016 年，中共中央、国务院发布《关于完善产权保护制度依法保护产权的意见》，文中六次提到"平等保护"，明确指出"非公有制经济财产权同样不可侵犯"，要"废除对非公有制经济各种形式的不合理规定""完善平等保护产权的法律制度""清理有违公平的法律法规条款"。《关于完善产权保护制度依法保护产权的意见》对我国私有产权保护具有重要指导和推动作用，是完善社会主义市场经济体制、实现经济社会持续健康发展的重要组成部分。

在此基础上，我国《刑法》也通过调整相应罪名的刑罚配置、将民营企业内部人员纳入相关罪名的犯罪主体范围等方式，以强化民营企业私有财产保护。2020 年 12 月出台的《刑法修正案（十一）》将非国家工作人员受贿罪、职务侵占罪的法定刑档次从两档增加至三档，并将非国家工作人员受贿罪的最高法定刑期提升至无期徒刑，以此强化对于民营企业内部腐败行为的威慑程度和打击力度。此外，2022 年 4 月，最高人民检察院、公安部联合发布修订后的《关于公安机关管辖的刑事案件立案追诉标准的规定（二）》（简称《立案追诉标准（二）》），对非国家工作人员受贿案、职务侵占案和挪用资金案等非国家工作人员职务犯罪采用与受贿罪等国家工作人员职务犯罪相同的立案追诉标准，在企业反腐败治理层面给予私有财产权与公有财产权同等保护。

2023 年 12 月 29 日，十四届全国人民代表大会常务委员会第七次会议表决通过了《刑法修正案（十二）》。本次修法实际内容共七条，其中三条涉及惩治非公有制企业（主要是民营企业）内部腐败犯罪

（即第一百六十五条、第一百六十六条、第一百六十九条），涵盖非法经营同类营业罪、为亲友非法牟利罪和徇私舞弊低价折股、出售国有资产罪。在原有法律条文仅规定了国有公司、企业的相关责任主体可构成相应职务犯罪的基础上，于各条中分别增加第二款，规定民营企业内部人员实施相应行为也同样构成犯罪，并"依照前款的规定处罚"。

前述《刑法》修正案的颁布积极回应了非公有制企业防治腐败的社会需求，秉持依法、平等保护非公有制企业财产利益的立法原则，将原先仅限定于国有公司、企业管理人员这一特殊主体适用的罪名扩展至全部公司、企业，以通过惩治民营企业内部人员侵害企业财产行为实现平等保护民营企业产权的修法目的。立法机关除在刑法领域对中央"毫不动摇鼓励、支持、引导非公有制经济发展"，"优化民营企业发展环境，依法保护民营企业产权和企业家权益，促进民营经济发展壮大"和"完善产权保护，促进各类企业公平竞争"等精神予以贯彻响应外，针对民营经济的专门的立法——《民营经济促进法》的起草工作也已经启动，旨在依法保护民营企业产权和企业家权益，保障民营企业公平参与市场竞争、平等使用生产要素，切实从法律制度层面上落实对不同所有制企业平等对待的要求，进一步促进民营经济发展壮大。

（二）不同所有制企业廉洁治理实践

以公有制为主体、多种所有制经济共同发展是我国的基本经济制度。从企业廉洁治理发展情况来看，不同所有制的企业廉洁治理现状也不尽相同，这既有外部制度约束与保护方面的差异，也有企业内部治理方面的差异。其中，国有企业和外资企业在廉洁治理方面都有较好的表现，呈现出不同的特点。

1. 公有制企业廉洁治理实践

企业廉洁治理的制度建设首先在国有企业中得到了良好的推广与

实践。在党的十八大以来的历次全会上，习近平总书记反复强调要持续惩治国有企业腐败问题，将党规党纪与国家法律、国际规则有机融合，一体推进不敢腐、不能腐、不想腐，提升企业治理体系和治理能力。

在制度建设层面，为了帮助国有企业构建内部廉洁治理体系，实现更高质量发展并参与全球竞争，有关部门先后发布了《中央企业全面风险管理指引》《企业内部控制基本规范》《企业法律风险管理指南》《关于推动落实中央企业法制工作新五年规划有关事项的通知》《关于全面推进法治央企建设的意见》《关于在部分中央企业开展合规管理体系建设试点工作的通知》《中央企业合规管理指引（试行）》《企业境外经营合规管理指引》等廉洁治理系列规则、指引，初步形成了中国企业合规的治理体系（见图1-2）。这些规则、指引的颁布，为国有企业建立了一个基本的廉洁治理框架。同时，还考虑到国有企业"走出去"的需求，指导国有企业有效应对境外法律在劳工、环境、知识产权、反腐败等领域的合规要求。

图1-2　中国企业廉洁政策发展脉络

在法律层面，除《刑法》《反不正当竞争法》《公司法》之外，国有企业还受到《企业国有资产法》《企业国有资产监督管理暂行条例》

《中央企业合规管理办法》等法律、行政法规和部门规章的约束与保护。因此，法律法规层面对国有企业经营者的任免与考核、经营管理人员的腐败行为、企业与关联方的交易原则、国有资产转让的交易原则等均有更严格的限制和更高的要求。

除制度建设和法律法规外，中国共产党党组织对国有企业廉洁治理也起到了关键作用。2019年，中共中央印发《中国共产党国有企业基层组织工作条例（试行）》，对国有企业党组织工作作出整体设计和全面规范，明确国有企业党组织的四大内涵，包括监督保证作用、支持作用、参与作用和主体作用。其中，党组织在国有企业中发挥领导核心和政治核心作用，在公司法人治理结构中具有法定地位，监督保证党和国家的方针政策在企业的贯彻执行；支持股东会、董事会、监事会和经理层依法行使职权，加强对企业选人用人的领导和把关，履行企业党风廉政建设主体责任，领导、支持内设纪检组织履行监督执纪问责职责等。此外，国有企业形成了党委统一领导、党委组织部门牵头抓总、国有资产监管部门党组（党委）具体指导和日常管理、有关部门密切配合、企业党组织履职尽责的工作格局。各级党组织均强化党建工作责任制落实情况的督促检查，层层传导廉洁治理工作的要求和压力，推动廉洁治理工作落实。

"党纪+国法"的双重约束，使得国有企业得以开展深入且系统化的廉洁治理制度建设，形成相对成熟、稳定、统一的管理和执行机制。

2. 非公有制企业廉洁治理实践

虽然外资企业和民营企业在某些领域适用不同的法律法规，但从所有制角度来看，外资企业也属于非公有制经济的一员。从专门适用于外资企业的法律来看，无论是2020年废止的《中外合资经营企业法》《外资企业法》《中外合作经营企业法》，还是现行有效的《外商投资法》，均侧重于对外商投资权益的保护，保护外商投资不受外部侵犯，如规定国家依法保护外国投资者在中国境内的投资、收益和其他合法权益，但并未规定其内部廉洁治理问题。从《刑法》层面看，在惩治企业内部贪污腐败方面，同属于非公有制经济的外资企业则与民营企业适用相同的法律规定。即便如此，外资企业，特别是跨国公司在企业内部廉洁治理层面的问题相对较少。究其原因，则是源自其企业内部的一套行之有效的解决和治理方式，这对推动民营企业廉洁治理具有重要参考意义。

跨国公司在国际化经营过程中更加关注国际层面对反腐的要求。联合国、经合组织、世界银行、亚太经济合作组织（APEC）等国际组织和亚太地区组织陆续颁布《联合国反腐败公约》、《关于打击国际商业交易中行贿外国公职人员行为的公约》（以下简称"《OECD 反腐败公约》"）、《反腐败指导方针》和《APEC 关于提高政府执行力和反腐力度的指导意见》等框架性文件。国际化经营的跨国公司往往密切关注国际公约、指引的规定，并不断内化为企业内部的合规管理规范。

跨国公司需考虑不同国家法律可能对其在中国经营的影响。如美国《反海外腐败法》（The Foreign Corrupt Practices Act，FCPA）、英国《2010 年反贿赂法》（Bribery Act 2010）、法国《萨宾第二法案》、德国《反腐败法》和新加坡《预防腐败法》等法律，不仅对本国企业以及在本国发生的腐败行为进行规制，还往往涉及跨国公司在境外的相关腐败行为。以美国《反海外腐败法》为例，在该法律下，包括公民、国民或居民在内的任何美国个人；或是美国各州、属地、控制地的公司主体及其海外子公司；或主要业务地在美国的任何公司、合伙企业、联营、股份公司、商业信托、非公司化组织或个人独资企业，以及代表国内人行事的管理人员、董事、雇员、代理人或股东，即包括在美国境内从事特定行为的外国个人或实体都会受到约束与保护。美国《反海外腐败法》不仅约束规范了美国境内发生的任何腐败案件，而且，即便相关腐败和贿赂行为发生在美国境外，其也会受到相关法律的制裁，如 2004 年的"朗讯案件"以及 2008 年"西门子贿赂案"等，虽然案件全部或部分发生在中国，但最终这些案件均依据美国《反海外腐败法》进行惩处。因此，跨国公司在国际化经营的大背景下，为了控制违规成本，自发建立并不断完善内部的合规治理体系，以避免因为违反其他国家相关法律从而对企业全球经营造成不良影响。

跨国公司开展廉洁治理同自身声誉管理紧密结合。跨国公司更加看重自身的声誉，如果其在某一国出现了廉洁治理的违规行为，可能对整个公司的声誉和经营产生影响，也不利于其在其他国家的经营。因此，跨国公司在中国经营时十分重视合规管理。

跨国公司在合规框架和廉洁文化构建方面更为成熟。现代企业制度起源于英国，在西方发达国家率先普及。对于发源自西方发达国家的跨国公司，其内部治理已经确立和实施了很长时间，成为企业不断传承的制度和文化。因此，跨国公司在反腐败和企业廉洁治理方面的立法、执法经验和能力比中国的民营企业更为丰富。以廉洁文化培训为例，很多跨国公司在员工的不同发展阶段都会开展廉洁培训，培训的完成情况与个人绩效挂钩，培训课程也会根据新出台的法律以及最新实践不定期更新，确保员工能够了解到反腐败治理的最新要求。

跨国公司的信用体系建设更为完善。跨国公司通过企业内部合规纠错机制，对责任人采取警告、罚款、解雇等多种手段进行处理。同时，跨国公司通过行业自治和市场化手段，形成了有效的信用约束和信息共享机制，也产生了相应的威慑作用。例如，跨国公司通常会雇用第三方背景调查公司对候选人进行背景调查。由此，曾因廉洁问题而被解雇的员工，将很难再在业内找到合适的工作。

跨国公司的内部治理权力较为分散。跨国公司往往更为彻底地执行现代企业制度，实现所有权和经营权的分离以及权力间的相互制衡。在中国，跨国公司管理层受到境外母公司的监督和约束，廉洁治理制度贯彻得更为彻底，人为改变制度或者不执行制度的情况较少。

民营企业作为我国非公有制经济的重要组成部分，对其的法律保护在不断加强，但在实践层面，民营企业廉洁治理目前还存在调查难、举证难、检查难"三难"问题，这既受到客观因素的影响，也源自民营企业自身制度的不完善。

民营企业反腐败治理更多依靠公权力介入而忽视内部治理。从实践层面来看，部分民营企业在发生廉洁问题时，选择寄希望于公权力介入。然而，多数腐败问题的根本原因在于企业内部合规体系不完善，个别企业不愿在廉洁治理层面投入更多的金钱和精力，而过度依赖法律和公权力机关对企业的保护。由于公权力对民营企业腐败问题的规制具有一定门槛和标准，如刑法仅打击触及法律底线的犯罪行为，对于一般违法行为、有违商业道德的行为等没有覆盖。同时，立案标准的存在使得有限的公权力资源能够被较为精准地分配至情节较严重、造成损害较大的行为规制上，而未达到相应标准的民营企业腐败问题尚不需要公权力的介入。因此，在发生腐败问题后期望通过公权力介入挽回自身损失、弥补自身在廉洁治理层面的漏洞和短板，既无法根治企业的腐败问题，也不利于其自身的良性发展，还可能造成公共资源的浪费。

民营企业内部缺乏有效的监督制约机制。相较于国有企业受制于党纪国法的双重规制，跨国公司受制于国际规则、公司治理制度的约束，民营企业在实践中广泛存在内部组织架构不规范、监事会空置等问题，缺乏有效的监督制约机制，反腐败治理难以得到有效落实。

民营企业廉洁文化建设有待加强。一些企业在成立初期即存在不规范的行为，随着企业的扩张，这类行为并未得到纠正，甚至部分民营企业仍存在依靠"惯性思维"、在开展业务时钻法律和政策空子的情况，此类情形既不利于企业本身业务发展，对于其内部廉洁文化建设也具有消极影响。

民营企业缺乏廉洁治理体系参照标准。改革开放以来，我国民营企业发展仅40多年，时间较短，在廉洁治理体系建设中缺乏经验，因此在制度设计时存在不完善、不健全的问题，同时也缺乏相关体系建设的实践和案例支撑。如果民营企业照搬国有企业的廉洁治理模式，将面临组织结构、管理模式和市场监管等方面不匹配的问题。从成本角度来看，很多国有企业在廉洁治理层面的投入也并非一般民营企业所能够承受，特别是对于中小企业而言。

总体来看，对于非公有制经济而言，跨国公司和民营企业受到法律的约束和保护基本一致，但由于跨国公司有更多的经营经验积累，制度建设更为完善且落实到位，且出于全球化经营的需要，在内部形成了更为完善的廉洁治理体系，而我国民营企业在内部合规体系建设层面仍具有较大提升空间。

第二章

泉州民营企业廉洁治理

　　尽管目前我国民营企业廉洁治理依旧存在一些问题和困难，但一些地方的民营企业和相关部门已经开始行动，不断完善自身廉洁治理体系。泉州作为我国民营经济发展的代表地区，已初步形成民营企业廉洁治理生态体系，为我国民营企业廉洁治理的实践和落实提供了宝贵经验。

一、泉州民营企业廉洁治理的实践举措

　　近年来，泉州围绕政策引导、制度保障、教育先行、行业合作和企业响应等方面，已形成了以政府为主导的民营企业廉洁治理模式，初步形成民营企业廉洁治理生态体系。泉州民营企业整体廉洁治理意识逐步加强，大型民营企业的廉洁治理体系建设日趋完善，中小企业开始探索完善搭建内部治理规则和机制。

（一）政策引导：优化民营企业廉洁治理政策环境

　　2023 年 1 月，泉州市委政法委牵头泉州市中级人民法院、市检察院、市公安局，联合出台《泉州市政法机关进一步深化法治护企服务保障民营企业健康发展十二条意见》，贯彻平等全面依法原则，充分保

护企业家各类权益，规范司法强制措施，为企业家合法权益提供刑事司法保障，以完善"法治护企"司法规则。

2023年2月，泉州市人民检察院与泉州市工商业联合会共同发布《关于进一步深化"亲清护企"优化法治营商环境的工作意见》，在打击涉企犯罪、健全企业内部管理、增强企业自身防范法律风险能力等方面持续发力。

2023年2月，为充分发挥司法行政机关在服务保障民营企业健康发展中的职能作用，泉州市司法局深入贯彻落实"深学争优、敢为争先、实干争效"行动，全面落实全市民营经济发展大会精神，推出了《落实"深学争优、敢为争先、实干争效"行动服务保障民营企业健康发展十九条措施》，建立起覆盖事前、事中、事后各环节，内部审核和外部审核相结合的文件审核制度，全方面保障涉企规范性文件合法有效；提出形式多样的执法监督，包括认真受理民营企业对行政执法的投诉举报，将涉民营企业执法案件列为案卷评查重点范围；探索设立行政执法监督民营企业联系点，邀请民营企业代表担任特邀行政执法监督员等。

市级层面相关政策和意见的出台，在整体层面为民营企业廉洁治理提供了有效保障，并为泉州打造良好的企业廉洁治理氛围打下了坚实基础。

区级层面政策更加注重落地。相关主体通过和第三方机构合作，为企业出谋划策，提供专业操作指引供企业参考。2022年8月，泉州市鲤城区司法局指导律师事务所编印《企业合规管理提示暨法律风险防范建议》，旨在帮助企业建立健全法律风险预警防范和矛盾化解机制，为民营企业廉洁经营提供相关法律援助和支持，助力新就业形态健康发展。2022年11月，泉州南安市司法局联合南安市律师服务企业团队、九牧集团法务部联手编撰的《企业法律风险防范62则》正式印制，分别从合同管理、财务税收、企业用工、安全生产、法人治理五部分内容，制定了62条具体条款，涉及企业发展、运营、管理的方方面面，实用性强、内容充实，为南安市企业合规经营提供了重要参考。泉州民营企业治理政策具体如表 2-1 所示。

表 2-1　泉州民营企业治理政策梳理

类别	时间	具体政策文件	主要内容
泉州市市级政策	2023 年 1 月	《泉州市政法机关进一步深化法治护企服务保障民营企业健康发展十二条意见》	贯彻平等全面依法原则，充分保护企业家各类权益，规范司法强制措施，为企业家合法权益提供刑事司法保障，以完善"法治护企"司法规则
	2023 年 2 月	《关于进一步深化"亲清护企"优化法治营商环境的工作意见》	在打击涉企犯罪、健全企业内部管理、增强企业自身防范法律风险能力等方面作出具体规定
	2023 年 2 月	《落实"深学争优、敢为争先、实干争效"行动服务保障民营企业健康发展十九条措施》	建立起覆盖事前、事中、事后各环节，内部审核和外部审核相结合的文件审核制度，全方面保障涉企规范性文件合法有效
泉州市区级政策	2021 年 3 月	泉州晋江市检察院制定出台《关于成立晋江民营企业合规建设服务联盟的实施方案》	联合晋江市法院、发展改革局、科技局、公安局、泉州市律师协会、青商会等 25 家单位成立"民营企业合规建设服务联盟"，推进企业合规建设稳步开展
	2022 年 8 月	泉州市鲤城区司法局指导律师事务所编印《企业合规管理提示暨法律风险防范建议》	旨在帮助企业建立健全法律风险预警防范和矛盾化解机制，助力新就业形态领域健康发展
	2022 年 11 月	泉州南安市司法局联合南安市律师服务企业团队、九牧集团法务部制定《企业法律风险防范 62 则》	分别从合同管理、财务税收、企业用工、安全生产、法人治理五部分内容，制定了 62 条具体条款，为南安市企业合规经营提供重要参考

（二）制度保障：保障民营企业合法权益

泉州市司法机关也不断提升服务质量，为企业在廉洁治理层面提供优质服务，保障泉州民营企业的合法权益。以泉州市中级人民法院为例，其优化执法办案审理模式，建立办理涉民营企业案件"绿色通道"，坚持优先受理、快速办理、及早结案，尽量缩短受理时间；健全良性沟通联络机制，加强与公检法等单位联动，定期召开联席会，就相关案件的重难点进行讨论研究，坚持信息共享，精准掌握廉洁治理相关案件的工作情况；在此基础上探索企业刑事合规制度，2023 年 5 月，泉州市中级人民法院受邀加入泉州市涉案企业合规第三方监督评估机制管委会。

在制度设计层面，泉州设计了一系列措施和制度避免腐败。以政府采购为例，泉州市财政局等政府机构通过采购回避制度保证政府采购交易过程和交易结果的公平和公正，通过全面推行政府采购意向公开、全面提升电子化采购的综合效能、推行政府采购文件在采购公告阶段提前公开、中标、成交结果及时确认公开等具体措施保障采购过程的公平、公正、公开。同时，财政部门通过下发采购人主体责任清单，健全政府采购负面清单机制，开展监督检查等方式规范政府采购行为。

（三）教育先行：提升民营企业廉洁治理意识

泉州市检察院、市司法局等有关部门持续推动企业廉洁治理相关的教育活动已经取得初步成效，具体而言：

泉州市检察院加强文化宣传，推动社会综合治理。一是充分运用检察建议，帮助企业完善治理结构，健全管理制度，防范法律风险，促进企业依法决策、依法经营、依法管理。二是打造非公有制企业法治教育基地，通过展示涉民营企业犯罪的常见罪名、典型案例、发案成因、防治对策以及相关的法律法规，深入剖析企业高管和员工犯罪原因，阐明犯罪代价，引导企业合法经营、依法维权，促进企业员工守法从业、远离职务犯罪。三是推动法治宣传进企业，应企业呼声，遴选优秀检察干警，组建企业法治讲师团，开展"预防企业员工职务犯罪"宣讲。此外，2023 年 2 月，泉州市检察院坚持以专业化为方向，注重发挥检察一体化优势，成立了一支覆盖四大检察业务、跨级别跨部门的专业化"亲清护企"团队。"亲清护企"团队成立以来，组织普法宣讲团走访 40 余家重点企业，收集企业的诉求和意见，开启"亲清护企"绿色通道。

泉州市司法局强化民营企业合规意识，提高合规管理能力。泉州市司法局联合泉州市律师协会等单位共同组建服务民营企业律师志愿团，引导志愿团成员所在律师事务所积极与泉州市工商联所属商会、县级工商联以及会员企业建立联系合作机制，主动深入民营企业开展法律咨询、法治体检、法治宣讲等各类法律服务。2023年以来，志愿团深入民营企业开展法治讲座92场次，提供法律咨询417次，开展企业合规法治体检36次，提供其他法律服务381次。此外，泉州市司法局也在积极推行精准化法治宣讲。泉州市司法局利用"三下乡"、"3·15"国际消费者权益保护日、"4·15"全民国家安全宣传教育日、"民法典宣传月"等重要时间节点，实现市、县（市、区）、乡、村四级联动，持续开展"法律进企业"活动。这些为企业志愿服务和"传经送宝"的宣传工作，有助于增强民营企业法治意识和法治观念。

（四）行业合作：构筑廉洁治理政企合作交流平台

平台建设层面，2021年3月，晋江市检察院出台《关于成立晋江民营企业合规建设服务联盟的实施方案》，联合晋江市法院、发展改革局、科技局、公安局、泉州市律师协会、青商会等25家单位成立"民营企业合规建设服务联盟"，推进企业合规建设稳步开展。2022年8月，泉州市工商联、泉州市检察院共建沟通联系机制的做法入选全国工商联与最高检办公厅联合发布的"工商联与检察机关沟通联系机制典型事例"。在具体工作中，晋江市检察院积极推进认罪认罚从宽制度的适用，落实宽严相济的刑事政策，对于职务侵占等轻微刑事案件，积极提供沟通平台，建立涉企案件羁押必要性审查快速处理机制。

企业沟通宣传层面，泉州市公安局开展"点对点""点对面""线对面"等相关工作①。联合政府相关部门、工商联和律师协会、大型企

---

① "点对点"：开始的时候，优先选择泉州上市公司，建立挂钩合作，如恒安、安踏。"点到面"：2010年，扩散到了泉州规模以上企业。"线对面"：2020年，辐射到泉州外地企业和商会。

业和其他企业的渠道等，实行多平台、多层次、多维度、多形式、多合力开展企业工作，发挥"1+1>2"的作用。此外，公安机关还充分利用网络、微信群等企业社群，针对热点问题，通过发布会等进行预警提示，引起企业重视进而实施自治，推动企业合规化建设。

（五）企业响应：完善企业自身廉洁治理体系

在泉州市有关部门的积极推动和宣传下，泉州民营企业也越发重视自身廉洁治理体系建设，特别是大型上市公司，随着企业的做大做强以及"出海"发展，廉洁治理已经成为企业治理的重要环节。其中，以安踏、七匹狼、九牧为代表的头部企业，在结合自身特点的基础上，初步建立和构筑了企业合规体系。例如，通过设立纪检部门、合规专员等方式落实企业廉洁治理体系；加强廉洁教育，联合有关部门开展参观监狱和员工培训等方式构建企业廉洁文化。

◉ 案例 2-1

九牧集团

九牧集团在制度建设、意识形态建设、培训教育、事后处理等方面建立了较为严格和完善的组织规定。在公司制度方面，公司组织架构设计采取双线制度，包括党委和纪委管理党员和非党员，以及设置内控、法务等部门。在防范和培训方面，事前预防工作对于廉洁治理尤为重要，九牧集团开展了文化宣传、教育培训等相关廉洁部门活动，并加强与公检法和纪委的合作。九牧集团还组织员工参与参观监狱等活动，以增强对廉洁问题的现实感知和提升员工的法律意识。在事后处理方面，九牧集团有较为严格的处理和审计监察制度流程，并联合公检法部门对案件进行有效处理。

然而，由于泉州民营企业廉洁治理尚处于政府主导阶段，民营企业内部治理不足，民营企业廉洁问题依然存在，其廉洁治理之路任重而道远。为更好地梳理泉州民营企业在廉洁治理层面存在的痛点和堵点，笔者针对泉州民营企业开展了广泛而深入的调研并形成问题汇总。

二、泉州民营经济治理的主要问题

泉州以民营经济为特色和依托，民营经济为区域经济发展做出了卓越的贡献。2023 年，泉州民营经济贡献了 72% 的税收、83% 的 GDP、90% 的技术创新成果、92% 的城镇就业、97% 的企业数量，民营经济占比在全国 24 个万亿元 GDP 城市中最高。同时，泉州民营企业分布于各行各业，企业规模也不尽相同，其中既有如安踏、恒安、七匹狼等规模较大、制度体系较为完备的上市企业，也有很多的中小企业和传统的家族企业。因此，对于不同发展阶段、不同发展规模和不同发展模式的民营企业来说，企业廉洁治理的水平也不尽相同。如何有针对性地开展廉洁治理建设是需要重点关注的问题之一。

为进一步了解泉州市民营企业廉洁治理发展情况以及企业实际需求，笔者聚焦受访者对于企业廉洁治理的认知、企业内部易发生廉洁问题的常见风险环节、企业内部现存的廉洁问题、企业廉洁治理开展情况、"走出去"和国际化经营对于企业廉洁治理的影响等方面进行问题设计，形成并发布了《民营企业廉洁治理建设的逻辑途径与制度保障调查问卷》，问卷内容请参见附录 4。共回收有效问卷 185 份。在受访者所在企业所处行业方面，笔者按照泉州主要产业类型进行分类，其中批发零售业、机械制造业、建筑业领域的企业数量最多，分别占比 20.54%、17.84% 以及 9.19%（见图 2-1）。在受访者所在的企业规模方面，笔者依据职工人数、总资产以及营业收入，划分为大型企业、中型企业、小型企业和微型企业。受访者所属的企业主要以小型企业和微型企业为主，分别占比 27.57% 和 41.62%（见图 2-2），其中，25% 的企业为家族企业。

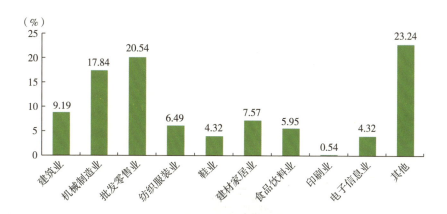

图 2-1　受访者所在企业所处行业

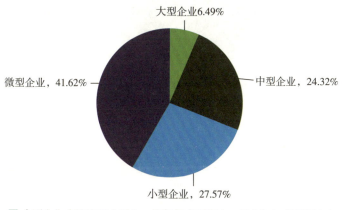

大型企业（职工500人以上，总资产1亿元以上，营业收入3亿元以上）
中型企业（职工100~500人，总资产3000万~1亿元，营业收入1亿~3亿元）
小型企业（职工100人以下，总资产3000万元以下，营业收入1000万元以下）
微型企业（职工少于10人，总资产少于500万元）

图 2-2　受访者所在企业规模

（一）问卷调查情况梳理

1. 企业的廉洁治理意识强，落实层面有待提升

笔者对行业从业者对于民营企业廉洁治理的认知情况进行调研。在廉洁治理的必要性方面，高达90.27%的受访者认为民营企业廉洁治理是有必要的，但在认为当前企业进行廉洁治理建设是没有必要的受访者（占比9.73%）中，也不乏一些中型企业以及准备上市企业的人员（见图2-3）。

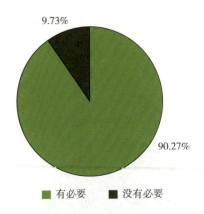

9.73%

90.27%

■ 有必要　■ 没有必要

图 2-3　受访者对于开展廉洁治理建设的态度

然而，在实际执行层面，64.86%的受访者表示所在企业目前没有开展廉洁治理，其中，中小企业占比48.3%，微型企业占比49.16%。相较于家族企业和中小企业，上市企业和计划上市的企业对于企业廉洁治理问题更为重视。如图2-4所示，上市企业以及近五年有上市计划的企业更加关注企业廉洁治理，有71.43%的上市企业和52.94%的有上市计划的企业开展了廉洁治理，远高于近五年没有上市计划的企业开展廉洁治理的比例（31.68%）。

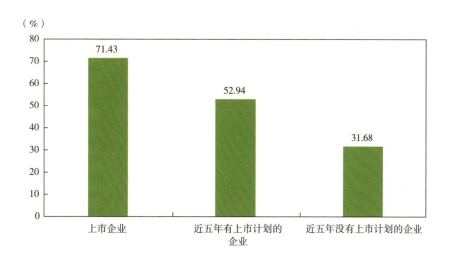

图 2-4　不同类型企业开展廉洁治理的情况

　　为进一步了解民营企业未开展廉洁治理的原因，笔者对没有开展廉洁治理的企业的工作人员进行调研，其中43.3%的受访者表示未开展廉洁治理的原因是不理解民营企业廉洁治理的含义、要求和范围，32.5%的受访者表示企业内部没有可以从事廉洁治理工作的专业人员（见图2-5）。

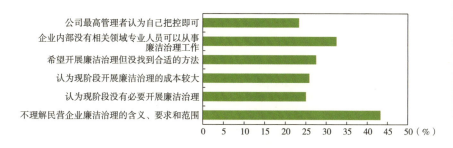

图 2-5　企业开展廉洁治理的难点

　　其中部分受访企业表示，从人员及职能方面来看，民营企业缺乏譬如审计、律师等专业领域的人员对重点环节进行廉洁管控与自查，鲜有中小企业设立专业的廉洁治理的职能部门。部分企业工作人员的廉洁治理意识较为淡薄，对日常经营中的廉洁问题也并没有明确的概念，更不清楚其职责。

2. 采购、销售、财务为廉洁风险的多发环节

在风险环节方面，75.76%的受访者认为民营企业容易在采购环节出现廉洁风险，56.76%的受访者认为民营企业容易在销售环节出现廉洁风险，44.32%的受访者认为民营企业容易在财务环节出现廉洁风险，居企业内部链条前三（见图2-6）；在腐败类型方面，受访者认为职务侵占、挪用资金是民营企业最为常见的贪污腐败形式，分别占比64.32%和57.30%（见图2-7），调查结果和公检法部门提供的相关资料基本一致。

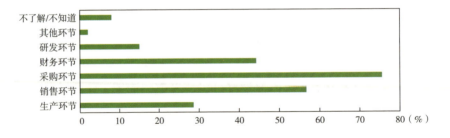

图 2-6　受访者对于民营企业廉洁风险发生环节的认知

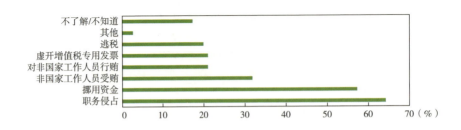

图 2-7　受访者对于民营企业腐败类型的认知

在廉洁问题方面，14.05%的受访者表示所在的行业曾面临廉洁问

题，发生廉洁问题的环节与上述受访者的普遍认知基本一致，主要集中于采购环节（占比61.54%）、销售环节（占比55.38%）、生产环节（占比34.62%）和财务环节（占比30.77%）（见图2-8）。

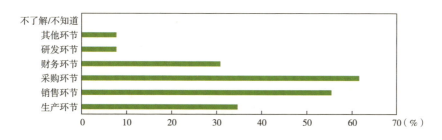

图2-8　受访者所在企业出现廉洁问题的主要环节

　　在企业对外易发生腐败的环节中，投标环节不合规的问题较为明显。调查发现，部分民营企业反映其认为国有企业在投标市场上占据了较大优势，如政策倾斜，这使得民营企业在投标环节中遭受隐性壁垒的阻碍。此外，还有企业反映部分项目招标主体倾向于选择可信度更高、信用度更好、资质更优、体制更完善的国有企业，使得民营企业在参与市场竞争中处于天然弱势地位，从而部分企业想通过腐败的方式突破这种障碍。这种情况在泉州建筑行业的部分项目中尤为明显。

　　3. 企业缺乏内部解决机制，更多依赖公检法机构

　　泉州民营企业内部廉洁治理目前欠缺体系性。目前仅有七匹狼、安踏、中乔、九牧集团等少数大型企业和上市公司内部设立了系统化的廉洁制度与规范，绝大多数中小企业内部鲜有明确的制度与规范，同时也缺乏廉洁治理工具，更多依赖公检法等有关部门。在出现廉洁问题后的处理方面，调查结果显示，企业应对廉洁问题主要以配合公检法做出相关处理为主，占比69.23%（见图2-9）。

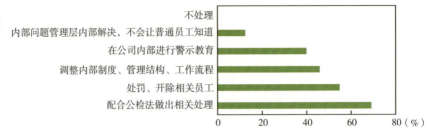

图 2-9 企业对于廉洁问题的处理方式

同时，调查显示，泉州民营企业目前仍采取"查缺补漏"式的制度补充和完善机制，缺乏系统的、完整的管理体系。在企业出现廉洁问题的时候，多数企业采取的是"点对点"的修补方式，即根据出现的问题修正具体流程，比如优化采购、销售流程，而不是从廉洁治理的体系来考虑完善整体程序，缺乏完整性。

4. 超半数企业认为在"出海"过程中需要廉洁治理指导

在受访的企业中，有15%的企业具有"走出去"①的需求，其中，近40%的企业表示面临着廉洁治理压力，并且54%的企业表示在"走出去"的过程中需要廉洁治理方面的指导（见图2-10）。

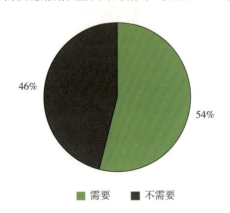

■ 需要   ■ 不需要

图 2-10 企业对于"走出去"廉洁治理指导的需求

————————————

① "走出去"需求包括企业有对外贸易、投资等涉外业务。

在"走出去"企业廉洁治理建设方面，调查问卷显示，65%的企业了解相关的廉洁治理要求（如国际廉洁治理要求等）（见图2-11）；62%的企业制定了相关的廉洁治理制度或方案（见图2-12）。在"走出去"企业廉洁治理成效方面，15%的企业表示在廉洁治理仍然存在问题，12%的受访者表示企业的廉洁治理体系不容乐观，有待改善（见图2-13）。

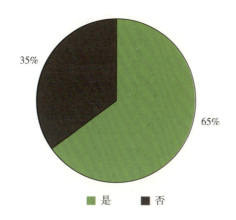

■ 是　　■ 否

图 2-11　企业"走出去"廉洁治理了解情况

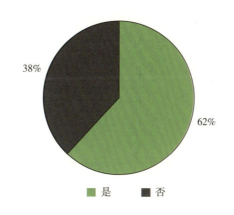

■ 是　　■ 否

图 2-12　企业"走出去"廉洁治理制度情况

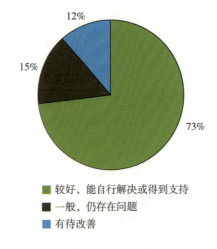

较好，能自行解决或得到支持
一般，仍存在问题
有待改善

图 2-13　企业"走出去"廉洁治理成效情况

（二）民营企业腐败犯罪特征梳理

在问卷调查的基础上，笔者还走访了泉州市公检法部门，对泉州民营企业腐败犯罪特征进行了总结。

1. 犯罪行为特点：职务侵占犯罪率最高，犯罪行为持续时间长

在犯罪行为方面，泉州民营企业内部犯罪以职务侵占、挪用公款、非国家工作人员行受贿等犯罪行为为主，职务侵占犯罪最为严重。2021 年以来，泉州市中级人民法院共审结涉民营企业内部犯罪一审案件 203 件，涉 273 人。其中，审结职务侵占罪一审案件 140 件，涉 174 人，案件占比 68.97%，涉案人员占比 63.74%；挪用资金罪一审案件 39 件，涉 51 人，案件占比 19.21%，涉案人员占比 18.68%；非国家工作人员受贿罪 23 件，涉 47 人，案件占比 11.33%，涉案人员占比 17.22%；对非国家工作人员行贿罪 1 件，涉 1 人，案件占比 0.49%，涉案人员占比 0.37%（见图 2-14、图 2-15）。

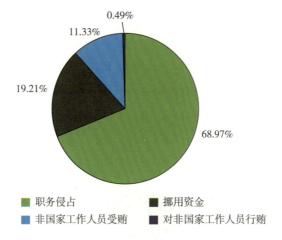

0.49%
11.33%
19.21%
68.97%

■ 职务侵占　　　　　　■ 挪用资金
■ 非国家工作人员受贿　■ 对非国家工作人员行贿

图 2-14　泉州民营企业犯罪案件占比

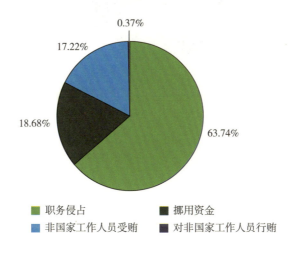

0.37%
17.22%
18.68%
63.74%

■ 职务侵占　　　　　　■ 挪用资金
■ 非国家工作人员受贿　■ 对非国家工作人员行贿

图 2-15　泉州民营企业涉案人员占比

　　对于职务侵占罪而言，其不仅是泉州民营经济犯罪率最高的犯罪形态，更存在犯罪行为持续时间长的特点。数据显示，泉州职务侵占案犯罪行为持续达半年以上的高达 79.71%，而持续时间达五年以上的占比 14.49%（见图 2-16），这反映了当前民营企业内部廉洁意识和教育宣传较为缺乏，体制机制建设不够完善，廉洁治理力度较为欠缺等相关问题。此外，泉州职务侵占罪追赃挽回损失的难度较大，根据统计数据，2021 年以来审结的职务侵占罪中至判决生效共已退赔约2251.25 万元，占涉案金额的 13.90%，其中，被害单位全额或者超额挽回经济损失的有 52 件、约 1688.57 万元，部分挽回经济损失的有 34件、约 562.68 万元，即 61.43%的被害单位通过退赔或追赃在判决生效时挽回了部分或全部损失。

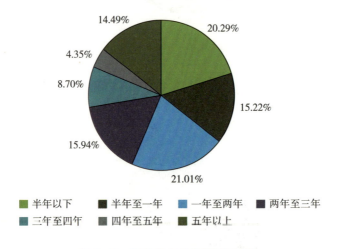

图 2-16　职务侵占罪案发时间占比

● 案例 2-2

职务侵占

　　某民营公司的质量部检验员连同保管员、物料记账员利用职务之便，共同盗取并销售公司仓库中的产品，总价值约为人民币 24 万余元。三人利用职务之便共同侵吞公司财产，且涉案金额巨大，符合职务侵占罪的构成要件。此行为被发现后，公司立即报案，经人民法院审查认定三人均已构成职务侵占罪，依法判处有期徒刑七年。

　　2. 犯罪行为人特点：低学历员工与职业经理人犯罪并存

　　泉州民营企业犯罪行为人学历普遍较低，法治意识淡薄。根据调研，泉州民营企业内部犯罪行为人从事的岗位除了部分管理岗位之外，大部分属于一线业务岗和财务岗，学历要求不高，入职门槛低，法律意识淡薄，侵占方式大多简单粗暴。以近三年泉州地区法院审结的140件职务侵占罪为例，作案年龄40岁以下的被告人为141人，占比81.03%；作案年龄最小为20岁，最大为57岁。学历普遍较低，初中以下学历68人，占比39.08%，且有1人为文盲，大专以上学历51人，占比29.31%，大学本科学历仅16人（见图2-17）。例如，某公司员工利用手机体验店营业员能够自由进出仓库的职务便利，窃取多台手机并售卖，获取的非法收益共140650元均用于投资网络虚拟币，作案时仅21岁。

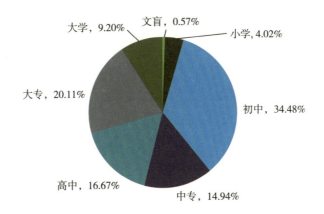

图 2-17　职务侵占犯罪行为人学历占比

职业经理人作为中高层人员腐败的案件同样存在。一些企业职业经理人经不住利益诱惑，利用职务便利违法犯罪。根据调研，近年来泉州民营企业职业经理人职务犯罪"窝串案"较多，即里应外合、相互勾结、抱团作案。一旦企业职务犯罪被曝光，对企业的伤害将是致命的，轻者造成企业利益受损，重者造成上市公司股价大跌，甚至一些企业尤其是家族企业会分崩瓦解，沦落至破产的边缘。

根据调研，泉州民营企业职业经理人的作案形式主要有两种：一是公司职业经理人通过内外勾结，以低价卖或高价买的方式将公司的商标、专利等知识产权低价出售给关联公司或者向关联公司高价采购商标、专利等。如果关联公司并非公司职业经理人及家属实际控制，则有可能涉及非国家工作人员受贿罪，此罪的查证难度大。二是公司职业经理人主导，以与关联公司签订显失公平、损害公司利益的采购服务合同的形式进行利益输送。

● 案例 2-3

挪用公款

某民营企业的员工，在担任出纳员的三年内，利用管理单位备用金及收、缴单位租金等职务之便，通过转账、支取现金等方式先后60次挪用单位公款共计54万余元。该员工的行为构成挪用公款罪，被依法追究刑事责任。事后，该民营企业开始重视廉洁治理问题，联合公检法对企业内部工作人员进行廉洁建设相关培训。

3. 犯罪处理特点：犯罪查处难度逐渐加大

犯罪人员反侦查意识逐渐增强，案件查处难度加大。近年来，泉州民营企业职务犯罪手段不断翻新，呈现出复杂性、隐蔽性等特点，如虚报冒领、重复报账，或私设"小金库"、中饱私囊，或使用假印章、假合同、假发票套现，或在关键环节、以入干股等方式实现"权力寻租"，或大肆行贿受贿等。为了逃避打击，事前预谋或者通谋的现象较为普遍，通过"狡兔三窟"、准备后路，甚至处心积虑地通过地下钱庄等方式将赃款转移境外，并千方百计为自己、配偶、子女取得相关资格等方式，随时准备潜逃。泉州地区对外经济贸易异常活跃，人员活动频繁，收缴、暂时保管护照、出行证件等传统意义上预防职务犯罪人员出入境的做法收效甚微，加之企业雇员有可能是外国国籍，还面临着刑法适用冲突、司法引渡等实务难题。

可见，民营企业内部腐败犯罪问题不容小觑。民营企业廉洁治理不仅需要围绕企业内部管理问题和需求展开，也需针对泉州企业廉洁犯罪特点对症下药。

（三）泉州民营企业廉洁治理典型问题分析

1. 企业不同阶段廉洁治理困境及难点

在新生初创阶段，企业缺乏廉洁治理的必要性认识，实践中难以承担廉洁治理的成本。泉州民营企业在起步阶段主要以乡镇企业、中小企业为主，以家族式或合伙经营为特点。一方面，初创企业以追求生存为主，在初创期仅能达到盈亏平衡，几乎所有的资源和精力都集中在维持生存与获取经济利益方面，无暇顾及和完善管理；另一方面，在企业设立初期，中小企业的资金、人力资源都相对有限，对成本的增加更加敏感。通过访谈发现，泉州市多数中小企业家认为廉洁建设可能涉及廉洁部门建设的人力成本、管理成本、时间成本等，或与企业经济优先原则冲突。因此，在初创阶段，民营企业大多没有把廉洁治理视为必须开展的工作内容，或认为遇到问题再解决问题即可，廉洁问题面临"被动管理"的局面。

在成长阶段，中小企业形成了一定的廉洁经营意识，但在实践方面仍然缺乏主动、具体、系统化的行动，在出现问题时往往采用"点对点"的方式堵住管理漏洞，或在希望建立廉洁治理体系时难以找到权威的参照。通过访谈发现，由于企业在初创阶段缺乏廉洁意识，随着企业在成长阶段不断扩大经营，廉洁风险往往会暴露出来，导致企业在开展业务的过程中发生问题甚至触犯法律，从而给公司造成损失。此时企业才开始意识到廉洁建设的重要作用，采取一些简单的措施规避风险、减少损失。但主要解决方法仍集中在"点对点"的方式，即就问题本身处理问题，如调整流程、调整职能，但无法从廉洁治理体系出发进行整体思考与建设。此外，部分企业在扩张过程中因为面临廉洁问题造成的不良后果，开始主动探索廉洁问题的治理途径，希望建立系统的廉洁治理制度，明确廉洁治理相关的职能，但由于难以找到合适的参照和指导，自主探索需要较长的时间。

从实地调研情况来看，泉州企业在成长阶段，内部还未形成系统完整的廉洁制度。当遇到廉洁风险时可能寻求外部合规律师解决相关问题，部分廉洁意识较强的企业会寻求公检法部门的支持，联合展开一些简单的教育或者培训，但总体治理能力较弱。

● 案例 2-4
企业缺乏廉洁治理意识导致企业利益受损

泉州某中小型民营企业由于对廉洁治理建设不重视，缺乏企业职业道德培训和廉洁警示教育，企业领导将两个财务U盾交给同一出纳人管理，加之财务和核查制度落实不严格，使得这位财务岗位重点人员通过长达三年的职务侵占行为共侵占2000万元，造成企业经营严重受损。为了解决这个问题，该企业寻求了外部律师的帮助，并报案交由公安机关处理。事后，该企业开始重视廉洁治理问题，联合公检法部门对企业内部工作人员进行廉洁建设的相关培训。

在稳定阶段，企业已形成一定规模，对企业廉洁问题较为重视，逐步变被动为主动，并逐步形成完善的内部治理建设制度。稳定阶段的企业或多或少都经历过一些廉洁治理问题，这些问题也引导企业开始思考廉洁问题的重要性。一方面，企业不仅关注经济利润，而且开始逐步重视日常的经营管理和对外的品牌塑造及影响力。另一方面，调研发现，稳定阶段的企业更加希望能够通过制度建设维持企业长期、健康、可持续的发展。此外，由于企业经济效益较为稳定，企业管理者开始关注企业发展与市场环境，甚至国际投资环境的要求，也会根据这些要求反过来审视自身的廉洁情况，与市场要求、国际要求接轨。因此，一些规模较大的企业，如七匹狼、安踏、九牧集团等逐步构建了较为完整的内部廉洁建设制度。

在扩张或收缩阶段，部分考虑"走出去"或者扩大经营的大型企业更加关注廉洁治理。此时，企业已发展至第四阶段，若不注意廉洁治理问题，可能将会面临巨大风险，遭遇市场淘汰。调研发现，具有对外出口、贸易、对外投资等"走出去"相关业务的企业往往更多关注国际廉洁规定，同时国际规定也会反向促进企业进行内部廉洁治理的优化与提升。此外，一些企业也可能会考虑推动企业上市，首次公开发行的合规要求也会促进企业内部治理能力提升。

泉州民营企业各发展阶段的廉洁治理问题如图 2-18 所示。

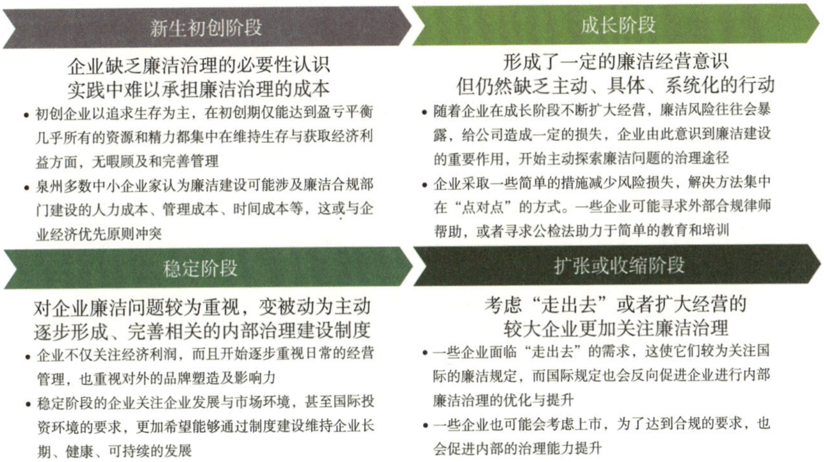

新生初创阶段

企业缺乏廉洁治理的必要性认识
实践中难以承担廉洁治理的成本
- 初创企业以追求生存为主，在初创期仅能达到盈亏平衡几乎所有的资源和精力都集中在维持生存与获取经济利益方面，无暇顾及和完善管理
- 泉州多数中小企业家认为廉洁建设可能涉及廉洁合规部门建设的人力成本、管理成本、时间成本等，这或与企业经济优先原则冲突

成长阶段

形成了一定的廉洁经营意识
但仍然缺乏主动、具体、系统化的行动
- 随着企业在成长阶段不断扩大经营，廉洁风险往往会暴露，给公司造成一定的损失，企业由此意识到廉洁建设的重要作用，开始主动探索廉洁问题的治理途径
- 企业采取一些简单的措施减少风险损失，解决方法集中在"点对点"的方式。一些企业可能寻求外部合规律师帮助，或者寻求公检法助力于简单的教育和培训

稳定阶段

对企业廉洁问题较为重视，变被动为主动
逐步形成、完善相关的内部治理建设制度
- 企业不仅关注经济利润，而且开始逐步重视日常的经营管理，也重视对外的品牌塑造及影响力
- 稳定阶段的企业关注企业发展与市场环境，甚至国际投资环境的要求，更加希望能够通过制度建设维持企业长期、健康、可持续的发展

扩张或收缩阶段

考虑"走出去"或者扩大经营的
较大企业更加关注廉洁治理
- 一些企业面临"走出去"的需求，这使它们较为关注国际的廉洁规定，而国际规定也会反向促进企业进行内部廉洁治理的优化与提升
- 一些企业也可能会考虑上市，为了达到合规的要求，也会促进内部的治理能力提升

图 2-18　泉州民营企业各发展阶段的廉洁治理问题

2. 中小企业典型的廉洁问题

中小企业廉洁治理是泉州民营企业廉洁治理最为重要的领域之一。相较于大型企业，泉州中小企业对廉洁治理的重视程度远远不足，不仅缺乏相关的制度约束与保护，甚至没有意识到廉洁建设的必要性和重要性，而老板"一言堂"的状况更加削弱了廉洁问题的监督成效（见图 2-19）。

中小企业的违规成本更低，企业廉洁治理意识不足
- 国家较少直接监督，泉州政府对中小企业的高度重视和保护，使得中小企业虽快速发展壮大，却忽略了合规经营的重要性
- 中小企业不像国有企业那样受到更多的制度约束，不像大型民营企业那样受到外部公众的关注和监督，更不担心因腐败问题带来的负面舆论压力和成本，因此，有些企业为了利益甚至会采取隐蔽的非合规的方式经营

廉洁治理的成本高，使得企业对于廉洁建设的积极性不高
- 部分中小企业认为廉洁问题只是偶发性问题，只需要在出现的时候进行处理
- 部分中小企业认识到了廉洁治理的必要性，但是对比腐败成本，它们认为廉洁治理的成本更高
- 聘用专业的内部审计、法务等专业人员价格过于昂贵，企业没有办法承担这些人员的机构设置成本

老板"一言堂"的典型特点，造成廉洁问题缺乏管理及监督
- 泉州多数的中小企业规模较小，公司管理模式相对简单与扁平化，公司以"集中精力搞发展"为主要目标
- 出于管理人才缺乏、人才信任度不够等原因，公司采购、销售、财务等相关的重要环节全都经由老板控制
- 企业没有完善的管理制约机制，使得重点环节和领域更容易产生腐败，影响企业长期发展

图 2-19　泉州中小企业廉洁问题

一是中小企业违规成本更低，企业廉洁治理意识不足。泉州以民营企业为主要依托，非常重视对中小企业的保护。在政策的扶持下，中小企业快速发展壮大，却忽视了合规经营的重要性。有些企业为了利益甚至会采取较为隐蔽的非合规方式进行经营，如利用法律和制度漏洞尝试获得"超额利润"，造成这种现象的原因在于中小企业违规成本更低，不会像大型企业那样受到外部公众的更多关注和监督，不必担心因腐败问题承担较大的负面舆论压力和成本。

二是中小企业普遍认为廉洁治理成本高，使得企业对于廉洁建设的积极性不高。部分中小企业认为腐败问题只是偶发性问题，只需要在出现的时候进行处理。部分中小企业虽已经认识到腐败行为会削弱企业竞争力，增加企业成本，进而理解了廉洁治理的必要性，但对比腐败成本，其认为廉洁治理的成本更高。问卷调查结果显示，26%的受访者表示所在的小微企业没有开展廉洁治理的原因是现阶段开展廉洁治理的成本较大。企业内部廉洁治理涉及内部规章制度的设计和管理、内部监督人员和机构的设置等，将会耗费时间成本，增加企业通过生产制造创造价值的机会成本，并且聘用专业的内部审计、法务等专业人员价格过于昂贵，企业难以承担此类人员机构设置成本。

三是多数中小企业存在老板"一言堂"的典型特点，造成廉洁问题缺乏管理及监督。调研发现，泉州多数中小企业因为规模较小，公司管理模式相对简单与扁平化，公司以"集中精力搞发展"为主要目标，出于管理人才缺乏、人才信任度不够等原因，公司采购、销售、财务等相关的重要环节全都经由老板控制。问卷调查结果显示，26%的受访者表示所在的小微企业没有开展廉洁治理的原因是公司最高管理者认为自己把控即可。这样的管理模式对公司发展来说虽然在运营方面比较高效，但是老板"一言堂"使得采购、销售、财务等容易滋生腐败的重点环节和领域全部由老板一人拍板确定，如果企业没有完善的管理制约机制，导致企业更容易滋生腐败，影响企业长期发展。

与此同时，泉州民营企业反映廉洁治理还存在"发现难、举证难、检查难"三大难题。"发现难"是因为廉洁问题一般具有高度隐蔽性，部分企业的内部腐败分子是具有一定地位、拥有决策权的中高层管理人员。"举证难"是因为这些腐败人员往往与供应商或其他客户合谋，获得犯罪的关键证据较难。"检查难"是由于对腐败问题的处理一般按照民事案件进行，企业的专业性相对欠缺。

3. 企业国际化经营的廉洁问题

泉州作为我国著名的"侨乡"和"海上丝绸之路"的起点，是我国"海上丝绸之路"重要支点城市，肩负了民营企业"走出去"和国际化的重任。国际化经营意味着其不仅受到国内法规的约束与保护，同时也会受到国外其他地区法律法规的约束与保护，廉洁以及合规的要求由此变得更加严格。比如跨国企业如果发生涉及违反美国相关法律等（如《反海外腐败法》）问题，相关企业的高管人员则将可能面临被美国相关法律追究民事甚至是刑事责任的法律风险。因此，建立一套系统化、专业化、规范化的企业廉洁治理体系，成为泉州民营企业在"一带一路"背景下健康国际化发展的关键。

然而，当前泉州民营企业国际化经营过程中还存在一些问题：在企业国际化经营的初期，企业缺乏一体化的国际管理经验，在企业战略、运营模式、组织转型、数字化转型等诸多方面都存在明显不足；对于快速成长的企业来说，加速海外布局运营转型成为重要难题和突破点，如何提升跨国管理效率、组建团队，如何建立数字化架构适应跨国管理，如何做到风险预警、风险识别和风险预防工作都是这些企业应当考虑的问题；对于大型头部企业，如何进一步整合业务与资源成为难题。

第三章
廉洁治理的案例与借鉴

"廉洁创造价值、合规守护发展"。廉洁是企业生存发展的基础、健康发展的基石、高质量发展的有效途径、可持续发展的长久之道。基于此，笔者从市场、政府和企业等全方位视角，广泛收集了廉洁治理的先进案例。通过对先进案例的剖析，为泉州民营企业廉洁治理的逻辑框架、实施路径和制度建设等提供参考与借鉴。

一、市场主体主导的廉洁治理案例介绍

（一）阳光诚信联盟

阳光诚信联盟是由京东、腾讯、百度、沃尔玛中国、宝洁、联想、美的、小米、美团、唯品会、李宁等知名企业以及中国人民大学刑事法律科学研究中心共同倡议并发起的，其会员单位超过 750 家，其中上市公司超过 50%，互联网企业超过 60%，所覆盖的员工规模达数百万。在此基础上，京东联合 37 家企业发布反腐宣言：拒绝录用失信人员。该联盟在反腐和诚信领域具有重要作用（见图 3-1）。

泉州民营企业廉洁治理建设的逻辑途径与制度保障

● 企业反腐败、反贿赂的专业化交流平台

通过峰会、专题研讨会、行业研讨会、
区域研讨会等形式，会聚商界学界等
各领域专家交流分享
通过专题训练、标杆企业游学等方式
提供专业化的交流活动

● 共享信息平台

• 失信人员信息，包括收受贿赂、职务侵
占、盗窃和诈骗等类型
• 失信企业信息，主要是与联盟成员业务
往来中存在行贿和售卖假货等失信行为的
企业

● 企业间联合调查机制和企业互助中心平台

• 解决企业联合治理问题
• 为企业提供廉洁合规体系搭建、制度流程
建设、廉洁合规风险评估、培训课程开发、
宣传教育方案等定制化解决方案

图 3-1 阳光诚信联盟廉洁治理经验

一是搭建了企业反腐败、反贿赂的专业化交流平台，通过举办峰会、专题研讨会、行业研讨会、区域研讨会等形式，汇聚企业界、学界等各领域专家进行交流分享，并通过专题训练、标杆企业游学等方式为会员企业提供专业化的交流活动。

44

二是建立了企业间联合调查机制和企业互助中心平台，解决企业联合治理问题。同时，为企业提供廉洁治理体系搭建、制度流程建设、廉洁治理风险评估、培训课程开发、宣传教育方案等定制化解决方案。

三是搭建了信息共享平台。为解决行业痛点问题，提高失信人员的违法违规成本，阳光诚信联盟集合成员的力量，协力搭建了共享信息平台。通过系统，联盟成员单位可实现失信人员和失信企业的信息共享。系统内信息主要包括两部分：一部分是失信人员信息，包括收受贿赂、职务侵占、盗窃和诈骗等类型；另一部分是失信企业信息，主要是与联盟成员业务往来中存在行贿和售卖假货等失信行为的企业。成员凭账号密码登录系统，输入拟招聘员工或拟合作企业信息就能得知其是否在失信名单内。

总之，阳光诚信联盟作为一个具有行业特色的企业廉洁治理联盟，也是我国民营企业在廉洁治理方面重要的交流对话、信息共享平台。该联盟在廉洁治理方面的先进做法与经验，对泉州市民营企业开展廉洁治理、构建诚信的企业生态具有重要的借鉴意义。

（二）ESG 反腐败评价体系

环境、社会和公司治理（Environmental, Social and Govemance, ESG）战略是目前全球各大跨国公司、上市公司实施企业发展战略的"金标准"之一，ESG 表现强劲的公司在资本市场更易获得投资机构投资者等长期资本的认可，同时 ESG 也为企业带来更多的融资机会、更好的风险管理、更高的品牌价值以及更广阔的业务机遇。

反腐败、反贿赂是国际主流 ESG 评级关注的重要议题。全球主流 ESG 评级机构，包括 MSCI（明晟）、S & P Global（标普全球）、Sustainalytics（晨星）、香港恒生、Refinitiv（路孚特）等，都将商业道德议题作为 ESG 评估的关键绩效之一，几乎覆盖全球各地区的企业 ESG 评价（见表 3-1）。

表 3-1　国际主流机构 ESG 反腐败评价

评级	主要影响范围	覆盖企业数量	评估影响力	商业道德议题
MSCI ESG 评级	全球	超 7500 家	92%前 50 强资产管理公司和 1300 多家机构使用 MSCI、ESG 评级进行投资决策	企业管治、企业行为
标普全球企业可持续发展评估（CSA）	全球	超 3000 家	CSA 问卷被评为质量最高的 ESG 评级，截至 2022 年 3 月，拥有超过 13 万亿美元资产的标普全球客户将 CSA 评分纳入其可持续产品和服务	商业行为准则、公司治理

泉州民营企业廉洁治理建设的逻辑途径与制度保障

评级	主要影响范围	覆盖企业数量	评估影响力	商业道德议题
Sustainalytics ESG 风险评级	欧洲	超 9000 家	Sustainalytics 与数百家资产管理公司和养老基金合作，是最具权威及公信力的评级机构之一	管治
香港品质保证局（HKQAA）可持续发展评级	中国香港	H 股+A 股公司	恒生可持续发展企业指数系列、恒生 ESG 50 指数	企业操守、反竞争操守、行贿与贪污及其他事宜
Refinitiv ESG 评分	全球	超 10000 家	提供业内最全面的 ESG 数据库之一，覆盖全球 85% 以上的市值	企业管治

ESG 评估作为全球最具影响力的评估标准之一，在廉洁治理的相关指标和设置上值得民营企业在廉洁治理的制度设置上参考与借鉴。

以 MSCI 为例，MSCI 在 ESG 评价过程中共设置了 15 个与廉洁治理相关的指标，涉及企业内部政策制定、供应商监管、举报人保护、审计、公司反腐败案件披露、员工反腐培训等多个指标（见表 3-2）。

表 3-2 MSCI-ESG 评价中与廉洁治理相关的指标

要求说明	类型
设立负责监督商业道德和腐败问题的执行机构（董事会级别的委员会、公司高管层或执行委员会或特别任务或风险官）	关键绩效
制定反腐败和反贿赂政策	一般政策
披露关于反腐败和反贿赂政策的详细说明	一般政策
制定供应商反腐败和反贿赂政策	一般政策
披露供应商反腐败和反贿赂政策的覆盖范围（定量数据）	关键绩效
供应商反腐败和反贿赂政策覆盖全部供应商	关键绩效
制定举报人保护制度	一般政策

要求说明	类型
对举报人保护制度进行详细说明（或有关于举报人保护的具体举措）	行动举措
开展反腐败和商业道德相关的审计	行动举措
披露反腐败和商业道德相关的审计的范围	关键绩效
披露反腐败和商业道德相关的审计的频次	关键绩效
披露公司已审结的贪污诉讼案件数量	关键绩效
举行员工反腐败培训	行动举措
披露员工反腐败培训参与人数或占比	关键绩效
员工反腐败培训覆盖所有员工	关键绩效

另一个例子为恒生可持续发展企业指数。2010 年 7 月，恒生指数有限公司推出恒生可持续发展企业指数，成为首个涵盖中国香港及内地的 ESG 指数。该评价体系在企业廉洁治理层面共设置 10 个指标，涉及公司诉讼披露、员工反腐败培训、承包商及供应商反腐败培训等关键指标（见表 3-3）。

表 3-3　HSSUS 与廉洁治理相关的指标

要求说明	类型
披露公司已审结的贪污诉讼案件数量	关键绩效
披露员工反腐败培训参与人数或占比	关键绩效
披露员工反腐败培训小时数	关键绩效
披露承包商反腐败培训参与人数或占比	关键绩效
披露承包商反腐败培训小时数	关键绩效
披露供应商反腐败培训参与人数或占比	关键绩效
披露供应商反腐败培训小时数	关键绩效
进行腐败风险识别与评估	行动举措
披露腐败风险评估的运营总数和占比	关键绩效
披露因腐败有关的违规导致业务伙伴终止或不续签合同的事件数量	关键绩效

通过对 MSCI 和 HSSNS 的对比可知，企业廉洁治理主要可分为关键绩效、一般政策、行动举措三个维度，以评估各企业的指标披露程度，其中关键绩效对反腐败培训人数、小时数、负面信息披露等作出要求；一般政策涉及反腐败管理机制、政策以及举报人保护制度；行动举措则包含反腐败审计、供应商反腐败管理、举报案件处理、反腐败培训等内容。

总之，ESG 反腐败评价通过公开披露企业信息的方式，为企业开展廉洁治理提供了廉洁治理内部控制体系设置的指引，企业可以基于 ESG 评价的相关指标搭建企业廉洁治理体系。同时，由于 ESG 评价体系在国际上普遍认可度较高，企业在 ESG 评价过程中获得较高评级，将会获得更好的商业机会和融资机会，从而使企业更有动力落实 ESG 在反腐败层面的相关要求。

（三）小结

从上述实践案例来看，目前基于市场主体的企业廉洁治理建设主要分为两种形式：一是行业内企业自发成立联盟，通过联盟内企业相互交流沟通廉洁治理信息，确保联盟内企业不会录用失信人员，加大廉洁治理的违规成本，降低联盟内单个企业廉洁治理建设和惩处失信人员的成本，从而提升行业的廉洁治理建设水平。二是通过主动遵从国际公认的外部评价体系，推动企业开展廉洁治理，通过相关标准的制定，让企业在符合评价或获得较高评价时，获得更多的市场价值（这里的"价值"包括但不限于商誉、融资、市场），从而推动企业开展内部廉洁治理体系建设。

对于泉州民营企业而言，可借鉴阳光诚信联盟的做法，搭建本地诚信行业协会，形成行业约束。同时，企业可参考 ESG 等廉洁指标，围绕"关键绩效、管理政策、实践行动"等维度，设立相关的廉洁治理制度和评价体系。通过内部制度设计，响应外部市场和行业的要求，促进民营企业健康可持续发展。

二、地方政府案例介绍

除市场主体和行业内部外，目前一些地方政府和公共部门也在大力推动民营企业廉洁治理工作，如以深圳为代表的一些地方针对民营企业廉洁治理的需求编制地方行业标准供企业参考。从国际上看，一些国家和地区通过立法、设立专业机构等方式，约束、引导商界开展廉洁治理工作，并取得了令人瞩目的成果。下文将重点关注企业廉洁治理层面的相关案例，为企业廉洁治理体系架构搭建提供参考。

（一）香港案例

香港的"清廉指数"在世界范围内一直蝉联前 20 名。香港廉洁体系的建设成就主要得益于廉政公署的设立，并以此形成一套行之有效的廉洁治理体系。廉政公署的工作主要表现在惩处、预防、教育三方面。首先，香港特区政府赋予反腐败机构很大的独立调查权，高效率地调查和惩处贪污，其目的在于使有关单位不敢贪；其次，成立防止贪污处，致力于从制度层面消除政府部门和私营机构中存在的可能导致腐败的漏洞，通过制度建设形成一套完整的反腐败治理体系，使相关部门不能贪；最后，加强公众思想教育，使公民树立起廉洁意识，争取社会对反腐败工作的支持及参与，从而达到不想贪的目的。

为提高商界抵御贪污腐败的能力，廉政公署社区关系处于 1995 年 5 月成立香港道德发展中心，并于 2015 年改名为香港商业道德发展中心，由香港十大商会代表组成的香港商业道德发展咨询委员会督导其工作。该中心的核心工作是对与腐败和商业道德相关的案例进行披露，对相关企业和专业团体开展商业道德、反腐败等多个层面的教育和培训工作，并针对不同场景制作约 2000 套防贪腐资源及教材。

在此基础上，香港特区政府重视加强监管制度，强化对廉洁问题的引导，主要通过政策引导和教育，帮助企业构筑廉洁治理体系。2016 年，香港教育局效率促进办公室公布了《受资助机构企业管制指引》该指引内容非常丰富，包括企业管制概览、管制组织架构及组成、管制组织运作及成效、策略及规划及监察、透明度及公开度、企业公民意识、风险管理及遵行、法律事项等内容，提出最佳常规、海外考察支出等个案研究，不仅对受政府资助的机构企业起到指引作用，同时也为其他企业在廉洁治理层面提供文件参考。

《受资助机构企业管制指引》建议把企业管制看作一栋大厦，每个构成部分都非常重要，缺一不可。同时，还需重视员工诚信问题、预防措施、教育和培训，以及如何惩戒的问题。该体系共涉及企业在廉洁治理过程中关于权力、问责、管理、指示、领导、监管的六个主要维度，同时构建了管理组织架构、管理运作及成效、策略规制及检查、透明度和公开度、企业公民意识、风险管理六个重要组成架构，设置 23 个重要模块，并对每个模块提出重要的架构指引。

总体来看，香港在推动企业廉洁建设层面通过惩处、预防、教育三管齐下的方式，取得了良好效果，并出台《受资助机构企业管制指引》等文件，为香港机构提供企业廉洁治理标准，推动相关企业和机构开展内部反腐败反贪污体系建设，对相关贪腐形成预防机制。

（二）深圳案例

深圳自 2016 年开始谋划企业合规建设，率先在全国推出合规概念，为企业推出解决方案，取得了良好效果，探索出一条深圳特色的企业合规建设法治化路径。其中最具代表性的是深圳市司法局牵头制定了《企业合规管理体系》（DB4403/T 350—2023）地方标准（具体内容请参见附录 3）。该标准不仅为深圳地区民营企业在建立企业廉洁治理体系提供了重要的参考依据，同时结合深圳市民营企业特点，针对企业在境外或跨境开展业务过程中容易遇到的合规风险提供规范化的政策引导，为深圳创建外向型企业更好地适应国际规则、开拓海外市场提供了很大帮助。

作为中国外贸进出口、高新技术企业最活跃和最重要的地区，截至 2024 年，深圳有超过 3.5 万家中小外贸企业。很多企业意识到合规的重要性，但企业作为个体很难精准并及时地把握不同海外市场的合规标准，稍有不慎就可能造成重大损失，因此具有相关单位能够给予标准化、规范化的政策指导的迫切需求。在此背景下，为营造稳定公平透明、可预期的国际一流法治化营商环境，加强企业合规建设，深圳市司法局推动出台全国首个全面推进企业合规建设的政策性文件——《关于加快打造企业合规示范区的实施意见》，为深圳企业合规建设锚定方向；制定国内首个企业合规建设地方标准——《企业合规管理体系》，为企业合规管理体系评价和认证工作奠定基础。

深圳市司法局指导成立全国首个企业合规协会，整合全市合规专业资源，打造企业合规交流服务平台；组织精心编制《企业合规师学习辅导用书》《民营企业合规与法律风险防控读本》《企业海外合规实务》等读本并向企业免费发放；在官方网站开辟"合规"栏目并设置了"企业合规"专题，为企业提供国内外重大合规领域立法及执法预警服务，截至 2023 年 9 月共发布 73 期企业合规风险提示和预警信息；开展 11 期"'鹏城合规月'月谈暨企业合规风险预警及提示月度报告会"活动；在全国率先推出"民营企业法治体检自测系统"，帮助企业查找制度漏洞和薄弱环节，目前已有 2.3 万多家企业完成法治体检和数据自测。① 以上种种举措，皆意在为民营企业提供"法律合规锦囊"。

随着各类廉洁治理的培训、讲座、交流越来越丰富，深圳廉洁治

---

① 深圳：优化法治化营商环境，合规助力民营经济行稳致远 [EB/OL]．[2023-09-06]．http://sft.gd.gov.cn/sfw/xwdt/sfxz/content/post_4248999.html.

理不断深入，地方标准为企业廉洁治理建设提供了可应用、可推广的参照标准和操作指引，大大节约了重塑机制再造流程的成本，企业"走出去"受到的合规阻碍和廉洁风险明显减少，在国际市场的竞争力明显增强。

总体来看，深圳通过制定企业合规管理体系地方标准的方式，为企业在廉洁治理过程中提供了有效的政策指引和指导，既解决了民营企业对于企业合规管理建设的迫切期待，也避免了通过行政文件或行政命令的方式进行民营企业廉洁治理的工作建设。这种方式既可以充分发挥和激活市场主体的主观能动性，民营企业也可以结合自身实际需求和业务发展情况，基于地方标准有针对性地制定符合企业自身需求的合规体系，避免了行政干预产生的"一刀切"问题；同时，可加强对企业的教育及辅导工作，促进民营企业增强廉洁治理意识，最终形成民营企业廉洁治理的良性循环。

（三）小结

从上述实践案例来看，深圳和香港地区作为经济发达地区，对民营企业廉洁治理的重视程度都很高。香港通过一套完整、健全的反腐体系维持着社会的廉洁，同时通过出台《受资助机构企业管治指引》，加强对企业廉洁治理的约束管理；深圳通过出台全国首个全面推进企业合规建设的政策性文件，制定国内首个企业合规建设地方标准等形式引导企业廉洁治理发展，同时通过各类形式的培训教育，强化民营企业廉洁治理意识（见图3-2）。这些经验做法为泉州市政府机构参与民营企业外部治理提供了参考借鉴，泉州也可通过行业标准和指导性文件的方式为企业构建廉洁治理体系的一般性框架。

泉州民营企业廉洁治理建设的逻辑途径与制度保障

52

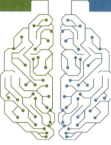

香港：惩处、预防、教育"三管齐下"推动企业实现廉洁治理

香港在廉政公署成立之初主要聚焦在惩处层面，以展示香港在打击贪腐层面的决心和信心。随着香港经济的不断繁荣以及廉洁意识的深入人心，香港廉洁治理的重点更多聚焦在预防和教育两个层面

◆惩处：香港特区政府赋予廉政公署很大的独立调查权，高效率地调查和惩处贪污，其目的在于使有关单位不敢贪

◆教育：成立香港商业道德发展中心，从市场主体层面入手，加强对商业的引导教育

◆预防：通过政策为香港机构提供企业廉洁治理标准，通过《受资助机构企业管制指引》等文件，推动相关企业和机构开展内部反腐败反贪污体系建设，对相关贪腐形成预防机制

深圳：地方行业标准制定推动企业合规建设

◆政策文件：《关于加快打造企业合规示范区的实施意见》为深圳企业合规建设锚定方向；制定国内首个企业合规建设地方标准《企业合规管理体系》，为企业合规管理体系评价和认证工作奠定基础

◆打造平台：成立全国首个企业合规协会，整合全市合规专业资源，打造企业合规交流服务平台

◆宣传教育：组织精心编制《企业合规师学习辅导用书》《民营企业合规与法律风险防控》《企业海外合规实务》等读本并向企业免费发放；官网开辟"合规"栏目并设置了"企业合规"专题，为企业提供国内外重大合规领域立法及执法预警服务；开展"'鹏城合规风'月谈暨企业合规风险预警及提示月度报告会"活动

◆企业服务：在全国率先推出"民营企业法治体检自测系统"，帮助企业查找制度漏洞和薄弱环节

图 3-2　香港与深圳地方廉洁治理经验

三、企业案例介绍

（一）泉州本地企业标杆

1. 七匹狼案例

福建七匹狼实业股份有限公司（以下简称"七匹狼"）于 1990 年创立，于 2004 年在深圳中小板上市，是一家著名的服装品牌企业，也是泉州家族小企业发展壮大的典型案例。七匹狼以 1985 年的乡镇小企业和家族企业为起点，经历 30 多年的发展逐渐成为国内知名的服装品牌。这离不开公司的专业管理和制度，也与七匹狼一直以来对企业廉洁文化建设和治理的注重密不可分（见图 3-3）。

完善的制度建设
- 2008年成立了集团党委领导监督管理会
- 设立了管理协会，负责公司廉洁廉政文化的贯彻落实，董事长担任流程管理委员会的主任
- 设立了专门的审计监察制度

优良的管理模式
- 实行家族治理和企业所有权分离的模式，企业不仅依赖于家族成员的管理，同时也吸引了外部人才参与公司的管理和决策

强烈的廉洁意识
- 七匹狼认为交易成本和金融风险是提高企业核心竞争力的关键，认为腐败行为会削弱企业的竞争力，增加企业成本，使得企业无法在市场上与优质的供应商和客户合作，也无法吸引到更优秀的人才

严格的员工要求
- 邀请公检法相关工作人员到企业授课，加强员工培训
- 员工入职之前，要求准员工签署《员工廉洁承诺书》
- 对准员工进行背景调查，要求所有的直系亲属员工不能在同一中心或者同一事业主体下任职

积极的外部联动
- 邀请公检法相关工作人员进企业授课
- 同属地公安机关共同建立经侦联络站，进一步指导涉及违法犯罪的案件的办理

完善的举报机制
- 规定举报奖励上限最高可以达到违法所得的10%，金额最高可以达到100万元
- 建立较为完善的举报保护措施

图 3-3　七匹狼廉洁治理经验

　　在企业管理方面，七匹狼虽然为家族企业，创始人和高管中包含家庭成员，但企业并不完全由家族成员控制或经营，而是实行公司治理和企业所有权分离的模式，即不仅依赖于家族成员的管理，同时也吸引了外部人才参与公司的管理和决策。

　　在廉洁意识方面，七匹狼将交易成本和金融风险作为提高企业核心竞争力的关键，认为腐败行为会削弱企业的竞争力，增加企业成本，使得企业无法在市场上与优质的供应商和客户合作，也无法吸引到更优秀的人才。因此，需要完善内部控制机制和内部审计制度，通过制度建设预防职务犯罪等腐败行为的发生。

　　在部门制度建设方面，早在 2008 年，七匹狼就成立了集团党委领导监督管理会，规定党员需参加各级纪委的相关培训。目前，七匹狼内部设立了管理协会，董事长担任流程管理委员会的主任，人力资源和审计法务负责人作为班子成员负责集团廉洁廉政文化的贯彻落实。同时，七匹狼成立了廉政管理委员会并设立了较为完善的廉洁管理制度体系，建立了专门的审计监察制度。

　　在员工廉洁方面，七匹狼注重员工廉洁文化建设，培养员工廉洁

意识，并多次邀请公检法相关工作人员到企业授课，加强员工培训。此外，员工入职之前，七匹狼要求准员工签署《员工廉洁承诺书》，并对准员工进行背景调查，要求所有的直系亲属员工不能在同一中心或者同一事业主体下任职。

在外部联动方面，七匹狼不仅邀请公检法相关工作人员进企业授课，同时还加强与属地公安机关的合作，共同建立经侦联络站，由公安机关进一步指导七匹狼办理涉及违法犯罪的案件。

七匹狼还开设了廉政举报通道，开设举报热线，设立奖励管理办，规定举报奖励上限最高可以达到违法所得的 10%，金额最高可以达到 100 万元。同时，七匹狼还建立了较为完善的举报保护措施，确保举报人没有后顾之忧。

特别地，七匹狼通过党建引领的方式进行企业廉洁治理。七匹狼集团党组书记兼职廉政总管，将廉政教育和党的学习教育相结合，通过党组织抓廉政工作。同时，七匹狼集团党委积极与执纪执法部门开展"亲清护企""职务犯罪预防"等共建活动，联合成立"稽核小组"，加强对公司各项规章制度实施和执行情况的监督检查。此外，为献礼中国共产党成立 100 周年，七匹狼集团还于 2021 年 6 月 18 日举办了七匹狼"红色战狼之家"（党建馆）开馆仪式。"红色战狼之家"（党建馆）集中展示了七匹狼党群组织与公司融合发展，形成特色党群工作品牌的方法论和成果。

总之，七匹狼在廉洁意识教育、廉洁制度建设、外部联动机制、问题举报机制等各方面都有较为丰富经验，值得泉州民营企业学习和借鉴。同时，七匹狼"家族治理和企业所有权分离的模式"，以及合理管控职业经理人等经验做法，都值得泉州民营企业参考借鉴。

2. 安踏案例

安踏体育用品集团有限公司（以下简称"安踏"）是中国著名的体育用品公司，1991 年于泉州市创立，并于 2007 年在香港上市，是一家从小作坊的家族企业逐渐发展成为专门从事设计、生产、销售运动鞋服、配饰等运动装备的综合性、多品牌的体育用品家族企业。

1991年，安踏成立于中国福建省泉州市晋江市，当时只是一个主要生产和销售鞋类产品的小作坊，凭借着良好的品质和口碑，安踏开始逐渐扩大规模。经过30多年的发展，安踏经历品牌建立、上市等多方的战略转型和发展，从一家传统的民营企业转型成为具有现代化治理结构和国际竞争能力的上市公司。安踏的成功转型离不开企业内部对廉洁文化的重视与廉洁治理的建设举措（见图3-4）。

廉洁意识	• 安踏一直将廉洁问题作为影响集团日常经营和长期发展的重大问题，并将其与集团的发展战略结合管理，逐步探索形成体系化的廉洁理念系统

经营模式	稳定廉洁的家族关系＋现代化企业治理模式的管理经营 • 丁氏家族集中持有公司股份，主要家族成员都在公司担任高管职位 • 公司积极引入外部职业经理人进行管理 • 不管是内部家族人士还是外部职业经理人，都受制于专门的廉洁管理规定的约束

廉洁制度	《安踏集团反腐败条例》《审计监察制度》《审计监察处罚管理制度》《员工奖惩制度》《管理问责制度》《举报奖励制度》《诚信廉洁协议》

第一道防线：业务部门
包括销售采购、产品生产等部门，主要负责：
• 廉洁治理的宣传与检查
• 要求员工签署廉洁承诺书
• 开展相关培训
• 发现漏洞和隐患并上报

第二道防线：职能部门
包括财务、法务、人力资源等部门，通过部门管理控制腐败发生，如：
• 财务审核单据
• 人力信息把控
• 法务审核合同

业务部门
职能部门
审计监察部
三道防线

第三道防线：审计监察部
具有事前预防、事中检查、事后检查等多维度的廉洁治理功能，是最大程度覆盖廉洁治理的部门
• 审计部：检查风险管理内控管理体系
• 监察部：检查员工违规违纪，对重点岗位和业务进行常规管理和巡视排查
• 隶属于整个董事会，具有独立性

图3-4　安踏廉洁治理经验

安踏一直将廉洁问题作为影响集团日常经营和长期发展的重大问题，并将其与集团的发展战略结合管理，逐步探索形成体系化的廉洁理念系统。在发展初期，安踏的廉洁问题主要交由各职能部门监管与监督，如人力部门负责员工利益冲突的调查，经查实后全集团通报。但这种分散式的部门廉洁管理不仅缺乏统一的原则、标准和体系，而且还缺少独立性。

2017年，安踏成立了审计监察部，作为集团的一级部门，赋予其反腐和廉洁治理的功能，对整个集团进行管理。这是一个较为完善和

系统性的廉洁管理部门，审计监察部隶属于整个董事会，独立于其他运营职能部门。

在组织架构上，经过多年的发展，安踏形成了风险管理的"三道防线"，并设立诚信道德委员会和风险管理委员会作为相关的架构补充。

第一道防线为业务部门，包括销售采购、产品生产等部门。在廉洁治理方面，主要负责廉洁治理的宣传与检查，要求员工签署廉洁承诺书，并开展相关培训，此外，业务部门有义务发现漏洞和隐患，并上报给集团。

第二道防线为职能部门，包括财务、法务、人力资源等部门。职能部门通过部门管理控制腐败发生，如在财务审核单据、人力信息把控和法务审核合同等方面加强相关廉洁监管。

第三道防线为审计监察部，其具有事前预防、事中检查、事后检查等多维度的廉洁治理功能，是最大程度覆盖廉洁治理的部门。审计监察部下设审计部和监察部两个部门，审计部主要对风险管理内控管理体系进行检查，其中专项审计主要包括发现廉洁风险点、舞弊隐患，发现问题移送监察部；监察部主要针对员工是否违规违纪进行检查，会对重点岗位和业务进行常规管理和巡视排查。

在此基础上，安踏还设立了道德委员会和风险管理委员会。其中，道德委员会由审计监察部、法务部、财务部、人力资源部、政府事务部等主要负责人组成；风险管理委员会由董事会三个独立董事组成。

在制度层面，安踏制定了《安踏集团反腐败条例》《审计监察制度》《审计监察处罚管理制度》《员工奖惩制度》《管理问责制度》《举报奖励制度》《诚信廉洁协议》。

值得注意的是，安踏的廉洁治理理念和架构设置，不仅考虑了中国的法律法规，如《反商业贿赂法》，还参照了国际条约、指引、国际通行 ESG 要求等，并综合考虑了集团的中国特色、泉州特色、鞋服行

第三章　廉洁治理的案例与借鉴

57

业特色，形成了具有个性化特征的内部廉洁治理规范以及运作方式。

同时，安踏作为家族企业，其经营管理模式也值得借鉴。安踏不仅有稳定廉洁的家族关系，也有现代化企业治理模式的管理经营。一方面，安踏家族关系稳固，丁氏家族集中持有公司股份，创始人丁世忠长期担任公司董事局主席兼 CEO 主持战略决策，其兄长丁世家负责生产及供应链管理，其他主要家族成员都在集团担任高管。另一方面，安踏集团治理模式现代化，积极引入外部职业经理人，如安踏体育执行董事、安踏品牌总裁郑捷，FILA 大中华区总裁姚伟雄等，由这些职业经理人参与公司日常经营。在廉洁治理方面，不管是内部家族人士还是外部职业经理人，都受制于专门的廉洁管理规定的约束与保护。

值得一提的是，安踏也具备党建引领的廉洁治理模式。安踏集团党委牵头建立内部巡视监察制度，定期组织召开监察巡视大会，连续多年举行全员反腐培训，引导员工坚守"安心创业，踏实做人"的诚信底线。

总的来说，安踏在廉洁治理方面有完整的组织架构、完善的制度体系，可作为泉州民营企业廉洁治理的楷模。此外，同样值得学习的是安踏的企业管理模式，安踏采用家族管理和职业经理人管理并存的管理方式，同时通过各项完善的制度约束与保护，既避免了企业领导"一言堂"，也规范了职业经理人的廉洁管理行为。

（二）其他优秀企业典范

京东集团定位于"以供应链为基础的技术与服务企业"，于 2004 年正式涉足电商领域，于 2014 年在美国纳斯达克证券交易所正式挂牌上市。作为全球知名的电商集团，在对待腐败问题方面，京东集团从来都是"零容忍"，任何腐败事件涉及的人员均会被实名公告，还形成了具有京东特色的廉洁治理模式（见图 3-5）。

图 3-5　京东廉洁治理经验

在廉洁意识培养方面，京东的廉洁意识源于其对合规与发展辩证关系理解的深化，也源于其企业文化理念和创业初心。京东集团经历了合规理念的不断升级，从"合规即管理"到"合规即服务"，再到今天的"合规即发展"。

在管理体系方面，京东不断完善反腐败管理机制，集团层面设立监察部全面统筹负责反腐败反贿赂合规工作，与业务部门开展廉洁共治项目，致力于打造具有前瞻性、灵活高效的廉洁治理体系。京东深入开展"五大合规计划"，即反贪腐计划、数据及信息安全计划、用户隐私安全保护计划、内容安全保障计划、合规中台建设计划，全面提升企业合规管理水平。京东还形成了完善的平台治理管理体系，京东的平台治理体系既包括狭义的商品质量控制、知识产权保护、业务和财务合规等，也包含了配送、售后、结算等体验型的广义治理体系，京东和监管部门、消费者协会、行业协会等三方机构充分交流合作，通过质量认证、行业标准、区块链溯源等方式推动多方在合规下融合发展。

在制度体系方面，京东优化更新反腐败、反贿赂制度体系，制定了《京东集团商业行为和道德规范准则》《京东集团反腐败条例》《京东集团举报人保护和奖励制度》《京东集团廉洁奖励办法》《京东集团主动报备奖励试行办法》等，并基于制度执行情况持续更新与优化，具体内容请参见附录2。在具体的实践方面，京东也有自己的一套体系与机制。一是精准识别与评估腐败风险。京东集团监察部联动业务部门以及承担风控职能的部门，建立廉洁风险管理"三道防线"，共同开展廉洁风险的识别、预防、监测、管控等。二是完善的举报保护与奖励机制。京东设立了腐败举报中心，拓宽举报渠道，全面收集各类腐败信息，对所有信息提供者及提供的所有资料严格保密；鼓励知情者积极实名举报，根据最终调查结果给予举报人或单位丰厚的奖励。三是标准的案件调查处理流程。京东通过招聘与培养专业的调查人员对相关案件进行调查与处理，确保腐败案件调查处理流程合规性。四是全方位的廉洁培训与宣传。京东建立了业务单元管理层、员工、合作伙伴"三位一体"立体化的培训和宣传体系，在全集团范围内对员工进行反腐败培训，同时通过供应商大会、重点供应商的培训等方式，面向供应商和合作伙伴开展廉洁培训和宣传。

●案例3-1

京东集团廉洁风险管理

京东商城消费品事业部POP运营岗某员工利用职务便利，收受商家商业贿赂，帮助商家违规作废促销缴费单，并违规帮助商家上线促销活动。京东商城微信手Q业务部服饰运营岗某员工利用职务便利，通过第三方外部人员收受多个商家贿赂，并给予行贿商家促销资源倾斜，违规帮助商家上线促销活动。两人行为违反了《京东集团反腐败条例》第六条的规定，予以辞退处理。同时，该消费品事业部POP运营岗员工因涉嫌"非国家工作人员受贿罪"，已被公安机关刑事拘留。

京东能够有效处理此案，归功于其出色的腐败风险识别与评估能力。在此案中，京东迅速识别出员工职责执行过程中的潜在腐败行为，并及时采取行动以阻止这种不当行为的扩散。京东依据标准化流程对该员工的行为进行深入调查，确保了调查的专业性和合规性，使案件得到了法律和公司规定的妥善处理，不仅保护了集团的资产和声誉，也为整个行业树立了良好的典范。

同时，京东还重视相关信息的披露工作。京东秉承对反腐败零容忍的原则，定期在京东官方反腐微信公众号"廉洁京东"中对反腐事件进行公开披露，并承诺"每查处一起公告一起"和"任何腐败事件涉及的人员均会被实名公告"，打消员工的侥幸心理，不给贪污腐败者可乘之机。

◉案例 3-2

京东集团廉洁问题公开披露

京东集团服饰家居事业部奢侈品部某总监利用职务之便，安排其家属实际控制的公司与其管理的部门合作违规获利，同时还涉及收受其他供应商的商业贿赂一事。其行为违反了《京东集团反腐败条例》第六条、第二十二条的规定，被公司予以解雇，并且该总监因涉嫌"非国家工作人员受贿罪"，已被公安机关刑事拘留。

为了深化员工对《京东集团反腐败条例》的理解，提高团队的廉洁自律水平，京东将此事件在公司 ERP 公告、京东 ME 反腐公告、微信公众号"廉洁京东"三个平台上联合发布，并对其姓名、职务以及所属部门进行公布。此举进一步强化了员工对于《京东集团反腐败条例》的培训和宣传工作，提升了全体员工的廉洁自律意识，加强了公司内部的廉政文化和制度建设，为集团长期健康发展奠定坚实基础。

除了内部的管理体制机制和相关实践外，京东还联合外部企业与机构，积极倡导廉洁合作。一是与合作伙伴比亚迪签订廉洁合作协议。比亚迪作为京东集团事业伙伴，双方视廉洁为合作的重要前提，力求共同打造公平、公正、诚信、共赢的良好合作环境，京东与其签订廉洁合作协议，对违反廉洁合作原则的单位，按照合同或者相关协议等追究该合作单位的违约责任。二是联合腾讯、百度、沃尔玛中国、宝洁、联想、美的、小米、美团点评、唯品会等知名企业共同发起"阳光诚信联盟",旨在通过互联网手段共同构筑反腐败、反欺诈、反假冒伪劣、打击信息安全犯罪的安全长城,提升联盟成员内控部门的履职能力和员工的职业诚信道德建设,共同打造诚信经营、放心消费的商业环境。

综上,京东作为全国领先的电子商务类民营企业,在企业廉洁治理方面有自己独特的经验,值得泉州民营企业的学习借鉴。在对内方面,京东高度重视廉洁治理,对腐败问题"零容忍";在制度管理上有多类严谨契合的制度规章;在体制机制上形成了完善的风险管理"三道防线"。在对外方面,京东不仅形成了腐败问题定量披露系统,还与外部机构加强廉洁合作治理,共同打造廉洁的行业生态和市场营商环境。

(三)小结

综上所述,设立专门的内部廉洁治理部门、完善内部廉洁治理制度、加强企业内部廉洁治理意识建设等是七匹狼、安踏和京东等企业廉洁治理的核心内容。泉州民营企业在推动廉洁治理建设过程中,可通过学习七匹狼、安踏和京东等模范企业的做法,围绕部门建设、制度建设、意识建设等多个方面,强化企业内部廉洁治理体制机制。

四、对标案例经验总结

通过案例对标分析,其主要特征为市场自发、政府指导和企业内部规范三个典型特点,具体而言:

市场自发层面包括行业评估和信用体系搭建。在行业评估方面，以 ESG 为代表的评估标准对上市公司和相关企业廉洁治理起到推进和促进作用，企业在完善自身 ESG 评价过程中，既可以在融资、商誉等方面获得更多的收益，也完善了自身企业廉洁治理体系；在信用体系搭建方面，通过行业联盟的形式，搭建行业信息共享平台，以行业交流、培训等方式推动业内企业廉洁治理建设；同时共同构建行业内的信用体系和廉洁体系。

通过政府指导提升民营企业廉洁治理意识。香港通过预防和教育两种方式推动企业开展廉洁治理体系建设，既可以加强企业廉洁治理意识，防患于未然，同时也避免了通过行政手段干预从而影响到市场主体的健康发展。此外，各地方通过设立地方标准或发布指导性文件的方式，为企业提供廉洁治理建设的一般体系，企业可以在此体系下结合自身发展需求进行廉洁治理体系的构建。

行业内部主动建立廉洁治理相关体制机制。较大型的、具有影响力和知名度的企业内部的制度较为完善，这得益于这些民营企业和民营企业家在企业发展的初期阶段就意识到了廉洁治理的重要性。这些企业对腐败问题"零容忍"的态度使得廉洁治理内部体制机制在企业发展过程中不断发展，不仅完善了制度约束与保护、设立专门的廉洁管理部门实施独立性管理，并与时俱进不断运用数字化平台推动廉洁治理。在制度方面，这些企业不仅形成了包括各类意识引导、举报奖励机制设立等在内的实践做法，而且形成了一定的廉洁处罚机制，以推动企业健康稳定、可持续发展。

第四章
泉州民营企业廉洁治理的基本框架

泉州作为我国民营企业重要集聚地，如何有效地开展民营企业廉洁治理，立足当地，找出一条具有泉州特色的民营企业廉洁治理之路是泉州民营企业高质量发展的重要课题。从调研和对标分析的结果来看，目前泉州民营企业廉洁治理存在如下问题：

一是多数企业廉洁治理采用"查缺补漏""亡羊补牢"的形式。从实践中看，企业主要通过"发现/发生廉洁问题—造成损失—完善制度"这一方式推动企业廉洁治理建设，缺乏完整的顶层设计，也缺乏源头治理意识。造成这种现象的原因既有企业主认知上的不足，也有来自企业发展阶段、规模和实力等其他因素的制约。

二是中小企业缺乏实际操作层面上可参考、可借鉴的系统性规范文件，落地执行力不强。一些中小企业由于经济实力的原因，没有足够的预算和财力从市场上聘请专业的廉洁治理管理人员或委托专业第三方机构进行廉洁治理体系构建，企业自己搭建合规体系又缺乏专业指引和参考，从而导致中小企业廉洁治理建设工作滞后。同时，在廉洁治理建设落地方面，中小企业往往表现出执行力不强的情况。

三是企业主和管理层在思想认知层面有待加强，从而影响企业廉洁治理意识。企业主和管理层对廉洁治理建设重要性认知至关重要，一些企业主对廉洁治理的认知仅仅停留在"经济损失"和"刑事责任"上，而忽略了廉洁治理可以为企业带来商誉、运营效率、融资便利等方面的"超额收益"。因此，需要在观念上对企业主和管理层加以引导。

针对上述问题，本书认为，泉州可遵循"1+3+7"（即一个目标、三方主体、七大关键举措）的逻辑框架，构建泉州民营企业廉洁治理建设的逻辑途径与制度保障。其中，一个目标指打造民营企业廉洁治理的"泉州经验"；三方主体指以政府、行业内部、企业为中心，构建多中心民营企业廉洁治理生态；七大关键举措指加强廉洁治理文化建设、推动企业全生命周期治理、协助中小企业构建廉洁治理体系和行动方案、引导家族企业引入现代企业管理制度、增强企业海外合规风险意识、强化企业廉洁治理工具和手段运用、构建亲清政商关系等。

要想实现上述目标并落实关键举措，既需要政府及公检法部门的预防和引导、行业的宣传和教育，更重要的是需要企业自身开展行动。因此，实现泉州民营企业廉洁治理的关键在于应建立一个由政府、行业内部和企业多方合作、多方共建的民营企业廉洁治理体系。同时，从不同中心出发，也是实现打造民营企业廉洁治理"泉州经验"的三种不同路径。针对不同主体的特点，有针对性地开展制度建设，最终形成民营企业廉洁治理的"泉州经验"。

一、一个目标：打造民营企业廉洁治理的"泉州经验"

进入新发展阶段以来，随着我国民营经济的不断壮大，泉州民营企业也在不断做大做强，逐渐走向世界舞台，对于民营企业廉洁治理生态和企业内部廉洁治理体系建设都提出了新的要求，有针对性地打造泉州民营经济廉洁治理生态是泉州推动民营企业廉洁治理的关键目标之一。

家族企业、中小企业、民营经济和企业"走出去"是泉州民营企业的主要特征，而随着家族企业和中小企业规模的不断扩大，传统的经营模式和现代商业发展逻辑之间的矛盾也愈发明显，特别是在企业廉洁治理建设层面，随着企业的不断转型升级，势必要在廉洁治理领域有所作为。而如何将家族企业和现代管理模式有机结合，如何推动中小企业在创立初期建立基本的廉洁治理制度，是目前泉州民营企业开展合规治理的重点任务。

基于此，未来泉州应以打造民营企业廉洁治理的"泉州经验"为目标，充分发挥政府、行业内部和企业的资源优势，将现代企业管理体系和泉州民营企业特色相结合，在打造民营企业廉洁治理生态的同时，依托泉州民营企业资源，针对家族企业、中小企业、民营企业在发展过程中的合规难题进行重点攻坚，解决当前民营企业在廉洁治理过程中各环节的主要矛盾和堵点，通过实践的方式探索泉州民营企业廉洁治理的新思路和新路径，最终形成可复制、可推广的民营企业廉洁治理的"泉州经验"。

二、三方共建：构建"多中心治理"的民营企业廉洁治理生态

当前，我国廉洁治理大多采取自上而下的国家中心主义治理途径，采取宏观层面的反腐败举措，而对自下而上的社会中心主义治理途径的相应举措有待完善。尽管随着我国反腐倡廉工作的不断深入，企业和社会民众更多关注廉洁治理领域的相关话题，但在联动性、协调性等层面缺乏"强连接"，政府、行业、企业等不同单位在廉洁治理层面

依旧较为独立。

"多中心治理"的生态体系主要包括政府及公检法部门、行业内部、企业在内的三方主体，通过在廉洁领域的有机互动，形成良性的协同治理。同时三者也是泉州实现民营经济廉洁治理的重要途径。

根据泉州民营企业廉洁治理情况来看，泉州民营企业廉洁治理的逻辑途径在于建立一个政府及公检法部门、行业和企业的多中心治理体系，形成多元共治、协同治理的途径。在这种模式下，政府及公检法部门应在原有功能的基础上，探索在预防层面的关键举措，利用有关部门的权威性以及信息优势，整理分析目前民营企业廉洁治理问题的多发领域，进行预警、宣传和引导；行业应发挥其渠道和覆盖优势，特别是以商业协会为代表的各类机构，应充分发挥企业和政府间的桥梁作用，有针对性地对企业和民众开展专业教育；从企业层面看，作为廉洁治理的终端，应从被动地被监管、被调控，逐步调整为主动参与治理，主动营造廉洁治理生态环境，制定廉洁治理制度并落实执行，防患于未然，既保障了企业的自身权益，也提高了企业凝聚力和竞争力。

三、七大举措：民营企业廉洁治理建设的关键落实

要实现民营企业廉洁治理的良性健康发展，其关键在于落实。目前，泉州民营企业廉洁治理的主要矛盾在于家族企业的企业主和职业经理人的关键整合，中小企业廉洁治理和运营成本，企业初期粗犷发展和后期精细化运营的制度错位，以及制度制定和落实执行的效率差异等问题。基于上述问题，我们认为，应从加强廉洁文化建设、推动

企业全生命周期治理、协助中小企业构建廉洁体系和行动方案、引导家族企业引入现代企业管理制度、增强企业海外合规风险意识、强化企业廉洁治理工具和手段运用、构建亲清政商关系七个层面进行展开。

　　基于"1+3+7"框架以及上述经验，本书第五章将针对政府及公检法部门、行业、企业三方主体的具体作用进行详细叙述，第六章将针对七大举措进行详细叙述。

第五章
泉州民营企业廉洁治理的制度保障

一、基本思路

　　推动泉州民营企业廉洁治理的制度保障是涵盖政府及公检法部门、行业、企业三方主体的综合性系统工程。为此，应明确各主体的职责，充分发挥其在廉洁治理体系中的作用。其中，政府及公检法部门在廉洁治理体系中发挥着监督和预警的作用，主要负责牵头制定相关规定和标准，优化预警和通报机制，完善企业服务体系，并确保廉洁治理的推进和实施。行业在廉洁治理体系中作为连接政府和企业的桥梁和平台，通过建立信用合规体系，加强对企业的教育、激励、监督作用，引导企业遵守廉洁规定，共同维护市场秩序和行业形象。除了政府及公检法部门、市场等外部主体外，本书重点关注企业内部廉洁治理体系的搭建，并系统性地提出企业廉洁治理体系的基本架构，通过建立完善的内部廉洁制度和管理机制，确保企业在运营过程中秉持廉洁原则，树立企业的良好信誉。

　　在此基础上，政府及公检法部门、行业、企业之间应强化合作，建立民营企业廉洁治理动态联动机制。三者通过廉洁政策共治、廉洁监管共行、廉洁信息共享、廉洁教育共推、廉洁制度共建等措施，凝心聚力、深化协作、互利共生，共同推动廉洁治理体系的有效运行，构建形成一个多方参与、协同发展的民营企业廉洁治理体系。

二、制度保障

（一）政府及公检法部门

1. 规范保障：牵头制定规范性文件

推动制定企业廉洁治理架构的地方标准或操作手册，供企业参考。可参考深圳制定地方标准的模式，由泉州市有关部门牵头，制定泉州市民营企业廉洁治理的地方标准，旨在为企业提供具备一般性、通用性的企业廉洁治理体系。该标准具体包含企业组织环境、领导职责、评价体系、保障机制、合规考核、风险评估、重点环节等多个方面，同时应结合泉州市民营企业特点及主导产业特点，针对中小企业、家族企业、跨境业务等设立专项资金，供企业根据自身展业需求进行选择。

2. 风险预警制度：建立企业廉洁治理预警和通报机制

定期梳理民营企业廉洁治理的有关案例，针对问题多发环节进行预警。可参考香港特别行政区廉政公署网站的先进经验和模式，建立泉州市的廉洁治理宣传教育网站。利用政府和公检法部门在案例和信息层面的优势，定期针对民营企业廉洁治理有关案件的特点、不同企业遇到的问题等进行汇总、归类、梳理，定期公布泉州市民营企业在日常经营中容易产生贪污腐败问题的环节，并及时针对企业潜在的廉洁问题进行研判，制定《企业廉洁风险预警手册》。

联合行业机构，建立民营企业廉洁治理预警发布机制。可参考香港特别行政区廉政公署—香港商业道德发展中心案例，利用行业协会、相关机构等机构力量，建立民营企业廉洁治理预警发布平台，通过手册、线下培训、网站等多种方式，联合行业相关机构对廉洁治理预警信息进行发布。同时，基于政府部门的专业判断及第三方专业机构建议，通过文章、视频等方式对高风险领域进行解读，对企业近期廉洁质量层面的多发风险点提供解决建议，指导企业有效防范廉洁风险，帮助企业构筑廉洁治理体系。结合企业廉洁治理预警和通报机制的执行情况，发现问题并及时进行改进，不断提升企业的廉洁治理水平。

为中小企业提供除法律援助外的其他服务保障。完善政府服务类型，鼓励专业服务机构围绕企业的财务制度、流程管理、数字化建设等情况为中小企业提供低成本的援助服务，降低企业开展廉洁治理的成本和门槛。一方面，专业服务机构可通过对企业财务规章制度、实际操作流程的审阅，评估各项流程制度设计的有效性，协助企业建立更为完善的财务合规制度体系。另一方面，专业服务机构可协助中小企业搭建数字化系统，建立定制化廉洁风险监测机制，及时识别并预警企业内部的廉洁风险，加强企业的风险自测能力。

（二）行业

1. 建立信用合规体系

多方共建行业间信用信息共享平台。可参考阳光诚信联盟的模式，在泉州市范围内利用数字化手段建立企业间信用信息共享平台，为纳入泉州市的中小企业打造廉洁治理生态圈。通过行业内的信息共享，对从业者进行"信用约束与保护"，让从业者因敬畏而"不敢贪"。同时，在平台建设和运营的过程中也应同行业机构和政府相关部门进行紧密结合：一是联合各类行业机构和协会，让更多行业的企业加入平台，实现平台的全覆盖；二是同政府部门合作，依托政府有关部门的专业性，形成有效评价，增加平台专业性和权威性。

2. 建立教育和激励体系

发挥行业协会力量，建立面向企业主的廉洁教育体系。基于上文的表述，可参考香港和深圳的先进做法，充分发挥行业协会的平台作用，强化行业协会的沟通、培训和激励功能，搭建政府与企业、企业与企业间的桥梁。首先，行业协会应针对企业主开展廉洁治理意识宣传教育活动，通过论坛、研讨会、沙龙、工作坊等形式，邀请法律专家、行业专家等外部资源参与，开展交流活动，提高企业主的廉洁治理意识。其次，在此基础上，选取一些廉洁治理能力较为突出的企业作为示范，通过案例分享、参观学习等形式，让其他企业感受到廉洁治理带来的正面效应。最后，可在廉洁治理体系的基础上进行拓宽，针对企业主、创始人开展企业管理培训，尤其是家族企业和中小企业落实现代化企业管理理念，更好地推动廉洁治理体系在企业的落地。

联合政府有关部门建立激励机制，发挥民营企业廉洁治理的主观能动性。一方面，可设立企业廉洁治理的相关奖项，通过奖励廉洁治理表现良好的企业，如颁发廉洁治理优秀奖等方式，激励企业加强廉洁治理建设。另一方面，可依托泉州重大经贸交流活动，设置民营企业廉洁治理专场，邀请优秀企业代表进行主旨演讲、参与圆桌论坛等活动。这既增加了企业的"能见度"和知名度，为企业在经贸活动中提供了展示的舞台，又通过经验分享传播了民营企业廉洁治理体系，让民营企业廉洁治理深入人心。

（三）企业

通过梳理深圳地方标准中的重要概念，对标 ESG 标杆企业的先进做法，结合德勤在服务过程中的自身经验，企业短期内应在以下七个方面进行完善（见图 5-1）。

强化组织保障，建立经营者合规制度，明确决策者、管理者和员工之间的权责利

建立评价改进机制，确保廉洁合规制度能够根据最新情况和趋势，对各层级员工进行廉洁意识引导和廉洁行为规范

针对各环节和各关键流程设立相关绩效要求

对员工开展廉洁意识引导，开展合规培训，并建立相关激励机制

通过对各环节、各绩效的执行，达到企业廉洁治理建设效果，在实践中落实相关体制机制

针对企业发展的各个重点环节，建立廉洁合规制度保障体系

设立数字化合规的举报途径，保持检查、举报等各环节的独立性

组织保障
评价和改进
绩效保障
民营企业廉洁治理制度保障
培训与激励
执行落实
举报制度
重点环节保障

图 5-1 民营企业廉洁治理制度保障

1. 组织保障

强化组织保障，建立经营者廉洁治理制度，明确决策者、管理者和员工之间的权利与义务关系。

一是明确企业决策层职责，具体包括批准廉洁治理管理规划、制度和年度报告；推动完善廉洁治理管理体系；确定廉洁治理管理负责人或负责部门；听取廉洁治理管理部门就重大合规事项的汇报；决定廉洁治理管理负责部门的设置和职能；研究决定廉洁治理管理重大事项；按照权限决定违规人员的处理事项等。

二是明确企业管理层职责，具体包括根据决策层的决定，建立健全廉洁治理管理组织架构；审批廉洁治理管理具体规定；根据廉洁治理管理规划，采取有效措施确保廉洁治理制度的实施；明确廉洁治理管理流程，确保廉洁治理融入业务领域；及时制止并纠正一切不合规行为，按照权限对违规人员进行责任追究并提出处理建议。

三是明确员工职责，具体包括遵守廉洁治理相关规范制度开展日常工作任务；定期完成相关廉洁教育培训任务；积极配合管理层和决策层的廉洁问题调查工作；有意识地对廉洁问题进行举报、监督等。

2. 绩效保障

在确定组织保障的基础上，针对各环节和各关键流程设立相关绩效要求。一是明确廉洁治理总体目标，包括遵守法律法规、行业标准、公司内部规章制度，以及商业道德和社会公德。二是将廉洁治理目标分解为具体的任务和活动，如培训、检查、报告等。三是针对每个廉洁治理任务设定可量化的绩效指标，如培训的完成率、检查的覆盖率、报告的及时性等；并针对相关环节设立绩效指标，保障绩效考核顺利实施。例如，对重点环节和模块设立的绩效考核指标，员工参与廉洁教育的时间要求，廉洁教育必修课程安排，采购和项目执行的抽查次数要求等绩效指标。四是建立廉洁治理的绩效考核机制，保障各环节有效执行。将廉洁问题考核纳入年度基本考核项目，作为员工评价和任免的重要依据，并对廉洁品质突出的员工实行额外的奖励。

3. 评价和改进

企业还应建立评价改进机制，确保廉洁治理制度能够根据最新情况和趋势，对各层级员工进行廉洁意识引导和廉洁行为规范。对此，应定期进行廉洁治理风险评估，识别潜在的风险和问题；利用软件和工具来监控廉洁治理活动，收集数据，进行分析；使用数据分析工具来分析廉洁治理问题的趋势和模式，并针对最新趋势不断改进廉洁治理规范与制度；定期对廉洁治理政策和程序进行审查，确保其与最新的法律法规保持一致；对廉洁治理培训和教育程序进行评估，确保其有效性和及时性；设定廉洁治理绩效指标，以衡量合规活动的效果，定期评估这些指标，并根据评估结果进行调整；及时收集员工和相关部门的意见和建议，根据反馈结果，调整廉洁治理行动方案，并进行必要的改进；关注法律法规变化及行业最佳实践的发展，确保廉洁治理体系能够及时响应外部环境的变化。

4. 执行落实

企业应根据廉洁治理体系制定行动落实方案，通过对各环节、各绩效的执行，达到企业廉洁治理建设效果，落实相关体制机制。一方面，企业应设立专门的廉洁治理部门或指定合规官，负责廉洁治理体系的建立、实施和监督，确保廉洁治理组织架构与企业业务结构和规模相适应，由专门的廉洁治理部门确保各项措施落到实处。另一方面，企业在落实廉洁治理制度的同时，需做好风险识别工作：一是通过搭建内部员工与合作公司间的利益冲突排查模型、高风险业务场景下的数据异常监测模型等，及时识别可能的腐败行为；二是开展廉洁调查行动，积极搭建数据中心，将企业大数据进行汇总，建立风险矩阵与风险模型，通过机器学习等技术识别可能的舞弊场景，并进行有针对性的调查。

5. 培训与激励

第一，从起步阶段入手，在员工入职阶段开展廉洁意识培养及引导工作。对准员工进行背景调查，所有的直系亲属员工不能在同一中心或者同一事业主体下任职双方之间存在利益关系的职位；不符合廉洁规定的准员工不允许任职；对准员工开展入职前的廉洁教育培训，包括机构内部的廉洁规定等；员工入职前均需签署相关廉洁协议（如员工职业操守），确保员工在入职前即意识到廉洁的重要性。

第二，对在职员工开展廉洁治理培训。运用多样化的教育形式，定期开展各部门廉洁文化宣传。比如，开设企业微信廉洁系列讲堂，举办廉洁文化分享会，有条件的企业可建立廉洁教育基地，专门提供廉洁教育服务；加强与公检法部门的合作，开展教育培训，组织企业干部赴监狱、警示教育基地开展现场教育；邀请政府相关部门下访企业开展廉洁专题教育培训，包括纪法讲堂、政策宣讲等。

第三，建立激励机制。设立廉洁治理奖励，为遵守廉洁治理要求的员工提供奖励，如奖金、晋升机会、表彰等；在员工的绩效评估中加入廉洁治理绩效指标，确保员工在日常工作中重视廉洁治理要求，将廉洁治理表现作为员工晋升的考虑因素之一；进行公开表彰，在内部会议、通信设备或网站上公开表彰廉洁治理表现突出的个人或团队。

6. 举报制度

在企业内部的廉洁治理过程中，保证检查和举报等各环节的独立性尤为重要。针对廉洁治理检查，企业应明确廉洁治理检查团队的权利和职责，包括访问记录、文件和员工的权限，确保检查团队有足够的资源和支持，以便独立地执行其职责；制定标准化的检查程序，确保每次检查都按照既定流程进行，使用客观的评估标准和指标来衡量合规性。

针对廉洁举报环节，企业应设立一个或多个独立的举报渠道，如热线电话、在线举报系统、匿名信箱等，确保举报渠道的操作和管理独立于企业的日常运营和决策过程；建立一个独立的团队或委员会来处理举报，该团队应直接向高层管理人员或董事会汇报工作，确保处理举报的人员具备必要的独立性和专业能力，避免举报人遭受任何形式的排挤或打击报复。

针对监察环节，成立独立的廉洁治理监察部门，该部门直接向企业高层或董事会汇报工作，而不是向业务部门汇报工作，确保廉洁治理监察团队不参与日常业务运营，避免利益冲突。制定标准化的监察程序，确保每次监察都按照既定流程进行，使用客观的评估标准和指标来衡量合规性，建立一个透明的廉洁治理问题报告和跟踪系统，确保所有被发现的问题都能得到适当的记录、评估和解决。

7. 重点环节保障

企业的日常经营环节涉及多个方面，包括战略规划与决策、财务管理、市场营销与销售、生产、经营、人力资源管理、创新与研发、客户服务和行政管理等，应针对企业发展的各个重点环节建立廉洁治理保障体系，具体可分为日常环节的廉洁治理体系建设和重点环节的廉洁治理体系建设。

在日常环节，可通过"场景化"的方式对企业的业务流程进行模拟，梳理容易出现廉洁治理风险的点位，包括关系管理、合同管理、日常报销环节管理等；在重点环节，针对多发的廉洁治理问题制订有效的廉洁治理制度，如财务环节、采购环节、生产环节、销售环节和研发环节等。针对重点环节的廉洁治理制订策略，具体内容如附录1所示。

◉ 案例5-1
关键环节保障实践：以供应商合规管理为例

供应商管理是企业廉洁治理的重要环节，借鉴全国廉洁治理先进企业的经验，可在供应商管理层面置入如下环节：

1. 供应商选择与评估。在选择供应商时，要进行全面的评估，包括其财务稳定性、生产能力、质量控制能力、环保合规性等，对供应商进行尽职调查，了解其业务运作情况、所有权结构、声誉和合规历史。

2. 合规要求明确化。在合同中明确合规要求，包括质量标准、交付时间、环保规定、反贿赂政策等，提供供应商合规手册或指南，详细说明企业的合规期望和要求。

3. 供应商培训与沟通。定期为供应商提供合规培训，确保他们了解并遵守相关的法律法规和行业标准，通过定期会议和沟通，向供应商提供关于合规要求的最新信息。

4. 对供应商实施监控与审计。定期对供应商进行现场审计，检查其合规性，包括质量、环境、职业健康、安全等，使用第三方审计机构进行独立审计，以查验供应商的合规性。此外，对违反合规要求的供应商采取纠正措施，包括但不限于警告、罚款、解除合同等，必要时与供应商合作，帮助他们提高合规性。

第六章
泉州民营企业廉洁治理的实践建议

帮助企业在全生命周期的各阶段强化廉洁治理，将现代廉洁治理体系和家族企业模式有机结合，降低中小企业治理成本，破解廉洁问题发现难、取证难和处理难的"三难"问题，帮助企业在"走出去"和国际化经营的过程中避免廉洁治理风险，是打造泉州特色民营企业廉洁治理模式的关键。针对第二章中提到的泉州民营企业廉洁治理的主要问题及第四章中提到的七大关键举措，结合泉州当地企业的特点，以企业内部廉洁治理为核心，以政府及公检法部门、行业等外部治理为补充，形成如下七个方面的具体实施建议：

一、加强廉洁文化建设

廉洁文化建设有助于企业树立诚信、公正、透明的价值观和企业文化，促进企业内部形成良好的诚信氛围，为民营企业廉洁治理奠定基础。

1. 政府及公检法部门：引导廉洁文化建设

政府及公检法部门要引导企业加强廉洁文化建设，可从以下三点出发：一是立法和政策制定。加快制定关于民营企业廉洁治理的相关法律和政策，明确廉洁文化建设的指导思想、原则和具体措施，加强对腐败行为的打击和处罚。二是加强教育宣传和舆论引导。通过各种宣传渠道和教育活动，向民营企业普及廉洁文化的重要意义，引导民营企业形成良好的道德风尚和行为习惯。三是建立健全奖惩机制。对廉洁文化建设中的优秀表现和典型案例进行表彰和奖励，对违反法律法规、损害社会利益的行为进行严厉打击和惩处。

2. 行业：推动廉洁文化建设

行业协会对民营企业廉洁文化建设具有重要的推动作用，具体可从以下三点进行：一是制定行业内的廉洁文化准则和规范。明确行业成员的行为规范和职业道德，倡导诚信、公正、透明的行业文化。二是建立行业自律组织或协会。加强对会员单位的自律管理和监督，建立健全内部管理制度和规章制度，加强对行业活动的监督和检查。三是组织培训和教育活动。增强行业成员的廉洁意识和法律意识，加强职业道德和职业操守的培养，引导行业成员正确处理工作中的道德和法律问题。

3. 企业：落实廉洁文化建设

企业端是廉洁文化的落实端，廉洁文化建设是一项重要而复杂的任务，需要全体员工的共同努力和领导层的积极支持。确定并宣传良好的企业价值观和道德准则。包括诚信、责任、公平和透明等原则。领导层以身作则推动廉洁文化建设。通过自身行为和决策来展示诚信的价值观，树立良好的企业形象。开展廉洁文化和道德伦理方面的培训和教育。增强员工的诚信意识和责任感，引导员工正确处理工作中的道德和法律问题。建立便捷的举报机制。鼓励员工举报违反廉洁文化和道德准则的行为，保护举报人的合法权益，及时处理并追究违规者的责任。

二、推动企业全生命周期的廉洁治理

企业发展主要经历新生、成长、稳定、扩张或收缩四个阶段，企业廉洁治理对企业各阶段的发展都意义非凡。将廉洁治理贯穿于企业全生命周期的每个阶段，使企业实现廉洁治理的全局性、长期性、动态性管理，是企业提升核心竞争力的重要利器，也是企业历经新生初创到起步成长并不断发展壮大的必然选择。

1. 政府及公检法部门：帮助初创企业减少廉洁治理成本

对于初创期的企业，廉洁治理需要花费一定的精力、时间和人力成本，大部分企业在这个阶段认为没有必要承担，实际上也难以承担。对此，应从外部治理的角度出发，采取激励机制，降低企业廉洁治理成本。政府可采取相应的初创企业廉洁治理保护措施，根据具体企业设定3~5年的初创廉洁治理保护期；设立廉洁治理专项基金，帮助初创企业聘请廉洁治理员工加强廉洁治理建设，降低企业廉洁治理成本。

2. 行业：帮助企业构建廉洁治理意识

行业机构可针对不同发展阶段的企业定期开展企业和企业家的廉洁意识教育、廉洁治理一对一辅导等，提升企业家的廉洁治理意识。同时，行业机构可组织相关教育活动，向企业成员传授廉洁治理的理念、方法和实践经验，让企业在增强意识的同时找准廉洁治理方法，减少制度建设和执行成本。

3. 企业：对接外部治理，推动企业全生命周期的廉洁治理

在政府和行业协会的积极推动下，企业应做好与外部资源的对接，落实企业全生命周期管理。政府和行业机构积极举办企业廉洁治理相关培训、企业家或高管进监狱学习等活动。此外，政府和行业机构还

需引导企业开展廉洁治理自查，鼓励、推动、协助民营企业聘请审计、法律等方面的专业顾问，建立廉洁治理部门，进行廉洁治理审查；针对企业运营过程中的风险点开展"查缺补漏"，填补制度漏洞，并依托专业的第三方力量建立企业后续廉洁治理管理体系和制度，实现廉洁治理管理的可持续发展。

三、协助中小企业构建廉洁治理体系和行动方案

中小企业在落实企业廉洁治理体系建设过程中，往往存在廉洁治理体系建立成本高、落实难及缺乏专业性等问题。针对这些问题，应以企业内部建设和治理为核心，通过政府和行业的协助，推动中小企业构建运营成本较低的廉洁治理管理运营模式。

1. 政府及公检法部门：解决中小企业违规成本低等问题

一是联合行业机构及协会建立信用评级系统。通过第三方信用评级机构对中小企业进行信用评级，根据企业的信用历史、财务状况、履约能力等评定信用等级。二是进行信用记录和公示。建立企业信用记录系统，将企业的违约行为进行记录并公示，让市场参与者都能看到企业的信用状况。三是建立守信激励机制。对于长期守信的中小企业，可以通过项目招投标优先等方式给予鼓励。

2. 行业：帮助中小企业完善廉洁治理体系

针对发展到一定阶段的中小企业，可参考地方标准和操作手册开展系统的廉洁治理。借助商会、协会等组织的力量，帮助中小企业向大型企业学习治理经验，以"泉州经验"培养新的"泉州力量"，形成廉洁治理的泉州传承。此外，鼓励泉州市相关企业对中小企业提供

免费的法律援助、审计援助、财务规章制度支持等，形成泉州市各界廉洁治理动态联动机制。

3. 企业：搭建廉洁治理体系，运用数字化手段降低成本

在廉洁治理体系构建初期，可初步建立一个民营企业廉洁治理制度模型，对该阶段企业涉及的关键环节进行管理。该架构包含四个关键环节：基本架构、关键环节管理、绩效设定和执行以及事后检查和落实处理。不断开展循环评估，针对存在的问题制定相应的解决方案，确定下一步反腐败工作的方向和重点，以实现腐败治理工作的阶梯式上升，从而有效预防腐败发生并解决反腐败工作的症结。同时，公司管理层、党员干部可兼职廉洁专员的相关工作，负责廉洁治理方面的培训、监督等日常工作，这样既可以将廉洁治理工作继续开展下去，也可以降低设立专职人员的成本。

利用数字化手段降低廉洁治理成本。使用电子文档管理系统来存储、管理和跟踪电子文档，减少纸质文档的使用，降低存储和维护成本；利用数字化工具开展自动化日常流程，如发票处理、订单管理、库存跟踪等，减少人工操作，提高效率；通过订阅云服务和 SaaS 平台等来管理企业资源、客户关系、项目、财务等，减少对本地硬件和软件的依赖，降低成本；利用数字系统对中小企业各个环节进行有效监督，企业管理层通过数字化系统实时检查项目情况，既有利于廉洁问题溯源，也可以减少雇佣合规专员的人力成本。

四、引导家族企业引入现代企业管理制度

以家族为纽带，具有较强的认知邻近性、组织邻近性是泉州民营企业的特点之一。然而，当前家族企业还存在较多的腐败问题。譬如，

在员工聘用上，泉州市家族企业存在任人唯亲的现象，导致企业内部出现腐败问题；在廉洁问题处理上，泉州家族企业往往因为亲情缘故和"家丑不可外扬"的思想，促进了企业内部腐败的滋生。因此，家族企业积极引入和落实现代企业管理制度，有助于将家族企业的优势和现代企业管理理念相结合，帮助家族企业在廉洁体系建设过程中增强核心竞争力，保持企业稳定性和持续性，进一步推动家族企业在日益激烈的市场竞争中逐步发展壮大。

1. 政府及公检法部门：为家族企业转型现代企业提供多类支持

政府可以采取多种支持措施帮助民营企业引入现代企业管理制度：提供政策支持，出台相关政策，鼓励和支持民营企业引入现代企业管理制度，包括财政补贴、税收优惠、融资支持等方面的政策；提供培训和咨询服务，帮助民营企业了解和学习现代企业管理制度，提升企业相关管理水平和能力；搭建平台和共享资源，通过搭建平台，促进民营企业之间的交流与合作，共享管理经验和资源，帮助其引入现代管理制度；建立示范企业和培训基地，政府可以建立现代管理制度的示范企业和培训基地，为民营企业提供实践和学习的机会，并推动其更好地引入现代管理理念和制度。

2. 行业：推动职业经理人制度落实，对家族企业的家族成员角色变化进行调整

从国际上家族企业的实践经验来看，随着企业的扩大，势必需要引入现代化管理制度和管理体系，而随着职业经理人的进入，创始的家族成员也从执行者和管理者逐步转变为企业战略的制定者，在这一过程中既有对角色转变的不适应，也有对引入职业经理人的不信任。这一阶段容易发生家族成员贪腐和职业经理人"窝串"等问题，因此需要建立廉洁治理体系，在制度上形成对各方的约束与保护。

在意识层面，应发挥协会等行业内部机构在宣传、教育层面的优势，鼓励家族企业引入现代职业经理人制度，让家族企业人员意识到，

引入职业经理人模式或建立现代企业管理模式并不意味着企业主失去对企业的所有权，也不意味着"失去"企业，而是为了推动企业更好地做大做强。同时，通过案例分析和培训等手段，让企业主深刻认识到，随着企业的发展，需要更多专业人士的加入，"让专业的人做专业的事"才能更好地推动企业不断壮大，而"一言堂"的模式会放大自身的局限性，影响企业的进步发展。

3. 企业：优化家族企业管理模式，建立廉洁治理体系

（1）充分运用董事会、监事会职能，优化家族企业管理模式。

在制度建设层面，落实董事会、监事会职能，引入独立董事和职业经理人，增强企业的决策透明度和监督力度，打造企业内部互相监管模式，加强家族成员的腐败监管。

充分发挥董事会、监事会的管理监督作用。公司需通过董事会积极主导和引领企业应对严峻复杂的外部环境，在战略、技术、人才、组织、治理和可持续等方面推动变革；通过监事会及时发现企业内部的重大风险，并采取应对措施进行风险预警，从而通过制度的约束与保护，强化企业内部治理，实现企业的基业长青和利益相关方的共同福祉，砥砺前行，决胜未来。

优化家族企业管理模式还需明确家族成员和非家族成员在企业管理中的角色和职责，确保管理的专业性和公正性。在廉洁问题方面，加大腐败惩戒力度，鼓励企业积极主动揭露并严肃处理内部员工的腐败问题，以警示方式规范员工行为，消除家族内部人员的优越感；引导企业转变经营模式，从外部引入高素质职业经理人，充分发挥专业人员的优势，各司其职，提高管理水平，为企业的决策提供支撑。此外，还需确立企业合规管理部门的职责，包括组织制订合规管理规划、制度及规定，组织起草廉洁治理年度报告，参与重大决策并提出廉洁治理建议，领导廉洁治理部门开展工作，向领导层汇报廉洁治理重大事项。

（2）建立自上而下、全员参与的廉洁治理体系。

实施民营企业廉洁治理需要家族企业建立完善的内部廉洁制度和管理机制，形成自上而下、全员参与的内部廉洁治理体系。

企业主应加强同管理层的沟通和监管，在开展廉洁治理初期，企业主（或股东）需要同管理层达成廉洁治理建设的共识，双方共同制定清晰的廉洁治理目标，并将廉洁问题与企业愿景和长期目标相结合，建立有效的廉洁治理信息沟通机制，如定期举行董事会、管理团队会议等，确保廉洁治理相关信息的及时交流和共享。同时，企业主应在内部廉洁治理中，明确职业经理人的角色定位和行为规范，建立与公司长远利益相统一的绩效考核体系，支持政府、行业协会等建立职业经理人信用评价体系，以管理层引领企业开展廉洁治理工作。

管理层应发挥承上启下的重要作用，上承企业战略，下启员工团队。管理层应将廉洁治理理念贯彻落实，建立健全廉洁治理体系，完善公司的廉洁治理监察机制，确保检举制度行之有效；管理层应建立廉洁责任人制度，关键部门的负责人及领导应对廉洁治理负有连带责任，所属部门的下属工作人员出现廉洁问题，领导需追责，加强管理力度；管理层还应培养员工的廉洁意识，引导、管理员工遵循廉洁制度。

员工作为企业内部廉洁治理的执行者和最小实践单元，既要严格遵守企业制定的廉洁制度和规范，积极参与廉洁治理培训和学习，确保自身行为符合法律法规和公司制度，又要积极监督同事和上级的行为，依照程序对相关违规行为或腐败行为及时进行检举，有效维护企业的廉洁形象和声誉。

通过企业主、管理层、员工各方的共同参与、有机互动，形成良性的协同治理机制，有效推动企业廉洁治理体系的建立和完善。

五、增强企业海外合规风险意识

拥有国际业务的企业应建立企业出海合规体系，构建完善的跨国经营体制机制，以数字化建设为基底，全面考虑内部战略规划、品牌设计、内部财税与人才管理、投融资管理、业务拓展与运营、对外关系和可持续发展等方面。

1. 政府及公检法部门：正确引导企业出海

政府鼓励企业出海的同时，应对相关企业进行正确的引导和相应的支持，增强出海企业海外合规风险意识，提升其全球化经营的合规能力和竞争力。提供信息和指导。通过官方网站发布通知等方式向企业提供有关海外合规风险的信息和指导，帮助出海企业了解国际合规标准和相关法律法规。提供政策支持。出台相关政策，鼓励企业加强海外合规管理，包括财政补贴、税收优惠等激励措施，帮助企业降低合规成本和风险。加强国际合作与交流。加强与其他国家和国际组织的合作与交流，共同应对跨国企业的合规挑战，分享经验和信息，推动国际合规标准的提升和落实。

2. 行业：帮助企业合规出海

提供培训和教育。行业协会可以组织海外合规与廉洁治理培训与教育活动，向企业成员分享相关法律法规、国际合规和廉洁治理标准及最佳实践，提升企业的合规意识和能力。制定行业指南和标准。行业协会可以制定行业合规指南和标准，明确规定企业在海外经营中应遵守的合规要求，为企业提供实用的指导和参考。提供咨询和支持服务。行业协会可以提供咨询和支持服务，帮助企业解决海外合规方面的问题和困难，为其提供合规风险评估、审计等服务。开展经验分享和案例研究。行业协会可以组织会员企业之间的经验分享和案例研究活动，借鉴成功案例和经验教训，促进企业共同提升合规风险意识。

3. 企业：提升出海风险防范和处置能力，提高国际化经营合规和廉洁治理水平

（1）提升出海企业风险防范意识和处置能力。

提高廉洁风险防范能力和处置能力。及时关注目标地和国际环境对廉洁治理监管的要求变化，加强境外经营的相关合规制度建设。把握境外投资的方向和重点，以风险为导向，建立相应的管理体系，完善经营、合规风险的审查、管控和决策体系，制定相关管理制度，强化风险的预防和监控能力，优化境外投资管理政策框架，科学有效防范合规风险。完善企业境外风险处理机制（见图6-1）。企业需形成有效机制，确保外部调查等合规风险事件发生时，业务部门能将相关情况第一时间上报至企业的法律部门，由法律部门负责被调查事件或类似危机事件的处理和应对。另外，在应对具体问题时，需组建具有不同法域背景的律师团队，以应对不同国家和地区法律规范、不同国际组织特定规则和程序的制约。

01 ▶ 优化境外风险预防能力

- 把握境外投资的方向和重点，以风险为导向，建立相应的管理体系，完善经营、合规风险的审查、管控和决策体系，制定相关管理制度，强化风险的预防和监控能力，优化境外投资管理政策框架，科学有效防范合规风险

02 ▶ 完善企业境外风险处理机制

- 形成有效机制，确保外部调查等合规风险事件发生时，业务部门能将相关情况第一时间上报至企业的法律部门，由法律部门负责被调查事件或类似危机事件的处理和应对

- 在应对具体问题时，组建具有不同法域背景的律师团队，以应对不同国家法律规范、不同国际组织特定规则和程序的制约

图6-1　企业出海合规体系

通过上述更高层面的治理，企业的治理不再仅瞄准"廉洁"本身，

而是通过更加全面、立体、完整的体系化思路来审视廉洁治理和合规制度的完整性，从而为廉洁治理提供符合公司战略和目标的构建思路。

（2）提高国际化合规经营水平。

针对企业廉洁治理建设和"出海"领域的合规体系管理，参照 ESG 等国际主要企业评估标准，提升企业自身能力，提高企业廉洁治理水平。通过该方式，既可提升企业未来赴海外发展和上市阶段的国际认可度，也增强了企业自身在廉洁治理、践行企业社会责任、环保等方面的能力。以 ESG 为例，企业在廉洁治理领域可进行如下提升：

在公司治理优化方面，定期对公司治理结构进行评估并提出优化方案，由董事会进行年度绩效评估和风险评估，对存在问题的业务及职能进行专项调查；关注经营层决策授权体系的设计与优化。廉洁治理其实是贯穿在上述内容中的，在完成上述环节的过程中，能发现公司是否存在廉洁治理的盲点，以便进一步调整和优化治理。

在廉洁治理管理优化方面，开展定期的合规管理成熟度评估与规划，在商业行为准则制定、组织架构建立、流程制度设计、第三方合作伙伴管理、风险评估及培训等方面，完善合规管理，同步完善企业的廉洁治理（见图6-2）。

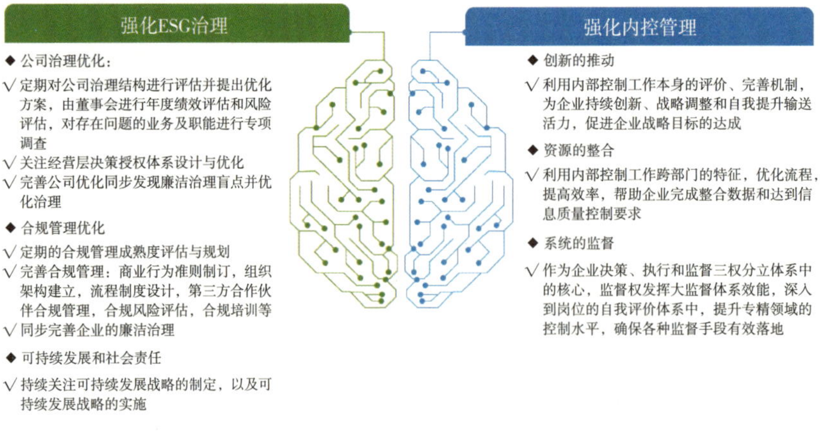

88

强化ESG治理

◆ 公司治理优化：
√ 定期对公司治理结构进行评估并提出优化方案，由董事会进行年度绩效评估和风险评估，对存在问题的业务及职能进行专项调查
√ 关注经营层决策授权体系设计与优化
√ 完善公司优化同步发现廉洁治理盲点并优化治理
◆ 合规管理优化
√ 定期的合规管理成熟度评估与规划
√ 完善合规管理：商业行为准则制订，组织架构建立，流程制度设计，第三方合作伙伴合规管理，合规风险评估，合规培训等
√ 同步完善企业的廉洁治理
◆ 可持续发展和社会责任
√ 持续关注可持续发展战略的制定，以及可持续发展战略的实施

强化内控管理

◆ 创新的推动
√ 利用内部控制工作本身的评价、完善机制，为企业持续创新、战略调整和自我提升输送活力，促进企业战略目标的达成
◆ 资源的整合
√ 利用内部控制工作跨部门的特征，优化流程，提高效率，帮助企业完成整合数据和达到信息质量控制要求
◆ 系统的监督
√ 作为企业决策、执行和监督三权分立体系中的核心，监督权发挥大监督体系效能，深入到岗位的自我评价体系中，提升专精领域的控制水平，确保各种监督手段有效落地

图6-2　强化 ESG 治理与内控管理

在可持续发展和社会责任方面，企业应兼顾商业价值与社会价值，在企业的使命愿景上体现出对社会需求的回应和对所在社区生态的贡献，将廉洁治理融入可持续发展战略的制定中，搭建完善的可持续发展框架，推动可持续发展战略的实施。

六、强化企业廉洁治理工具和手段的运用

针对目前民营企业"调查难、举证难、检查难"等问题，可利用包括数字化管理、举报等在内的多样化廉洁治理手段来进行日常廉洁风险的问题管理和处理。比如，利用数字化手段进行管理，可实现关键环节操作留痕，实时反馈核查情况，对日后完善企业廉洁治理体系及事后调查处理都具有优势，还可以减少企业人工管理成本，实现企业降本增效。再如，举报制度的实行有利于预测和预防欺诈，尽早发现不端行为和其他违规行为，还有利于员工安心提出问题，可靠的反馈渠道有助于改进流程和改善公司的整体福祉。因此，建议通过政府和行业外部力量的引导和支持，丰富廉洁治理工具与手段，以企业内部治理为核心，加强廉洁治理工具的运用。

1. 政府及公检法部门：出台廉洁治理工具规范与指南

数字化、举报制度等廉洁治理工具有助于提高企业的廉洁治理水平，培养企业和员工的廉洁治理意识。因此，政府应加大力度培养民营企业使用廉洁治理工具的意识，大力推广相关廉洁治理工具的规范运用。推动标准和规范的建设，政府可以推动相关标准和规范的建设，规范廉洁治理工具包的相关内容，出台相关指南，廉洁治理工具的使用规范。譬如，制定统一的数字化管理标准和指南，引导企业按照标准进行数字化管理，提升管理水平和效率。建立示范项目和典型案例。

建立企业使用廉洁治理工具的示范项目和典型案例，通过实践经验的分享和宣传推广，引导更多的企业使用相关廉洁治理工具。

2. 行业：支持民营企业使用廉洁治理工具

行业协会可通过培养民营企业运用廉洁治理工具的意识，提升企业使用相关廉洁治理工具的能力，加强企业对相关工具在廉洁问题预防和处理方面的运用。搭建平台，行业协会可以搭建相关平台，为企业提供数字化管理等廉洁治理工具、资源和技术支持，通过定期举办分享会等方式，促进行业内部相关廉洁治理经验的分享和资源的共享。推荐第三方服务机构。可推荐相关的第三方机构为企业提供数字化、热线搭建等有关服务。

3. 企业：推动运用廉洁治理工具

企业作为廉洁治理的核心主体，加强廉洁治理工具的运用有利于企业内部的廉洁治理更加透明。在廉洁治理工具包中，数字化管理和举报制度是其重要的两种工具，企业应将这两种手段高效运用于企业内部的廉洁治理之中。

（1）强化企业数字化管理工具的运用。

数字化改革有利于企业精简管理人员，节约管理时间和财务成本，提升廉洁治理的效率。通过廉洁制度完善、廉洁风险识别、廉洁风险监测、廉洁风险分析等一系列数字化改革，推动泉州市民营企业的廉洁治理管理实现系统化、智能化。

搭建数字化一体化治理平台，从管理制度、数字化识别、检测、评估等方面入手完善数字化治理体系和系统。数字制度管理。在日常管理过程中，企业可运用数字化管理手段，实行制造、生产、财务、销售等环节的透明化管理，减少腐败产生的可能性；灵活运用自动化办公系统（如 OA 系统），设置廉洁举报、廉洁申报、廉洁制度、廉洁案例等内容，强化员工廉洁意识，优化员工的举报渠道。数字识别系统。整合内外部数据，利用机器学习模型，识别出廉洁风险评估的驱动因素、高廉洁风险职能领域及其发生频率与损失程度，以数据驱动取代经验驱动。数字监测体系。建立企业定制化廉洁风险监测指标及配套的廉洁风险监测体系，评估指标数据与现有系统数据的关系。数字报告分析。建立一体化报告体系，明确报告路径与内容，完善各类报告模板，根据监管要求与内部管理需要，定期报送相关报表进行数据汇总分析、廉洁风险预警，为管理决策提供支持（见图6-3）。

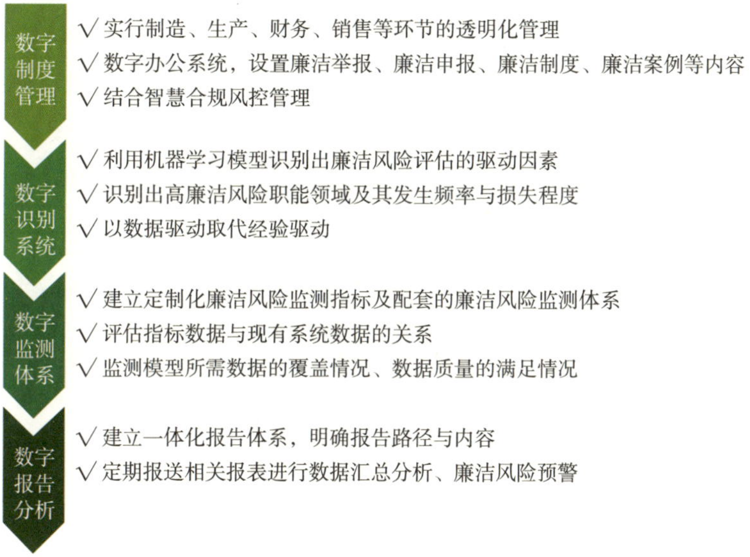

数字制度管理
√ 实行制造、生产、财务、销售等环节的透明化管理
√ 数字办公系统，设置廉洁举报、廉洁申报、廉洁制度、廉洁案例等内容
√ 结合智慧合规风控管理

数字识别系统
√ 利用机器学习模型识别出廉洁风险评估的驱动因素
√ 识别出高廉洁风险职能领域及其发生频率与损失程度
√ 以数据驱动取代经验驱动

数字监测体系
√ 建立定制化廉洁风险监测指标及配套的廉洁风险监测体系
√ 评估指标数据与现有系统数据的关系
√ 监测模型所需数据的覆盖情况、数据质量的满足情况

数字报告分析
√ 建立一体化报告体系，明确报告路径与内容
√ 定期报送相关报表进行数据汇总分析、廉洁风险预警

图6-3　数字化平台的廉洁治理

明确数字化风险管理体系，通过智能风控系统，确保企业能够合规经营并在不确定的环境下盈利。明确组织体系及职责分工，搭建风险管理的"三道防线"，明确风险管理的决策层、管控层及经营管理层的权责范围；建立风险管理闭环运作机制，明确风险管理与内控工作开展的步骤，建立健全风险管理闭环运作机制；设计简明易用的风险管理工具，协助开展风险管理工作；确保风险管理工作有效实施，通过风控培训、文化宣传，不断强化公司的风险管理意识（见图6-4）。

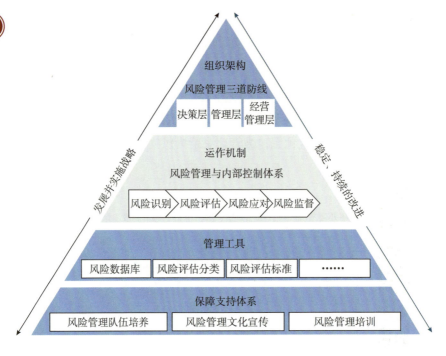

图6-4 全面风险管理体系框架

（2）加强举报制度的应用与实施。

民营企业的廉洁治理要从多角度的预防着手，腐败问题发生后的处理同样至关重要，因此设立举报制度、强化制度的应用和实施成为了企业内部廉洁治理的重要工具和手段。企业应根据实际情况，出台相关的举报政策和举报流程，确保举报制度的合法性、透明性和有效性，具体环节如下：

设立举报渠道。企业应设立多种便捷的举报渠道，包括电话、电子邮件、在线举报系统等，以方便员工或利益相关者进行举报。负责接听举报电话的员工必须是受过专业训练的人员，能够在有限的机会里获取举报人的信任，尽可能地获得并记录最全面、最完整的信息，同时能够安抚举报人。提供举报指引。企业应向员工提供举报制度的相关指引和说明，包括举报的对象、内容、程序、保密要求等，以便举报人了解并按照规定进行举报。保障举报人权益。企业应建立健全举报人权益保护机制，保证举报人的身份和信息安全，防止其受到打击报复。接收举报信息。接收到举报后，企业应及时记录并进行初步核实，确保举报内容的真实性和准确性。调查处理。对经核实的举报内容进行调查和处理，通过内部审查、调查或委托专业机构调查，查清事实真相，采取适当的措施加以处理。特别注意的是，信息接收平台的背后，应该是一个受过训练，熟悉公司各项制度的专职部门来处理所有的举报信息，也可以是第三方团队，如德勤这样具有丰富经验的公司或团队。① 保密处理。企业应对举报信息进行严格的保密处理，确保举报人的隐私权和信息安全，防止信息泄露。反馈结果。企业应向举报人及时反馈举报处理结果，让举报人了解自己的举报是否得到了处理，并保持沟通联系。监督审查。企业应建立健全内部监督机制，对举报制度的实施情况进行监督和审查，确保举报制度的有效运行。举报分析。对收到的举报信息进行数据分析是内部举报机制给公司合规管理带来的一项额外好处。哪个地区或哪条业务线的投诉和举报最多，可能意味着需要合规部门"特别关照"，如加强培训、实地考察、反映给地区/部门负责人等。具体的举报要点可参考附录四。

七、构建亲清的政商关系

构建亲清的政商关系是习近平总书记提出的新型政商关系的核心要义，也是民营企业廉洁治理的重要环节。不同于前面的六大举措以

---

① 对于收到的举报信息，专业团队将会进行三步操作：第一步是初步处理，包括必要的跟进、收集后续信息；第二步是将经过处理的信息（如隐去举报者信息）按照举报问题的性质分发给各个部门，如人事、法务、合规管理等；第三步是由团队跟进各个部门的调查进度，协调不同部门的合作，并对举报者进行反馈。

企业内部治理为主，亲清的政商关系更多涉及的是企业的外部廉洁治理，因此这更需要政府协助，而企业则是主动配合和积极响应。

1. 政府及公检法部门：以营商环境为抓手，落实民营企业廉洁治理

2023年中央经济工作会议提出，要促进民营企业发展壮大，在市场准入、要素获取、公平执法、权益保护等方面落实一批举措。良好的营商环境是促进各类市场主体发展壮大的关键因素，企业的不良举措或存在的廉洁问题也会对所在地区的营商环境产生负面影响，不利于生产要素的聚集和企业的发展壮大。因此，应针对企业"在商言商"的特点，以营商环境为抓手，提升民营企业的廉洁意识，推动民营企业强化廉洁治理理念，完善廉洁治理生态建设。

2. 行业：连接人大、政协等，推动亲清政商关系理念深入人心

泉州优秀的企业家、行业协会代表不乏人大代表和政协委员，因此可通过行业协会连接全国人民代表大会（简称"人大"）和中国人民政治协商会议（简称"政协"）等，推动构建亲清政商关系理念。一方面通过人大和政协的制度优势，倾听企业界的声音，了解企业界开展廉洁治理的实际情况和政策诉求；另一方面依托人大和政协的有关制度，对亲清政商关系理念进行深化，并面向社会各界人士落实新型政商关系理念，统一战线，形成廉洁治理的社会共识。

3. 企业：充分发挥党的领导作用，构建亲清政商关系

在构建亲清政商关系的过程中，应充分发挥党的作用，特别是引领作用，推动政府、企业将亲清政商关系深入人心。具体而言，可推动政府部门和重点企业的党支部建立合作关系，共同开展构建亲清政商关系的主题教育，从政府和企业两方视角入手，推动民营企业廉洁治理生态的建设。党支部联合举办的主题教育服务于政企两方沟通交流的"亲"；通过主题教育的形式宣传廉洁治理的逻辑和内涵，体现实际交流沟通过程中的"清"，最终推动新型政商关系良性发展。

结　语

　　廉洁创造价值，合规守护发展。廉洁治理是企业等组织生存发展的基础、健康发展的基石、高质量发展的有效途径、可持续发展的长久之道，体现的是一个组织的担当和对社会责任的切实履行。

　　泉州民营经济自改革开放以来不断发展，已经总结了一套成熟、具有代表性的发展经验，特别是"晋江经验"，已经获得党和国家的认可。进入新发展阶段，泉州民营企业也会因规模的扩大及全球经营而面临廉洁、合规、国际化等方面的综合挑战，构建一套完整、健全、同国际化接轨的廉洁治理体系，对提高民营企业凝聚力、全球竞争力具有重要意义。

　　未来，我们相信泉州在"1+3+7"的民营企业廉洁治理框架下，结合自身发展经验，通过不同部门的团结协作，将逐步制定起一套具有泉州特色的民营企业廉洁治理模式及制度保障措施，最终形成民营企业廉洁治理的"泉州经验"。

附录 1
民营企业廉洁治理建设的
重点环节保障建议

除了针对泉州民营企业的重点廉洁问题提出针对性的实践建议外，我们还梳理了廉洁治理的重点环节可能出现的问题及相关建议。

针对容易发生廉洁问题的相关环节，结合实际调研和案例分析，可将其分为重点管理环节和日常管理环节，其中重点管理环节包括财务、采购、生产、销售等企业业务全周期流程；日常管理环节主要包括关系管理、费用管理、合同管理等行政流程，每个环节的廉洁治理都对企业经营发展至关重要。要推进企业经营环节的廉洁治理，就是要突破惯性思维，通过进一步统筹整合，化解要素瓶颈，打通机制障碍，在一体推进"三不腐"的深入实践中实施全要素、全方位、全主体、全链条的主动管理，实现系统化管理和管理系统化。

一、日常经营管理

（一）关系管理：构建亲清关系网

关系管理包括企业内部员工关系管理和外部企业、政府机构等关系管理。关系管理方面的廉洁治理就是要确保企业日常经营内外部关系的廉洁，构建亲清员工关系、亲清商商关系、亲清政商关系。

客户关系和企业内部关系的管理和运营可能会产生腐败风险。一方面，企业可能为了获取更多的客户资源，出现贿赂行为；另一方面，公司员工为了公司内部的关系，可能会相互合谋对某些相互监管的事情视而不见，使企业遭受损失。

对此，企业应做好部门工作人员日常廉洁从业和职业道德教育，定期汇报部门廉洁从业工作情况，提升廉洁意识；重点关注对外客户的健康化维护；加强员工内部的相互监管，鼓励对内部腐败行为进行举报等。

（二）报销管理：确保报销合规透明

报销管理制度是公司日常管理的重要组成部分，对于控制公司成本、提高财务管理效率具有至关重要的作用。报销管理的廉洁治理确保了公司在处理费用报销时的合规性、透明度和可追溯性，有助于防止财务舞弊和腐败现象的出现。

针对费用报销过程，可能存在一些廉洁风险：用公款报销或者支付应由个人负担的费用；虚开票据，拉拢授意开票人开具超过实际发生的费用；借公务出差机会，用公款旅游或者变相用公款旅游。

对此，企业应修订完善的差旅费报销和业务招待管理等各项制度，规范费用审批、报销流程，并做好制度的宣贯和执行；财务部门和廉洁治理部门应加强费用报销环节的审核、监督；加强费用管理，做好各项费用目标的分解，做好日常费用的报销管理。

（三）合同管理：保证约定履行规范

合同管理是企业管理中最重要的管理工作，不同部门、不同管理层将参与企业合同管理的审核与签署，只有企业制定了合理规范的合同管理制度，合同管理才能为企业提供更加规范的保障。因此，合同管理方面的廉洁治理，就是要确保合同签署中事前约定、事中履行、事后管理等各阶段的合规行为。

合同管理可能出现的廉洁风险点：接受对方单位的关系拉拢，致使合同文本存在关键条款缺失、责任界定表述不清等问题，使公司权益受损；以签订、商谈合同内容为由，不设限地接受对方单位的礼物或款待；将与合同无关的费用以会议费、招待费等名义报销，并列入公司成本等。

对此，企业应科学制定合同格式文本，在公司相关人员审核的同时，邀请法律顾问或专业律师对合同条款执行存在法律风险的内容进行审核，确保无法律风险。严把合同审核关，严格把控合同授权、审批工作流程，要对对方单位的从业资格、完整的履约能力、技术条件等重要信息进行认真审核。加强合同用章的管理。合同用章作为签订合同时的重要凭证，要加强保管，做到专人保管、专章专用，避免合同用章滥用所造成的合同风险。加强合同执行管理，合同管理相关部门及财务部门要认真审核合同的工作流程（见附图1-1）。

1 关系管理：
构建亲清关系网
□ 管理目的：构建亲清员工关系、亲清商商关系、亲清政商关系
□ 常见问题：出现贿赂行为、对合谋缺乏监管
□ 应对方法：
√ 加强廉洁教育，提升廉洁意识
√ 重点关注对外客户的健康化维护
√ 构建员工相互监管举报机制

2 报销管理：
确保报销合规透明
□ 管理目的：确保报销合规性、透明度和可追溯性
□ 常见问题：用公款报销个人费用、虚开票据、公款旅游
□ 应对方法：
√ 完善报销制度，规范报销流程
√ 加强费用报销的审核与监督
√ 做好各项费用目标分解和费用报销管理

3 合同管理：
保证约定履行规范
□ 管理目的：确保合同事前约定、事中履行、事后管理合规
□ 常见问题：合同责任界定表述不清、合同签署不合规
□ 应对方法：
√ 专业律师对合同条款执行存在法律风险的内容进行审核
√ 加强合同用章的管理
√ 加强合同执行管理

附图1-1　日常经营管理廉洁治理

二、重点管理环节

（一）财务管理环节：加强精准管控，削弱财务风险

财务管理环节作为企业管理的中心环节，是企业实现基业长青的重要基础和保障。它是指通过完善的经营机制和财务管理手段，有效地管理企业财务活动，实现财务目标的经营管理活动。加强财务环节的廉洁治理，就是要让财务工作者敬畏权力、敬畏制度、敬畏民心，坚定自身的理想信念，时常查找自己岗位的廉洁"风险点"。

财务环节是最容易出现廉洁风险的环节。廉洁风险主要涉及预算管理、收支管理、税收管理、出纳管理、资产核算、财务对账等方面。该环节可能出现财务人员利用职务便利挪用、私用公款；伪造、编造或隐匿、销毁会计凭证、账簿，编制虚假财务会计报告；虚开增值税发票；不及时与银行核对账目，造成资金流失；固定资产管理不严，出现资产流失或丢失现象等问题。对此，应从以下几个方面加强财务环节的廉洁风险管理：

加强对存货和应收账款的管理。企业的管理人员要制定合理的存货经济订货批量，减少企业存货数量，降低企业存货成本，优化企业的存货资金结构。同时，对赊销客户进行信用评级，逐一核对应收账款，制定合理的收款管理办法，避免坏账行为的发生；对于无法避免的死账要及时进行处理，保证会计信息的真实性。

完善成本管理机制。通过规范的成本核算体系，对企业发生的成本费用进行恰当的估计；运用本量利的分析方法，对企业近期的财务管理目标进行优化；进行企业内部成本管理，形成以成本、收入、利

润为核心的考核评价体系，调动各个部门的工作积极性。

制定投资项目的可行性方案。进行投资之前，积极进行市场调研，根据市场的反映情况做出投资决策；认真学习国外优秀的投资理念，分散化投资，最大限度地降低企业的投资风险；财务组自觉履行职责，向领导层提出合理的建议，供投资决策参考。

完善财务审查监管体系。完善财务管控体系，加强资金集中统一管理，加强日常监控检查，接受定期的审计援助。严格把控收支两条线的工作流程，定期对票据进行监督检查；实行公司支票、印鉴、密码、现金等分块管理，落实相互监督管理原则；定期盘点库存现金，确保现金账面余额与实际库存相符，发现不符时应及时排查原因；加强财务稽核和专项审计，在加强外部财务审计和公司内部监察审计的同时，定期对接外部专业机构进行审计援助，对企业的内控制度建设、内部流程有效性等进行评估，以发现企业潜在风险点，帮助企业及时查处违规违纪问题。

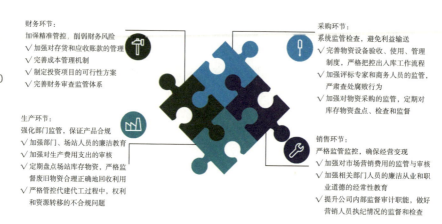

附图 1-2　重点管理环节廉洁治理

（二）采购环节：系统监管检查，避免利益输送

企业采购环节是企业生产经营的重要一环，主要包括收集信息、

询价、比价、议价、评估、索样、决定、请购、订购、协调与沟通、催交、进货验收、整理付款等各项流程。加强采购环节的廉洁治理就是要规范企业采购活动中的权利运行，是确保企业采购公平公正，实现采购制度提高财政资金使用效益的必要前提和重要保障，对于促进企业营商环境进一步优化具有重要意义。

采购环节也是容易出现廉洁问题的重要环节，采购部门可能存在接受投标行贿，泄露公司标书信息；接受物资设备供应商好处，为其提供便利；利用职务之便，让自己的亲属、朋友或其他特殊关系人供应物资设备，谋取利益等一系列利用职务之便进行利益输送的问题。

对此，生产部门应联合廉洁治理部门进行以下监管：完善物资设备验收、使用、管理制度，严格把控出入库工作流程；加强评标专家和商务人员的监管，严肃查处与厂商勾结、损害企业利益的行为；加强对物资采购的监管，定期对公司及各场站库存物资进行盘点，定期做好物资采购工作的检查和监督。

（三）生产环节：强化部门监管，保证产品合规

生产环节是企业经营的重要环节，其廉洁、安全是保证企业和谐稳定、健康发展的重要基础。该环节具体包括企业产品的设计研发、生产制造、供应商采购、产品测试等。加强生产管理环节的廉洁治理，就是要规范企业生产行为，保证企业产品质量合规合格、生产过程廉洁安全、产品测试真实可靠。

生产环节可能出现安全管理与检查的行贿受贿；对安全事故隐瞒不报；对原材料检查放松标准；将生产设备备品备件、安全工具变相处理，挪为私用、他用；违规截留或私自处理、变卖场站库存设备、废旧材料，将设备材料、处理款私分、私用等问题。

对此，生产部门应联合廉洁治理部门进行以下监管：加强部门、场站人员的廉洁从业和职业道德的经常性教育，定期汇报相关部门廉

洁从业情况。加强对相关安全生产费用支出的审核，规范生产物资采购、招标等工作流程，加强对重点工作和关键环节的监督。严格把控场站出入库工作流程，定期盘点场站库存物资，严格监督废旧物资合理正确的回收利用。严格管控代建代工过程中，由于权力和资源转移而出现的不合规问题。

（四）销售环节：严格监管监控，确保经营变现

销售环节是企业经营产品变现的重要环节，具体包括企业对产品的营销、销售管理、售后服务等环节。销售环节的廉洁治理就是要将产品以市场正常的价格进行合规合格销售，诚信销售，保证品质，避免倾销行为，售后服务有保障，同时避免企业内部职工利用职务之便私吞货款等。

销售环节的廉洁风险也是重点关注的领域，销售环节可能出现的一些廉洁风险包括：销售合同制定不规范或内容存在大量漏洞，导致合同无法按期履行，给公司造成经济损失；在市场营销公务往来过程中，虚开、多开发票，或在公司报销应由私人承担的费用，从中谋取个人利益；营销人员泄露企业信息，致使合同价格不真实，造成企业受损等。

对此，企业应联合廉洁治理部门进行相关监管：加强对市场营销费用的监管、审核；加强相关部门人员的廉洁从业和职业道德的经常性教育，定期汇报相关部门廉洁从业情况；提升公司内部监督审计职能，做好营销人员执纪情况的监督和检查。

附录 2
京东集团反腐败、反贿赂制度文件

《京东集团商业行为和道德规范准则》
(2022 年修订版)
2022 年 11 月 17 日京东集团董事会批准

Ⅰ. 目的

此商业行为和道德规范准则(以下简称"准则")包含了遵循最高商业道德标准并且意在符合美国 2002 年萨班斯—奥克斯利法案第 406 条所指的"道德准则"的含义及据此颁布的规定,开曼群岛注册公司及其子公司和附属机构(以下合称为"公司")关于开展业务的一般性指引。当然,员工必须遵守所有适用的法律、法规或者规定,且这些法律、法规、规定可能会不时修订。本准则所要求的道德标准比商业惯例或者可适用的法律、法规或者规定所要求的标准程度更高,我们遵循这些更高的标准。

本准则的制定意在制止不当行为并且鼓励:

- 诚实和道德的行为,包括但不限于合乎道德地处理个人和工作关系之间实际的或显而易见的利益冲突。

- 在向美国证券交易委员会（以下简称"SEC"）备案或提交的报告和文档中，以及在公司进行的其他公开交流中，进行完整、公允、准确、及时且易懂的信息披露。
- 遵守适用的法律、法规或规则。
- 及时内部举报违反本准则的行为。
- 人人有责任遵守本准则。

Ⅱ. 适用性

本准则适用于以全职、兼职、顾问或临时的形式为公司工作的所有董事、管理人员及普通员工（以下单独称为"员工"，合称为"所有员工"）。本准则的部分规定仅特别适用于公司的首席执行官、首席财务官、修订后的美国 1933 年证券法第 405 条规定的其他执行官、高级财务管理人员、财务总监、高级副总裁和其他任何在公司履行类似职能的人员（以下单独称为"高级管理人员"，合称为"所有高级管理人员"）。公司董事会（以下简称"董事会"）已委任公司的首席合规官为本公司合规官（以下简称"合规官"）。倘若您对本准则存有疑问或者举报违规行为，请联系合规官。

Ⅲ. 利益冲突

识别利益冲突

利益冲突发生在员工的个人利益在任何方面对公司的整体利益造成或者可能造成妨碍的时候。员工应当主动避免任何可能会影响其为公司利益行事的能力或者妨碍其客观有效地履行职能的私人利益。一般而言，以下情形应当被视为利益冲突：

- 外部雇佣关系。如果雇佣关系或服务及咨询等的提供对员工履行公司职责产生不利影响，或要求员工在公司工作时间内投入大量时间，则员工不得为此等（i）与公司有商业或业务竞争的企业或实体，或者（ii）非商业或业务竞争的企业或实体工作。

• 公司机会。员工不得利用公司资产、信息或其职位之便去获取本应由公司获得的商业机会。如果员工凭借公司资产、信息或职位之便在公司的经营领域中发现商业机会，该员工必须首先将此商业机会汇报给公司，而不是以私人身份去获取此商业机会。

• 财务利益。

（i）员工不得直接或者通过配偶或其他家庭成员间接地在任何对其履行公司的职务或责任有不利影响，或者需要其在公司的工作时间内投入大量时间的企业或实体中享有任何财务利益（所有权或其他）。

（ii）如果员工持有的任何与本公司存在竞争关系的企业或实体的所有权权益对其履行在本公司的职务或责任有不利影响，或者需要其在公司的工作时间内投入大量时间的企业或实体中持有所有权权益，则该员工不得持有此等所有权权益，且其必须在持有任何与本公司存在竞争关系的企业或实体的所有权权益之前将此情况报告合规官。

（iii）如果员工在本公司的职务包括管理或监管本公司与其他企业或实体的商业合作关系，员工不得持有此等与本公司有商业合作关系的企业或实体的任何所有权权益。

（iv）尽管本准则的其他规定允许：（a）董事及其直系亲属（以下合称"董事关联人"）或者高级管理人员及其直系亲属（以下合称"高管关联人"）可以继续持有其在一家企业或者实体中所拥有的以下投资或者其他财产利益（以下简称"利益相关企业"）：一是如果该投资或其他财产利益的实施或取得是在（x）本公司对该企业或实体进行投资或产生兴趣之前；（y）该董事或者高级管理人员加入本公司之前（为免生疑问，该董事或高级管理人员加入本公司之时，无论本公司是否已经对该企业或实体进行投资或产生兴趣，其直系亲属可以继续持有此等投资或其他财产利益）。二是如果在实施或取得该投资或其他财产利益之时，本公司尚未对该企业或实体进行投资或产生兴趣，则该投资或其他财产利益可以在将来由该董事或高级管理人员实施或取得；倘若如此，该董事或高级管理人员应（x）向董事会披露该投资或其他财产利益并且（y）避免参与任何与利益相关企业有关的高级管理人员之间的讨论，并且不得涉及任何本公司与利益相关企业或实体之间拟定的交易。（b）任何董事关联人或者高管关联人（ⅰ）投资与本公司有竞争关系的企业或实体，或者获取此等企业或实体的股权或其他财务利益；或者（ⅱ）与本公司进行任何交易之前，应该取得董事会的审计委员会的事先批准。

- 贷款或其他金融交易。员工不得从公司的重要客户、供应商或竞争对手的任何企业或实体处获得贷款或个人债务担保，也不得与此等企业或实体进行任何个人金融交易。本准则不禁止与公认的银行或其他金融机构进行的公平交易。

- 董事会和委员会的任职。员工不得任职于很可能与本公司产生利益冲突的任何营利或非营利性实体的董事会、信托人或任何委员会。员工在接受此等董事会或委员会职务之前，必须获得本公司董事会的事先批准。公司可能会随时重新审查对此类任职的批准，以决定员工的此类任职是否依然合适。以上并非可能产生利益冲突的情形的完全展示。下列问题可作为评估上文未具体提出的潜在利益冲突情形的有效指引：

- 实施该行为是否合法？

- 是否诚信公平？

- 是否符合公司最佳利益？

如果上述任何一个问题的答案是"否"，那么员工应该避免采取该行为或拟议的行为过程。如果员工对某项行为或拟议的行为过程是否会造成利益冲突有任何疑问，应立即联系合规官，就该问题获得建议。

利益冲突的披露

公司要求所有员工充分披露任何很可能导致冲突的情形。如果有员工怀疑其处于利益冲突或他人很可能认为是利益冲突的情形之中，该员工必须立即向合规官汇报。利益冲突只能由董事会或其指定的下属委员会予以豁免，并且应及时以法律及纳斯达克（NASDAQ）可适用规定所要求的程度向公众披露。

家庭成员与工作

家庭成员在职场以外的行为也可能会导致利益冲突，因为他们可能会影响员工代表公司做出决定时的客观性。如果员工的家庭成员有兴趣和本公司开展业务合作，公司决定是否与其展开或继续业务关系的标准应该不低于公司对其他第三方的在相似的情形下要求的条款和条件。

所有员工应该向他们的上级或合规官汇报任何有家庭成员参与的并很有可能造成利益冲突的情形。根据本准则的制定目的，"家庭成员"或"员工家庭成员"包括员工的配偶、兄弟姐妹、父母、子女及姻亲（或相应的"继亲"关系）。

IV. 礼物和招待

恰当的礼尚往来可以被视作常规的商业行为。适当的商业礼物和招待是友好礼仪，用于建立商业关系及获得商业伙伴之间的理解。然而，礼品和招待绝不能左右员工做出客观和公正的商业决定。员工在任何情况下都不得向商业伙伴提供礼物（包括现金和现金等价物）、餐饮、娱乐、交通、招待或旅行等其他福利，以换取不正当利益。员工不应接受礼物、优惠、娱乐、免费服务、个人购物折扣或任何其他公司一般不会向其他员工提供的对本人或家人的特殊优待。贿赂和回扣都是为法律所严厉禁止的违法行为。员工在任何地方都不得主动提供、赠与、索取或者收取任何形式的贿赂或回扣。

在这个事项上作出正确判断是员工的责任。一般来说，当且仅当礼物或招待符合可适用法律的规定，在数量上无足轻重并且不是出于对接受者任何行为的报酬或对接受者任何行为有所期待，员工可以给予或接受来自顾客或供应商的礼物和招待。所有以公司名义产生的礼物及招待费用必须在费用报告中正确记录。

员工收到礼品及馈赠后，立即报备直接上级管理人员，同时于两个工作日内退回原单位或个人，无法退回的应按照公司要求上交，价值在人民币 300 元或等值外币以上的须上交公司行政部。

V. 遵守反海外腐败法（FCPA）

美国反海外腐败法（以下简称"FCPA"）禁止直接或间接地给予外国政府官员或者外国政治候选人任何有价物品，以获得和保持业务联系。违反 FCPA 的行为不仅违反了公司内部的政策，还会构成民事违法或刑事犯罪行为。员工不得直接或间接地给予或授权支付任何非法付款给任何国家的政府官员。虽然在特定有限的情况下，FCPA 允许支付小金额的"加急费"，但此等费用必须事前经员工的上级（若首席执行官支付此等费用，须上报董事会）讨论和批准后方能支付。

VI. 公司资产的保护和使用

员工必须保护公司资产并且确保公司资产只是出于合法的商业目的。盗窃、疏忽和浪费会对公司的盈利产生直接的影响。不论是否谋取私利，严禁出于任何非法或不正当目的使用公司资金或资产。

为了保护和合理使用公司资产，所有员工都应当：

- 尽可能地谨慎，以避免公司财产被盗窃、损坏或滥用。

- 及时地汇报任何实际的或可疑的盗窃、损坏或滥用公司财产的情形。

- 保护所有电子程序、数据、通信或者书面材料免遭非法访问。

- 只出于合法的商业目的使用公司财产。

除非事先获得公司首席执行官或者合规官的批准，公司禁止任何员工以公司的名义（直接或通过交易伙伴）进行政治捐款。被禁止的政治捐款包括：

- 任何出于政治目的的公司的资金或其他资产的捐献。
- 鼓励员工个人进行此类捐献。
- 为员工报销任何政治捐款。

Ⅶ. 知识产权与保密

员工应遵守公司关于保护知识产权和保密信息的规章制度，包括以下规定：

- 任何员工在职期间因履行其职责或主要通过使用公司资产或资源产生的所有发明、创意作品、电脑软件及技术或贸易机密应属于公司资产。

- 除被授权的或法律规定的信息披露，员工应对获取的公司或与公司有商业合作关系的实体的信息保密。保密信息包括所有关于公司及其业务的非公开信息，以及公司要求保密的第三方信息。

- 公司坚持严格的信息保密政策。在受雇于公司期间，员工应遵守任何及所有有关保密的书面或非书面规章制度，并且履行适用于本人的有关保密的职务和责任。

- 除履行员工在公司所处职位相关的责任，任何员工在未获得公司事先批准的情况下，不得披露、宣布和发布公司的交易秘密或其他保密的商业信息，也不得在其对公司的职责范围之外使用此等机密信息。

- 即便是在工作环境之外，员工也必须保持警觉，避免披露有关公司业务、商业合作伙伴或员工的重要信息。

- 员工对公司保密信息的保密职责不因其出于任何原因与公司的雇佣关系终止而终止，此等保密职责持续至公司公开披露此等信息或者此等信息因非该员工原因被公之于众。

• 在雇佣合同终止时，或者公司要求终止合同时，员工应当无例外地返还所有的公司财产，包括含有保密信息的所有形式的媒介，并且其不得保留副本资料。

VIII. 财务报告和其他公开交流信息的准确性

上市后，公司会被要求向公众和 SEC 公开报告财务业绩及其他关于公司业务的重大信息。公司政策规定应及时地披露准确全面的业务、财务状况和经营业绩相关信息。所有员工必须严格地遵守所有关于业务交易、评估及预测的会计和财务报告可适用的标准、法律、法规和政策。绝不容忍不准确、不完整及不及时的报告，此等报告会严重地损害公司利益并导致法律责任。

员工应对任何可能存在的不正确或不完整的财务报告保持警惕，并及时报告。

应特别关注：

• 与业务表现不一致的财务业绩。

• 没有明显的商业目的的交易。

• 规避常规的审查和批准程序的请求。

公司的高级财务官员和其他财务雇员有确保公司的所有财务披露信息的完整、公允、准确、及时、易懂的特殊职责。任何可能损害此目的的行为或情形都应向合规官汇报。

禁止员工直接或间接地采取任何行动胁迫、操纵、误导公司的独立审计人员或对其进行欺诈，以影响公司财务报表，误导投资人。被禁止的行为包括但不限于：

• 发布或重新发布在此等情况下不可靠的公司财务报表（因为严重违反美国公认会计准则、普遍接受的审计标准或者其他专业或管理标准）。

• 不予实施普遍接受的审计标准或其他专业标准所要求的审计、

审核或其他程序。

- 不予撤回在此等情况下有正当理由应予撤回的已发布报告。
- 不予传达需要传达给公司审计委员会的事项。

IX. 公司记录

准确可靠的记录对公司业务至关重要，构成了收益报表、财务报告和其他公开披露信息的基础。公司记录是对商业决策和战略规划进行指引的基本数据的来源。公司记录包括但不限于订单信息、工资单、考勤卡、差旅费用报告、电子邮件、会计及财务数据、业绩和考核记录、电子数据文件和所有其他在日常运营中保留的记录。

所有重大方面的公司记录必须完整、准确、可靠。制作虚假或误导性的记录是永远都不被接受的。未披露或未被记录的资金、付款或收款都是被严格禁止的。员工负责理解和遵守公司的记录保存政策。如果员工对记录保存政策有任何疑问应联系合规官。

X. 遵守法律法规

每位员工都有义务遵守公司运营所在国家和地区的法律。这些法律包括但不限于商业贿赂和回扣，专利、著作权、商标和交易秘密，信息隐私，内幕交易，提供或收受馈赠，职业骚扰或歧视，环境保护，职业健康和安全，虚假和误导性的财务信息，滥用公司资产、外币兑换等方面的相关法律。所有员工均须理解和遵守适用于其在公司所处岗位的所有法律、法规和规章。如果对某种行动是否合法存疑，员工应立即向合规官寻求建议。

XI. 强迫劳动

本公司坚定地致力于保障所有工作均为自愿提供，不受胁迫。员工应在知情同意的情况下自由接受其岗位，并有权在遵守法律、法规、规定或在已经签署的雇佣合同中同意的任何条款中关于提前通知规则后的任何时间自由离职。

本公司谴责一切形式的强迫劳动、奴役、人口贩运。劳动者在工作地点的行动自由不得受到不合理的限制。公司也不得强迫员工在纪律处分或解雇的威胁下加班，或加班超过适用法律允许的加班时间。

XII. 歧视和骚扰

本公司坚定地致力于提供各个方面的平等就业机会，并且绝不容忍任何非法的针对种族、肤色、民族、宗教、性别、性取向、年龄、国籍或适用法律、法规、规则所保护的任何其他情形的歧视。公司禁止包括性骚扰在内的任何形式的骚扰，并将对投诉或知晓的违反本准则的行为立即采取措施。在本准则中，骚扰是指旨在威胁、恐吓、胁迫利益诱导员工的任何口头或身体行为。至于更多信息，员工应咨询合规官。

XIII. 结社自由

在符合适用法律的前提下，公司应确保其员工能够自行选择组成和参加员工代表组织，并进行自由交流。同样，公司应尊重员工不参加此类活动的权利。员工和/或他们的代表应能够就工作条件和管理工作与管理层开放的交流沟通，公司应保证其不会因此遭受歧视、报复、恐吓或骚扰。

XIV. 公平交易、竞争和反垄断

每个员工应尽力与本公司的客户、供应商和员工进行公平交易，并与公司的竞争对手开展公平竞争，避免从事任何违反反垄断法的垄断行为。任何人都不得通过操纵、隐瞒、滥用特权信息或竞争敏感信息、歪曲重大事实或任何其他不公平交易或反竞争行为，获取不公平优势。

此外，公司充分遵守所有可能适用于公司的反垄断法。员工在进行可能涉及任何反垄断问题的交易之前，应向合规官报告此类交易。

XV. 健康和安全

公司致力于为员工提供一个安全健康的工作环境。每位员工有责任遵从环境、安全和健康方面的规章制度，为其他员工提供一个安全健康的工作场所，并报告事故、伤害和不安全的设备、业务操作或状况。严禁暴力或暴力威胁。每位员工都要以安全的方式履行其对公司的职责，不得沉湎于酒精、违禁药物或其他管制药物。严禁在工作场所使用违禁药物或不当使用其他管制药物。

XVI. 反洗钱

本公司致力于在全球业务运营中严防洗钱行为，只与从事合法活动并遵守相关反洗钱承诺的客户和交易对手开展合作。洗钱是一种掩盖财产的真实性质，或明知财产来自刑事犯罪（可能包括贩毒或恐怖活动），却转移、获取或使用财产的行为。

XVII. 环境保护

本公司致力于保护自然环境，以更加可持续的企业经营推动绿色发展，不断发展绿色供应链，进一步推动客户的绿色消费。公司将努力减少对环境的负面影响，发挥供应链优势，积极应对环境挑战，强化公司的环保战略。

XVIII. 内幕交易

本公司董事会成员、高级管理人员、普通员工、顾问、第三方供应商或与公司有关联的其他人士，如掌握有关公司尚未向公众披露的"重大"信息，则不得买卖代表公司 A 类普通股、在香港联合交易所有限公司交易的 A 类普通股或公司其他证券的美国存托股票（以下简称"ADS"）。有关更多详情，请参阅本公司实时更新的内幕交易准则（以下简称"内幕交易准则"）。

XIX. 违反准则

所有的员工都有职责举报任何已知或可疑的违反本准则的行为，包括违反任何适用于本公司的法律、法规、规章或政策的行为。举报他人的已知或可疑的违反本准则的行为不会被视作不义行为，而是被视作对公司及其员工的名誉和诚信的保护。

如果员工已知或者怀疑违反本准则的行为，有责任立即将该违规行为向合规官举报，合规官会与该员工协作调查该员工所关注的问题。所有有关已知或可疑的违反本准则的行为的问题和举报都会被敏感和谨慎地对待。合规官和公司会竭尽所能对举报员工的信息进行保密，并根据法律和公司需要对该员工所关注的违规行为进行调查。

公司的政策规定任何违反本准则的员工根据其违反的事实和情况受到相应的纪律处分，包括终止雇佣关系。如果员工的行为违反法律规定或本准则，将会对公司和该员工个人造成严重的后果。

本公司严厉禁止打击报复出于善意寻求帮助或报告已知的或可疑的违规行为的员工。如果员工对报告已知或可疑的违规行为的其他员工进行打击报复将会受到纪律处分，包括终止雇佣关系。

XX. 准则的豁免

本准则的豁免将针对个例情况判断，只在特殊情况下授予。本准则的豁免只能由董事会或其指定的下属委员会提出，如果可适用的法律、法规和纳斯达克（NASDAQ）规定要求披露，应及时向公众披露。

XXI. 结论

本准则所包括的关于公司业务开展的一般指引与最高商业道德标准保持一致。如果员工对这些指引有任何疑问，可以联系合规官。我们希望所有的员工遵循这些标准。每一个员工都分别对自己的行为负责。声称依照上级领导或某个高级管理人员的要求而实施违反法律或本准则的行为不属于正当理由。如果员工实施被法律或准则所禁止的行为，该员工会被视为实施超出其工作范围的行为。这种行为会使员工受到纪律处分，包括终止雇佣关系。

《京东集团举报人保护和奖励制度》

京东坚持"客户为先"和"诚信"的经营理念，携手供应商及其他合作伙伴建立紧密的合作关系，共同打造一个阳光透明的商业环境。为鼓励供应商及其他合作伙伴、京东员工参与到京东集团诚信经营的监督体系中，积极举报腐败和职务犯罪等违规行为，并加强对举报人的保护，京东集团特发布《京东集团举报人保护和奖励制度》。

一、举报人的概念

本制度所称的举报人是指任何举报京东集团员工违反《京东集团反腐败条例》行为的单位或个人，包括但不限于京东集团供应商、其他合作伙伴及其员工以及京东集团员工等。

二、举报范围

本制度所称的举报是指对京东集团员工违反《京东集团反腐败条

1. 京东集团员工接受供应商及其他合作伙伴任何形式的礼品、馈赠和宴请、旅游等不正当利益。

2. 京东集团员工职务侵占、盗窃、挪用资金，侵占公司资产及徇私舞弊损害公司利益等违法违纪行为。

3. 京东集团员工受贿、索贿、介绍贿赂等。

4. 京东集团员工利用职务之便为自己、利害关系人或他人谋取不正当利益。

5. 京东集团员工收受回扣、手续费或其他好处归个人或团队所有。

6. 京东集团员工实施关联交易或违反利益冲突条款。

7. 其他腐败行为。

三、举报渠道

举报人可采取以下任何形式举报：

1. 电话举报：400-601-3618

2. 电子邮件举报：jiancha@jd.com.

3. 信函举报：北京市北京经济技术开发区科创十一街京东集团总部 A 座—监察部收。

4. 预约来访举报。

5. 举报人认为合适的其他形式。

四、举报要求

1. 举报应当实事求是，禁止恶意举报和诬告陷害，举报人须如实提供被举报人的姓名、部门及违规事实；如有证据资料，也请一并提供。

2. 鼓励实名举报。对不愿实名的，可尊重其意愿，采取匿名或化名举报。

3. 举报人无论以何种方式进行举报，应保证举报管理部门工作人员能与之取得联系。

五、对举报人的保护

1. 监察部是京东集团唯一被授权从事腐败行为调查的专职部门，直接向京东集团 CEO 汇报，从治理结构上保障了举报受理和调查工作的独立性和客观性。

2. 监察部将举报的保密工作放在首位，对于举报受理和调查有严格的管控制度和流程，对举报人的个人信息及举报人提供的所有举报资料均严格保密。

3. 遵守国家法律法规及京东集团对举报人和举报信息的保密要求，在受理、登记、保管、调查等各个环节上一律严格保密，防止泄露或遗失。对违反保密规定的责任人员，将从严从重处理，构成犯罪的依法追究其刑事责任。

4. 举报受理和调查的团队均由从事过公安、反贪以及其他经过专业训练的专职调查人员组成，是一支专业过硬、纪律性强的团队。

5. 京东集团严禁用任何形式对举报人进行打击报复，任何形式的打击报复将按国家法律法规及京东集团制度从严从重处理，违法的将追究当事人的法律责任；若举报人遭受任何形式、任何程度的打击报复，请第一时间向监察部反馈。

6. 京东集团全力保障举报人的合法权益不受侵犯。特别针对实名举报的单位或个人制定了多重严格的保护措施来落实对举报人的保护。具体措施如下：

6.1 针对实名举报，京东集团专门设置秘密的"特别保护名单"，"特别保护名单"由京东集团监察部专人管理，其他个人和部门均无权接触。

6.2 管理"特别保护名单"的人员负责处理"特别保护名单"

里人员的沟通、培训、奖励和保护等事务。"特别保护名单"的管理人员均为经过严格挑选的、受过特别训练的专业人士,切实做到严格保密。

6.3 对于"特别保护名单"内人员为京东集团内部员工的,其加薪、评奖等事宜优先考虑,奖励发放将通过专属渠道,确保私密性得到有效保护。对于其异动将提供更多选择和帮助,对于其离职将及时关注,避免其遭受变相排挤或报复。

7. 京东集团除对举报个人提供保护之外,对于向京东集团主动举报腐败信息的供应商及其他合作伙伴提供多重保障。主要措施如下:

7.1 豁免权:无论您是主动还是被动向京东集团员工及其关联人员提供不正当利益,如果您主动向京东集团说明情况,保证没有从事其他腐败违规行为,并保证以后不再重犯,京东集团将继续保持合作,同时对于违规责任不予追究,免予处罚。

7.2 业务发展保障权及额外奖励:无论主动还是被动向京东集团员工及其关联人员提供不正当利益,如果主动向京东集团说明情况,京东集团除了给予以上豁免权之外,还会保障举报单位的业务持续稳健发展。此外,京东集团参照举报人奖励条款给予相应的奖励。

8. 在监察部调查过程中,供应商或合作伙伴配合调查并说明存在的问题,京东集团将减轻追究其违规责任。在调查过程主动提供京东集团所不掌握腐败人员信息的将免予处罚同时给予业务发展保障权;如果提供所不掌握的腐败人员信息属于重大腐败事件,还会给予相应的现金奖励。

六、对举报人的奖励

1. 京东集团举报奖励对象原则上限于实名举报,实名举报有助于京东集团高效、快速查处腐败问题以及保障举报奖励的正确发放。京东集团鼓励知情者积极实名举报,如实客观地反映腐败问题,并根据最终的调查结果给予举报人或举报单位丰厚的奖励。

2. 对于个人举报，提供有关腐败行为的信息经调查属实的情况，京东集团将根据提供线索的有效性、案件性质及严重程序给予举报人5000元至1000万元人民币不等的现金奖励。

3. 对于合作单位举报，提供有关腐败行为的信息经调查属实的，参照本制度第六款第2条关于个人举报现金奖励标准给予5000元至1000万元人民币不等的现金奖励，或者结合举报单位需求给予举报单位相应广告、促销等资源类奖励。

4. 对于提供直接及有效证据举报职务侵占类、非国家工作人员受贿类案件，并且最终被警方定性为刑事案件的举报，奖励金额最低为人民币5万元，最终查处案值越高，给予奖励越高。

5. 两人以上（含两人）联名举报同一案件的，按同一举报奖励，奖金由举报人协商分配。

6. 禁止恶意举报和诬告陷害。对歪曲事实的恶意举报或打击报复的恶意投诉不仅取消奖金的发放，而且追究当事人相关责任，若为内部员工则根据员工手册按严重违纪处理。

如果供应商及其他合作伙伴、京东集团员工有任何疑问，请参照上述方式联系京东集团监察部获取更多信息。

本制度自发布之日起施行，相关解释权归属京东集团监察部所有。

京东集团　监察部
2021年12月

附录2　京东集团反腐败、反贿赂制度文件

附录 3
深圳企业合规体系地方标准

　　2023 年 8 月 10 日，深圳市市场监督管理局正式发布深圳市地方标准《企业合规管理体系》（DB4403/T 350—2023），为深圳企业建立合规管理体系提供了全面系统的指引。《企业合规管理体系》是全国首部企业合规地方标准，基于国际标准 ISO 37301：2021《合规管理体系要求及使用指南》和国家标准 GB/T 35770—2022《合规管理体系要求及使用指南》，结合深圳市企业目前合规管理的现状、难点和需求制定的，适用于深圳市不同类型、规模、性质和行业的企业。

　　《企业合规管理体系》分为前言、引言、正文、附录、参考文献五个部分。正文分为 11 章，包括企业合规管理体系的范围、规范性引用文件、术语和定义、基本原则、企业环境、领导作用、策划、支持、运行、绩效评价、持续改进。后附三个规范性附录，对合规管理的重点环节、合规管理的重点人员、合规管理的重点领域进行补充。

深圳市地方标准　DB4403/T 350—2023

企业合规管理体系

2023 年 8 月 1 日发布　2023 年 9 月 1 日实施

深圳市市场监督管理局　发布

前　言

本文件按照 GB/T 1.1—2020《标准化工作导则第 1 部分：标准化文件的结构和起草规则》的规定起草。

本文件由深圳市司法局提出并归口。

本文件起草单位：深圳市司法局、深圳市标准技术研究院、北京新世纪跨国公司研究所、深圳市认证认可协会。

本文件主要起草人：周剑君、冯念文、徐玲玲、张敖、姜婷、王志乐、丁继华、刘猛、廖灏璘、黄琳、刘莹莹、林晓君、曹荣、尹雪晨、王欢雪。

引　言

合规是企业可持续发展的基石。企业需要高度重视合规管理，根据自身实际情况搭建行之有效的合规体系，并不断推进完善。合规体

附录3　深圳企业合规体系地方标准

系建设需要在保证合规管理独立性的同时，将合规嵌入企业运营和管理的全流程，并不断强化员工的合规意识，建立浓厚的合规氛围。企业有效地进行合规管理，能使企业避免或减少因不合规行为给企业带来的损失，也有利于塑造良好的企业形象。

我国于 2017 年等同采用 ISO 19600：2014《合规管理体系指南》，制定了 GB/T 35770—2017《合规管理体系指南》。2021 年发布的国际标准 ISO 37301：2021《合规管理体系要求及使用指南》及 2022 年 10 月 12 日发布的国家标准 GB/T 35770—2022《合规管理体系要求及使用指南》，规定了合规管理体系的要求，并提供了使用指南和推荐做法。近年来，我国深入推进企业合规建设，国务院国资委等部门出台了一系列企业合规管理制度，企业合规意识逐步增强、企业合规氛围逐渐浓厚。深圳作为以外向型经济为主的城市，企业数量多、业态复杂，为使我市企业得以行稳致远，有充分的必要性和紧迫性加强企业合规建设。制定与国际接轨、立足深圳实际的企业合规管理地方标准，将为打造深圳企业合规示范区建设提供坚实的基础支撑和保障。

本文件为企业建立合规管理体系提供了全面系统的指引和建议，企业可依据自身规模及内外部环境等因素，建立符合自身发展目标的合规管理体系，从而预防、发现和处置合规风险，并证明针对合规已经实施了合理和适当的措施。

企业合规管理体系

1　范围

本文件规定了企业合规管理体系的基本原则、企业环境、领导作用、策划、支持、运行、绩效评价、持续改进、合规管理的重点环节、合规管理的重点人员、合规管理的重点领域。

本文件适用于企业开展合规管理体系建设和评价，包括自评和第三方评价。

2　规范性引用文件

下列文件中的内容通过文中的规范性引用而构成本文件必不可少的条款。其中，注日期的引用文件，仅该日期对应的版本适用于本文件；不注日期的引用文件，其最新版本（包括所有的修改单）适用于本文件。

GB/T 19000—2016 质量管理体系基础和术语

GB/T 19001—2016 质量管理体系要求

GB/T 23694—2013 风险管理术语

GB/T 35770—2022 合规管理体系要求及使用指南

SZDB/Z 245—2017 反贿赂管理体系

3　术语和定义

GB/T 19000—2016、GB/T 19001—2016、GB/T 23694—2013、GB/T 35770—2022、SZDB/Z 245—2017 界定的以及下列术语和定义适用于本文件。

3.1　最高领导者 Top Leader

在最高层指挥和控制企业的一个人。

3.2　决策层 Decision-maker

对企业的经营管理活动享有最终决策权限的一个人或一组人。

注：决策层包括但不限于董事会。

3.3　管理层 Management

对企业的经营管理活动负有管理责任的一个人或一组人。

注：管理层包括但不限于首席执行官、总经理、总监。

3.4 首席合规官 Chief Compliance Officer

领导合规管理部门组织开展相关工作，使企业及企业内部成员行为符合法律规定、监管要求、行业准则和国际条约、规则，以及企业章程、相关规章制度等要求的管理人员。

注：企业根据企业规模及机构设置的不同，明确相关人员履行首席合规官的职责。

3.5 监督层 Supervisor

对企业经营管理活动和员工履职行为进行监督的一个人或一组人。

注：监督层包括但不限于企业的监事会、审计部门、监察稽核部门、风控部门和巡察组。

4 基本原则

4.1 有效适宜原则

企业建立的合规管理体系，能与企业性质、经营范围、组织结构和业务规模等实际情况相适应，兼顾成本与效率，能有效运行且能达成企业合规管理目标，并可根据内外部环境的变化持续改进。

4.2 全面覆盖原则

企业合规管理体系覆盖企业经营活动全业务领域、各部门、各层级子企业、分支机构和全体员工，贯穿决策、执行、监督、反馈等各个环节，体现于决策机制、内部控制、业务流程等各个方面。

4.3 客观独立原则

企业从机构设置、制度设计、汇报路径等方面保证合规管理工作的独立性，合规管理部门及人员承担的其他职责不与合规职责产生利益冲突。

4.4 协同联动原则

企业宜推动合规管理与法务、监察、审计、内控、风险管理等工作制度的统筹和衔接，确保合规管理体系有效运行。

4.5 公开易得原则

企业宜将合规管理体系中涉及的政策、程序、制度等及时公开，并及时向企业各层级、员工和利益相关方传达。企业宜使有关信息的获取便利化，确保其易被获取。

5 企业环境

5.1 理解企业及其环境

企业应确定与其合规风险和合规目标相关，且影响企业实现合规管理体系预期结果的能力的内部和外部事项。企业应考虑的事项包括但不限于：

a）业务模式；

b）自身的合规文化与第三方业务关系的性质和范围；

c）法律和监管环境；

d）经济状况；

e）社会和文化环境。

5.2 理解利益相关方的需求和期望

企业应确定合规管理体系的利益相关方，并理解利益相关方的需求和期望。

5.3 确定合规管理体系的适用范围

5.3.1 企业应确定合规管理体系的边界和适用性，以确立其范围。企业应根据5.1提及的内外部事项以及企业理解利益相关方的需求（见5.2）、识别合规义务、开展合规风险评估等要求，确定合规管理体系的范围。

注：合规管理体系的范围旨在理清企业面临的主要合规风险，以及合规管理体系适用的国家、地域、行业和/或企业边界，尤其当企业作为集团或其他组织的一部分时。

5.3.2　确定合规管理体系范围的相关信息应作为文件化信息，并可获取。

5.4　建立合规管理体系

企业应结合企业环境，建立、实施、维护和持续改进合规管理体系。合规管理体系应反映企业的价值观、目标、战略和合规风险。

6　领导作用

6.1　最高领导者的作用和承诺

企业最高领导者应以身作则，坚持并积极、明确地支持企业合规与合规管理体系建设。企业最高领导者证实其对合规管理体系的领导作用和承诺的方式包括但不限于：

a）明确合规管理是企业健康发展的基石，确定合规方针和目标，并与企业价值观、目标和战略一致；

b）确保合规作为企业的核心价值观之一，合规文化成为企业文化的核心组成部分；

c）与首席合规官建立直接沟通机制，授予其相关权限并确保其工作的独立性；

d）确保建立合规工作与员工绩效、考核及职级晋升等挂钩的管理机制；

e）确保合规管理体系的要求融入企业业务流程，并能促进持续改进；

f）确保为企业合规管理工作配置充分、适当且可用的资源和技术支持。

6.2 合规职责

6.2.1 通则

企业应基于所在国家、区域、行业以及企业类型、业务规模、商业模式等多方面的差异，根据相关法律法规、标准规范等方面的要求，分析本企业所处的环境，搭建权责清晰的合规管理组织架构，并依据规定履行相应职责，推动合规管理体系有效落地实施。

6.2.2 决策层职责

决策层应对合规管理的有效性负责，履行的合规管理职责包括但不限于：

a）推行合规经营理念，培育企业合规文化，推动完善合规管理体系；

b）审议批准合规管理体系建设方案、合规管理工作年度报告以及合规管理基本制度等文件；

c）审议决定合规管理重大事项；

d）推动完善企业合规管理体系，并对其有效性进行评价；

e）决定合规管理部门的设置和职能，以及首席合规官的设置和任免。

6.2.3 管理层职责

管理层向最高领导者和决策层负责，履行的合规职责包括但不限于：

a）依据合规方针和合规目标，指导各部门企业的合规管理工作；

b）拟订合规管理体系建设方案；

c）拟订合规管理基本制度，组织制定合规管理具体制度，批准合规管理工作年度计划；

d）建立与合规绩效考核挂钩的人员绩效考核制度，确保合规绩效考核制度的实施；

e）组织应对重大合规风险事件。

6.2.4　业务及职能部门合规职责

业务及职能部门承担本部门合规管理的主体责任，履行的合规职责包括但不限于：

a）对本部门规章制度、合同等文件及经营管理活动进行合规审查；

b）建立并完善本部门业务合规管理制度和流程，编制合规风险清单和应对预案；

c）梳理重点岗位的合规风险，将合规要求纳入岗位职责；

d）组织开展合规风险识别评估，及时向合规管理部门报告合规风险，组织或配合开展合规风险事件的应对处置；

e）组织或配合开展违规事件的合规调查和整改。

6.2.5　合规管理部门/首席合规官职责

6.2.5.1　合规管理部门是企业合规工作的牵头部门，应在企业相关管理制度中明确合规管理部门的地位、权限和独立性。合规管理部门向首席合规官负责，履行的合规职责包括但不限于：

a）组织起草合规管理基本制度和具体制度规定、合规管理工作年度计划、合规管理工作年度报告；

b）组织开展合规风险识别、评估、预警和应对；

c）开展规章制度、重大业务活动、重大决策的合规审查；

d）组织或协助各部门开展合规培训，受理合规咨询和合规沟通事宜，推进合规信息化建设；

e）依据最高领导者和决策层的授权，规划设计合规管理体系，协助监督层或第三方机构开展合规管理体系有效性的评审；

f）组织开展合规检查，指导企业开展合规管理工作；

g）组织或协助开展合规考核评价；

h）受理职责范围内的违规举报，组织或参与对违规事件的调查，并提出处置建议。

6.2.5.2 首席合规官向企业最高领导者和决策层负责，领导合规管理部门组织开展企业的合规管理工作。

注1：是否设置专职的合规管理部门及首席合规官取决于企业规模、企业面临的合规风险程度等因素。

注2：企业根据实际发展需要，决定是否由合规相关职能部门（如风险管理部门、法律事务部门等）及相应人员（如合规总监、风控总监等）分别兼任合规管理部门和首席合规官。

6.2.6 监督层职责

监督层负责监督合规管理体系的有效运行，履行的合规职责包括但不限于：

a）监督企业经营管理活动和员工履职行为的合规性；

b）在职权范围内对违规事件进行调查，按照规定开展责任追究，并提出处置建议。

6.3 合规方针

6.3.1 合规方针应确立企业开展合规管理体系建设的首要原则和行动承诺，由企业最高领导者和决策层审议批准。

6.3.2 合规方针应与企业的价值观、目标和战略保持一致，宜规定：

a）与企业的规模、性质、复杂性及其环境相关的合规管理体系的应用和环境；

b）合规与其他职能的结合程度；

c）对内外部相关方的关系进行管理的原则。

6.3.3 合规方针可包括：

a）使命宣言；

b）方针声明；

c）管理战略；

d）责任和资源的分配；

e）违规后果；

f）影响。

6.3.4 合规方针应用通俗易懂的语言书写以便于所有员工能理解其原则和目的，并以恰当的方式向员工宣贯及向利益相关方传达。

6.4 合规文化

企业应在其内部各个层级建立、维护并推进合规文化，措施包括但不限于：

a）最高领导者、决策层和管理层以身作则，遵循和落实合规价值观，倡导和推行合规文化；

b）建立制度化、常态化的合规培训机制，制定年度合规培训计划，将合规作为合规管理重点人员培训的必修内容和任职上岗的必备要求；

c）通过制定合规手册、签订合规承诺书、开展合规宣誓等方式将合规理念传递至全体员工，确保其了解合规义务；

d）通过合规建设情况公开披露、宣传等方式，将合规文化传递至利益相关方，确保其了解企业的合规要求；

e）建立合规绩效考核体系并运行实施，将绩效考核结果与薪酬待遇、职务任免等挂钩；

f）建立合规奖励机制，鼓励员工提出改进合规管理的意见和建议；

g）建立健全合规人才的选拔、培养和任用机制。

7 策划

7.1 合规目标及其实现的策划

7.1.1 合规目标确定了企业合规管理实现的结果，企业应在相关职能和层级上确立合规目标。合规目标应可测量、监视和沟通，并作为文件化信息可获取。

7.1.2 策划如何实现合规目标时，企业应确定：

a）要做什么；

b）需要什么资源；

c）由谁负责；

d）何时完成；

e）如何评价结果。

7.1.3 企业应适时评审合规目标，并适当更新。

7.2 应对合规风险的措施

7.2.1 风险识别

企业应建立健全合规风险识别机制，准确识别潜在的合规风险。具体做法可包括：

a）持续收集与合规相关的法律法规、监管规定等合规义务，对照现有业务和流程，识别风险源；

b）全面系统梳理企业经营管理活动中存在的合规风险，建立合规风险台账；

c）系统分析风险源、风险类别和风险形成因素。

7.2.2 风险评估

7.2.2.1 企业应定期、及时开展全面合规风险评估，并将结果纳入企业风险评估报告，且应根据法律法规及过往的经验，适时对评估制度和程序予以修订和更新。

7.2.2.2 企业应在合规风险识别（见 7.2.1）的基础上对合规风险发生的可能性、影响程度等进行分析、判断，并确定衡量重要性水平的方法或程序。合规风险评估结果将作为风险应对（见 7.2.3）的主要依据。合规风险评估应考虑：

a）企业的风险承受度及其对前提和假设的敏感性，并适时与利益相关方有效地沟通；

b）可能存在的专家观点中的分歧，及风险评估中数据或模型的局

限性;

c）风险评估首先采用定性分析，初步了解风险等级和揭示主要风险，适时进行更具体和定量的分析;

d）风险后果和可能性通过专家意见、结果建模、实验研究推导等方式确定。

注：风险评估方法见 GB/T 24353—2022。

7.2.2.3　当发生下列情形时，企业应对合规风险进行再评估：

a）新的或变化的活动、产品或服务;

b）组织结构或战略变化;

c）重大外部变化，如金融经济环境、市场条件、债务和客户关系;

d）合规义务变更;

e）并购;

f）不合规。

7.2.3　风险应对

企业应细化风险报告机制、细分风险类别、量化报送等级，并根据合规风险类型制定和选择合规风险应对方案，同时应注意针对风险水平合理分配资源。对于可能造成重大资产损失或严重不良影响的重大合规风险事件，应制定合规应急预案，及时预警，明确应急处理职责、路径和要求，由企业最高领导者和决策层统筹领导，明确牵头部门，相关部门协同配合，最大程度化解风险、降低损失。

7.3　合规管理体系变更的策划

7.3.1　当企业确定需要变更合规管理体系时，应对变更实施策划。

7.3.2　企业在策划合规管理体系变更时应考虑：

a）变更目的及其潜在后果;

b）合规管理体系的设计和运行的有效性;

c）资源的可获取性；

d）职责和权限的分配或再分配。

8 支持

8.1 聘用程序

对所有员工，<u>企业应</u>：

a）在聘用条件中要求被聘用人员遵守企业的合规义务、方针等，同时有权对任何违反企业合规方针的行为进行处置；

b）在员工入职后，为员工提供合规相关制度文件的副本或其获取渠道，并提供相关培训；

c）制定违反合规义务、方针的处理程序；

d）按照附录A的要求，结合合规管理重点人员的合规风险，在员工聘用、调动和晋升前进行尽职调查。

8.2 合规培训

8.2.1 企业应建立制度化、常态化、全员化且与合规风险相适应的合规培训机制，包括但不限于：

a）将合规培训纳入员工培训计划；

b）将代表企业开展业务并可能给企业带来合规风险的第三方纳入合规培训范围；

c）针对不同培训对象开展有针对性的合规培训，与员工的岗位及其面临的合规风险相适应；

d）依据外部监管环境变化与合规义务变化，不断更新合规培训内容；

e）进行有效性评估，企业可在员工接受培训后适时安排测评，确保员工理解、遵循合规方针、目标和要求；

f）开展多种形式的合规培训，必要时可聘请外部专家对员工进行培训。及时评估培训对员工行为或态度的影响程度，以不断优化调整培训形式；

g）合规培训的内容包括但不限于法律法规、行为准则、合规文化、合规制度、典型案例。

8.2.2　培训记录应作为文件化信息予以保留。

8.3　合规沟通

8.3.1　企业应建立内外部的沟通渠道，沟通内容及方式包括但不限于：

a）在企业内部各层级公开和传达合规管理方针及合规管理制度、合规文化，确保员工了解并遵循合规相关要求，沟通方式可包括岗前培训、合规培训、合规例会、合规热线等；

b）与外部监管机构、商业伙伴等利益相关方进行合规事项的沟通协调，促进双方的理解和良好互动，沟通方式可包括网站、电子邮件、定期简报、座谈等；

c）企业在建立沟通时应将其合规文化、合规目标和义务纳入沟通内容，同时确保所沟通的合规信息来源于合规管理体系且真实可信；

d）确保并鼓励员工在沟通过程中就合规事项提出疑虑，并明确告知员工合规报告途径；

e）确保并鼓励员工在沟通过程中提出合规管理体系改进建议；

f）对与合规管理体系相关的沟通内容进行回应。

8.3.2　企业视情况，保留文件化信息作为其沟通的证据。

8.4　合规考核

8.4.1　企业应建立涵盖所有部门、全体员工及全业务流程的合规考核机制。企业应鼓励员工提供违规线索或提出改进合规管理的意见和建议，对于作出重要贡献的可给予奖励。

8.4.2　企业应将合规管理的有效性和履职行为的合规性等合规管理情况，纳入对部门和员工的综合考核，并将合规管理工作的考核结果，作为绩效考核、员工晋升、评先选优等工作的重要依据。

8.5　合规咨询

企业应建立合规咨询渠道，确保任何员工在企业经营管理行为中对涉及合规的问题感到疑虑时，可向合规管理部门进行咨询并能及时得到回应。

8.6　文件化信息

企业应以适当的形式（例如语言文字、图形）和载体（例如纸质的、电子的）记录和归档合规管理体系运行产生的文件化信息，如合规管理制度文件、合规审查意见、合规检查原始文件、合规培训、沟通、咨询、举报、调查等的相关信息和文件记录。该文件化信息应：

a）以清晰、易获取和可检索的方式保存；

b）得到充分保护（例如，防止泄密、不当使用或完整性受损）。

8.7　信息化建设

企业宜建立合规管理信息系统，加强合规管理信息化建设，可运用信息化工具做如下处理：

a）对文件化信息进行收集、存储、分类和传递；

b）将合规要求嵌入业务经营流程，强化对企业经营管理活动合规情况的动态监测和过程管控；

c）为企业开展合规审查、合规检查（见9.1）、合规绩效评价、合规培训等工作提供保障、支持。

9　运行

9.1　合规审查与检查

9.1.1　企业应将合规审查作为企业经营管理流程的必经程序，建立健全合规审查机制，明确审查范围、流程和标准，并确保进行重大事项决策、重要合同签订、重大项目运营等经营管理活动前，已实施合规审查。

9.1.2　企业应建立健全合规检查制度，制定合规检查计划并实施。

注：合规检查是指合规管理部门不定期对企业部门和所属企业的经营管理和执业行为的合规性开展检查。合规管理部门能调阅所需的任何记录和有关合规文件、档案材料等，并要求相关部门、所属企业及其员工对有关事项作出说明。

9.1.3　企业应对违规事件或行为采取措施，对违规问题进行整改，并通过健全规章制度、优化业务流程等，堵塞管理漏洞，不断提升依法合规经营管理水平。

9.2　合规调查

9.2.1　合规管理部门应就举报线索在合理范围内及时组织开展合规调查，合规调查前应制定适当的调查方案，包括但不限于调查范围、调查程序、调查方法。

9.2.2　合规调查可采用内部调查、外聘第三方调查等调查形式，依据事项的复杂程度与严重程度，邀请法务、审计人员、外部法律专家、律师等参与调查。调查过程应由具有专业能力且不存在利益冲突的人员独立进行。

9.2.3　合规调查过程中保障被调查对象的合法权益。

9.2.4　合规调查结束后，依据违规处理与问责机制对违规行为进行问责处理。

9.2.5　企业应保留有关调查的文件化信息。

9.3　合规报告

9.3.1　企业应建立、实施并维护合规报告渠道，确定适宜的报告准则。业务及职能部门在经营管理活动中发现合规风险，应按有关要求向合规管理部门报告，合规管理部门按要求向最高领导者和决策层报告合规管理情况。合规报告内容包括但不限于：

a）合规风险识别及分析情况；

b）合规义务变更时对企业的影响，及企业对此变更采取的新的措施方案；

  c）违规情况分析及采取的纠正措施；

  d）合规管理体系绩效评价的有效性及后续持续改进建议；

  e）与监管机构的沟通情况；

  f）合规审查及合规调查的情况。

  9.3.2 当发生性质严重或可能给企业带来重大合规风险的事件，合规管理部门应及时向最高领导者和决策层报告。

  9.4 合规举报与违规处理

  9.4.1 举报

企业应建立、实施和维护相应的合规举报渠道，确保：

  a）举报渠道畅通，举报渠道可包括：举报信箱、热线电话、邮箱和第三方平台；

  b）指派专人对举报信息进行收集和管理；

  c）对举报内容和举报人进行保密，使其不会受到任何形式的打击报复；

  d）所有员工了解举报程序和保护措施，并能运用相关程序。

  9.4.2 违规处理

  企业应建立并完善违规处理和整改机制，从对违规事件的应报未报责任、违规行为责任、违规事件的整改三方面，明确责任范围，细化追责问责标准。违规处理和整改机制的内容包括但不限于：

  a）针对违规事件或行为，明确应报未报，或迟报、谎报、瞒报、漏报的处理标准；

  b）依据对违规事件或行为的调查结果，明确违规部门或人员的处置标准；

  c）根据调查结果，及时进行整改并反馈整改情况。

泉州民营企业廉洁治理建设的逻辑途径与制度保障

10 绩效评价

10.1 监视、测量、分析和评价

10.1.1 企业应对合规管理体系的有效性进行监视和测量，开发合规管理评价指标体系，对监视和测量的结果进行分析和评价，合理地运用分析和评价结果。

10.1.2 企业应保留对监视、测量、分析和评价的结果的文件化信息。

10.2 内部审核

10.2.1 企业应按合规工作计划，定期开展内部审核，以证实合规管理体系符合企业自身对合规管理体系的要求及本文件的要求，包括合规管理的基本原则、组织环境、管理职责、风险管理、支持、运行、绩效评价、持续改进、合规管理的重点人员、合规管理的重点环节、合规管理的重点领域建设及运行状况等方面。其中，企业合规管理体系中重点环节应符合附录 B 的要求，重点领域应符合附录 C 的要求。

10.2.2 在开展内部审核工作时，企业应：

a）建立、实施和维护合规管理体系的内部审核管理制度和审核方案，包括频次、方法、责任、策划要求和报告等要素；

b）规定每次审核的目标、准则和范围；

c）挑选能胜任的审核员进行审核，确保审核的客观性和独立性；

d）在实施内部审核后，形成合规内部审核报告，保留审核方案、审核结果及相关材料的文件化信息；

e）确保审核结果报告提交最高领导者和决策层、相关管理层、合规管理部门。

注 1：ISO 19011 提供了关于管理体系审核的指南。

注 2：企业内部的审核范围和规模依据企业的规模、结构、成熟度

138

和所在区域等决定。

10.3　管理评审

10.3.1　通则

最高领导者和决策层应在策划的时间间隔内对企业的合规管理体系开展管理评审，以确保合规管理体系的适宜性、充分性、有效性。

10.3.2　管理评审的开展

管理评审应包括：

a）企业内部和外部关于合规管理审核、审计和评价的结果；

b）合规审核针对违规和潜在违规的分析报告、采取的纠正措施和改进措施的情况及实施的效果；

c）重大事故、事件、案件、行政处罚的文件；

d）内部举报及投诉反馈信息，及利益相关方的反馈信息；

e）合规管理体系的实施和运行情况，实现合规方针、合规目标的情况；

f）合规管理体系过程监视和测量的结果；

g）可能影响合规管理体系的内部和外部的环境变化，包括企业环境、相关法律法规和其他要求的变化；

h）保障合规管理体系正常、有效开展的合规管理资源配置情况；

i）员工提出的合理的改进建议。

注：邀请外部专家对企业合规管理体系的建立和实施效果进行评审，是企业开展管理评审的一种方式。

10.3.3　管理评审结果

10.3.3.1　企业实施管理评审后，应形成管理评审报告、管理评审决议等管理评审结果，并针对不合规事项提出纠正意见。

10.3.3.2　企业应保留管理评审结果及相关材料的文件化信息。

11 持续改进

11.1 持续改进

企业应结合违规事件或行为与合规管理体系绩效评价结果，在合理的成本和可接受风险的条件下，持续改进和完善合规管理体系，确保其适宜性、充分性和有效性。

11.2 违规与纠正措施

11.2.1 企业出现违规事件或行为时应：

a）对违规事件或行为作出反应；

b）采取措施避免事件或行为再次发生；

c）实施任何必要的措施；

d）评审所采取纠正措施的有效性；

e）在必要时，变更合规管理体系。

11.2.2 以下事项的证据应作为文件化信息，并可获取：

a）违规、不合规事件或行为的性质和所采取的后续措施；

b）实施纠正措施后的结果。

附录 A （规范性）
合规管理的重点人员

A.1 管理人员

企业应促进管理人员切实增强合规意识，带头合规开展经营管理活动，认真履行承担的合规职责，强化对管理人员的合规考核与监督问责。

A.2 重要风险岗位人员

企业应依据合规风险评估情况明确界定重要风险岗位，加强针对性培训，使重要风险岗位人员熟悉并严格遵守业务涉及的各项规定，并加强对其的监督检查和违规行为问责。重要风险岗位人员应遵循回避原则，以有效防控岗位利益冲突风险。

A.3 境外人员

企业应将合规培训作为境外人员任职、上岗的必备条件，确保遵守我国和所在国法律法规及监管等相关规定及合规要求。

A.4 新入职人员

企业应在员工招聘过程中开展尽职调查，开展新入职人员的合规培训，确保其熟悉并能履行与职位和职务相关的合规义务。

A.5　其他需要重点关注的人员

其他需要重点关注的人员应视情况开展强化合规管理意识、合规培训、监督问责等工作，确保其符合相关合规要求。

附录 B （规范性）
合规管理的重点环节

B.1 制度制定环节

企业应强化对企业章程、规范等内部管理重要文件的合规审查，把合规要求融合企业制度中，确保符合法律法规和标准的相关规定的要求。

B.2 决策环节

企业应坚持科学决策、依法决策的原则，细化各层级决策事项和权限，将合规审查作为决策前置程序，防范决策风险，保障决策依法合规。对涉及重大事项决策、重要人事任免、重大项目投资、大额资金运作的事项，加强合规论证和审查。

B.3 生产运营环节

企业应严格执行各项合规管理制度，加强对生产运营重点流程的监督检查，确保生产经营过程中按规定的要求操作。

附录C （规范性）
合规管理的重点领域

C.1 廉洁

企业应遵守廉洁相关法律法规、监管规定、行业准则和国际条约、规则、标准，以及企业章程、规章制度等要求，公开声明反对任何形式的不廉洁行为，确保以合规的方式开展业务活动。企业应制定符合相关法律法规的规定和程序，且相关费用控制在规定范围内的赠礼、招待、赞助、捐赠及类似利益流通的相关政策，建立健全企业与商业伙伴、政府工作人员等的交往礼仪与规范。加强员工管理和培训，构建廉洁治理的管理机制和措施，防止腐败行为。

C.2 产品与服务质量

企业应依据适用的相关法律法规、标准规定的产品使用、安全和其他特性的要求，对产品规划、设计、制造、检测、计量、运输、储存、销售、售后服务、回收等环节实施产品全生命周期监督，保障产品符合相关法律法规、标准规定。企业应建立技术研发、生产、应用、服务等方面的管理体系和制度，及时响应监管部门的监管要求。

C.3 安全生产

企业应遵守安全生产相关法律法规、标准等要求，落实全员安全生产责任制，建立健全安全管理体系及安全生产规章制度、应急管理制度、安全教育培训制度，加强安全生产风险管控及监督检查，及时发现并纠正违规问题，保障从业人员安全。

企业应建立健全职业病防治机制，落实职业病预防措施，工作场所应符合职业卫生标准和要求，保障劳动者职业健康权利。

C.4 环境保护

企业应遵守环境保护管理相关法律法规要求，明确各级部门、单位和人员的环境保护职责，实施污染治理设施运行管理和一般工业固体废物和危险废物管理，执行相关环境保护的管理制度，包括环境影响评价、污染源监测、清洁生产审核评估等。企业应规范环境应急管理制度，按法律法规要求实施环境保护信息公开，开展环境保护宣传、教育、培训相关工作。

C.5 知识产权

企业应及时依法申请或登记注册知识产权成果，对已取得的权利及时续展维护。应规范实施知识产权许可和转让，及时制止侵权行为，依法依约规范使用第三方知识产权，防止侵犯第三方合法权益。应规范涉外业务知识产权管理，明确涉外业务中的侵权风险评估、合同责任与义务界定的程序和方法。

C.6 劳动用工

企业应贯彻实施劳动用工相关法律法规，建立和完善劳动规章制度，规范劳动合同签订、履行、变更、竞业禁止约定内容、中止和解除，确保劳动用工各环节合规、规范有序，切实维护企业和员工合法权益。

C.7 财务税收

企业应依照相关税收法律法规规定，规范企业税务管理，完善财

145

务内部管理和监督体系，结合企业情况建立财务决策、财务决策回避、财务风险管理、财务预算管理、资金筹集管理制度。在境外进行纳税活动的企业，应遵守相关法律法规，并依据境外税收政策变化实施变更。

C.8 网络与数据安全

企业应遵守相关的法律法规，采取必要措施，防范对网络的攻击、侵入、干扰、破坏和非法使用以及意外事故。依法保障信息资产的安全，加强信息数据的收集、存储、处理、分发、删除等重点环节的管控，评估数据安全风险，防范信息安全事件的发生，降低突发事件对信息系统的影响，提升信息系统的高可用性。依法建立事件应急处置机制，配备应急响应所需的资源以确保应急响应机制有效实施。

C.9 个人信息保护

企业处理个人信息应遵守相关法律法规，按照权责一致、目的明确、选择同意、最少够用、公开透明、确保安全、主体参与的原则，制定个人信息保护政策，建立和实施技术控制、实施控制、监控控制，保证个人信息的收集、存储、处理、共享、转让和公开披露中的数据安全及合规。企业对个人信息跨境传输时，应遵循相关法律法规的规定。企业应制定并执行个人信息安全应急处理机制，在发生或可能发生个人信息泄露、篡改、丢失时，应依法采取相应补救措施，并通知履行个人信息保护职责的部门和员工。

C.10 商业伙伴管理

企业应对重要商业伙伴开展全面的、基于风险的合规尽职调查，并结合风险特征对其进行合规分级、分类管控。企业应对商业伙伴的履约能力进行定期跟踪和评估，保留在特定业务和交易中对商业伙伴进行检查和审计的权利，如有证据证明商业伙伴存在重大违法行为、违约失信记录，发生质量事故、安全事故或违反廉洁等情形的，可依法依约及时终止与商业伙伴开展业务合作。企业应要求商业伙伴做出合规承诺，宜通过签订合规协议、增加合规条款、开展合规培训与沟通等措施，传播合规理念及良好实践，促进商业伙伴行为合规，防止商业伙伴传导合规风险。

C.11　反垄断

企业应遵守反垄断相关法律法规，避免达成垄断协议，具有市场支配地位的企业不应滥用市场支配地位。达到反垄断法相关规定的经营者集中申报标准的企业，应事先向反垄断执法机构申报。

C.12　反洗钱与反恐怖融资

企业应依据相关金融法律法规要求，结合企业自身特点，建立合规的交易、监测体系，有效识别和应对洗钱与恐怖融资风险，建立健全反洗钱的风险管理措施，防范洗钱与恐怖融资风险。

C.13　境外业务

企业应严格遵守国际规则、国内国外投资监管要求和所在国家（地区）法律法规，加强对境外投资及贸易行为的合规管理，将合规培训作为境外人员任职、上岗的必要条件。应结合境外经营实际，在对外贸易、境外投资、对外承包工程、境外日常经营等各领域制定合规操作流程，重点关注、识别、防控投资保护、市场准入、外汇管制、反洗钱、反恐怖融资、进出口管制、环境保护、税收、劳工等领域的风险，确保境外投资经营行为依法合规和境外资产安全。

参考文献

［1］ISO 19011：2018 管理体系审核指南（Guidelines for auditing management systems）

［2］GB/T 20270—2006 信息安全技术网络基础安全技术要求

［3］GB/T 24353—2022 风险管理原则与实施指南

［4］GB/T 27921—2011 风险管理风险评估技术

［5］GB/T 35273—2020 信息安全技术个人信息安全规范

［6］国务院国有资产监督管理委员会，中央企业合规管理办法：国资委第 42 号令，2022 年

附录 4

民营企业廉洁治理建设的
逻辑途径与制度保障调查问卷

民营企业廉洁治理建设的逻辑途径与制度保障
调查问卷

尊敬的企业代表：

您好！众所周知，民营经济是高质量发展的重要基础，民营企业廉洁治理建设是民营经济发展的重要内推力。泉州市以民营经济为特色和依托，推动民营企业廉洁治理建设已然成为泉州市促进民营经济高质量发展的重要课题。

基于此，受泉州市民营经济研究院的委托，德勤管理咨询（上海）有限公司（以下简称"德勤"或"我们"）正在开展《民营企业廉洁治理建设的逻辑途径与制度保障》的课题研究，旨在通过泉州市廉洁治理的现状甄别、问题诊断、路径分析等途径，总结民营企业廉洁治理的"泉州经验"。

为了更好地了解泉州市民营企业的真实现状，我们诚挚邀请您参加本次调查问卷！您的回答将被严格保密，只用于研究分析，不会泄露您的个人信息。本次问卷大约需要花费您五分钟的时间，请仔细阅读每个问题并提供诚实的回答。感谢您抽出宝贵的时间参与我们的调查！

1. 您所在的企业所属行业？（单选）

- 建筑业
- 机械与制造业
- 批发和零售业
- 纺织服装业
- 鞋业
- 建材家居业
- 食品饮料业
- 印刷业
- 电子信息行业
- 其他

2. 您所在的企业规模？（单选）

- 大型企业（职工 500 人以上，总资产 1 亿元以上，营业收入 3 亿元以上）
- 中型企业（职工 100~500 人，总资产 3000 万元至 1 亿元，营业收入 1 亿~3 亿元）
- 小型企业（职工 100 人以下，总资产 3000 万元以下，营业收入 1000 万元以下）
- 微型企业（职工少于 10 人，总资产少于 500 万元）

3. 是否为上市公司？（单选）

- 是
- 否，并没有上市计划
- 否，但近五年准备上市

4. 是不是家族企业？（单选）

- 是

- 否

5. 您是否理解民营企业廉洁治理的内涵及要求？（单选）

- 是

- 否

6. 您认为当前企业进行廉洁治理建设是必要的吗？（单选）

- 是

- 否

7. 您认为企业最容易在哪个环节出现廉洁风险（多选）？

- 生产环节

- 销售环节

- 采购环节

- 财务环节

- 研发环节

- 其他环节

- 不了解

8. 您认为民营企业腐败问题涉及最多的违法行为是？（多选）

- 职务侵占（指公司、企业或者其他单位的工作人员利用职务上的便利，将本单位财物非法占为己有的行为）

- 挪用资金（指公司、企业或者其他单位的工作人员利用职务上的便利，挪用本单位资金归个人使用或者借贷给他人的行为）

- 非国家工作人员受贿（指公司、企业或者其他单位的工作人员利用职务上的便利，索取他人财物或者非法收受他人财物，为他人谋取利益的行为）

- 对非国家工作人员行贿（指为谋取不正当利益，给予公司、企业或者其他单位的工作人员财物的行为）

- 虚开增值税专用发票（指没有货物购销、没有提供或接受应税劳务而开具增值税专用发票，开具数量或者金额不实的增值税专用发

票，让他人为自己代开增值税专用发票等行为，包括为他人虚开、为自己虚开、让他人为自己虚开、介绍他人虚开等情况）

- 逃税（指纳税人采取欺骗、隐瞒手段进行虚假纳税申报或者不申报的行为）

- 其他

- 不了解

9. 您所在的行业曾经是否出现过相关的廉洁问题？（单选）

- 是

- 否

9.1 （若出现过）出现过的廉洁治理相关违法行为是？（多选）

- 职务侵占

- 挪用资金

- 非国家工作人员受贿

- 对非国家工作人员行贿

- 虚开增值税专用发票

- 逃税

- 其他

9.2 （若出现过）出现过廉洁问题的相关环节是？（多选）

- 生产环节

- 销售环节

- 采购环节

- 财务环节

- 研发环节

- 其他环节

- 不了解

9.3 （若出现过）出现廉洁问题后企业的处理方式为？（多选）

- 报案

- 向政府相关部门咨询如何处理

- 向行业协会咨询如何处理

- 向律师咨询如何处理

- 根据内部制度自行处理

- 老板决策如何处理

- 其他

9.4　（若出现过）出现廉洁问题后企业的内部调整是？（多选）

- 配合公检法部门做相关处理

- 处罚、开除相关员工

- 调整内部制度、管理结构、工作流程

- 在公司内部进行警示教育

- 内部问题管理层内部解决，不会让普通员工知道

- 不处理

- 其他

10　您所在的企业是否有开展民营企业廉洁治理？（单选）

- 是

- 没有，但准备开展

- 没有，也不准备开展

10.1　（针对开展了廉洁治理的企业）您所在的企业具体做了什么措施进行廉洁治理（多选）

- 设立廉洁治理相关部门，或配备廉洁治理相关的人员

- 开展企业内部廉洁治理培训

- 企业内部制定廉洁治理相关的规章制度和条例

- 企业员工业绩与廉洁风险相关

- 企业向供应商提出廉洁要求

- 设置廉洁治理问题的内部举报途径

- 定期进行廉洁治理检查

153

- 与公检法部门合作，探索廉洁治理路径

- 其他

- 以上都没有

10.2 （针对没有开展廉洁治理的企业）您认为民营企业开展廉洁治理存在什么困难？（多选）

- 不理解民营企业廉洁治理的含义、要求和范围

- 认为现阶段没有必要开展廉洁治理

- 认为现阶段开展廉洁治理的成本较大

- 希望开展廉洁治理，但没找到合适的方法

- 企业内部没有该领域的专业人员可以做廉洁治理工作

- 公司最高管理者认为自己把控即可

11. 企业是否有对外贸易、对外投资等"走出去"的业务？（单选）

- 是

- 否

11.1 （针对"走出去"的企业）企业是否面临"走出去"的廉洁治理压力？（单选）

- 是

- 否

11.2 （针对"走出去"的企业）企业是否了解"走出去"的廉洁治理要求（如国际廉洁治理要求等)？（单选）

- 是

- 否

11.3 （针对"走出去"的企业）企业是否有"走出去"相关的廉洁治理制度或方案？（单选）

- 是

- 否

11.4 （针对"走出去"的企业）企业在"走出去"的过程中是否需要廉洁治理方面的指导？（单选）

- 是
- 否

11.5 （针对"走出去"的企业）企业在"走出去"的过程中是否得到了廉洁治理方面的指导？（单选）

- 是
- 否

11.6 （针对"走出去"的企业）企业"走出去"的廉洁治理成效如何？（单选）

- 较好，能自行解决或得到支持
- 一般，仍存在问题
- 待改善

12. 您还有什么意见、建议或相关案例分享，请简要说明或留下联系方式，我们与您联系。（填空）

后记

　　本书是在泉州民营经济研究院的指导下，由德勤中国团队组织编写的。在本书的撰写过程中，我们深感责任重大。泉州，作为中国东南沿海的重要城市，其民营企业的发展一直是推动地区经济增长的中坚力量。然而，随着经济全球化的深入发展以及民营企业自身发展规模的不断壮大，民营企业在廉洁治理方面面临诸多挑战。本报告旨在全面分析泉州民营企业廉洁治理的现状，探讨其发展过程中存在的问题，并提出相应的改进措施和建议。

　　木书的研究过程遵循了科学严谨的方法论，确保内容的广度、深度和专业性。我们采用定量分析与定性研究相结合的方法，通过问卷调查、深度访谈、案例研究等多种方式，广泛收集了第一手资料。同时，我们还参考国内外相关的政策文件、学术研究和实践案例，并结合德勤丰富的内部资源和行业专家资源，有针对性地进行对标分析，给予实操建议。

　　基于泉州民营企业廉洁治理的现状、痛点、难点，我们提出"1+3+7"（一个目标、三方主体、七大关键举措）的泉州民营企业廉洁治理逻辑框架。具体而言，即以打造民营企业廉洁治理的"泉州经验"为目标，基于政府及公检法部门、行业、企业三个不同主体研判推动泉州民营企业提升廉洁治理水平的有效途径，并根据泉州民营企业特点，最终形成泉州民营企业内部治理的七大关键制度保障措施。

在此，我们向参与和支持本书写作的各方表示衷心的感谢。特别感谢泉州市直有关部门、各县市区以及七匹狼集团公司等泉州代表性民营企业的领导、专家和企业家，他们的指导、支持和经验分享为本书的写作提供了重要的帮助。同时，我们也要感谢所有参与调查和访谈的企业家、管理者和员工，他们的宝贵意见和建议为本书提供了坚实的基础。

本书的出版并不意味着工作的结束，而是一个新的开始。我们期待本书能够为泉州民营企业的廉洁治理提供有益的参考和指导，同时也希望能够激发更多的研究和实践。我们相信，在政府、企业和社会的共同努力下，泉州民营企业的廉洁治理一定能够取得长足的进步。

我们期待同人共同深入探讨和积极推进泉州民营企业廉洁治理的相关工作。

课题组

2024 年 6 月

后
记